創批新書 15

韓國의 歷史認識(上)
韓國史學史論選

李佑成・姜萬吉 編

창비

차 례

제 1 부

韓國史硏究 百年 ……………………………千 寬 宇·7
  1. 舊史學과 新史學……………………………… 7
  2. 王朝末 前後의 韓國史學—內國人…………10
  3. 王朝末 前後의 韓國史學—外國人…………13
  4. 3·1運動 후의 韓國史學………………………18
  5. 日本侵略戰下의 韓國史學……………………21
  6. 民族解放 以後의 韓國史學……………………24

제 2 부

三國史記에 있어서의 歷史敍述 ……………高 柄 翊·31
  1. 撰述의 經緯……………………………………32
  2. 論 贊……………………………………………39
  3. 捏造·刪削……………………………………48
  4. 三國 各國에 대한 자세………………………55
  5. 結 言……………………………………………61

高麗中期의 文化意識과 史學의 性格………金 哲 埈·64

三國遺事의 史學史的 意義…………………李 基 白·111
  1. 머리말…………………………………………111
  2. 史書로서의 三國遺事…………………………112
  3. 歷史的 位置…………………………………117
  4. 現代的 意義…………………………………123
  5. 끝맺는 말……………………………………125

三國遺事에 보이는 一然의 歷史認識에
      대하여 …………………………………金 泰 永·127
  1. 序 言…………………………………………127
  2. 歷史傳統에 대한 새로운 인식………………129
  3. 傳統意識의 內燃과 그 발전적 復活…………137

4. 結　言 ································145

高麗中期의 民族敍事詩 ·················李 佑 成·148
　　序····································148
　　1. 李奎報·李承休의 世界··············150
　　2. 英雄詩와 歷史詩····················165
　　3. 民族敍事詩로 본 두 作品의 歷史的 限界····180
　　4. 結　語····························188

高麗時代의 歷史繼承意識 ·············河 炫 綱·191
　　1. 머리말······························191
　　2. 高麗前期의 歷史繼承意識············191
　　3. 武人政權의 成立과 歷史繼承意識······199
　　4. 元의 干涉과 歷史繼承意識············207
　　5. 맺는 말····························210

제 3 부

朝鮮前期의 歷史敍述 ················鄭 求 福·215
　　1. 緒　言····························215
　　2. 太祖～太宗 때의 歷史敍述············216
　　3. 世宗～文宗 때의 歷史敍述············232
　　4. 世祖～成宗 때의 歷史敍述············239
　　5. 結　言····························249

高麗史 解題 ·························李 基 白·251
　　1. 高麗史의 編纂······················251
　　2. 高麗史에 나타난 史觀················255
　　3. 史料로서의 高麗史··················258

17세기의 反尊華的 道家史學의 성장 ······韓 永 愚·263
　　1. 머리말······························263
　　2. 揆園史話의 內容要旨················266
　　3. 揆園史話의 文化意識과 歷史意識······275
　　4. 揆園史話의 歷史認識 방법과 道家史書의 영향····292
　　5. 揆園史話의 史學史的 위치············297
　　6. 맺음 말····························302

下卷 目次

第3部 (續)

17·8세기의 史書와 古代史認識 …………………………李萬烈
李朝後期 近畿學派에 있어서의 正統論의 展開………李佑成
星湖의 새로운 史論 …………………………………………宋贊植
實學派의 史學理論 …………………………………………黃元九

第4部

開化思想家 및 愛國啓蒙思想家의 史觀 …………………金泰永
우리나라 近代 歷史學의 成立 ……………………………金容燮
丹齋 申采浩의 民族主義 ……………………………………安秉直
우리나라 近代 歷史學의 發達 ……………………………金容燮
日帝官學者들의 植民史觀 …………………………………李萬烈
新民族主義史觀論 ……………………………………………李基白
民族史學論의 反省 …………………………………………姜萬吉

解 題 ……………………………………………………………鄭昌烈
參考 論著 目錄／編輯後記／索 引

제 1 부

韓國史研究 百年／千寬宇

韓國史硏究 百年*

千　寬　宇

1. 舊史學과 新史學

①　조선후기 실학(實學)이 꽃핀 18·9세기 영(英)·정(正)·순조(純祖)시대는 역사학에서도 황금기(黃金期)였다. 안정복(安鼎福, 1712~1791)의 『동사강목(東史綱目)』, 이긍익(李肯翊, 1736~1806)의 『연려실기술(燃藜室記述)』, 한치윤(韓致奫, 1765~1814)의 『해동역사(海東繹史)』, 정약용(丁若鏞, 1762~1836)의 『강역고(疆域考)』같은 것이 이때에 나왔다. 그 뒤에도 역시 『실록(實錄)』 『보감(寶鑑)』의 편찬이나 『대전(大典)』 『문헌비고(文獻備考)』 등 〈정서(政書)〉의 증보(增補)와 같은 사업, 또 그것을 위한 정부의 기록보존 사업은 꾸준히 계속되었다. 또 민간에서도 전기(傳記)·금석(金石)·지지(地誌)·민속(民俗) 등에 이르기까지 여러 업적이 면면히 이어져 왔다.

②　그러나 서양 근대문물과의 접촉이 잦아지고, 특히 1890년대의 갑오경장(甲午更張) 전후에 개화(開化)의 물결이 현저하게 밀려 닥치면서, 우리나라 사상계·학계 전체가 일대 시련에 부딪치게 되었다. 개화에 대해서 이를 수용(受容)하고 적응해가건, 혹은 비판하고 반발을

---

* 이 글은 1969년에 쓰인 同題의 글(『韓國史의 再發見』에 收錄)에 약간의 補訂을 가한 것이다.

하건, 지식인이라면 무언가 개화에 대한 자기의 입장을 분명히 하지 않고는 안될 상황에 이르게 된 것이다. 그것은 흔히 〈구학문(舊學問)〉 〈신학문(新學問)〉이라고도 불린 신·구학 내지 신·구사상의 갈등이 었다. 그 대립 속에서 어느 쪽을 취하느냐 하는 것이었다.

③ 역사학도 마찬가지의 시련(試鍊) 앞에 서게 되었다. 다만 역사학은, 다른 인문과학이나 사회과학과는 달리, 구학문과 신학문이 그처럼 대척적(對蹠的)인 것은 아니었다. 양계초(梁啓超)가

> 태서(泰西)에서 통행하는 제학과 가운데 중국에 고유했던 것은 오직 사학(史學)뿐……(『飮氷室文集』―「中國之舊史學」)

이라고 한 것도 그것을 말하는 것이라 하겠다. 이러한 사정은 중국만이 아니라 우리나라에서도 마찬가지였던 것이다.

근대 역사과학은 엄밀한 실증(實證)을 요구하지마는, 청조(淸朝) 고증학(考證學)과 같은 것은 서양식의 실증에 결코 손색이 없는 과학적인 방법을 썼다고 할 수 있다. 이러한 방법은 조선에도 일찍부터 들어왔다. 예컨대 이익(李瀷, 1681~1763)의 『성호세설(星湖僿說)』은, 청조 고증학 초기의 대표적 저작의 하나인 고염무(顧炎武, ~1682)의 『일지록(日知錄)』과 꼭같은 분석방법과 서술체재를 취하면서 한국사의 많은 문제에 접근하고 있는 것이다.

또 사건의 인과(因果)를 정리하여 사항별로 서술하는 중국 전래의 기사본말체(紀事本末體)는 서양 근대의 역사서술 형식과 그렇게 큰 거리가 있는 것이 아니었다. 박은식(朴殷植)이 『한국통사(韓國痛史)』를 지을 때, 『근세의 신사(新史)를 방(倣)하여 축사성장(逐事成章)하고 협서협론(夾敍夾論)하며, 혹은 선사이제론(先事而提論)하고 혹은 후사이부론(後事而附論)하며, 그 미진(未盡)한 것은 또 안설(按說)로써 서술』(『痛史』凡例)함으로써 저 성공을 거둔 것도, 말하자면 신·구사체(新舊史體)의 근사(近似)에 그 일인(一因)이 있는 것이었다고 할 수 있다.

④ 그러나 구사(舊史)와 신사(新史) 사이에는 역시 근본에서 다른 점도 많았다.

양계초는 중국의 전통적인 구사가 ①〈조정(朝廷)〉과 동시에〈국가(國家)〉, ②〈개인〉과 동시에〈군체(群體:사회)〉, ③〈진적(陳迹:과거의 묵은 事跡)〉과 동시에 〈금무(今務:현재에서 본 실천적 관심)〉, ④〈사실(事實)〉과 동시에〈이상(理想)〉이 있는 줄을 몰랐다고 지적하고, 이〈4폐(四弊)〉에서 다시〈2병(二病)〉이 생겼다고 하면서, ①〈포서(鋪叙:史實을 무원칙하게 열기)〉대신〈별재(別裁:史實을 선택기술)〉, ②〈인습(답습)〉대신〈창작(主義를 분명히 한 역사서술)〉이 있는 줄을, 몰랐다고 하고, 이리하여 독사자(讀史者)에게〈난독(難讀)〉〈난별택(難別擇)〉〈무감촉(無感觸)〉의 결과를 가져주었다고 하였다.(前揭「中國之舊史學」)

양계초는 또, 구사(舊史)가 ①〈인류 전체의 역사〉, ②〈사학(史學)과 타학(他學:人類學・平準學=經濟學……)과의 관계〉에 눈뜨지 못했다고 하면서, 역사는〈인군(人群) 진화(생장・발전)〉의 현상을 서술하여 그 공리공례(公理公例:법칙)를 구득(求得)해야 할 것이라고도 하였다. (「史學界之說」)

신사학(新史學)에 대한 양계초의 이와 같은 이해에 얼마만큼 공감하는가는 별문제로 하더라도, 적어도 구사(舊史)와 신사(新史) 사이에는 그 문제의식(問題意識)에 있어서 또 그 연구의 시야(視野)에 있어서 큰 거리가 있었던 것은 사실이라 하겠고, 그것은 우리나라의 경우에도 대체로 다름이 없는 것이었다고 할 것이었다.

따라서 전근대적 사학(史學)이 본질적으로 근대적 사학으로 질적 전환을 수행하는 데에는 역시 적지 않은 진통이 있었던 것이다. 신채호(申采浩)가

　　근일(近日)에 왕왕 신사(新史)의 체(體)로 사(史)를 만들었다는 1,2종의 신저(新著)가 없지 않으나, 다만〈신라사(新羅史)〉라〈고려사(高麗史)〉라 하던 왕조단(王朝斷)으로의 식(式)을 고치어〈상세(上世)〉〈중세(中世)〉〈근세(近代)〉하며, 〈권지일(券之一)〉이라〈권지이(券之二)〉라 하던『통감(通鑑)』분편(分編)의 명(名)을 고치어〈제1편〉〈제2편〉이라 하며, 그 내용을 보면, 〈재기(才技)〉라〈이단(異端)〉이라 하던 것을〈예술(藝術)〉이라〈학술(學術)〉이라 하여 그 귀천(貴賤)의 위치가 바뀔 뿐이요,〈근왕(勤王)〉이라〈한외(捍外)〉라 하던 것을〈애국〉이라〈민족적 자각〉이라 하여 그 신구(新舊)의 명사가 다를 뿐이니, 털어놓고 말하자면 한장책(韓裝冊)을 양장책(洋裝冊)으로 고침에 불과한 것이다.(『朝鮮上古史』總論)

라고 하여, 1920년대에 와서도 아직 역사학에 근대정신의 무장이 없음을 신랄하게 비판한 것도, 신사학(新史學)의 건설이 얼마나 어려운 일이었던가를 말해주는 일례가 될 것이다.

2. 王朝末 前後의 韓國史學——內國人

⑤ 구학문이 퇴조(退潮)하고 신학문이 전면에 나서게 되는 것은 역사학의 경우에도 거의 불가피의 세(勢)이었다. 그러나 역사과학으로서의 한국사학을 정립하기 위한 시도는 위에서 말한 바와 같이 지지부진이었다.

1894년의 갑오경장(甲午更張) 이후, 특히 1905년의 을사늑약(乙巳勒約) 이후로 근대화와 식민지화가 아울러 급속도로 진행됨에 따라, 역사학에서도 변화가 일어나기는 하였다. 예컨대 『월남망국사(越南亡國史)』(1906 역)와 같은 약소민족의 역사나 『의태리건국삼걸전(意太利建國三傑傳)』(1906 역)과 같은 약동기에 있던 외국의 역사 등이, 주로 한역본(漢譯本)의 중역(重譯)이기는 하나, 다수 역술(譯述)되어 지식층에게 널리 읽히기 시작하였고, 교재용으로 간략한 〈만국사(萬國史)〉류가 편찬되기도 하였다. 한편으로는 학교 교육에서 실학(實學)이 강조되고 실학파(實學派)의 문헌들이 상당수 인간(印刊)되기도 하여, 자주적인 근대지향(近代志向)을 우리 전통문화 속에서 찾는 작업도 진행되었다.

그러나 한국사 연구 그 자체가 크게 개척되었다고 하기는 어려운 것이었다. 왕조말 현재로 한국인에 의한 최초의 통사(通史)이었다고 할 김택영(金澤榮)의 『역사집략(歷史輯略)』(1905)은 구사체(舊史體)를 따른 것이었다. 신사체(新史體)를 따른 최초의 통사인 현채(玄采)의 『동국사략(東國史略)』(1906, 學部 교재)은 일본인 하야시(林泰輔)의 『조선통사(朝鮮通史)』(日文)[1]를 역편(譯編)한 것이었고, 그 원저는 섭렵한 자료부터가 지극히 소략한 것에 불과하였지마는(『朝鮮通史』권말

---

1) 林泰輔의 『朝鮮通史』(日文, 1912)는 그의 『朝鮮史』(1892)와 그 續篇인 『朝鮮近世史』(1902)의 合本修訂版이다.

「朝鮮史籍考」), 당시로서는 국내에 이 정도의 신사체 통사도 나오지 못하고 있었던 것이다.

 6 이리하여 왕조말의 역사학은, 최남선(崔南善)에 의하면,

　광무(光武)·융희(隆熙)의 제(際)(1897〜1910)에는 일대의 추향(趨向)이 정치적 국사(國事)에 있으므로 학술 방면에는 오히려 볼 것이 없고, 주시경(周時經)의 조선어학(朝鮮語學)에와, 장지연(張志淵)·신채호(申采浩)의 사학(史學)에와, 적이 공정(功程)을 나타낼 뿐이며, 뒤에 조선광문회(朝鮮光文會, 1910〜　) 일어남에 미쳐 국고(國故)의 학이 크게 활기를 띠게 되었다.(『朝鮮歷史』)

고 하는 상태에 있었던 것이다.

　장지연(張志淵, 1864〜1921)은, 후일 서민 중심의 전기집인 『일사유사(逸士遺事)』(1912), 우리 유학사(儒學史)를 처음으로 체계화한 『조선유교연원(朝鮮儒敎淵源)』(1916)을 내놓아, 과거의 역사가들이 미처 착안하지 못했던 여러 가지 시도에서 역사의 새로운 안목을 보였다. 그러나 합방 전의 이 시절은 신문(新聞)이 그 활동의 주무대이어서, 역사학에서는 정약용의 『강역고(彊域考)』를 증보(增補)하고(1903) 교재용인 『동국역사(東國歷史)』를 편찬하는(1906) 등의 업적이 알려져 있을 정도이었다. 더구나 이 시절의 그는, 비록 신학문 전반에 걸쳐 남다른 관심을 표시하면서도, 한편 신문의 제작조차도 사학(史學)—경세학(經世學)—저널리즘을 불가분의 관계로 파악할 만큼 전통적인 유학체계에 의존하던 단계이었던 것이다.

　그보다 연배가 다소 뒤지는 신채호(申采浩, 1880〜1936)는, 뒤에 다시 말할 것처럼, 우리 근대 사학사를 대표하는 1인이 되었지만, 아직 20대의 청년이었던 이 때는 역시 신문에 몸을 담고, 한편으로 『성웅이순신(聖雄李舜臣)』(1908), 『을지문덕(乙支文德)』(1908), 『동국거걸최도통전(東國巨傑崔都統(瑩)傳)』(1909) 등의 전기를 통하여 민족의 사기(士氣)를 북돋는 데서 도리어 그 면목이 약여했던 시절이다. 다만 이 무렵의 저술인 『독사신론(讀史新論)』(1908)은 단편이기는 하지만 그 후일의 상고사 체계가 이미 여기에 배태(胚胎)되어 있고, 또 그 자신

의 표현을 빌려 〈정신의 역사〉와 〈민족주의〉가 이미 여기서 강조되고 있는 점에서 크게 주목된다.

[7] 1910년의 합방(合邦)을 맞아, 그나마의 한국사학은 된서리를 맞게 된다. 강점자 일본의 총독부는 그 기관지를 제외한 한국어 신문·잡지를 일체 폐간시키는 한편, 『조선사를 멸하여 그 자취를 모두 쓸어버리기 위해』(『韓國痛史』) 역사·전기·지리 등을 포함한 30여종의 서적을 거두어 이를 불태워버리는 정도의 공포적인 상황이 벌어졌다.[2] 이 무렵, 황현(黃玹)의 『매천야록(梅泉野錄)』이나 정교(鄭喬)의 『대한계년사(大韓季年史)』같은 당대의 귀중한 기록들이 준비되어 있으면서 오랫동안 공개되지 못하고 민족해방 이후에야 겨우 햇빛을 보게 된 것도 당시의 이러한 상황의 파악에서 이해될 것이다.

[8] 합방을 전후하여 역사 연구자로도 박은식(朴殷植)·김택영(金澤榮)·신채호(申采浩) 등이 국외로 망명하여 국권회복 운동을 계속하게 된다.

그 가운데 1910년대에 역사학에 큰 업적을 남긴 것이 박은식(朴殷植, 1859~1926)이다. 그 역시 합방 전에는 신문에서 활동하여, 장지연(張志淵)과 함께 쌍벽을 이루던 〈논객(論客)〉(『梅泉野錄』)이었다. 그러나 서간도(西間島)로 망명한 뒤로 『동명성왕실기(東明聖王實記)』『발해

---

2) 朴殷植의 『韓國痛史』에 의하면, 合邦 전후에 〈收燼〉된 書目은 다음 같다.

『初等本國歷史地誌』,『中等本國歷史地誌』,『幼年必讀』(玄采),『東國史略』(玄采),『乙支文德傳』(申采浩),『李舜臣傳』(申采浩),『國民須知』(金宇植),『大韓地誌』(學部),『大韓歷史』,『崔勉庵集』(崔益鉉),『昭義新編』(柳麟錫),『陽明先生實記』(朴殷植),『飮氷室文集』(梁啓超),『中國魂』(梁啓超 著, 張志淵 譯),『自由書』(梁啓超 著),『越南亡國史』(巢南子 著, 玄采 譯),『神州光復誌』,『美國獨立史』,『瑞士建國誌』,『빌헬름텔』(鄭哲貫 著, 朴殷植 譯),『意太利獨立史』『法國革命史』(『法國革新戰史』?),『波蘭亡國史』(『波蘭國末年戰史』?),『埃及近世史』(張志淵 譯),『華盛頓傳』(李海朝 譯),『意太利建國三傑傳』(梁啓超 著, 申采浩 譯),『噶蘇士(Korsuth)傳』(梁啓超 著, 李輔相 譯),『大彼得(Pyotr I)傳』(金演昶 譯),『夢拜金太祖』(朴殷植),『夢見諸葛亮』(劉元杓),『禽獸會議錄』(安國善),『演說法方』,『笑談』,『朝鮮論』,『自由鐘』(李海朝),『萬歲曆』,『精神教育』,『英雄淚·國事悲』,『血淚』(李人稙),『靑年立志編』(스마일즈 著) 등.

태조건국지(渤海太祖建國誌)』『명림답부전(明臨答夫傳)』『개소문전(蓋蘇文傳)』『대동고대사론(大東古代史論)』등을 저술하고(대부분은 현재 不傳), 그 일부가 내지(內地)로 들어오기도 하여, 역사가로서의 면목을 드러내기 시작하였다.

박은식은 그뒤 상해로 옮겨, 왕조말을 서술한 『한국통사(韓國痛史)』(漢文, 1915)를 간행하였다. 이 저술은, 또 뒤에 3·1운동을 내용으로 하여 간행된 『한국독립운동지혈사(韓國獨立運動之血史)』(漢文, 1920)로 더불어, 그의 대표작인 동시에, 민족주의사학(民族主義史學)이 이로부터 본격적으로 정립되기 시작한 한 이정표로 평가되고 있다. 〈한국혼(韓國魂)〉으로 집약되는 박은식의 정신사관, 특히 민족정신사관은 뒤에 신채호(申采浩)의 〈아(我)와 비아(非我)〉, 최남선(崔南善)의 〈조선정신(朝鮮精神)〉, 문일평(文一平)의 〈조선심(朝鮮心)〉, 정인보(鄭寅普)의 〈얼〉 등으로 맥락이 이어진다.

이 무렵 국내에 남아 크게 활동한 것은 최남선(崔南善, 1890~1956)을 중심으로 한 조선광문회(朝鮮光文會, 1910~ ?)였다. 조선광문회는 우리 고서(古書)의 수집과 간행에 전력을 기울여, 때마침 재한(在韓) 일본인들이 추진하던 조선고서간행회(朝鮮古書刊行會)와 대조를 이루었다. 이 학회에는 유력한 국내 지식인 다수가 관여하였는데, 그중 실무의 핵심이 된 김교헌(金敎獻)·유근(柳瑾) 등이 대종교(大倧敎) 관계자였던 데서 시사하는 바 크다. 최남선은 한편으로 신문관(新文館, 1907~22)의 출판사업을 통하여 계몽사상운동을 동시에 추진하고 있었지만, 그의 한국사 연구는 1920년대부터 본격화된다.

또 앞에서 말한 장지연(張志淵)의 『유학사』가 발표된 것과 거의 같은 무렵, 이능화(李能和)의 『조선불교통사(朝鮮佛敎通史)』(1916), 권상로(權相老)의 『조선불교약사(朝鮮佛敎略史)』(1917)가 나와 불교사의 체계화가 시도되기 시작하였다.

3. 王朝末 前後의 韓國史學——外國人

⑨ 한국인 연구자에 의한 근대적인 한국사학이 이처럼 서서히 발아(發芽)하고 있는 동안, 일본인 연구자들의 한국사 연구는 한 단계를

앞서 이미 본궤도에 올라 있었다. 신채호(申采浩)가 『조선사람으로서 조선사학이 일본으로부터 개단(開端)되기를 바라리요』(『朝鮮上古史』總論)라고 개탄한 것도 그러한 경위를 말해주는 것이라 하겠다.

10 이른바 문명개화(文明開化)라 하여 서양 문물의 적극적인 수용을 통한 근대화에 우리보다 앞서 있던 일본은 역사학에서도 1890년 수년 전부터 대학에 사학과(史學科)를 두고 독일 랑케(J. Ranke) 사학을 도입하는 등, 근대적인 학풍으로의 발돋음을 시작하였으며(開化黨에 의한 甲申政變이 1884년이었던 것과 對比), 때마침 1894~95년의 일청전쟁(日淸戰爭)을 앞두고 대륙을 향한 팽창의 기운(機運)이 농숙해지면서, 일본의 〈조선사학〉이 시작되었다. 일례를 들어 광개토왕릉비(廣開土王陵碑)가 일본에서 활발히 논의되기 시작하여 한국사의 왜곡이 자행된 것도 벌써 이때에 있던 일이다.

일본의 이와 같은 〈조선사학〉은, 그들의 전통적인 〈국학(國學)〉〈한학(漢學)〉을 배경으로 한 일본 고대사학의 연장으로 다루어지기 시작한 것으로, 그들은 대개 〈일선동조론(日鮮同祖論)〉에 서서 조선은 일본에 흡수되는 것이 당연하다는 것을 암묵(暗默)의 전제로 한 것이었다. 그 〈일선동조론〉이란, 상고 내지 고대에 있어 한반도계가 일본열도로 이주하여 압도적인 영향을 준 것을 말하는 것이 아니라, 거꾸로 한반도가 일본의 지배하에 있었다는 허구(虛構)를 의미하는 것이었다.

11 이에 대하여 1904~05년의 일로전쟁(日露戰爭)을 전후해서는, 서양사학의 방법을 익힌 연구자들이 〈조선사학〉을 출발점으로 하여 점차 대륙으로 연구의 영역을 확대시켜 그들의 이른바 〈동양사학〉을 성립시키고, 이 동양사의 입장에서 조선사를 보는 새로운 경향이 나타나기 시작하였다. 그들은 문헌비판과 사실고증에서 참신한 면모를 보여, 일본학계에서도 오래 방법상의 모범으로 간주되어 온 것이라 하지만, 과학의 이름을 빈 그 문헌비판과 사실고증이 일정한 선입견에서 출발한 까닭에 한국사는 도리어 많은 부분에서 왜곡을 당하기 시작한 것이다.

그들의 선입견이란, 우선 근대화에 있어 일본은 아시아권 제국(諸國)을 초탈(超脫)하였다는 우월감이었고, 그 저열한 여타(餘他) 아시아권 속에서도 조선은 중국의 부용(附庸)에 불과하여 더욱 저열하다는 경멸이 그것이었다. 이러한 입장은 곧바로 〈만선사(滿鮮史)〉 체계로 발전하는 것인데, 그 〈만선사〉란, 만주사가 한국사의 일부가 되는 것이 아니라, 거꾸로 한국사의 일부가 만주사에 흡수되는 것으로 보아 나머지 일부는 일본사와의 관련에서 처리하는 여지를 둔 것이었다.

이 〈만선사〉가 처음으로 시도되기는, 일본의 대륙침략의 거점의 하나이었던 남만주철도주식회사(南滿洲鐵道株式會社)(滿鐵)에 만선역사지리조사실(滿鮮歷史地理調査室)이 설치되어(1908), 시라또리(白鳥庫吉, 1865~1942) 주재하에 쓰다(津田左右吉)·이께우찌(池內宏) 등 쟁쟁한 여러 연구자들이 이에 참여하면서부터였다. 그 뒤로 일본인에 의한 한국사 연구는, 동경의 시라또리(白鳥庫吉)와 경도의 나이또오(內藤湖南)의 학통을 이은 〈동양사학〉 연구자들에 의하여 주도되었다. (內藤 자신은 韓國史에는 직접 관여하지 않았으나)

12 〈일선동조론(日鮮同祖論)〉 〈만선사(滿鮮史)〉와 함께 일본의 한국사학에서 그 초기부터 나타난 또 하나의 특징은 이른바 〈정체론(停滯論)〉으로서,[3] 이 셋은 일본 패전 당시까지 그들의 연구에서 줄곧 맥락을 이어온 것이다. 역시 합방 이전부터 주로 경제사학(經濟史學)에서 주창되어온 이 〈정체론〉은, 한국사에 봉건제(封建制)가 없었던 것 등을 들어, 한국은 자력으로 근대화를 수행할 수 없는 낙오·후진의 상태에 있다 하고, 그 근대적 개발을 담당하는 것이 일본의 식민지 지배라는 것을 합리화하는 것이었다.

13 1910년의 합방을 맞아, 조직적인 한국사 연구는 조선총독부(朝鮮總督府)가 직할 혹은 지원하는 일본인 및 그 연구기관이 거의 독점하는 상태가 되었고, 그 연구라는 것은 연구자 개개인에 따라 적극적 혹은 소극적의 차이는 있었을지언정 결국은 일본의 침략정책을 더욱 합리화한 결과가 된 것이었다.

그 중에도 총독부가 가장 힘을 기울인 것은 그들의 『조선사(朝鮮

---

3) 일본인의 韓國史 연구가 〈日鮮同祖論〉〈滿鮮史〉〈停滯論〉을 배경으로 하였다는 것은, 戰後의 일부 일본인 연구자들도 지적하고 있는 터이다. 旗田巍 編 『심포지움 〈日本과 朝鮮〉』(1969) 참조.

史)』 관찬(官撰) 사업이였고, 그것은 1930년대에야 결실을 보게 된 방대한 장기계획이기도 하였다. 총독부는 합방 직후부터 〈취조국(取調調局)〉이라는 부서를 두어 그들의 〈정무자료(政務資料)〉를 위한 이른바 〈구관제도조사(舊慣制度調査)〉를 시작하였고, 이어 이 사업을 총독부 중추원(中樞院)으로 이관하면서(1915)부터는, 일본에 거주하는 구로이따(黑板勝美) 등 몇몇 저명한 연구자의 지도하에 중추원의 실무진으로 하여금 『조선반도사(朝鮮半島史)』(뒤의 『朝鮮史』) 편찬의 기초작업에 착수케 하였다.

이 사업은 처음부터 분명한 정치적 목적으로 시작된 것으로서, 총독부는

　　조선은……고래로 사서(史書)의 존(存)하는 것이 많고 또 신저작(新著作)에 계(係)한 것도 불소(不少)하다. 전자는, 독립시대의 저술로서 현대와의 관계를 결(缺)하고 도연(徒然)히 독립국의 구몽(舊夢)을 추상(追想)케 하는 폐(弊)가 있다. 후자는 근대조선에 있어서의 일청(日淸)·일로(日露)의 세력경쟁을 서(敍)하여 조선의 향배(向背)를 설하고, 혹은 『한국통사(韓國痛史)』라 칭하는 재외 조선인(在外朝鮮人)의 저서와 같이 사(事)의 진상을 구(究)하지 않고 만연(漫然)히 망설(妄說)을 마음대로 하고 있다. ……이것이 『조선반도사』의 편찬을 필요로 하는 이유의 주된 것이다. 만일 차서(此書)의 편찬이 없다면……여하히 조선인 동화(同化)의 목적을 달할 수 있겠는가. (「朝鮮史編修會事業概要」)

라고 그 목적을 밝히고 있는 것이다.

뿐만 아니라 그 편찬을 위한 사업의 규모가 방대하였다. 기존의 구왕실(舊王室) 자료가 거의 독점적으로 이용되었을 뿐 아니라, 행정력을 동원하여 각지에 산재한 자료를 대규모로 수집, 신자료가 예상외로 많아서 편찬기일을 연기하지 않을 수 없는 정도이었다.

한편, 총독부는 박물관(博物館)을 설치하는 한편(1916), 중추원에 조선고적조사위원회(朝鮮古蹟調査委員會)를 두어, 모든 고적 조사는 여기서 관장하도록 하였다. 일본은 이미 일로전쟁 직전부터 건축사학(建築史學)의 세끼노(關野貞), 뒤이어 고고인류학(考古人類學)의 도리이(鳥居龍藏) 등을 한국에 파견하여, 국내 각지를 누비는 광범위한 현지조사를 실시케 한 바도 있지만, 이제 민간에 의한 고고학적 발굴의

배제가 제도화된 것이었다.

14 이 당시 청국(淸國)에서는, 역사학에서도 신학문으로의 전환이 늦어, 그 면에서 한국사학에 영향을 주기도 어려웠지만, 구학문으로서도 고증학(考證學)이 그처럼 성행했음에도 불구하고 한국사에 관해서는 고염무(顧炎武)·주이존(朱彝尊) 등이 주목되는 정도이었으며 (『海東繹史』『紀年兒覽序』『五洲衍文長箋散藁』), 청말(淸末)에 이르러서도 금석학(金石學)에 유희해(劉喜海), 지리고증(地理考證)에 양수경(楊守敬) 등 약간인이 손꼽힐 정도이다.

그러나 중국인의 한국사 연구에서 그보다도 더 주목할 것은, 예컨대 『병자수호조약으로 중국과의 중주관계(宗主關係)가 정식으로 단절되기까지의 한국사는 중국사의 일부분』이라고 강변하는 견해가 현대의 한국사 연구자들에게도 뿌리깊게 남아 있는 점이며, 여기에 실학파(實學派) 이래 우리 역사학의 지표(指標)의 하나가 중국중심의 역사로부터의 독립에 있었음을 새삼 돌이켜보게 되는 것이다.

15 한편 서양인이 남긴 광의의 한국사 관계 저술로는 달레(C.C. Dallet)의 『한국교회사』(佛文, 1874), 꾸랑(M. Courant)의 『한국서지(韓國書誌)』(佛文, 1894~1901), 제로 재무부(帝露財務部)의 『한국지(韓國誌)』(露文, 歷史·風俗·制度 등 포함, 1900), 그리피스(W.E. Griffis)와 로스(J. Ross)의 저술(둘다 英文) 등을 비롯하여 합방 전만 해도 20~30종에 달하며,[4] 그중에서 헐버트(H.B. Hulbert)의 『한국사』(英文, 1905)와 게일(J.S. Gale)의 『한인사(韓人史)』(英文, 1927), 이옥(李玉)의 『한국사』(佛文, 1969), 헨손(W. Henthorn)의 『한국사』(英文, 1971) 등은 현재까지도 몇 안되는 서양문(西洋文) 통사(通史)의 하나가 된다. 또 서울의 서양인사회를 중심으로 발행된 『코리언 리포지토리』(1892~), 로얄 아시아 학회의 『트랜스액션』(1900~) 등 몇몇 영문잡지에서 역사 관계도 적지 않게 다루었으나 그 모두가 수준이 고른 것으로 보기는 어렵다.

---

4) 한국사 관계의 서양인 저술 書目으로는 다음을 참조.
  Li Ogg(李 玉), Catalogue of the books and articles on Korea, published in European languages, except for Russian, until 1950(1974, 『高大民族文化研究』 8)

서양인의 한국 연구는 그 뒤에도 간헐적으로 계속되어 에카르트 (A. Eckart)의 『한국미술사』(獨文, 1939)나 그라즈단제프(A.J. Grajdanzev)의 『근대한국』(英文, 1944) 등 주목되는 저술도 나왔지만, 대체로는 역시 한국사 연구의 주류가 되는 것은 아니었다.

4. 3·1運動 후의 韓國史學

⑯ 1919년의 3·1운동은 역사학에도 큰 영향을 주었다. 직접 3·1운동을 담은 여러 저술이 상해·뉴욕·런던 둥지에서 나온 것도 큰 수확이었지만, 더 대국적으로, 3·1운동의 혈투(血鬪)가 가져다준 시대상이 역사학에도 크게 반영된 것이다. 민족의식은 더한층 고조되었고, 일본의 탄압도 다소는 완화되었다. 외국유학 등으로 신지식을 흡수하는 기풍도 현저하게 늘어났고, 민간신문·잡지 등 발표기관의 확충으로 근대적인 민족문화에 대한 관심도 크게 표면화되었다. 이리하여 1931년 일본의 만주침략이 시작되기까지의 10여년 동안은 문화 전반에 걸쳐 일본 강점기 중에서 가장 활기를 띤 시기가 되었던 것이다.

⑰ 1920년대의 한국사학에서 가장 특징을 이루는 것은, 한국사의 주체성을 부인 말살하려는 일인 연구자들에 적극적으로 맞서는 민족주의 사학이 국내에서도 크게 부풀어오른 점이다. 그것은 역시 국외의 활동처럼 자유로운 것은 아니었지만, 적어도 합방후 한동안 표면상으로는 숨을 죽이지 않을 수 없었던 민족주의 사학의 소생이라고 할 것이었다.

황의돈(黃義敦)의 『신편조선역사(新編朝鮮歷史)』(1926), 권덕규(權悳奎)의 『조선유기(朝鮮留記)』(1929) 등은 통사 형식으로 일인의 소위 〈만선사관〉을 뒤집어 한민족 중심의 만주사를 곁들인 것이었다.

최남선(崔南善)은 이때 「단군론(檀君論)」(1929), 「아시조선(兒時朝鮮)」(1926)에 이어 「불함문화론(不咸文化論)」(日文, 1928)을 발표하여, 일본인의 〈일선동조론〉을 뒤집고, 한민족이 동양 최고의 문화 창조자요 일본은 그 아류(亞流)라는 주장을 아시아사적 규모로 논한 것이었다. 그가 역사를 배경으로 한 여러 장편기행을 써서 국토애(國土愛)를 고취한 것도 이 무렵의 일이다.

북경에 있던 신채호(申采浩)의 『조선사연구초(朝鮮史硏究草)』(1925)와 『조선사(朝鮮(上古)史)』(1931년 발표. 1928년 旅順獄에 투옥되기 전에 집필한 것)가 국내 신문에 연재된 것도 이 시기로서, 이 상고사 체계는 뒤에 정인보(鄭寅普)의 『오천년간 조선의 얼』(신문연재, 1935~, 뒤의 『조선사연구』), 안재홍(安在鴻)의 『조선상고사감(朝鮮上古史鑑)』(1947~48) 등으로 이어졌으며, 사상사(思想史)에서는 유(儒)・불(佛)에 대립되는 〈낭가사상(郎家思想:花郞道)〉의 중요성을 역설하여 많은 영향을 끼쳤다.

18 1920년대의 신채호(申采浩) 사학은, 그 개성이 넘치는 사관(史觀)이나 역사가로서의 사명감이라는 면에서 특히 한국 근대의 역사학을 대표하는 한 사람이라고 할 수 있을 뿐 아니라, 『조선(上古)사』 총론(이 부분만 수록한 책자가 『朝鮮史論』)에 보이듯이 이미 역사과학의 방법을 의식하고 있었다.

물론 이 과학적 방법이 그의 상고사 체계에서 완벽하게 구사되었다고 할 수는 없다. 때로는 격렬한 민족의식이 앞서서 사실(史實) 해석에 무리가 드러난 부분도 있고, 때로는 객지의 곤경에 기인한 듯한 이용 자료의 미비와 고증의 부실(不實)이 눈에 띄기도 한다. 그렇다 하여 그의 사학을 비과학적이라고 평가할 것은 아니며, 그것은 개척자이기에 불가피한 시대의 제약, 역량의 한계이었다고 하겠다. 사실 우리 상고사는 오늘날에 이르기까지도 만족할 만한 합리적인 체계화가 이루어지지 못하고 있다 해도 과언이 아니다. 따라서 전인(前人)의 어느 해석이 후인에 의하여 수정을 요하게 되었다고 해도 오히려 당연에 속하는 일이며, 후인(後人)의 새로운 해석이라는 것도 역시 전인의 개척을 바탕으로 해서 이룩된다. 그런 뜻에서 신채호의 상고사는, 그 지지자에게나 반대자에게나 재음미되어야 할 귀중한 시사(示唆)를 적지 않게 포함하고 있다고 하겠다.

역사과학의 방법은 이 무렵 국내에도 점차로 들어오고 있었다. 최초의 정치제도사를 포함한 안확(安廓)의 『조선문명사』(1923)와 같은 것은 그 일례이며, 후일 실증사학(實證史學)의 중심적 위치를 차지하는 이병도(李丙燾, 1896~)의 기초적인 논문들도 이 무렵부터 학술전문지에 발표되기 시작하고 있다(1926~). 또 미국에서 역사학 방면에 몇몇 유학생이 이 무렵에 호저(好著)를 냈다고 전하며, 서양사학

의 방법을 직접 원용한 개척적인 업적으로 백낙준(白樂濬, 1895~)의
『한국신교사(韓國新敎史)』(英文, 1927)는 널리 알려진 저작이다.

[19] 1920년대의 한국사학에서 또하나 주목되는 것은 이능화(李能和)
의 사상사(思想史) 정리이다. 일찌기 불교사(佛敎史)의 대저를 낸 그
는, 잇달아 『조선기독교급외교사(朝鮮基督敎及外交史)』(漢文, 1926)와
『조선도교사(朝鮮道敎史)』『조선무속고(朝鮮巫俗考)』(둘다 漢文, 해방
후에 원고 影印)를 지었고, 그 밖에 『조선여속고(朝鮮女俗考)』(漢文,
1927), 『해어화사(解語花史)』(漢文, 1927) 등 풍속사(風俗史)를 중심으
로 한 일종 사회사적(社會史的)인 접근을 시도하기도 하였다.
오세창(吳世昌)이 전통적인 서화예술을 정리하여 『근역서화징(槿域
書畫徵)』(漢文, 1928)을 낸 것도 이 무렵이다.

[20] 일본인의 한국사학은 그 유리한 제조건을 바탕으로 1920년대에
들어와 더욱 조직적으로 진행되었다.
위에서 말한 총독부 중추원의 『조선반도사(朝鮮半島史)』 편찬사업은
정무총감을 위원장으로 하는 〈조선사편찬위원회(朝鮮史編纂委員會)〉로
개편되어(1922), 이나바(稻葉岩吉, 1876~1940)의 실질적인 주재하에
정력적으로 계속 추진되었고, 그 밖에 총독부의 〈관방조사과(官房調査
課)〉(1922~)에서도 총독부 정책에 직결되는 다방면의 민간실태 〈조사
자료(調査資料)〉를 계속 작성하는 가운데, 역사에 관련된 것도 적지
않았다. 이 무렵 〈조선사학회(朝鮮史學會)〉의 이름으로 나온 『조선사
강좌(朝鮮史講座) 일반사·분류사·특수강의』(日文, 1923~4, 일반사는
뒤에 『朝鮮史大系』로 改題)는 이들 총독부 관계 연구자들을 집필진으로
한 것으로, 해방 당시까지도 최대규모를 자랑한 한국사의 종합적 서
술이었다.
총독부가 그 동안 진행해오던 〈고적조사(古蹟調査)〉 사업은 1920년
대에 들어오면서 본격화되어, 김해패총(金海貝塚)·평양고분(平壤古
墳)·집안고분(輯安古墳)·경주고분(慶州古墳) 등을 비롯한 다량의
조사보고서를 내고, 또 호화본 『조선고적도보(朝鮮古蹟圖譜)』 15집
(~1930)을 차례로 내놓았다.
1926년에는 경성제국대학(京城帝國大學)에 법문학부(法文學部)가

설치되어, 이곳을 거점으로 한 이마니시(今西龍, 1875~1932) 등 역사학 연구자와 그 밖에 여러 인문·사회과학 연구자들이 일반사 이외에도 경제사·법제사·외교사·교육사·민속학 등에서 각각 전문이론을 배경으로 하여 한국사의 영역을 넓혀갔다.

5. 日本侵略戰下의 韓國史學

[21] 1931년 일본의 만주침략이 시작되면서, 국내의 조직적인 민족운동은 대폭으로 봉쇄되기 시작하였다. 그러나 1937년에 일본이 중국본토로 침공하기까지만 해도, 민간언론이나 문화운동 등은, 왕년의 투쟁적인 면모가 다소의 변화를 보이기는 하였으나, 학생들의 농촌계몽운동(1929~35)과 같은 예에서 보듯이, 아직도 그 명맥을 유지하고 있었다고 할 수 있다. 역사학도 1920년대의 기초 위에 서서 투쟁적이라기보다는 내공적(內攻的)인, 그 대신 한결 세련된 형태를 보이게 되었다.

이 무렵은 한국사학도 분야별로 상당히 전문화되어, 1930년대에 전서(專書)로 나온 것만으로도, 고권삼(高權三)의 『조선정치사』(日文, 1930), 이선근(李瑄根)의 『조선최근세사』(1931), 문일평(文一平)의 『대미관계(對美關係) 50년사』(1939), 유자후(柳子厚)의 『조선화폐고(朝鮮貨幣考)』(1940), 김태준(金台俊)의 『조선소설사』(1939), 김윤경(金允經)의 『조선문자급어학사(朝鮮文字及語學史)』(1938), 김재철(金在喆)의 『조선연극사』(1939), 정노식(鄭魯湜)의 『조선창극사(朝鮮唱劇史)』(1940), 윤을수(尹乙洙)의 『한국의 유교』(佛文, 1939) 등의 저가 나오게 되었고, 그것도 대개는 전일에 비하여 훨씬 심화된 연구라고 할 만한 것이었다.

이러한 추세는 우선 양적으로 보아 상당한 성장이었다고도 할 수 있을 것이지만, 같은 시기의 일본인 연구자들의 그것과 비교할 수는 없는 것이다.[5] 특히 최남선(崔南善)이 〈공민용(公民用) 최소한도의 조선역사〉를 의도하면서 저술한 『조선역사(朝鮮歷史)』(1931)가 국문으로 된 통사(通史)로서는 1930년대를 통하여 거의 유일의 것이었고, 그

---

5) 李基白, 改正版 『韓國史新論』(1976) 卷末 參考硏究書目 참조.

밖에 비교적 널리 행해진 전기(傳記)로 조광사(朝光社)의 『조선명인전(朝鮮名人傳)』(1939) 정도를 손꼽을 정도였던 것으로도, 당시 한인의 연구가 얼마나 어려운 조건에 있었는가를 짐작할 수 있다.

그러나 한국사학의 전문적 연구라는 면에서는 몇 가지 주목할 만한 현상이 이 시기에 일어나고 있는 것이다.

22 첫째는 민족주의사학이 집요하게 추구되고, 특히 1934~35년경부터는 그것이 〈조선학(朝鮮學)〉이라는 개념의 일부로 파악되기 시작한 점으로서, 그러한 경향은 특히 〈실학(實學)〉 연구에 역점을 두면서 전개된 것이었다.

조선후기 실학을 중심으로 근대지향적 성격과 민족의 주체성에 입각하여 유학사상을 재구성하려 한 일련의 시도가 정인보(鄭寅普, 1894~1950 拉北)를 비롯하여 안재홍(安在鴻)・최익한(崔益翰) 등 상당수의 연구자에 의하여 추진되었으며(鄭寅普의 관계 논술은 해방후에 간행된 『薝園國學散藁』『薝園文錄』에 수록), 이때 신조선사(新朝鮮社)가 『여유당전서(與猶堂全書)』(丁若鏞 저), 『담헌서(湛軒書)』(洪大容 저), 『여암전서(旅庵全書)』(申景濬 저) 등 실학파 제유(諸儒)의 저술을 계속 발간한 것도 이러한 학풍과 보조를 같이한 것이었다.

또 위에서 말한 정인보(鄭寅普)의 상고사 연구(『오천년간 조선의 얼』)나, 국사의 대중화에 주력하면서 독특한 사론(史論)을 다수 발표한 문일평(文一平 1888~1939)의 업적(뒤의 『湖岩全集』, 1939) 등도 이 시기의 민족주의 사학의 중요한 성과였다.

23 둘째는 유물사관(唯物史觀)에 입각한 계급주의사학(階級主義史學)의 대두로서, 백남운(白南雲, 1894~)의 『조선사회경제사』(古代)(日文, 1933)와 『조선봉건사회경제사 상(上)』(고려)(日文, 1936), 이청원(李淸源)의 『조선사회사독본』(日文, 1936, 뒤에 『조선역사독본』으로 增補) 등이 대표적인 것이었다.

역사학의 이러한 경향이, 1900년대 초부터 있어온 행동적인 계급운동을 그 시대적 배경으로 삼고 있는 것은 물론이지만, 한편 이것이 한국 사회경제사의 본격적인 첫 개척이었다는 점과, 한국사를 세계사 발전법칙의 일환으로 이해하는 첫 시도였다는 점에서 주목된다. 한국사회경제사는 1900년대부터 일본에서 착안되어 그 뒤로 약간의 논저도 없지 않았으나, 그것은 위에서 말했듯이 대개 한국사의 〈후진성(後進性)〉〈정체성(停滯性)〉을 강조한 것이었고, 이와는 입장을 달리하여 1933년경부터 도입된 〈아시아적 생산양식론〉 같은 것도 결과적으로 더욱 그것을 부채질한 것이었다.

24 세째는 진단학회(震檀學會)와 그 회보 『진단학보(震檀學報)』(1934~39)의 활동인바, 이때 재한(在韓) 일본인 연구자들의 청구학회(靑丘學會)와 그 회보 『청구학총(靑丘學叢)』(1930~39)에 대결하는 한국인 연구자들의 집결체가 이것이었다.

『진단학보』의 집필자들은 거의 전부가 동경·서울 혹은 유럽에서 정규의 대학교육을 통하여 과학적인 방법을 익힌 연구자들이었다. 이 학회는 이러한 한인 연구자들로 구성된 연구단체로서도 초유의 일이었을 뿐 아니라, 이 일군의 연구자들은 사론(史論)보다는 사실(史實)의 엄밀한 실증을 중시하는 사풍(史風)이 특징을 이루어, 아카데미즘 사학의 면모를 농후하게 드러낸 이 학풍은 한국사학을 역사과학으로 이끌어가는 데 획기적인 공헌을 한 것이었다.

이 가운데, 그 업적이 해방후에 전서(專書)로 정리된 연구자만을 들어, 그 주요한 저술을 살펴보면 다음과 같다. (해방후의 연구를 수록한 저술은 省略)

진단학회의 중심이었던 이병도(李丙燾)는 조선의 유학사상(『資料韓國儒學史 草稿』〈未定稿〉 1959), 고려의 도참사상(圖讖思想)(『高麗時代의 研究』, 1948), 한사군(漢四郡)·삼한(三韓) 등 고대의 역사지리(『韓國古代史 研究』, 1976) 등을 주대상으로 하였으며, 김상기(金庠基)는, 고려를 중심으로 한 대외관계사(『東方文化交流史論攷』, 1948)와 조선의 동학(『東學과 東學黨』, 1947)을, 이상백(李相佰)은 조선왕조의 건국과정(『韓國文化史研究論攷』, 1947, 『李朝建國의 研究』, 1949)에 관한 업적을 내었다. 민속학의 손진태(孫晋泰)(『韓國民族說話의 研究』, 1947, 『韓國民族文化의 研究』, 1948)와 송석하(宋錫夏)(『韓國民俗考』, 1960), 미술사의 고유섭(高裕燮)(『韓國 塔婆의 研究』, 1948, 『韓國美術文化史論叢』, 1949)도 이 학회의 중요한 멤버이었다.

한국문학의 조윤제(趙潤濟)(『韓國詩歌史綱』, 1954), 윤리학의 김두헌

(金斗憲)(『조선가족제도연구』, 1949)도 각각 역사학에 관련되는 저술을 내었으며, 위의 연구자들보다 다소 연대가 뒤지는 이인영(李仁榮)은 조선의 대외관계사(『한국·만주관계사의 연구』, 1954)를, 유홍렬(柳洪烈) 은 조선의 교육·민속 등에 업적을 남겼다.

[25] 한편 재한 일인들의 활동은 역시 조선사편수회(朝鮮史編修會)·조선고적연구회(朝鮮古蹟研究會, 1931~,〈조선고적조사위원회〉의 後身), 경성제대(京城帝大)를 비롯한 여러 연구기관과 연구자에 의하여 더욱 양적(量的)으로 확대되었다. 그러나 일본의 대륙침략이 진전됨에 따라 그들의 연구가 갈수록 그 침략정책을 합리화하거나 거기에 동원되지 않을 수 없었으며, 그 말기에 나온 한국사의 타율성론(他律性論)과 같은 것은 그 일례가 된다.

한편, 1910년대 이래 오랜 준비기간을 거쳐온 총독부의 『조선사(朝鮮史)』37책(日文)이 1931~36년에 걸쳐 마침내 완간(完刊)된 것을 특히 들어두지 않을 수 없다. 그것은 초유의 방대한 편년사(編年史) 내지 자료집이기는 하였지만, 그 자료의 취사선택이 처음부터 일정한 목적 아래 진행된 것이어서, 총독부의 위력을 과시한 효과 이외에, 심지어 일인 연구자에게조차 크게 평가받지 못한 것이 되고 말았다.

[26] 미·일 개전(1941) 이후로 역사학도 극도의 제약을 받게 된 것은 물론이다. 한인 연구자의 전서(專書)로는 겨우 최호진(崔虎鎭)의 『근대조선경제사』(1942), 홍이섭(洪以燮)의 『조선과학사』(1944) 등 당시 신진들의 일본문 발표가 가까스로 허용되었을 뿐이었고, 그 밖에 최남선의 『고사통(故事通)』(1943, 『조선역사』에 문화사 관계를 增補)이 나옴에 그쳤다.

6. 民族解放 以後의 韓國史學

[27] 1945년의 민족해방을 맞으면서 한국사학 역시 환희와 혼란을 함께 안게 되었다. 이 격변기의 한국사학을 담당한 것은, 한동안 활동을 정지당했다가 이때에 부활한 진단학회(震檀學會)였다.

먼저, 국사를 되찾은 각급 교육을 위하여, 급속히 교원을 양성하고 응급의 교재로『국사교본』(1945, 李丙燾·金庠基·申奭鎬 집필)을 편찬하였으며, 해방의 싯점에서 국내 유일의 대학이었던 경성대학(京城大學)의 교수진이 많이 이 학회의 회원들로 충당되어, 해방후의 한국사학이 이 학풍을 잇는 계기가 되었다. 특히 이병도(李丙燾)의『조선사대관(朝鮮史大觀)』(1948, 뒤에『한국사대관』으로 增補)은 해방후의 한국사 체계를 대표하는 것이라 할 수 있는 것이었다.

또 좌·우익의 정치적 대립과 때를 같이하여, 역사학에서도 계급주의 사학이 주로 사회경제사의 분야에서 활발한 움직임을 보이면서, 1948년의 정부수립 무렵까지 민족주의사학과의 대립을 나타낸 것도 이 시기의 특징의 하나였다.

1950년에 한국전란이 일어난 뒤, 피난 수도 부산에서 전후(戰後) 출신의 소장들을 중심으로 한 〈역사학회(歷史學會)〉와 그 회지『역사학보(歷史學報)』(1952~)가 출현하였다. 이것은 해방전 소수 연구자들의 고군분투가 이제 소장층의 증원을 얻어, 한국사학이 점차로 다양화하기 시작한 것을 의미하는 것이었다.

[28] 1953년 휴전 이후, 한국사학은 가속도적으로 발전하였다. 휴전 이후 20여년의 상황은 다시 2~3개의 소기로 구분하는 것이 온당할 것이나 아직은 무리한 일면이 있고, 또 그 자세한 내용은 말할 겨를이 없으므로,[6] 다만 1959~65년에 나온 진단학회(震檀學會)『한국사』7책과 1964~72년에 나온 고려대학교(高麗大學校) 민족문화연구소의『한국문화사대계』7책, 1973년부터 나오고 있는 국사편찬위원회(國史編纂委員會)의『한국사』(22책 예정)는 각각 그 시기의 수준을 반영하고 있는 것을 지적해두는 데 그친다.

---

[6] 解放 이후의 韓國史學의 成果에 관해서는 다음 자료를 참조.
　『歷史學報』(「回顧와 展望」特輯)

대상기간	게재된 호수
1945~62	第20輯 (1963)
1963~67	第39輯 (1968)
1968	第44輯 (1969)
1969~70	第45輯 (1971)
1971~72	第60輯 (1973)

　國史編纂委員會『韓國史研究彙報』(季刊, 1973~)

그 동안 학술원(1954~)의 역사학 분과 역대 회원이었던 이병도(李丙燾)·김상기(金庠基)·신석호(申奭鎬)·조의설(趙義卨)(서양사학)·김재원(金載元)(고고학)·이홍직(李弘稙)·유홍렬(柳洪烈)·홍이섭(洪以燮)과 전후출신인 고병익(高柄翊)·한우근(韓㳓劤), 그 밖의 여러 중진 연구자들의 직접 간접의 영향 아래 연구자 수는 비약적으로 증가하였다.[7] 그것은 한국사 연구의 폭과 깊이가 그만큼 확대 심화되는 최대 요인이 아닐 수 없는 것이다.

[29] 해방후 한국사학의 특징은 한마디로, 그 주류가 〈한국인에 의한 한국사의 연구〉로 되었다는 데에 있다. 한국사 연구가 반드시 한국인에 의해서만 추진되는 것은 도리어 바람직하지 않지만, 역사과학으로서의 한국사가 반드시 한국인의 주도적 책임 아래 연구되어왔다고 하기 어려웠던 것은, 분명히 정상을 벗어난 일이었던 것이다.

그러면, 해방 이후의 한국사학, 특히 그 주류를 이루게 된 국내의 그것은 내용에 있어서 무엇을 지향한 것이었는가. 먼저, 해방이전의 비정상이었던 시기에 한국사에 가해졌던 왜곡을 비판하는 일과, 나아가서 한국사가 본래 지니고 있던 예지(叡智)와 힘의 재발견으로 정상한 한국사의 체계를 재수립하는 일이 될 것이었다.

지난 30여년간, 정상한 한국사의 재수립을 위한 노력과 성과의 축적은 놀랄 만한 것이라고 할 만하다. 왜곡은 그만큼 시정되고, 왜곡 이전의 황무지 상태는 그만큼 개척되었다. 그럼에도 불구하고 아직도 왜곡을 비판하는 소리가 없지 않은 것은, 그만큼 체계의 재수립이 미흡하다는 것을 의미한다. 일본사학의 부당한 도전(挑戰)이 아직도 거센 한국 고대 관계사와 같은 것은 바로 그러한 저례(著例)가 될 것이다. 또 황무지인 채로 방치된 부분이 너무 크다는 소리가 없지 않은 것 역시 체계의 재수립이 미흡하다는 것을 의미한다. 고대와 중세, 중세와 근대를 구획하는 시대구분이 아직도 논자들의 의견접근을 보지 못하고 있는 것은 바로 그러한 저례가 될 것이다.

---

7) 崔永禧, 國史學界의 現況(『韓』 1975. 11. 第2次 國際韓國研究韓國協議會學術會議에서의 報告)에 의하면, 1975년 현재, 한국사 관계의 學會가 13, 各大學의 史學會가 14, 獨立研究機關(國史編纂委員會 등)이 4, 各大學 附設研究所가 25로서, 그 대부분이 定期刊의 會誌를 내고 있고, 國內 研究者가 推算 250명, 論·著의 年間 發表가 525件(1974)이라고 한다.

|30| 그러나 거듭 말하여, 지난 30여년 간에 한국사의 전체계를 좌우하는 근본적인 재수립이 어느 정도 성공한 부분은 결코 적지 않다.[8]

민족해방(民族解放) 이후(以後)는 아직 원근법적인 투시(透視)가 어려운 시기이어서, 역사학에서 본격적으로 접근한 것이 별로 없지만, 개항 이후, 곧 일본에 의한 식민지화와 강점, 또 그에 대한 한국인의 저항과 민중의 동태 등은, 물론 해방전에는 본격적으로 접근하기 어려웠던 분야이었다. 이 시기의 각 분야에 있어 근본적으로 달라진 것은 오히려 당연하다.

조선후기(朝鮮後期), 특히 실학, 자생(自生)한 자본주의적 요소, 신분제의 변동 등에 대한 연구는, 해방후에 크게 진전된 분야의 하나다. 그것은 주로 한국사에 있어서의 근대의 기점(起點)과 근대사의 자주적 성격을 구명하는 데에 역점을 둔 작업들이었다. 또 이 시기의 유학사·동학사·천주교사·서민예술사 등에서도 큰 진전이 있었다.

삼국(三國)—통일신라(統一新羅)—고려(高麗)—조선전기(朝鮮前期)의 경우, 토지제·재정제·신분제·군사제·지방제 등이 서로 불가분의 관계로 파악되어야 하는 사회경제사학의 개별연구는 해방후 30년 동안 비상한 진전을 보였다. 그것은, 국내정치나 대외관계의 사실(史實)들을 피상적으로 나열하는 데서 크게 벗어나지 못했던 해방전의 역사서술과 비교해볼 만한 것이다. 다만, 이 각시대가 각각 어떤 발전단계에 있었는가에 대해서 아직 정론이 없는 것은, 이러한 귀중한 개별연구들이 구조적인 일관성을 가지고 부각(浮刻)되도록 편성 종합하는 작업이 아직 부진하였기 때문이라고 할 수 있다. 또 이 시기의 정치제도사·불교사상사·불교미술사 등도 크게 진전된 부분이며, 백제사·발해사에 대한 관심이 고조되고 있는 것도 주목할 현상이다.

상고사(上古史)는, 특히 해방 이후에 급격한 발달을 보인 고고학(考古學)에서 획기적인 변화를 일으켰다.[9] 우선 해방전에는 확인되지

---

8) 해방 이후에 한국사학의 중요한 성과를 概觀하기 위해서는 다음 文獻을 참조.
   旗田巍 編『朝鮮史入門』(1966).
   金哲埈「韓國의 歷史學」(1972,『韓國文化史論』所收)
   崔永禧「國史學界의 現況」(1975, 前揭)
9) 尹武炳, 光復 30年 韓國歷史學界의 反省과 方向——考古學(1975, 全國歷史學大會 講演抄).

않았던 구석기문화와 청동기문화가 각각 분명하게 드러나, 한반도에 있어서의 구석기시대—신석기시대—청동기시대—철기시대—고분(古墳)시대가 비교적 선명하게 설정될 수 있게 되었다. 이와 같은 성과는 한반도 각 지역의 선사시대·고대의 문화양상을 크게 밝혀주었을 뿐 아니라, 문헌사학(文獻史學)·인류학(人類學) 등의 성과와 함께 국가 형성과정의 문제, 나아가서는 한인의 기원문제까지도 어느 정도의 시사(示唆)를 얻게 하였다.

③ 한편 북한에서는, 해방전 『진단학보(震檀學報)』에서 활동하던 김석형(金錫亨)·박시형(朴時亨)·도유호(都宥浩) 등이 계속 활동한 것으로 전해져 있을 뿐, 자세한 것을 알 수 없다.

또 해방전의 한국사학에서 비록 선입견을 벗어나지 못한 것이었으나마 적지 않은 업적을 축적했던 일본인 연구자들은, 나라(奈良) 천리대학(天理大學)이 지원하는 조선학회(朝鮮學會 : 해방전의 在韓 日人 연구자들을 중심으로 1950년에 발족. 발족 당시의 대표자는 高橋亨·船田亨二)와 동경의 조선사연구회(朝鮮史硏究會 : 戰後 출신 연구자들을 중심으로 1959년에 발족. 대표자는 『朝鮮史』〈1951〉의 저자 旗田巍)의 두 학회를 선두로 하여 한국학계에 못지않은 활동을 계속하고 있다.

또 해방 이후로 『조선왕조실록(朝鮮王朝實錄)』 영인(影印)(1955〜1958)을 비롯하여 희귀자료(稀貴資料)와 신자료(新資料)의 중간(重刊)·영인(影印) 등이 성행하여, 연구자에게 큰 편의를 주고 있는 것도 빠뜨릴 수 없는 일이다.

〈한국학〉은 이제 국내와 일본만이 아니라, 각각은 다르나마 중국·호주·미국·캐나다·영국·프랑스·독일·이태리·화란·오스트리아·스웨덴 및 공산권 제국에서도 연구되고 있고 그중의 대부분은 한국사를 포함하고 있다고 한다.[10]

<東亞年鑑, 1970; 韓國史의 再發見, 1974>

---

10) 同上, 『韓』 1975. 10. 國際學術會議에서의 보고.

제 2 부

三國史記에 있어서의 歷史敍述／高柄翊
高麗中期의 文化意識과 史學의 性格／金哲埈
三國遺事의 史學史的 意義／李基白
三國遺事에 보이는 一然의 歷史認識에 대하여／金泰永
高麗中期의 民族敍事詩／李佑成
高麗時代의 歷史繼承意識／河炫綱

三國史記에 있어서의 歷史敍述

高 柄 翊

　우리가 현유(現有)하는 최고(最古)의 사적(史籍)인 『삼국사기(三國史記)』가 중국·일본의 최고 사적에 비해서는 훨씬 늦은 시기인 고려 인종 23년(1145)에 김부식(金富軾, 1075~1151)에 의해서 완성되었음은 누구나 다 아는 일이다. 중국의 선진(先秦) 문헌들과 비교해서는 말할 것 없고, 한대(漢代)의 사마천(司馬遷)의 『사기(史記)』와 비교해 보아도 1200여년이나 뒤진 시대의 저술이 되고, 일본의 최초의 왕조 사적(王朝史的) 사서인 『일본서기(日本書紀)』보다도 4백여년 후의 저작이다.
　이렇게 만출(晚出)된 사서이니만큼 그간의 역사기술의 발전이 여기에 반영됨으로써 내용·체재가 갖추어질 것이 생각될 수 있지마는, 또한 서술 대상 시대에서 멀리 떨어지게 됨으로 해서 상세를 결(缺)하고 정확하지 못한 점이 많을 것도 짐작할 수 있다. 그렇기 때문에 『삼국사기』에 대해서는 종래로 여러가지 비평이 많았으며, 그 대부분은 부정적 비판으로 종시(終始)했다고 해도 과언이 아니다. 더구나 편찬자 김부식이 당시의 고려 정계에서 높았던 역할로 말미암아, 그리고 또 『삼국사기』의 내용으로 보아서, 지나친 유가윤리(儒家倫理)와 중국 중심의 사상에 사로잡혀서 건조하고 왜곡된 역사상(歷史像)

을 심었다는 비평을 들어왔다.

 본고는 이런 점을 염두에 두고 『삼국사기』의 찬술(撰述)에 따른 몇 가지 구체적인 문제들을 다루어서 『삼국사기』의 성격을 구명하고 아울러 이런 비평의 타당성 여부를 고찰하려 한다.

1. 撰述의 經緯

 『삼국사기』도 다른 여러 사서와 마찬가지로 군왕(君王)의 명령에 의해서 찬술된 사서이다. 순전히 김부식 개인의 자발적인 의사에서 시작된 것이 아니라 인종의 명에 의해서 엮어진 칙찬(勅撰)의 사서이다. 그러니 후대에 나온 『고려사(高麗史)』 『동국통감(東國通鑑)』 등과 마찬가지로 관찬(官撰)의 서이며 이 점 『삼국유사(三國遺事)』나 『동사강목(東史綱目)』 『동사찬요(東史纂要)』 등과 같은 순전한 개인저술과는 그 성격이 다르다고 해야 한다.

 군왕의 명을 받아서 찬술하는 방식에는 두 가지를 생각할 수 있다. 한 가지는 혼자서 집에 들어앉아 저술하는 것이요, 또 한 가지는 정부 속의 편찬기관을 이용해서 여러 사람의 협력을 얻어서 편찬하는 방식이다. 당대(唐代) 이후의 중국이나 우리나라에서의 정통적 왕조사의 편찬은 말할 것 없이 후자의 경우에 속한다.

 『삼국사기』를 편찬하는 데 있어서도 김부식은 감수국사(監修國史)의 지위에서 편찬사업의 총재역할을 담당하였다. 그래서 완성과 더불어 「진삼국사표(進三國史表)」를 인종에게 올리고 관례대로 그 노고에 대한 상사(賞賜)를 받았으며[1] 『삼국사기』의 권말에는 편찬에 참여한 사람들의 이름이 편수 김부식(編修金富軾)을 비롯해서 11명이 열기(列記)되어 있다. 『삼국사기』의 편찬도 일종의 사관제도(史館制度) 아래에서 수행되었던 것이다.

 이것은 시대적 위치로 보아서도 당연한 현상이었다. 고려·조선 할 것없이 역사기술의 이념과 규범은 물론 중국에서 배워온 바였다. 중국에서는 잘 알려져 있다시피, 당초(唐初) 태종 때에 이르러서는 왕조

---

1) 高麗史 卷98 金富軾列傳(延大版 19a).

사의 편찬 절차에 일대 변혁이 이루어졌으니 종래까지의 개인 사찬 또는 가학(家學)으로서의 역사편찬이 정부 안에 설치된 사관(史館)에서 여러 사관(史官)들의 공동편찬의 방식으로 바꾸어졌던 것이다.[2]

변혁이전에 있어서는 『사기(史記)』『한서(漢書)』『삼국지(三國志)』 『후한서(後漢書)』에서 『양서(梁書)』『진서(陳書)』 및 『남사(南史)』 『북사(北史)』에 이르는 일련의 왕조사는 모두 한 개인의 저작으로서 또는 부자 2대에 걸친 가학의 저술로서 나왔던 것이다. 이 경우 저작 도중이나 저술 완료후에 천자(天子)에게 이것이 알려져서 격려, 편의제공, 포상 등을 거쳐 흠정(欽定)된 왕조사로 인정되는 수가 있지마는, 비록 군왕의 재가형식을 취해서 이른바 정사(正史)가 되기는 하였다 하더라도, 그 저술 자체는 어디까지나 저자 개인의 의사와 포부 그리고 개인의 노력에 의해서 이루어진 것이었다. 한 개인의 저작이기 때문에 완성시키는 데 오랜 세월을 요하게 되는 것도 당연한 일이었다. 『사기』에서부터 『북사』에 이르는 사찬의 왕조사들이 완성되기 까지의 소요 시일을 훑어본다면, 비교적 단시일내에 완결되었다고 생각되는 『송서(宋書)』(梁 沈約)와 『위서(魏書)』(北齊 魏收)를 제외하고서는, 나머지 11개의 사찬 왕조사들은 대개 20년 가까운 세월을 요하고 있다. 10년이 걸린 『북제서(北齊書)』(唐 李百藥)와 『주서(周書)』(唐 令狐德棻)가 짧은 편에 속하고 부자 양대에 걸쳐 전후 30여년이란 장구한 세월이 걸린 『양서(梁書)』(唐 姚思廉) 같은 경우도 있다.[3]

그러나 당의 태종이 정관(貞觀) 3년(629)에 따로이 사관(史館)을 설치하여 역사편찬의 임무를 맡기고[4] 여러 사관(史官)들로 하여금 분찬하게 한 이후로는 왕조사는 개인의 〈저술〉이 아니라 여러 사관에 의한 〈편찬물〉이 되고 만다. 『진서』『구당서(舊唐書)』『구오대사(舊五代史)』『송사(宋史)』『요사(遼史)』『금사(金史)』『원사(元史)』『명사(明史)』 등이 그러한 것이며, 이들은 엄밀한 의미에서는 한 저자의 이름이 붙을 수 없는 공동 편찬물이 되었던 것이다.[5] 비록 이들 왕조

---

2) 內藤虎次郞, 支那史學史, 1949, pp. 186~189, pp. 632~634.
3) 楊家駱, 二十五史述要(史學叢書, 臺北 世界書局本) pp. 325~326.
4) 金毓黻, 唐宋時代設館修史制度考(國史館刊 一의二, 1948, 南京) p. 7.
5) 唐代 이후에 나온 왕조사 가운데 각기 기존 왕조사에 대한 불만에서 찬술된 新唐書(宋 歐陽修·宋祁)와 新五代史(宋 歐陽修)는 私撰에 속한다.

사에는 저자의 이름으로 〈당 위징 등(唐 魏徵等)〉〈원 탈탈 등(元 脫脫 等)〉과 같이 나와 있기는 하나 이들은 단지 당로(當路) 재상이라는 직책상 감수국사(監修國史)의 임을 겸하였기 때문에 저자로 간주되고 있을 따름이다.

여러 사관에 의한 분찬이기 때문에 편찬의 일은 어느 정도 기계적인 일이 되며 소요 시일도 짧아서 대개의 경우 2·3년으로 성서(成書)가 되어나온다. 그리고 다수인에 의한 편찬에는 일정한 규준이 필요하기 때문에 이런 분찬물(分纂物)에는 또한 범례(凡例)가 권두(卷頭)에 첨부되기 마련이었다.

그러면 중국에서 이와 같은 새로운 역사 편찬방식이 이미 5세기 이상 계속되어 오던 때인 12세기 중엽에 고려에서도 이런 분찬 방식을 배웠을 것임은 짐작하기 어렵지 않다. 사실 고려에는 이미 국초 10세기에는 중국식인 사관(史館)이 설치되어 있었던 것으로 보인다. 『고려사』권76 「백관지(百官志)」에 춘추관(春秋館)을 설명한 가운데, 『국초에는 사관이라 불렀고, 감수국사는 시중이 그것을 겸했다.』(國初 稱史館 監修國史 侍中兼之)라고 하고, 수국사(修國史)·수찬관(修撰官) 등의 직위를 기록한 것이 그것이다. 그뿐 아니라 현종 4년(1013)의 일로 최항(崔沆)을 감수국사로 임명하고 김심언(金審言)을 수국사로, 주저(周佇)·윤징고(尹徵古)·황주량(黃周亮)·최충(崔冲)을 수찬관으로 임명하였다는 기록도 나타난다.[6] 이것은 이보다 2년 전에 거란(契丹)이 개경(開京)을 함락시키고 궁궐을 소각하고 서적들을 모조리 불태워버렸기 때문에 수사(修史)의 필요가 생겨서 이런 임명이 있었던 것이라고 생각되고 있는데,[7] 이때 구체적으로 어떤 사서가 엮어졌는지는 알 수가 없다. 그러나 여하튼 사관(史館)이라는 정부관서가 두어지고 따라서 사관(史官)들이 여기에 배치되었고 시중직에 있는 재상이 감수국사를 겸임케 되었으며, 이리하여 그가 수사(修史)를 총재케 하는 방식이 늦어도 김부식 이전 1세기 반에는 있었던 것임을 알 수 있다.

―――――――――――

6) 高麗史 卷4 顯宗世家 4년 9월 丙辰條.
7) 今西龍, 王氏高麗朝に於ける修史に就いて, 藝文 6의 7, 1923(高麗史研究, 서울, 1944, p.154).

『삼국사기』가 편찬된 경위를 자세히 알 수는 없다. 그러나 이 사업을 위해서 사관 속에 일군의 사관(史官)이 배치되고 김부식이 감수국사로 임명되어 찬진이 명해진 것은 틀림없다. 『삼국사기』의 권말에는 그 편찬에 참여한 사람들의 직함 명단이 이럴 때의 관례대로 열기되어 있는데, 본문과는 달리 좌측으로부터 시작되어 우측으로 나열되어 있다.[8] 〈편수(編修)〉인 김부식을 선두로 해서, 그 다음에는 편술에 보조역할로 참여함을 뜻하는 것으로 생각되는 〈참고(參考)〉라는 직책의 이름이 8명이 열기되고, 그리고서는 뒷면에는 역시 좌측으로부터 우측으로의 순서로 〈관구(管句)〉라는 직책의 2명의 이름이 기록되어 있는바, 이는 편찬과 인각(印刻)에 수반되는 행정적인 사무를 뜻하는 것으로 생각된다. 김부식 외 10명의 이들 가운데 저명한 사람은 적어서 최산보(崔山甫)와 정습명(鄭襲明)만이 『고려사』에 입전(立傳)될 만한 인물들이었고[9] 그 밖에도 허홍재(許洪材)와 박동주(朴東柱) 두 사람의 이름이 『고려사』에 나올 뿐이다.[10] 대체로 보아서 이들은 김

---

8) 刻記에서는 관계인명을 본문과는 달리 좌측에서 우측으로 꺼꾸로 된 순서로 刻하는 것이 보통이다. (末松保和, 朝鮮覆刻本 吏學指南に就て, 靑丘史草, 1966 p.94 및 131 참조). 『三國史記』『三國遺事』 양서의 正德版 刊記도 그러하고 『動安居士集』『東國李相國集』『三峯集』, 朝鮮本 『吏學指南』이 모두 그렇게 되어 있다. 『三國史記』의 편찬간행자의 이 명단은 간기가 아니라 수찬자 명단이지마는 이것도 이 경우 간기와 마찬가지로 좌측에서 읽어야 한다.

9) 崔山甫는 8명중 첫머리에 나오는 인물로 『고려사』 권129 崔怡傳에 附傳되어 있으며 김부식 당시에는 내시직에 있었고 『三國史記』의 편찬 완료 시에는 인종이 내린 賞賜를 김부식에게 집으로 전하였던 인물이며 후에 變名하여 僧이 되어 예언하다가 高宗代에 誅殺된 자이다.

管句의 役을 맡았던 鄭襲明은 『고려사』 김부식에 바로 이어서 立傳되어 있는 (권98) 인물이며 인종 때에 起居注知制誥로서 재상 김부식 등과 더불어 時弊十條를 상언해서 그에 대한 반응이 없자 끝내 罷業・不視事하는 고집을 부렸으며 김부식의 別邸에 寓居한 일도 있고 直諫의 人으로 仁宗에 의해 극히 重用되었던 인물이다.

10) 參考인 許洪材는 인종 12년(1134)에 첫째로 진사급제하였고 『삼국사기』가 완성된 인종 23년에는 知貢擧를 맡았으며 후에 武臣亂 때 毅宗側近文臣으로서 화를 입은 사람이고 (高麗史 卷27 選擧志 28a 및 30b 그리고 同卷128 鄭仲夫傳 4b), 朴東柱는 인종 8년(1130)에 김부식이 지공거이었

부식과 가까운 관계에 있었던 사람으로 보여진다. 이들은 각기 보문각(寶文閣)·수궁서(守宮署)·금오위(金吾衞)·국학(國學) 등 각색 관서에 직위를 가지면서 『삼국사기』의 편찬을 위해서 참고(參考)로 차출된 것이라 보여지며, 김부식 자신의 선정으로 모여진 것이라 추측된다. 이들은 정식 사관이라기보다는 임시적인 편찬원이었으며, 따라서 위에서 말한 바 『삼국사기』는 일종의 사관제도(史館制度) 아래서 편찬되었다고 할 수 있는 것이다.

김부식이 문하시중 감수국사(門下侍中監修國史)가 되고 수충정난정국공신(輸忠定難靖國功臣)의 공신호를 받은 것은 열전에 의하면 인종 14년(1136) 3월의 일이고 그것은 서경 반적인 묘청(妙淸)의 난(亂)을 진압한 데 대한 치상(致賞)의 뜻에서였던 것이다. 그는 개선하고 와서 저택 일구(一區)를 상으로 받았고 16년(1138)에는 검교태사 집현전 대학사 태자태사(檢校太師集賢殿大學士太子太師)의 공신호를 가사(加賜)받았으며 금·은·안마(鞍馬)·미·포·약물을 칙사(勅賜)받았는데 모두 서경적(西京賊)을 평정한 데 대한 보답이었다. 그리고서 4년 후인 인종 20년(1142)에는 세번이나 상표(上表)해서 치사(致仕)를 청하여 이것이 마침내 허락되어 동덕찬화(同德贊化)라는 공신호를 가사(加賜)받았다. 그리고서는 3년 후인 인종 23년(1145)에 신라·고구려·백제 삼국사(三國史)를 바쳤다고 열전은 서술하고 있다.

김부식이 감수국사를 겸임한 지 10년 후에 『삼국사기』가 완성되었지마는 이것은 반드시 이 일 자체가 10년 걸렸음을 의미하지는 않는다. 문하시중이 된 사람은 으레 감수국사를 겸하게 되어 있는 것이고 그 아래 사관들은 군왕의 일상 언동을 기록하고 실록(實錄)의 기초가 되는 나날의 사초(史草)를 작성하는 경상적인 일이 있기 때문에 이를 통할하는 감수국사로서의 직책도 아주 한직이라고 할 수는 없다. 그리고 불과 50권밖에 안되고 각권의 분량도 보통 서적의 한 권보다 적은 이 『삼국사기』를 편찬하는 데에 여러 사관들이 10년의 시일을 소비했다고도 도저히 볼 수 없다. 김부식은 아마도 그가 시중직으로부터 퇴임한 인종 20년 이후에야 『삼국사기』 편찬에 전념한 것으로 추

을 때에 첫째로 급제한 사람이다. 『삼국사기』 간기에는 朴東桂로 보이나 시대나 기타 환경으로 보아 『고려사』(卷73 選擧志 27b)에 나오는 박동주를 말함이 틀림없을 듯하다.

측되며 그렇다면 대략 3년간의 시일이 걸린 것이 된다.

『삼국사기』 편찬에 있어서 김부식과 〈참고〉들이 각기 어느 부분을 어느 정도로 집필했는지를 분명하게 판단하기는 어렵다. 그러나 이를 추측케 하는 자료는 있다. 『삼국사기』가 완성되었을 때 김부식의 나이는 70세의 고령이었다는 것을 열전에서 계산해낼 수 있다. 그래서 그는 완성과 더불어 관례에 따라 「진삼국사표(進三國史表)」를 올렸는데 그 가운데서, 『신(臣)으로 말하면……늙고 해저문 나이에 이르러 날로 혼몽(昏蒙)함이 더하고 비록 책을 부지런히 읽어도 책만 덮으면 그 자리에서 잊어버리고 붓을 들어도 기력이 없고 종이를 대하여도 (붓이) 내려가지 않사오이다』라고 자탄하였는데, 이것은 그의 나이로 보아서 결코 겸사(謙辭)만은 아니었을 성싶다. 김부식이 전서(全書) 또는 그 중의 대부분을 직접 집필하였다고는 보기 어렵다. 그러나 적어도 어떤 부분은 분명히 그 자신의 집필에 계(係)한다는 것을 알 수 있는바, 그것은 김이 일인칭을 사용하고 있는 부분이다. 즉 권 12 신라본기(新羅本紀) 끝에 붙인 논찬(論贊)에서 그는 자기가 입송(入宋)하였을 때의 견문을 서술하고 송조(宋朝)의 접대관과의 대화까지 기록하고 있으며, 또 권33 잡지(雜志) 2 색복조(色服條)에도 서론(序論)에 해당되는 곳에 〈신삼봉사상국(臣三奉使上國……)〉이라고 자기가 세 번 송으로 사행갔다고 언급하고 있는데, 이런 개인적인 경험이 실린 부분이 김부식 자신의 집필이라 함은 의심할 여지가 없다. 그뿐 아니라 그는 백제 멸망을 논한 논찬 속에서 자기가 수사(修史)에 있어서 사료 및 서술의 취사선택에 직접 손을 대었음을 분명히 말하고 있다. (……臣修史 以其傳之舊 不得刪落其辭……〈권28〉)

위에서 인거(引擧)한 2곳의 논찬과 1곳의 서론 해당 부분이 김의 집필 부분이라는 것은 스스로 드러나지마는 그 밖의 논찬 부분도 비록 일인칭이 사용되어 있지 않다 하더라도 후술하듯이 분명히 김의 개인적인 견해가 피력된 곳이 수없이 있는 만큼 전반적으로 논찬 부분이 김 자신의 집필이라 함은 단언해도 무방할 것이다. 그리고 상인(上引)한 1곳의 지(志)의 서론부가 김 자신의 집필이라 함을 나타냈지마는 여타의 서론 해당부분도 그 종합적이고 주관적인 서술방식으로 보아 김 자신의 필치로 보인다.[11]

---

11) 『삼국사기』의 志 부분은 무슨 까닭에서인지 雜志라고 總記되어 있는데 그

요컨대 전서(全書) 가운데서 분량으로는 얼마 안되는 것이지만, 종관적(綜觀的)이고 주관적인 서술부분은 김부식이 직접 집필한 것으로 보이니 즉 본기(本紀)·열전(列傳)의 여러 곳에 삽입된 논찬과 그리고 지(志)의 서론 해당부분이 그것이다. 이에 대해서 사실(史實) 자체의 서술은 70세가 된 감수국사인 김의 집필에 계(係)한다기보다는 그를 도왔던 여러 참고(參考)들의 집필에 계한다고 보는 것이 타당하다.

사실 자체의 서술이라 하더라도 편사자(編史者)들이 작문하는 경우는 동아(東亞)의 전통적 왕조사 편찬에는 거의 없다. 이미 기존하는 문헌들을 수집·편성·초록·배열하는 기계적인 일이 전부라고 해도 과언이 아니다. 환경의 서술, 인과관계의 설명, 그리고 결과 및 영향의 천명 같은 주관적 역사서술은 정통적 사기(史記)에서는 찾아볼 수 없는 것이다. 따라서 편사자의 견해가 반영될 수 있는 방식으로서는 오직 기입될 사실들의 선택·삭제 그리고 편목(篇目)과 인물의 칭호 등에 대한 명분론(名分論)에 입각한 표현방식 등에 국한된다고 할 수 있으며, 여기에다가 이런 사실 서술부분과는 전연 이질적으로 공연한 주관적 평가인 논찬(論贊)이 부가되는 것뿐이다.

그러니 수사자(修史者)로서의 김부식이 해야 하고 할 수 있는 것은 사료의 선정, 편목(編目)의 작성, 사료의 채록여부 결정, 칭호·표현방식의 결정, 그리고서는 자기 자신이 논찬과 서론 해당부분을 집필하는 일이었다 할 것이다. 뒤에서도 볼 것이지마는 『삼국사기』도 기존 사서(史書)에서의 초록(抄錄)으로서 전편의 대부분이 이루어져 있고 이 초록의 일은 〈참고〉들이 행하였던 것으로 짐작해서 과히 틀림없을 것이다.

속의 몇몇 세분항목 첫머리에는 他史의 예와 마찬가지로 서론에 해당되는 一文이 실려 있다. 즉 祭祀條(卷32), 色服條(卷33), 地理志 新羅疆界條(卷34), 또 地理志의 고구려·백제 各條(卷37), 職官志의 新羅官號(卷38)가 그것이다. 여기에 든 6處의 序論 該當部分과 연표의 서론(卷29)은 동일 성질의 서술부분이며 비록 짧으나 綜觀的인 성질을 띠고 있다.

2. 論 贊

『삼국사기』가 중국의 정사의 체제를 답습한것인 만큼 논찬(論贊)이라는 〈포폄〉위주의 시론(試論)을 갖추게 된 것은 당연한 일이다. 『삼국사기』에서는 이런 논찬은 일률적으로 논왈…(論曰…)이라는 표현으로 시작되며, 본기와 열전에 도합 30칙(則)이 삽입되어 있다.[12]

『삼국사기』의 논찬은 그 내용이나 형식에 있어서 타사(他史)의 일반적인 체모(體貌)와 다른 점이 없다. 다만 그 위치가 약간 다를 뿐이다. 일반적으로 본기에서는 한 군왕의 훙거(薨去) 기사에 이어서 그의 일대의 덕망치적(德望治績)을 통론(通論)하는 것이 보통이고,[13] 열전에서는 한 사람 또는 동류의 여러 사람의 전기 뒤에 권말에 붙이는 것이 보통이다. 그런데 『삼국사기』에 있어서는 본기에서는 어떤 특정한 사건 서술 직후에——그러니 권중(卷中)에 본문 한가운데에——들어가 있는 것이 많고, 열전에서도 권말이 아니라 권중에 대상인물의 전기 직후에 삽입해놓고 있다. 사소한 상이점이라고 할 수 있지마는 여기에는 그러나 형식에 덜 구애되면서 필요하다고 느끼는 처소에 하고 싶은 평론을 삽입한다는 융통성이 엿보이는 점을 간과할 수 없다.

그러나 논찬의 실제 내용에 있어서는 합리성과 현실성을 존중하면서 형식주의를 비판하는 것들도 없지는 않으나, 전반적으로는 역시 그 내용이 〈포폄〉이라는 유교적 윤리평가로 일관되어 있고, 이런 형식적인 윤리관에다가 중국 중심의 사대적(事大的) 사고방식이 거리낌없이 노출되어 있음을 본다.

이제 『삼국사기』의 논찬들의 내용을 순차(順次)대로 훑어본다면, 먼저 신라본기에는 10칙의 논찬이 있으며 그 내용은 다음과 같다.

---

12) 末松保和는 제 28이라고 誤算. 舊三國史と三國史記, 朝鮮學報 第39～40 輯(靑丘史草 第2, 1967) p.7.

13) 정사 이외의 사서로서 예컨대 김부식보다 약간 선배인 송의 范祖禹(1041～1098)의 『唐鑑』같은 데서는 논찬이 권중에 수처에 삽입되어 있는 예가 있다.

① 제2대 남해차차웅(南解次次雄)의 즉위기사 뒤에 들어간 논찬에서는 (卷1) 즉위년 칭원(稱元)의 잘못을 논하였고,
② 제12대 점해이사금(沾解尼師今)이 즉위와 동시에 그 생부를 갈문왕(葛文王)으로 봉했다는 기사에 붙여서 (卷2) 군왕이 그 부친을 봉하는 것의 비례(非禮)를 논하였고,
③ 제17대 내물이사금(奈勿尼師今)의 즉위기사에는 (卷3) 그가 동성녀(同姓女)를 취(娶)한 것을 비난하였고,
④ 제22대 지증마립간의(智證麻立干)의 즉위기사에 이어서 (卷4) 왕의 칭호로서 거서간(居西干)·차차웅(次次雄)·이사금(尼師今)·마립간(麻立干) 등의 비어(鄙語)가 사용되었으나 이를 사서에서 개칭할 필요가 없다는 것을 논하였고,
⑤ 제27대 선덕여왕(善德女王)의 사거(死去) 기사에는 (卷5) 여왕의 존재의 부당함을 논하였고,
⑥ 제28대 진덕여왕(眞德女王) 3년에 처음으로 중국연호(永徽)를 행하였다는 기사에는 (卷5) 신라가 중국에 신속(臣屬)한 나라로서 그 법흥왕(法興王)이 연호를 자칭함의 잘못임을 논하였고,
⑦ 제38대 원성왕(元聖王) 5년에 문적출신(文籍出身) 아닌 자가 외관직에 임명된 데 대해서 집사사(執事史) 모초(毛肖)가 헛되이 이의를 제기한 기사에 이어서 (卷10) 모초의 반박을 〈만세지모범(萬歲之模範)〉이라고 찬양하여 문적출신만이 외관직에 임해야 한다 하였고,
⑧ 제45대 신무왕(神武王) 즉위기사에는 (卷10) 그 이전의 헌덕왕(憲德王)·민애왕(閔哀王)·신무왕(神武王) 들이 모두 각기 전왕을 시역(弑逆)해서 즉위한 사실을 직서(直書)함으로써 〈춘추지지(春秋之志)〉를 나타내었다는 것을 논하였고,
⑨ 제54대 경명왕(景明王) 5년에 고구려왕이 신라가 가졌다는 세 가지 보물(丈六尊像·九層塔·聖帶)에 관해서 물은 기사에 이어서 (卷12) 삼보(三寶)란 소용없는 물건이고 선정(善政)만이 보물이라고 논하였고,
⑩ 신라본기 말에는 신라의 멸망을 서술하고서 (卷12) 신라는 중국을 중심으로 섬겨 예의지방(禮義之邦)이 되고 번성하였으나 불교를 신봉하고 말대제왕(末代諸王)이 황락(荒樂)에 빠지면서 쇠운(衰運)이 깃들었으나 경순왕(敬順王)이 고려태조에 항거치 않고 항복함으로써 종족(宗族)과 인민이 도탄의 고화(苦禍)를 면하게 되었다고 논하였다.

고구려본기에는 도합 6칙의 논찬이 들어가 있다.

⑪ 제2대 유리왕(瑠璃王)이 그 28년 태자를 자살케 한 것을 논하여(卷13) 부자 모두가 부자(父子) 노릇을 못했다 하였고,

⑫ 제3대 대무신왕(大武神王) 15년조에 왕자 호동(好童)이 억울하게 죄에 몰려 소근(小謹)에 집착해서 취사(就死)한 것을 비평논난했으며,

⑬ 제7대 차대왕(次大王) 3년에 그가 형 태조대왕(太祖大王)의 아들 둘을 죽게 한 것을 서술하고서(卷15) 태조가 불인(不仁)한 제(弟)에게 수권(授權)한 잘못을 탄하였고,

⑭ 제9대 고국천왕(故國川王) 13년에 촌거(村居)하고 있던 을파소(乙巴素)를 조신국척(朝臣國戚)의 반대를 무릅쓰고 국상(國相)으로 발탁등용한 사실을 서술하고서(卷16) 이를 선왕지법을 득한 옳은 일이라고 찬양하였고,

⑮ 제28대 보장왕(寶藏王) 8년 당태종이 죽고 고구려 원정의 사업이 파지(罷止)된 것을 서술하고서(卷22) 논하기를 태종이 중신들의 간지(諫止)를 무릅쓰고 고구려 원정을 감행하여 드디어 실패하였고 또 『신구당서(新舊唐書)』와 『자치통감(資治通鑑)』이 이 전역(戰役)을 서술함에 있어서 당군측의 패전을 고의로 기휘(忌諱)해서 기록치 않았다고 논하였고,

⑯ 보장왕 27년 고구려의 멸망을 서술하고서(卷22) 그 멸망의 원인을 논하여 지세의 불리, 수(隋)·당(唐) 중국에 대한 불순한 태도 그리고 내부적인 학정을 들고 있다.

백제본기의 논찬으로는 6칙이 있는데 그 요점은

⑰ 제4대 개루왕(蓋婁王) 38년에 신라 아찬(阿湌)의 한 사람이 모반하여 백제로 투항하였는데 백제왕이 이를 숨겨주고 신라의 인도 요구에 불응하였음을 서술하고서(卷23) 제왕(濟王)의 비의리적(非義理的) 행동을 비난하였고,

⑱ 제21대 개로왕(蓋鹵王) 21년에 고구려병이 백제의 한성(漢城)을 침공해서 백제왕이 달아나다 살해된 사건을 서술하고서(卷25) 백제의 구신(舊臣) 걸루(桀婁)가 고구려로 투항해서 여장(麗將)이 되어 적병의 선도로서 구왕을 살해한 반역을 규탄하였고,

⑲ 제23대 삼근왕(三斤王) 2년조에는 일찌기 그 부왕을 시(弑)했었던 해구(解仇)가 좌평이 되었다가 이해에 반란하여 참살됐다는 것을 서술하고서(卷26) 삼근왕이 부수(父讎)를 주살(誅殺)치 못했을 뿐 아니라 좌평이라는 요직을 준 것의 어리석음을 논하였고,

⑳ 제24대 동성왕(東城王) 22년조에서는 왕이 간언을 듣지 않기 위해서 궁

문을 폐하였다는 것을 기록하고서는(卷26) 그 부당함을 논하였고,
㉑ 제25대 무령왕(武寧王) 원년조에는 그 부왕을 시역했던 좌평 백가(苩加)가 주살된 것을 기록하고서(卷26) 백가를 그의 모반을 기다릴 것 없이 미리 주살치 못했던 것을 비난하였고,
㉒ 제31대 의자왕(義慈王) 20년에는 백제의 멸망을 서술하고서(卷26) 그 멸망의 원인이 말년의 부덕(不德)한 정치와 인국인 신라·고구려와의 불화, 그리고 중국에 대한 양종음위(陽從陰違) 때문이라고 논하였다.

본기에서의 논찬은 이상과 같거니와 연표·지(志)에서는 이것이 없고 열전 부분에는 8칙의 논찬이 산재해 있다.

㉓ 김유신전(卷43)에서는 그의 통삼(統三)의 공적을 찬양하고서 을지문덕·장보고(張保皐) 등의 전기는 중국측 기록 아니었던들 민멸(泯滅)되었을 것이지만 김유신의 전기가 국내에 자세하게 전승되어 오는 것은 그만큼 국인의 추앙이 컸기 때문이리라고 논하였고,
㉔ 을지문덕전(卷44)에서는 고구려가 능히 대국을 물리칠 수 있었음은 문덕 일인의 힘이라고 찬양하였고,
㉕ 장보고전(卷44)에서는 장이 그의 적수였던 정연(鄭年)을 관용하게 받아들여 서로 협력하여 대사를 성공케 한 것을 극찬하였고,
㉖ 석우로전(昔于老傳)(卷45)에서는 그가 군국사(軍國事)를 장(掌)해서 전승을 많이 했으나 경솔한 언동 때문에 왜군의 내침을 초래하여 마침내 자취사(自取死)한 경솔을 논하였고,
㉗ 김흠운전(金歆運傳)(卷47)에서는 그가 화랑 출신이었음을 논하고 화랑의 활동과 공적을 찬양 평론하였고,
㉘ 향덕(向德)과 성각(聖覺)의 전(卷48)에서는 이른바 할고행효(割股行孝)의 방식을 그대로 찬양할 수는 없으나 그 지성은 기록할 만하다고 논하였고,
㉙ 개소문전(蓋蘇文傳)(卷49)에서는 소문이 재사이기는 하나 위국충성(爲國忠誠)을 다하지 못했으며 남생(男生)은 반역자임을 면치 못한다고 논하였고,
㉚ 궁예(弓裔)와 견훤(甄萱)의 전(卷50)에서는 이들이 신라의 종실 혹은 유민으로서 반한 것은 원흉이라고 비난하고 여태조(麗太祖)에 타멸(打滅)되었음은 당연한 일이라고 논하였다.

이상으로 본기와 열전의 논찬에 나타난 김부식의 논찬을 훑어보았거니와 그중에서 본기의 논찬에 공통되는 내용은 위에서도 말한 바와 같이 포폄을 목적으로 한 유교윤리적 평가와 중국 중심의 예론(禮論)으로 시종되었다는 점이라고 할 수 있다. 이에 대해서 열전의 논찬은 판에 박힌 형식주의적 윤리평가에서는 약간 벗어나서 비교적 개성 있고 현실적인 평가가 가해졌음을 볼 수 있다.

유교적인 예법 준칙에 대한 합당 여부를 논한 것으로서는 ① 즉위년 칭원(稱元), ② 부왕추존, ③ 동성불취(同姓不娶), ④ 왕호, ⑤ 여왕 즉위, ⑥ 연호 자칭(自稱) 등의 논찬을 들 수 있고, 유교식인 덕치주의(德治主義)의 관점에서 내린 시비의 논의로서는 ⑨ 신라삼보(新羅三寶), ⑩ 신라 멸망, ⑭ 을파소(乙巴素)의 등용, ⑮ 당태종의 고구려 원정, ⑯ 고구려 멸망, ⑳ 간언 회피, ㉒ 백제 멸망 등의 논찬을 들 수 있으며, 군·신의 행동의 적부를 논한 것으로서는 ⑧ 신무왕의 즉위기사, ⑪ 유리왕의 태자 자살, ⑫ 호동(好童)의 소근집착(小謹執着), ⑬ 차대왕의 질 자살(姪自殺), ⑰ 개루왕의 신라 투항자 은닉, ⑱ 걸루(桀婁)의 반역, ⑲ 삼근왕(三斤王)의 무능, ㉑ 무령왕(武寧王)의 백가주살(苩加誅殺) 등의 논찬이 그것이다. 그리고 중국에 대한 사대 예절의 준수를 강조한 것으로서는 ⑥ ⑯ ㉒ 등의 논찬이 있다.

이들 논찬에는 거의 예외없이 중국의 시(詩)·서(書)·역(易)·춘추(春秋)와 같은 고전에서의 인용이나, 또는 삼대(三代)·춘추전국(春秋戰國)·한(漢)·당(唐)·송대(宋代)의 고사의 인거가 설득력을 증대시키고 필자의 해전동달(該傳通達)을 과시하기 위해서 종횡으로 구사되고 있다.[14] 논찬 부분이야말로 찬자가 그 식견·지식·필력을 자랑할 수 있는 부분이고 미사여구를 나열하고 원칙론을 베풀 수 있는 자리다. 이것은 전통적인 역사기술에 있어서는 중국에서도 마찬가지여서 일찌기 당대(唐代)의 유지기(劉知幾, 661~721)는 이를 지적해서

무릇 논(論)이라 함은 본래 의혹을 변명하고 응체(凝滯)를 푸는 것인데 만약 우자(愚者)나 지자(智者)가 다 알 수 있는 일이라면 구태여 평론을 가

---

14) ㉒의 金歆運傳의 論贊에서 花郞을 논할 때의 이런 인용·인거가 없는 것이 드문 예중의 하나이다.

할 필요가 없다……의문나는 것도 없는데 곧 논설을 가하여 평한다는 것은 모두 공연히 필단(筆端)을 잡아서 억지로 문채(文彩)를 자랑하고 가사미구(嘉辭美句)를 사서(史書)에 나열 삽입하려는 것이다.[15]

라고 해서, 사마천(司馬遷)의 『사기(史記)』 이후의 많은 사서들이 본문과 중복되는 공허한 논찬을 되풀이하는 것을 비난하였다. 감수국사이던 김부식이 4백여년 전의 역사기술 이론서인 『사통(史通)』을 보았는지 아닌지는 알 수 없지마는 대체로 유지기의 주장하는 바에 합치되고 있음을 볼 수 있다. 즉 『삼국사기』는 본문이 워낙 간략하기 때문에 논찬의 문구가 본문과 중복되는 것이 전무하다는 것이 그렇고, 또 별로 필요도 없는 곳에 형식상의 정제(整齊)를 위해서 억지로 논찬을 부가하려 하지 않음이 그렇다. 유지기는 논찬을 논하면서,

    사마천(司馬遷)이 비로소 편말(篇末)마다 일편의 논을 적었는데 반드시 그리할 필요가 없는 곳에도 억지로 논찬을 강작(强作)해서 넣으니 사론의 번거로움이 실로 이로부터 깃들기 시작했다.[16]

라고 하였으나, 이는 김부식에게 당연히 모델이 되었을 중국의 정사의 대다수에게는 들어맞는 비평이지마는, 『삼국사기』는 의식해서인지 아니든지 간에 이런 결점에서 벗어나고 있다.[17]

---

15) 史通 卷4 論贊.
16) 同上.
17) 劉知幾는 論贊의 서술방식에 대해서 또 본문에 언급된 사실을 중복시키지 말고 未言及의 史實을 補入하면서 평가를 가하는 것이 문장의 간결과 내용의 충실을 위해서 좋은 방식이라고 다음과 같이 말하였다. 『史通』권4 論贊, 『史之有論也 蓋欲事無重出 文省可知 如太史公曰 觀張良貌 如美婦人 項羽重瞳 豈舜苗裔 此則別加他語 以補書中 所謂事無重出者也……』
  그런데 김부식이 예컨대 ⑯ 論贊에서 唐太宗의 고구려 원정을 논하면서 唐의 柳公權(778~865)의 『小說舊聞記를』 인용하여 太宗이 패전으로 狼狽懼然했다는 사실을 들추어 이런 기록이 『新舊唐書』와 『資治通鑑』에는 故意로 실리지 않았다고 논한 것이라든지, 또는 ㉒ 論贊에서 花郞을 논하여 그 활동상황을 서술하고 金大問을 인용하여 이들의 공적을 찬양한 것 등은 劉知幾의 제안대로 본문에 언급 안된 사실을 補入해서 大體 狀況을 明瞭케 한 수법이라고 할 수 있다.

이렇게 형식상의 정제에 구애됨이 없이, 논평을 가해야 할 필요를 느낄 적에 어디에나 수처(隨處)에 논찬을 삽입하는 방식은 후대의 여러 사서에도 계승되었으니 권근(權近, 1352~1409)의 『삼국사략(三國史略)』, 서거정(徐居正, 1420~1488), 최보(崔溥)의 『동국통감(東國通鑑)』, 오운(吳澐)의 『동사찬요(東史纂要)』(1609년간), 안정복(安鼎福, 1712~1791)의 『동사강목』 그리고 『고려사절요(高麗史節要)』 등이 모두 이 체례(體例)를 따르고 있는 것이다. 이것은 같은 왕조사이면서도 『고려사』가 좀더 정제된 형식을 갖추어 편말마다에 논찬을 붙인 것과는 다르다고 할 것이다.[18]

김부식의 논찬의 내용이 유교적이고 중국적인 예절관과 윤리관으로 짙게 물들여져 있다는 것은 일반적으로 넓게 받아들여지고 있는 견해이다. 이것은 액면 그대로 사실임에 틀림없다. 그러나 이 점은 중국의 사가들의 논찬이나 또 한국의 후래사가(後來史家)들의 논찬과도 근본적으로는 다를 것 없다. 다르다고 하면 오히려 12세기 고려의 김부식에게 있어서는 유가적인 형식주의 예론(禮論)이 14세기 이후 조선왕조의 사가들의 그것보다는 융통성과 현실성이 더 많이 반영되었다는 점이다. 즉 김부식의 형식주의적인 예법론(禮法論)이나 중국에 대한 사대적 태도나 또 현실을 소홀시하는 원칙론인 윤리관은 결코 전후대의 다른 사가들의 그것보다 더 고루한 것이 아닐 뿐 아니라 도리어 객관성・합리성을 더 풍기고 있다고 할 수 있는 것이다.

주지하다시피 신라 초기의 군왕의 칭호로서 거서간・차차웅・이사금・마립간 등을 일찌기 최치원(崔致遠, 857~?)은 그것이 비야(鄙野)하다고 해서 『제왕연대력(帝王年代曆)』에서 모두 고쳐서 왕으로 서하였는데도 불구하고 김부식은 원명을 그대로 기록하면서 논찬 ④에서 이 방식의 합당함을——비록 『좌전(左傳)』 『한서』 등의 선례(先例)를 인거하면서이지마는——주장하였다. 이런 원칭호는 김부식이 아니더라도 혹 『삼국유사(三國遺事)』 등에 의해서 우리에게 전승되었을 것이지마는, 그러나 후래(後來)의 사서인 『삼국사략』 『동국통감』 『동

---

18) 『고려사』에서는 세가에만 論贊이 있는데 太祖에서 高宗까지에 대해서는 李齊賢의 贊을 각 王末에 삽입하였고, 元宗부터 末王까지에 대해서는 『고려사』 편자의 論贊이 붙여져 있다. 이제현의 논찬에 대해서는 金哲埈의 「益齋 李齊賢의 史學에 대하여」(東方學志 제8집) 참조.

사강목』 등등이 모두 중국식의 칭호인 〈왕〉으로 개서(改書)한 데 비하면 결코 김부식을 우선 이 점으로서도 유교일색・중국중심으로만 탓할 수 없음을 알 수 있다. [19)]

또 기년(紀年)에 있어서도 김부식은 『춘추』의 1년불양군(一年不兩君)의 의례(義例)에 따라 즉위 다음해를 원년이라고 하는 유년칭원법(踰年稱元法)을 〈불간지전(不刊之典)〉이라고 인정은 하면서도 삼국시대의 실제대로 즉위년 칭원법을 따르고 있다(論贊 ① 참조). 이 점은 후대의 권근이 그의 『삼국사략』에서 이를 비판하고 명분론(名分論)에 입각해서 유년칭원법으로 일일이 개서했던 것에 비교하면 훨씬 현실주의적이고 합리주의적이라고 할 수 있다. [20)]

이렇게 김부식보다 후대의 사가들이 훨씬 더 형식주의적인 명분론과 예절론에 집착하고 있는 것을 나타낸 경우는 허다하다. 김부식은 연개소문을 논한 속에서(論贊 ㉙) 〈미면위반인자(未免爲叛人者)〉라고 그의 반역적인 행위를 인정하면서도 〈역재사야(亦才士也)〉라고 그의 재(才)와 능(能)을 인정하는 현실주의적 견해를 보였지마는, 이에 대한 『동국통감』의 논평은 사대적인 명분론의 색채가 더 짙게 나타나서 개소문을 평하여 당의 사신을 수금(囚禁)한 대역부도(大逆不道)의 죄인이라고 통척(痛斥)하면서 김부식이 동방명사로서 왕안석(王安石)의 개소문평에 동조하였음을 비난하는 강한 명분론을 개진(開陳)하고 있다. [21)]

이 점에서 선초(鮮初)의 성리학자 권근의 논찬은 훨씬 더 극단의 방향으로 나가고 있다. 예컨대 고구려 광개토왕이 즉위한 지 3개월도 못되어서 4만의 군사로써 백제 북경을 침공하여 10여성을 점취(占取)함으로써 조왕(祖王) 고국원왕(故國原王)의 전사 이래로 20여년간 계속된 싸움의 원수를 갚았는데, 이 사실에 대해서 붙인 권근의 논찬이

---

19) 그러나 고구려・백제의 君長들을 처음부터 모두〈王〉으로 기록한 것은 金의 改書에 연유한 것이 아니라 『東國通鑑』의 편자의 말처럼(東國通鑑 권4 新羅始祖 40年條 論贊) 원래의 칭호가 전해지지 않아서 부득이 그러한 것으로 생각된다.
20) 名分과 正統을 강하게 주장하는 『東國通鑑』이나 『東史綱目』에 있어서도 실제와의 牴牾失實을 꺼려 김부식의 방식을 따르고 있다.
21) 東國通鑑 권8 高句麗 寶藏王 25년조 論贊.

란 것은 광개토왕이 3년상을 마치기도 전에 흥병(興兵)했으니 이는 『그 애통함을 잊고 꺼리지 않음이 심했다』(其忘哀而不忌也 甚矣)라고 해서 현실을 몰각한 예절론에 그치고 있고, 또 『의리와 시비를 돌보지 않고 오직 보복을 일삼으니 어지러움이 어찌 그치랴』(不顧義理 是非 唯以報復爲事 亂何由息哉) 하고 한탄하는 윤리적인 평가에 그치고 있었던 것이다.[22] 권근의 이런 예는 그의 저술의 거의 전편에 흐르고 있다고 할 수 있다. 신라의 혁거세와 그의 비 알영(閼英)을 이성(二聖)이라고 합칭한 것의 비례(非禮), 혁거세의 순무시(巡撫時)에 알영이 부인으로서 종행한 것의 비례, 고구려 2대 유리왕이 상중에 있으면서 납비(納妃)한 비례, 백제 시조가 국모묘(國母廟)를 세운 실당(失當), 유리왕이 중국의 천자만이 행할 수 있는 제천행사(祭天行事)를 행했다는 것이 『감히 의롭지 않게 분을 어긴 것』(敢非義犯分)이라는 비난 등등 매거할 수 없이 많은 논찬들이 모두 삼국의 초창기에 대해서까지, 즉 유교문화와 중국식 예론이 전연 작용될 수 없던 그런 시기에 대해서까지, 사사건건 다소간의 〈비례〉〈비위〉로 간주될 수 있는 사실만 나오면 논찬을 가하였던 것이다. 이런 일들에 대해서 오히려 김부식은 아무런 논찬도 가하지 않고 그대로 사실만 기록하였던 것인데 권근이 이런 논찬들을 붙였고, 또 이것을 다시 『동국통감』 『동사강목』 『동사찬요』 등이 그대로 전재(轉載)함으로써 권근의 논찬에 대한 찬동의 뜻을 간접적으로 표하고 있는 것이다.

그러니 『삼국사기』의 논찬들이 유교적인 윤리평가와 중국 중심의 세계관을 짙게 풍기고 있는 것이 사실이지마는, 이것은 비단 『삼국사기』에게만 특유한 현상이 아니라 전후대의 중국의 역사에 있어서도 전연 마찬가지이며, 특히 조선시대의 사서에서는 이런 원칙론적이고 현실을 몰각한 윤리평가와 예절판단이 훨씬 더 고루하고 심하게 나타난다는 것을 간과할 수 없다. 김부식은 이 점에서는 오히려 유교적 형식윤리에 빠짐이 덜하다고 해야 할 것이다.

---

22) 權近의 『三國史略』에서의 이런 史論은 安鼎福의 『東史綱目』에서의 인용에 依證한 것인데 안정복은 여기에 按文을 붙여 異議를 표명하고 있다. (東史綱目 卷20 晋太元 17年條)

3. 捏造·刪削

　　김부식이 직접 사필(史筆)을 내린 부분이 적어도 논찬들과 그리고 지(志)의 서론 해당부분이었을 것임은 위에서 추론하였거니와 그 밖에 어느 정도의 찬술을 직접 하였는지는 추론키 쉽지 않다. 다만 70세가 된 그가 본기·지·열전을 일일이 집필한 것이 아니었을 것임은 그의 연령으로나 또 치사 둔하시중이고 감수국사였던 그의 지위로나 짐작할 수 있는 일이고 서말(書末)에 열기된 편찬원들의 진용을 보아서도 추측이 된다.

　　더구나 김부식 당시에는 삼국시대부터 내려오는 직접적인 사료와 문적(文籍)들이 이용될 수 있었고, 특히 『삼국사기』의 바로 선행자라고 생각되는 이른바 『구삼국사』가 있었기 때문에 김부식 등은 황무지에서 전연 새로운 찬술을 한 것은 아니었다. 이규보(李奎報, 1168~1241)가 그의 「동명왕편서」에서 말하였듯이 〈김공부식 중찬국사(金公富軾重撰國史)〉하였던 것이다. 『구삼국사』가 이미 있는데도 중찬을 해야 할 필요성은 아마도 『구삼국사』가 본기뿐인 편년체로서, 지·표·열전이 없었던 것을 『삼국사기』는 이들을 편보(編補)하고 논찬을 붙여 기전체(紀傳體)로서 만들어서 정사의 체재를 갖추게 한 것이 아닌가 하는 추측이 된다.[23] 그런데 이규보는 김부식의 서를 〈파략기사(頗略其事)〉하였다고 그것이 너무 간략함을 비난하였으나 이것은 『삼국사기』 전편에 걸친 평이 아니라 오직 동명왕의 신이사적기술(神異事跡記述)에 관한 평언이라고 보아야 한다.[24] 이런 소위 황당기궤(荒唐奇詭)한 일에 관한 기존 서술들을 김부식이 되도록 줄였을 것은 능히 추측할 수 있다.

　　일반적으로 시조설화에는 초자연적인 요소들이 많이 포함되는 것이 보통인데, 김부식 등이 이를 많이 줄였을 것은 생각할 수 있지마는,

---

23) 末松保和, 舊三國史と三國史記 p.10.
24) 末松의 前揭論文에서는 〈頗略其事〉라는 李奎報의 評을 『三國史記』 전편에 걸친 것으로 확대 해석하고 있으나(p.6) 이것은 〈其事〉 즉 東明王의 神異事跡이라는 특정기사에 대한 언급임을 忽視한 데서 나온 잘못된 해석이다.

현재의 『삼국사기』의 동명왕 주몽에 관한 설화 서술과 이규보의 『동명왕편』에 인용된 『구삼국사』의 문과를 비교해보아도 우리는 오히려 유자(儒者)로서는 의외일이만큼 많이 원형을 남겼음을 볼 수 있다. 그리고 백제·신라의 시조 등에 관해서도 초자연적인 요소들이 거의 거리낌없이 재현되어 있음을 본다. 따라서 『삼국사기』가 기존 사서들 속에 들어 있는 사실들까지도 대폭 산삭(刪削)했다고 볼 근거는 없다.

사실 김부식은 사가로서는 기존 사서가 전하는 것을 수록할 적에 그 원형을 되도록 살리려고 애썼음을 볼 수 있다. 상술한 바와 같이 거서간 등의 왕 칭호를 그것이 비야(鄙野)하다고 해서 개칭할 필요가 없다는 논찬에서도 그렇고, 또 신라 관호로서 이벌찬(伊伐飡)·이찬(伊飡) 등이 모두 〈이언(夷言)〉이며 그 원어의 뜻을 알지 못한다고 자백하면서도 이를 모두 수록해야 한다는 태도를 취하였던 것도 그렇다.[25] 사료에 대한 그의 이러한 충실성을 가장 잘 나타내는 대목은 백제본기말, 그러니 본기 전체의 말미에 실려 있는 논찬이다. 여기서 그는 이른바 황당지사로서 불가신(不可信)한 일일지라도 수사(修史)에 있어서는 산제(刪除)될 수 없음을 다음과 같이 논하였다.

신라고사(新羅古事)에 이르되 『금궤가 하늘에서 내려왔기에 성을 김씨라 하였다』(天降金櫃 故姓金氏)고 하였다. 이런 소리는 의심할 만한 일이어서 믿을 수가 없다. (그러나) 신이 사(史)를 닦음에 있어서는 그 전승이 오래된 것이기 때문에 그 말을 깎아 없애지를 못하였다.

대체로 전통적인 유교식 역사서술에 있어서는 사료의 충실한 재현에 대해서는 놀라울 정도로 주의가 베풀어지는 것이 보통이다. 역사 기술이란 여기에 있어서는 기본적으로는 사료의 수집·배열에 그친다고 해도 그다지 과언은 아니다. 그렇기 때문에 종래의 역사서라는 것은 『사기』에서 『명사』에 이르기까지 결국 기본적으로는 사료집에 불과하다고 할 수 있다. 사실에 대한 인과적인 구명이나 환경적 서술이나 종적인 위치의 천명이나 또 영향 및 의의의 종합적 판단은 거의 무시되고 있는 것이다. 기존 사서를 함부로 개작·개필하든지 또는 없는 사실을 날조 삽입하는 일은 수사(修史)에 있어서는 드문 일이고,

---

25) 三國史記 권38 雜志 職官上 『不知所以言之之意』

특히 여러 사관들에 의한 왕조사의 편찬에 있어서는 보기 어려운 일이었다.[26] 다만 사료를 초록함에 있어서 원문을 줄여서 중략 또는 간략화하는 일이 있고 또 명분론에 입각해서 칭호를 고친다든지 존경체를 가미한다든지 또는 후세적인 가치평가를 가하는 대목에 표현상의 변개를 가하는 일은 있을지언정, 원사료에 없는 일을 날조해서 넣는 일은 드문 것이다. 이 점『삼국사기』나『고려사』나 또 그 밖의 전통시대의 우리의 모든 사서도 이에서 벗어나지 않는다.『삼국사기』도 일종의 사료집이라고 말할 수 있으며, 따라서 기존 사료의 채록에 있어서는 함부로의 개서·날조를 상정(想定)할 수는 도저히 없는 것이다.

이에 반해서 산삭(刪削)을 가하는 일은 얼마든지 있는 일이고 또 과다한 사료를 앞에 놓고 일정한 크기의 책을 편찬해야 할 적에는 불가피한 일이기도 했다. 분량상의 문제가 아니더라도 집권자의 기휘(忌諱)에 저촉되든지 당파와 조상관계 또는 이해관계에 얽히는 일로서 소망스럽지 못한 것을 편사자(編史者)가 삭제 불록(不錄)하는 일은 흔히 있으며, 또 황당무계로서 불가신(不可信)에 속하는 일들은 〈불어괴력난신(不語怪力亂神)〉이라는 유가적 사고방식에 의거해서 삭제해버리는 수도 흔히 있을 수 있다.

김부식의 경우에 있어서도 그의 앞에 놓여 있는 사료나 선행 사서에 대해서 임의로 개필을 가하고 사실 서술을 변개하고 또는 전무한 사실을 날조 삽입했다고는 도저히 보기 어렵다. 다만 그의 견해로 보아서 채록할 가치가 없다고 생각되는 사료를 불록(不錄)했다든지 또는 황당하다고 생각되는 것을 삭제해버렸을 가능성은 충분히 있다. 그러나 이 점은 앞에서도 인론(引論)한 바와 같이 왕의 칭호, 즉 유년칭원법 같은 비야(鄙野)하고 비례(非禮)의 것도 원형대로 표현해넣고 있고, 또 삼국의 시조설화 같은 것도 거의 그대로 재현시켜놓고 있으며 그리고 또 불가신(不可信)의 일이라고 해서 삭제하려는 생각은 없다는 것을 자신의 입으로 천명하고 있는 것으로 보아서 김부식은 산삭에 있어서도 상당한 조심성을 보이고 있음을 알 수 있다. 그런데

---

26) 중국의 역사서술이 대체로 신빙성이 많다는 데 대해서는 Homer H. Dubs, "The Reliability of Chinese Histories", *Far Eastern Quarterly*, VI, 1945~47 참조.

현대 사가들이 『삼국사기』의 〈불가신성(不可信性)〉을 극론해서 『삼국사기』의 백제본기・고구려본기도 불가신이지마는 아마도 신라본기의 고대 부분은 〈전연 신빙할 수 없는 허구〉라고 주장한다든가[27] 혹은 또 『삼국사기』를 『지극히 새로운 구성의 설화와 그리고 날조라고 생각할 수밖에 없는 기사로써 그 상대(上代의) 부분을 채우고 있다』고 단정한 것은[28] 『삼국사기』가 편찬되던 12세기 고려가 이미 원시시대가 아니라 군왕의 일일의 언동이 기록되고 역대왕의 실록이 편찬되고 있을 만큼 역사기술이 발전된 단계 위에 있었다는 사실을 망각한 데에 있고, 또 편자 김부식이 지식인으로서 전통적 역사기술에 젖어 있어서 함부로 날조・변조할 수 있을 만큼 이단적일 수는 없었다는 내적 외적 환경을 도외시한 데서 나온 추론이라고 할밖에 없다.

『삼국사기』의 상대 부분이 불합리하고 불가신한 기사를 많이 갖고 있음은 사실이지마는 이것은 결코 김부식 등이 함부로 사실을 변개・날조한 때문이라고 볼 것이 아니라,[29] 그에 선행되는 사료와 사서에서 이미 그렇게 되어 있던 것을 김부식 등이 오히려 버리지 않고 그대로 채록한 데서 연유된 것이라고 보아야 한다. 즉 이른바 『구삼국사』인지 또는 그 이전의 사료에서인지는 추정키 어렵지마는 원초의 전래설화와 전승사실(傳承史實)들이 중국식・유교식인 역사편찬 이전에 이미 기록화되어 있던 것을 김부식 등이 그것들을 버리지 않고 채록・존속시킨 데서 연유된 것이라고 추단되는 것이다.

그렇기 때문에 조선시대의 사가들이 김부식을 비난하는 점도 바로 『삼국사기』가 너무도 황당한 이야기들을 포함하고 있다는 데에 집중되고 있다. 권근이 『삼국사략』을 저술 진상함에 있어서 김부식의 『삼국사기』가 〈방언이어 상잡(方言俚語相雜)〉하다고 비난하였고,[30] 윤회

---

27) 津田左右吉, 三國史記の新羅本記について(1919)(津田左右吉全集 別卷 第1).

28) 末松保和, 新羅史の諸問題, 1954, p. 430.

29) 金元龍, 三國時代의 開始에 關한 一考察――三國史記와 樂浪郡에 대한 再檢討, 東亞文化 제7집(1967)에도 『三國史記』의 不可信論에 대한 반론이 전개되어 있다.

30) 權近, 進三國史略箋(東文選 권44. 18a~19a), 그는 또 「三國史略序」에서(東文選 卷91. 20a~21a) 『三國史記』를 評하여 『以一歲而分紀 以一事而再書 方言俚語 未能盡革 筆削凡例 未盡合宜 簡帙繁多 辭語重複 觀者病其記此遺彼而難於參究也』라고 비평하였다.

(尹淮, 1380~1436) 역시 『삼국사기』를, 『부피가 많고 용장(冗長)하여 읽으면 잠이 오고, 황당(荒唐)하고 미친소리 같아서 입에 담으면 불경(不經)스러운 소리가 된다』[31]라고 하였다. 이런 평은 이극돈(李克墩, 1435~1503)의 「동국통감서」에서도 마찬가지인바 그는 『삼국사기』를 『조략(粗略)함이 극히 심하고 거기다 더해서 무계불경(無稽不經)한 소리가 있다』라 하였으며, 또 〈비야황무(鄙野荒繆)〉하다 하였다.[32] 또 다산 정약용(茶山 丁若鏞, 1762~1836)도 신라 개국에서 1200년 떨어진 시대의 인물인 김부식이 어찌 능히 삼국의 역사를 자세히 쓸 수 있겠느냐고 하면서, 『항차 동국(東國)의 고사(古史)는 황탄(荒誕)하고 비리(鄙俚)해서 가히 근거할 수 없음에 있어서랴』[33]라고 탄식하고 있다.

요컨대 『삼국사기』에 대한 전통시대 사가들의 평은 이 책이 소략하다는 데에도 지향되고 있지마는, 주로 황탄·불경·비리하다고 하는 데에 집중되고 있다. 이것은 바꾸어 말한다면 조선시대 유자들 보기에는 김부식이 불가신의 황탄지사들을 더 삭제해버렸어야 옳았다는 뜻이 된다.

김부식 당시에 전존(傳存)하던 문헌이 어떤 것이고 얼마쯤의 분량이 되였는지 알 길이 없음은 실로 유감이다. 『삼국사기』에는 불행히도 예문지(藝文志)도 없어서 추측은 더욱 어려워진다. 『삼국사기』 자체에서 인용된 삼국측의 고기(古記)는 요요(寥寥)하며, 김대문(金大問)이 지은 『계림잡전(雞林雜傳)』『화랑세기(花郎世紀)』『한산기(漢山記)』『악본(樂本)』 등과 「김유신행록(金庾信行錄)」, 최치원의 『제왕연대력(帝王年代曆)』 및 문집 그리고서는 단일본을 말함인지 각 이서(異書)를 말함인지 분명치 않은 신라고기·삼한고기·해동고기·고기 등의 이름으로 나오는 고사류(古史類)가 있을 따름이고 그 밖에는 몇몇

---

31) 尹淮, 擬請刊行東國史略箋(東文選 권41, 27a~28a), 『浩瀚冗長 讀之思睡 荒唐狂誕 談者不經』

32) 李克墩의 「東國通鑑序文」, 그리고 역시 『東國通鑑』에 실려 있는 徐居正의 「進東國通鑑箋」에도 분명히 『三國史記』를 일컫는 것으로 생각되는 대목에서 『第國乘之僅存 而文理之或舛 事涉不經而荒怪 語多無稽以繆悠』라고 하였다.

33) 丁若鏞, 題疆域考卷耑(茶山全書 第1集 詩文集, 文獻出版社版, p.34a~35a).

비기(碑記)뿐이다. 그러니 이규보가 말한 『구삼국사』를 합치더라도, 성서(成書)로서 김부식 등이 이용할 수 있었던 삼국측 자료는 불과 10지(指)로써 헤아릴 수 있을 정도였던 것이다. 따라서 안정복이 이런 사료 부족을 지적하고서 김부식의 위치로 보아 그가〈박취문적(博取文籍)〉하지 못하고 민간으로부터 고문헌을 넓게 채진(採進)·수집치 못했음을 비난했음은³⁴⁾ 실로 개절(剴切)한 평이라고 해야 할 것이다.

이미 본래부터 빈약했던 자료를 앞에 놓고서는 김부식 등으로서는 많은 산삭을 가할 여지는 적을 수밖에 없었다. 더구나 『삼국사기』가 각권의 분량이 적기는 하나 합 50권이라는, 아마도 선행 사서에서는 볼 수 없었던 많은 권수로 엮어지게 된 데에는 더욱 산제의 여지가 적어진다 할 것이다.

『삼국사기』에는 중국측 사서로부터의 많은 채록·보충이 있음은 이미 주지의 사실이다.³⁵⁾ 특히 중국과 관련된 사건의 기사는 거의 전적으로 중국측의 여러 정사와 『자치통감』 『책부원귀(册府元龜)』 『통전(通典)』 등에서의 인용으로 채워져 있고 심지어는 삼국 내부의 사정인 지(志) 부분의 여러 기사까지도 이에 힘입고 있다. 그리하여 사신 내왕의 기사가 다른 기사에 비해서 균형을 잃을 정도로 많으며, 또 고구려와 수(隋)·당(唐)과의 전황 서술에 있어서『당서』를 초록할 뿐 고구려측의 기록은 전연 무시되어 있다.³⁶⁾ 이것은 김부식 등이 고의로 그

---

34) 安鼎福은 『三國史記』에 대한 불만을 『海東一方史 皆不合人意 三國史荒雜無可言 高麗史稍爲簡實』이라고 하였고 (順菴先生文集 권10 東史問答 첫머리) 또 『東史綱目』의 범례에서 『三國史記』를 논하여 『……金氏撰史 於新羅則 依本史之遺存者 麗·濟則 尤無可徵 只憑所謂古記斷爛之傳 三國並取中國史以補之 其爲書也 疎略訛謬 殆不成史家規模 金氏身都將相 奉敎撰史 則宜博取文籍 又開獻書之路 而顧不能焉 簡間成編 識者恨焉』이라 하였다. 마찬가지 견지에서 李丙燾, 譯註三國史記 第1册 (1941, 解說 p.8)에도 『金氏가 좀더 널리 金石文字 기타에 史料採取의 勞를 짓지 못하였던 것을 우리는 여간 遺憾으로 여기는 바가 아니다』라 하였다.

35) 前引한 安鼎福의 凡例評語에서도 이것이 喝破되고 있다. 또 『雖謂正史 而文獻無徵 只能繼其年代 又取中國史以實之 中國人傳外夷事 固多謬誤皆不下別是可恨也』라고도 하였다.

36) 丹齋 申采浩(1880~1936)는 이에 관하여 『그러나 三國史記·東國通鑑 등 史册에는 당시 전황에 겨우 唐書를 초록할 뿐이요……사대주의파의

렇게 했다고 볼 수는 없다. 일반적으로 사료가 적고 특히 고구려측의 기록이 전승됨이 적은 데서 온 것으로 생각될 수밖에 없다. 왜냐하면 김부식 자신이 개탄해서,『비록 을지문덕의 지략과 장보고의 의용(義勇)이 있다 하더라도 중국의 서적이 없었더라면(그 事實들이) 민멸(泯滅)되어 전문(傳聞)될 수 없었을 것이다』37)라고 한 것으로 짐작된다. 그래서 결국 사료의 부족은 그로 하여금 온통 일식기사(日蝕記事) 전체를 중국측의『한서』오행지(五行志),『후한서』오행지,『당서』천문지(天文志),『송서』오행지,『위서』천상지(天象志) 등에서 따와서 도합 66건이라는 많은 일식기사를 보철(補綴)케 하였던 것이다. 38)

『삼국사기』가 허다한 결점과 약점을 가진 것은 누구나 인정하는 바이지마는, 여기에는 본래의 사료가 적었다는 점, 그리고 그렇기 때문에 중국측 자료로부터의 보철(補綴)이 많아졌다는 점이 고려되어야 한다. 그러니 김부식 등이 사료를 더 넓게 그리고 철저하게 수집·이용하지 못한 잘못은 저질렀다 할 수 있어도, 마치 김부식이 함부로 사실을 날조하고 임의로 신축과 산첨을 마구 가해서 39) 역사상(歷史像)을 전연 왜곡해버렸다 함은 위에서 본 바로서 지나친 혹평이라고 단언할 수 있고, 또 조선시대 사가들이 너무 황탄불경지사(荒誕不經之事)

史家들이 古代本國의 외국에 대한 勝利의 기록을 모두 刪落한 까닭이다』라고 하였다. (朝鮮上古史, 1948, 서울, p.313) 그리고 寶藏王 27년의 高句麗와 羅·唐聯合軍과의 싸움을 서술한『三國史記』의 기사는 전적으로『資治通鑑』과『新唐書』高麗傳의 기사의 補綴로 이루어진 것이었다. (李弘稙, 高句麗秘記考, 歷史學報 제17·18합집, 1962)

37) 三國史記 권43 金庾信傳의 論贊.
38) 飯島忠夫, 三國史記の日蝕記事について, 東洋學報 15의 3, 1925, pp. 126~140.
39) 예컨대 崔南善(1890~1957)은 그의 卓絕한 三國遺事解題(1943年刊)에서, 相對的으로『三國遺事』의 가치를 높이 평가하는 데서 오는 반작용이 있었을지는 모르나,『三國史記』를 酷評해서 다음과 같이 말했다.『실상 支那的 思想과 漢文의 氣習으로써 國故의 原形을 歪扭하고 改換한 結果임이라 儒教的으로 보아서 怪하다 하면 抹削하기를 꺼리지 않고 漢學上으로 보아서 鄙野하다 하는 것이면 變革하기를 서슴지 않고 字句의 便을 爲하여 伸縮과 刪添을 임의로 하고 好惡의 情을 因하여 取捨와 剪截을 예사로 하여 그 事實에 忠하려 하는 것보다 차라리 文辭에 殉하고 그 原相에 卽하는 것보다 차라리 主觀에 拘하려 한 것.』

가 많다고 비난하는 것도 실당(失當)이라고 아니할 수 없다. 요컨대 김부식은 전통시대의 사가들에 의해서나 현대의 사가들에 의해서나 그가 처해 있던 편사상(編史上)의 또 시대상의 제 제한을 도외시한 혹평을 받아왔다고 할 수 있다. 쓸데없는 추측이기는 하지마는, 만약 조선시대의 성리학적 사가들을 김부식의 자리에 앉혀놓았다면 삼국고사 속에서 민속적·민족적 제 기사는 더 많이 삭제되어 없어지고 더 심한 중국 중심의 사서가 되었으리라고 추측할 수 있는 것이다.

4. 三國 각국에 대한 자세

『삼국사기』의 저서가 신라·고구려·백제의 삼국에 대해서 어떠한 자세로 임했는가 하는 것을 검토함은 흥미있을 뿐 아니라 그의 편사 태도 일반을 살피는 데에도 도움이 될 것이다.

삼국중에서 신라가 특히 치중되어 왔음은 일찌기 지적되어 왔다.[40] 김부식이 경주인(慶州人)이었다는 데서 그러할 뿐 아니라 신라가 다른 두 나라를 통합하고 오래 존속했으며 신라의 문적이 가장 많이 남아 있어서, 이것이 가장 많이 반영되어 있었을 것도 당연하다. 그리고 왕조의 정통론으로 보아도 김부식의 고려조가 형식상으로는 신라의 선(禪)을 받은 후계자이기 때문에 고려조의 신하인 김부식으로서는 신라를 추중(推重)하지 않을 수 없다는 사정도 생각할 수 있다. 그러나 한편 고려는 그 국호의 동일함에도 나타나듯이 고구려의 후신임이 표시되어 있어서 고구려에 대한 김부식의 태도에도 자별(自別)함이 있을 수 있는 것이다.

우선 외관(外觀)으로 살펴본다면 삼국 각국의 기사의 분량이 본기(本紀)에 있어서는 대략 비슷하다 할 수 있다. 신라본기는 합 12권인데 이는 통일신라까지 포용(包容)된 것이니 통일전 것만 치면 7권이 되고, 고구려본기는 10권, 백제본기는 6권이 된다. 대체로 분량상으

---

40) 安鼎福도『金富軾三國史 於羅則稍備 於麗濟則闕略 蓋勢取不免也』라 하였다.(順菴集 권10, 東史問答 23a)

로는 본기에서는 별반의 불균형이 없다. 그러나 지(志)에 들어서는 제사(祭祀)이고 거복(車服)이고 옥사(屋舍)이고 모두가 신라의 서술이 월등히 많고, 지리지(地理志)에 있어서도 신라 것이 위주가 되어 있고, 고구려는 그 전역이 수록되지 않고 일부만이 수록되는 불균형을 이루고 있으며,[41] 직관지(職官志)에서는 거의 전적으로 신라의 관제·관직만이 기술되어 있어서 『삼국사기』의 편자 자신이, 『고구려·백제의 직관은 연대가 오래되어 기록이 애매하기 때문에 자세히 알 수 없다』[42]고 자백하고 있다.

지에서도 이러하지마는, 열전에서는 신라의 편중이 훨씬 현저하게 나타난다. 열전에서 입전(立傳)된 인물들의 국적을 따져보면 통일전 신라인이 30명, 통일기 신라인이 10명, 고구려인이 8명, 백제인이 3명이라는 숫자로 나온다.[43] 삼국 정립시의 삼국의 인물들 중에서 신라인이 월등히 많이 다루어져 있고 고구려인은 그 4분의 1, 백제인은 10분의 1이 입전되었을 따름이다.

이렇게 볼 적에 『삼국사기』에서는 우선 분량상으로도 신라에 편중되었음은 뚜렷하다 할 것이다. 그러나 이것이 과연 편사자(編史者)의 주관적인 편견에 기인한 것인지 또는 객관적인 사정에 기인된 것인지는 다시 검토되어야 한다. 우선 본기에서는 분량상으로 별반의 차이를 노정(露呈)하지 않음은 위에서 보았다. 그런데 지에서는 신라 편중이 뚜렷이 나타나지마는 이것은 고구려·백제측의 〈문묵(文墨)〉이 회매(晦昧)해서 기록이 없기 때문이라는 것이 편사자 자신의 천명하는 바였다. 그리고 열전에서는 이것이 가장 뚜렷한데 이것 역시 편자

---

41) 『三國史記』에서 高句麗의 地志가 극히 不完하다 함을 吳澐은 그의 『東史纂要』(卷2 中, 10a 高句麗地理志)에서 指摘하여 『……金富軾修撰三國史也只據新羅地志 不復博究古跡 收拾餘壤目之爲高句麗地理志 有若麗國郡縣元止此數 以致後世無傳 可歎』이라고 嘆息하였다.

42) 三國史記 卷40 職官下 『高句麗·百濟職官 年代久遠 文墨晦昧 是故不得詳悉』

43) 新羅人으로서 그 生涯가 통일이전과 이후에 걸치는 사람으로 어느 한쪽에 截然히 구분해넣기는 곤란하기 때문에 이 숫자에는 1·2의 加減이 될 수 있다. 그리고 이 숫자는 立傳된 인물만을 헤아린 것이고 거기에 附傳된 인물들까지 합산하면 신라인수의 비율은 훨씬 더 커진다.

의 기호, 증오의 감정에서 연유된 것이 아니라 사료의 결핍으로 인한 것임은 다음의 분석으로 분명해진다. 즉 고구려인으로서 입전된 8명 가운데서 을지문덕과 연개소문의 전기는 전적으로 중국 사적에서 따온 것이고, 을파소·명림답부(明臨答夫)·창조리(倉助利)·밀우(密友)·유유(紐由)의 전기는 고구려본기에 나온 것을 열전의 형식으로 재록한 데 불과하며[44] 오직 온달(溫達)의 전기만이 새로 들어간 셈이다. 그리고 백제인으로서 입전된 3명의 경우에는 흑치상지(黑齒常之)의 전은 『당서』에서 따온 것이고 계백의 전은 백제본기에서 약간이 추가되었으며 도미처(都彌妻)의 전은 새로 수록된 것인데 고구려 온달의 경우처럼 항간의 전승에서 기록된 것으로 생각된다.

그러니 『삼국사기』의 열전은 고구려인·백제인에 관한 한 새로운 자료에 의해서 엮어진 것이 없고 중국 사서의 것을 초록해 넣든지 또는 본기의 것을 중록(重錄)해 넣은 데 불과하다. 이것은 김부식 등이 고구려·백제측의 사료를 갖고 있지 못했다는 것을 단적으로 표시하는 것이다. 그리고 앞에서 언급한 선행 사서인 『구삼국사』가 기전체(紀傳體) 아닌 편년체(編年體)의 사서였으리라는 추측들을 일층 뒷받침해주는 것이 된다.

이렇게 볼 적에 『삼국사기』가 그 취급 분량에 있어서 신라에 편중되었다면 그것은 거의 전적으로 신라측 자료만의 존속, 고구려·백제측 자료의 결핍에 기인되는 것이라고 보아야 한다. 김부식의 주관적인 편중에 연유하는 것은 아니었던 것이다.

사실 김부식은 오히려 놀라울 정도로 삼국에 대해서 공평한 자세를 취하려 하고 있음을 주목하지 않을 수 없다.

---

44) 이들 고구려인의 傳記는 고구려본기의 文과 거의 완전히 중복된다. 본기부분이 먼저 되고 거기에서 이 列傳이 꾸며진 것은 명백하며, 同一書에서의 이런 중복성·불통일성은 『삼국사기』가 김부식 한 사람의 저술이 아니라 여러 史官의 공동편찬이었음을 실증하기도 한다. 그리고 權近이 『三國史記』를 평하여 〈以一事以再書〉했다고 한 것도 (前註 30 참조) 이를 말하는 것 같다.

乙巴素의 傳(卷45)은 고구려기(卷16) 故國川王 13년 4월조와 완전동일.
明臨答夫의 傳(卷45)은 고구려기(卷16) 新大王 8년조와 완전동일.
倉助利의 傳(卷49)은 고구려본기(卷17) 烽上王 3년, 5년, 9년조와 중복.
密友·紐由의 傳(卷45)은 고구려본기(卷17) 東川王 20년조와 중복.

첫째로 그는 삼국의 기사를 〈본기(本紀)〉로 배당해서 삼국을 동등한 격에 놓고 있다. 도시 삼국의 기사를 〈본기〉로 명명하는 것도 만약 김부식이 정말 중국 중심의 사대 사고가 골수에 박힌 사람이라면 하지 못했을 일이다. 그럴 때에는 후대의 『고려사』의 경우처럼 〈세가(世家)〉로 하든지, 또는 『진서』의 경우에 오호십육국(五胡十六國)을 〈재기(載記)〉로 해서 취급했듯이 무슨 다른 방식을 취했을 것이다. 중국의 인정된 천자에 대해서 사용하는 〈본기〉라는 칭위(稱謂)를 사용한 것도 김부식을 사대 일색으로만 보려고 하는 데 대한 반증의 하나가 될 것이다.

여하튼 삼국을 균등하게 〈본기〉로 다루었다는 데서 김이 공평한 자세를 취하였음이 나타난다. 이것을 중국의 진수(陳壽)의 『삼국지』와 비교하면 더욱 명백해진다. 『삼국지』는 그 취급 대상이 삼국으로 정립된 흡사한 상태였다는 점에서, 김부식의 『삼국사기』의 편찬에 하나의 참고가 되었을 것임은 그가 중국문적에 정통하고 또 이런 사서가 고려에도 유통되고 있을 것임으로써 짐작키 어렵지 않다.

『삼국지』에서는 저자 진수가 정통으로 삼는 위(魏)만을 본기로 삼고 있고 나머지 2국에 대해서는 격차를 두어서 취급하고 있다. 즉 촉(蜀)의 군주는 본기라고 하지는 않았지마는 그렇다고 성명을 직서(直書)하지는 않고 선주·후주라고 한 데 대해서, 오(吳)의 군주에 대해서는 손권(孫權) 이하의 성명을 직서함으로써 군주로서 인정하지 않는다는 태도를 명백히 취하고 있다. 다시 말하면 위가 정통을 이은 왕조라는 것을 표시하고서, 자기의 출신국인 촉한에 대해서는 실질적으로만 중시하는 서법을 취하였다. 그리고 김부식이 많이 인용한 『자치통감』에서도 위가 정통으로 인정되고 촉·오는 하위에 놓여서 서술되고 있다.[45]

김부식의 처지에서는 어느 모로 보나 삼국중의 신라를 정통으로 삼고서 〈본기〉로 하고 고구려·백제는 어떤 편목을 붙이든지 간에 순차대로 하위에 놓는 서법을 취할 듯한 일인데도, 이들을 완전히 동격으로 다루고 있음은 그가 중국식인 정통론이나 또 유가적인 명분론에 사로잡힘이 적음을 보여주는 것이라 하겠다.

---

45) 內藤虎次郞, 支那史學史 p. 149 및 pp. 278~283.

둘째로 주목할 만한 것은 삼국 각국의 기사에 있어서 편사자가 제 일인칭으로서 해국(該國)을 표현하고 있다는 사실이다.

신라본기에서는 제14대 유례니사금(儒禮尼師今) 14년조에 이서고국 (伊西古國)이 금성(金城)으로 내공(來攻)해서 싸운 것을 서술한 데서 신라측을 아(我) 혹은 아군(我軍)으로 표현하였고, 제13대 눌지마립 간(訥祗麻立干) 34년조에 고구려가 신라 서변을 침공하였다는 것을 아 서변(我西邊)으로 표현한 것을 비롯해서 백제・고구려와의 교전의 서 술에서는 신라측을 아(我)・아병(我兵)・아국(我國)・아군(我軍)이라 고 칭하는 예가 수없이 보이며, 문무왕시의 당과의 관계에 있어서도 아(我)・아사(我使) 등으로 신라를 표현하였으며, 통일신라에서는 상 대국이 없어졌기 때문에 아(我)자의 용법은 안보이나 말엽에 가서 견 훤 등과의 교전에서 다시 사용되고 있다.[46]

그런데 신라를 운위할 적에만 이렇게 제일인칭이 사용된 것이 아니 라, 고구려본기에서도 꼭 마찬가지로 고구려측을 아로 표현하고 있는 것이다. 중국의 왕망(王莽)과의 관계에서 고구려측을 아・아장(我將) ・오왕(吾王)으로 표현하였고[47] 또 낙랑(樂浪)과의 싸움에서 고구려 병을 아병으로 기술한 것을 비롯해서[48] 한・위・진・수・당과의 싸움 또는 교섭에서 그러하였고 신라와의 싸움에서도 고구려측을 아로 표 현하고 있다. 백제의 경우에 있어서도 마찬가지다. 시조 10년에 말갈 (靺鞨)의 내침을 맞아 싸우는 데서 〈아군패적(我軍敗績)〉이라 하고 초고왕(肖古王) 24년 신라와의 싸움에서 백제가 패전한 것을 아군 패 배(我軍…敗北)라고 표현한 것을 비롯해서 마지막의 당과의 싸움에 이르기까지 백제측을 〈아〉자로 표현하였다.

삼국의 각 본기에서만 이런 식으로 제일인칭을 사용한 것이 아니라 열전에서도 마찬가지였다. 김유신전(卷42)과 김인문전(卷44)에서는 당

---

46) 新羅末의 王建의 활동을 서술한 속에서 〈我太祖〉라고 한 것은 물론 예 외적인 용법에 속한다. 『三國史記』 권11 憲康王 3년조에 『我太祖大王 生 於松岳郡』이라는 기사를 삽입한 것이 그 시초인데 麗朝臣下로서의 編史 者들에 있어서는 있을 수 있는 일이나 출생을 본기 해당년에 기입하는 것은 이례적이다.
47) 三國史記 권13 瑠璃王 31년조.
48) 三國史記 卷14 大武神王 15년 夏4월條,

에 대해서 신라를 〈아〉로 표현하였고 소나전(素那傳)(卷47)과 김흠운전(卷47)에서는 백제와의 싸움에서, 필부전(匹夫傳)(卷47)에서는 고구려와의 관계에서 석우로전(昔于老傳)(卷45)에서는 왜인과의 관계에서 신라를 아·아군으로 표현하고 있는 것이다. 고구려인과 백제인의 열전에서는 아라는 용법은 보이지 않으나 이는 상술한 바와 같이 입전된 수가 적고 그 전기도 모두 중국사서나 『삼국사기』 본기 부분에서의 초록에 지나지 않아서인 것으로 생각된다.

삼국의 각국을 그때그때 제일인칭인 아(我)자로 표현하는 서법이 김부식의 『삼국사기』에서 비롯하는 것인지 또는 그에 선행하는 사서·사료에서 유래하는 것인지는 졸연(卒然)히 단정하기 어렵지마는, 『삼국사기』가 삼국 각기에 불편(不偏)하게 본기를 배정한 태도로 보나, 또 사료가 없으면서도 열전 속에 고구려인·백제인의 전기를 구차스럽게 넣어서까지 삼국에 대해서 균등한 그런 체모(體貌)를 갖추게 하려 한 점으로 보나, 『삼국사기』에서 비롯하는 것이라고 보아서 틀림없을 것 같다. 그렇다면 비록 『삼국사기』의 사실서술의 부분은 사관들의 손에 의해서 이루어졌지마는 이런 표현방식을 사용하는 원칙은 역시 감수국사인 김부식에게서 나왔다고 볼 수밖에 없다. 아마도 이 방식은 김부식의 창안에 속하는 것이며 중국측의 사서에서도 전례가 없는 것으로 생각된다.

김부식은 삼국에 대해서는 이른바 정통론에 사로잡히지 않은 공평한 자세로 임하였지마는, 여타의 다른 지역에 대해서는 소홀한 바 있어 부여(扶餘)와 발해(渤海)가 소외되었음이 지탄(指彈)되고 있다.[49]

---

49) 근대의 특출한 史家 丹齋 申采浩는 『富軾이 이에 그 사대주의에 근본하여 三國史記를 지은 것이라. 고로 東北兩扶餘를 빼어 朝鮮文化의 所自出을 塵土에 묻으며 渤海를 버리어 三國以來 結晶된 文明을 草芥에 던지며, 吏文과 漢譯의 구별에 어두워 1인이 수인이 되고 一地가 數地된 자 많으며 內吏나 外籍의 取捨에 흘려서 전후가 모순되고 사건이 중복한 자 많아 거의 史的價値가 없다 할 것』이라 하였다. (朝鮮上古史 p.12)

이런 견해는 일찌기 柳得恭(1748~?)의 『渤海考』에서도 피력되었으니 그는 序에서 『高麗不修渤海史 知高麗之不振也……及扶餘氏亡 高氏亡 金氏有其南 大氏有其北 曰渤海 是謂南北國 宜其有南北國史 而高麗不修之非矣』라고 南北史로서 편찬되어야 한다고 주장하였다.

그러나 부여는 지리상으로도 원격하거니와 시대상으로도 4세기에는 고구려로 흡수되었으니 그 사료가 김부식에게 직접 전승되어온 것이 없을 것이며, 발해는 신라와 거의 절연관계에 있던 까닭에 우선 자료상으로도 수록이 어려웠을 것이다.

 요컨대 신라·고구려·백제의 삼국에 대한 김부식의 자세는 놀라울 정도로 공평불편(公平不偏)하였고 주관적인 호오(好惡)나 명분론적인 차별에 사로잡히지 않고 냉정한 객관성을 유지하고 있음을 볼 수 있다.

5. 結 言

 이상에서 고찰한 것을 요약해보면 대략 다음과 같이 된다. 『삼국사기』는 김부식이 문하시중으로 치사(致仕)한 뒤에 약 3년간의 세월에 걸쳐서 감수국사로서 그 아래에 사관들을 배치받아서 편찬하여 인종 23년에 완성을 보았으며 당대 이후 중국에서 역사 편찬에 시행되던 분찬법(分纂法)에 따라서 편찬되었으며, 따라서 『삼국사기』는 한 개인의 사가저술(私家著述)이 아니라 편찬물이었다. 노년의 김부식은 정사(正史)들이 갖추어야 할 논찬(論贊)들을 집필하였고, 또 지(志)의 서론 해당부분들을 대부분 집필하였으며 그 밖의 사실(史實) 기술부분은 주로 사관들에 의해서 편찬되었다. 논찬은 중국 정사의 그것과 마찬가지로 포폄(褒貶)을 목적으로 한 유교적인 윤리적 평가와 형식적인 예절론이 강하게 풍겨지고 있으나 이것은 전통시대의 어떤 역사서술에 있어서도 공통적인 현상이었다. 오히려 조선왕조의 사가들에 있어서는 동일한 사실에 대한 논찬에서도 김부식보다도 훨씬 더 형식주의적인 예절론과 더 고루한 윤리평가를 하고 있으며, 이 점 김부식은 오히려 후대의 성리학적인 사가들보다 더 신축성을 나타내고 있음을 보여준다. 또 논찬을 순전히 형식적 정제를 위해서 꼭 일대왕사후나 편말에만 부기하는 형식에서 벗어나서 논평 필요가 실제로 있다고 생각하는 곳에 수처(隨處)에 삽입하는 신축성도 보여준다.

 사실기술에 있어서는 전존(傳存)하는 사료가 빈약하였다는 것이 현저히 나타난다. 특히 고구려·백제측의 사료는 전무한 형편이었으니 사료의 이러한 빈핍(貧乏)을 보충해서 중국측 사서가 균형을 잃을 만큼 많이 보철(補綴)됨으로써 중국과의 사신왕래와 기타 교섭이 많은 비중을 차지하게 된다. 그러니 감수국사로서의 김부식은 당연히 사료를 더 넓게 수집(搜集)하는 방책을 취하지 못한 데 대한 비난을 받아야 한다.

김부식은 함부로 사실을 날조하고 임의로 산삭·개변을 가하여서 역사상(歷史像)을 크게 왜곡하였다는 비난을 받고 있으나 박혁거세 시대에서부터 기록되어 있는 수많은 일식기사만 하여도 그것들이 함부로 삽입된 것이 아니라 적어도 중국측 기록을 정확히 전재한 것이라는 것을 볼 때[50] 함부로의 날조 기입이란 생각할 수 없는 것이다. 이것은 또 유교식 역사기술의 전통에서도 없는 일이며 다만 이용한 선행 사료 속에 허구의 기사가 있어서 그것을 무비판적으로 채록할 수는 있을망정 왕조사의 편사관들이 날조하는 것은 생각키 어렵다.

다만 산삭(刪削)은 상당히 가해졌으리라는 것을 짐작할 수 있으며 특히 황당불경한 기사들을 삭제 또는 변개 간략화했을 가능성은 충분히 있다. 이 경우에도 원사료와 사서가 많지 못했을 것을 생각한다면 50권이 되는『삼국사기』를 엮는 데 있어서 많은 산삭을 가할 여지는 적었을 것이다.

그런데도 후대의 전통시대 사가들은『삼국사기』가 황탄불경한 것을 실은 데 대한 비난을 집중시키고 있었다. 그리고 대중국관계 기사의 기술에 있어서도 후대의 사가들이 더 사대적이라고 일컬어질 수 있는 태도를 취하고 있다.

김부식은 삼국의 기사를 중국의 천자에게만 사용될 수 있는 〈본기〉라는 편명 아래 취급하였으니 이는 후의『고려사』가 〈세가(世家)〉로 한 그런 자세와 크게 다르며, 또 삼국의 각각에 대해서 균등하게 각각 〈본기〉로 표현함으로써 어느 일국을 정통으로 하고 여타는 폄칭하는 그런 정윤론(正閏論)에 사로잡히지 않고 있다.『삼국사기』의 기사의 분량으로는 실지로는 신라에 편중되어 있지마는 이것은 사료가 신라측의 것이 가장 풍부하였기 때문이라고 단정된다. 그리고 김부식은 삼국 각국의 기사에서 각국을 〈아〉라는 제일인칭으로 표현함으로써 그의 불편(不偏)의 태도를 더욱 분명히 하고 있다.

---

50) 飯田忠夫, 上引論文 참조.

요컨대 김부식의 『삼국사기』에 대한 전통시대 및 현대의 비난의 대부분은 이 책이 편찬되던 당시의 사상적 환경을 무시하고 사료의 영성(零星) 등의 객관적인 제약을 홀시(忽視)한 데서 나온 부당한 것임을 알 수 있으며, 중국의 전통적 역사기술이나 후대 조선조의 다른 사서와 비교해봄으로써 『삼국사기』의 적극적인 가치는 한층 선명(鮮明)해지는 것이다.

<金載元博士回甲紀念論叢, 1969 ; 東亞交涉史의 硏究, 1970>

高麗中期의 文化意識과 史學의 性格

三國史記의 性格에 대한 再認識

金 哲 埈

1

　삼국시대의 고구려의 『유기(留記)』『신집(新集)』이나 신라의 『국사(國史)』나 백제의 『서기(書記)』류나 통일기 이후 또는 고려초에 그러한 계통의 자료에 의거하여 만들어졌던 것이라고 생각되는 『구삼국사기(舊三國史記)』까지 모두 인멸되고, 오늘날에 와서는 고려중엽인 1145년에 김부식(金富軾)이 찬(撰)한 『삼국사기(三國史記)』가 가장 오래된 사서(史書)로 남게 되었다.

　『삼국사기』의 기사가 제1차적인 당대 사료의 성격을 상실하고, 제2차 제3차 자료의 성격을 가지게 된 것임에도 불구하고 오늘날에 와서 국내측 사료로서는 가장 오래된 것이고 가장 분량이 많은 것이라는 점에서 삼국시대 역사를 이해하는 기본 사료가 되고 만 것은 누구나 다 인정하고 있는 것이다. 그러나 이 『삼국사기』가 엄밀한 의미에서 고려중엽의 유교 정치이념을 강조하기 위한 이데올로기의 성격을 보다 많이 가졌던 것이므로 근대에 들어와서는 단재(丹齋) 신채호(申采浩) 이래 여러 민족사가(民族史家)들에 의하여 사대사관(事大史觀)의 표본이라는 비난을 받았고, 고려시대에 있어서도 무신 집권기의 인물이었던 이규보(李奎報)의 『동명왕편(東明王篇)』이나 각훈(覺訓)의 『해동고승전(海東高僧傳)』이나 그보다 뒤늦게 나온 『삼국유사(三

國遺事)』등도 실상 삼국사기적 역사인식에 대한 반발로 나온 것이라고 해석할 수 있는 것이다.

한편『동명왕편』이나『삼국유사』와는 달리 조선초에 와서 유교사관을 보다 강렬하게 주장하던 때에 나온『동국통감(東國通鑑)』이나, 그 유교사관의 보다 진전한 형태에서 나온 것이라고 볼 수 있는『동사강목(東史綱目)』등에서도『삼국사기』가 전체적으로 불경(不經)하다든가 소략(疎略)하다든가 실(實)에서 어긋난 것이라든가 하면서 비난하여 왔다. 그리고 근년에 와서는 일본인 학자들이『삼국사기』의 편찬연대가 늦었다는 점을 들어서 사료적 가치가 반감하는 것으로 보았고,『삼국사기』에 있는 상대(上代) 기사는 불가신(不可信)의 후세의 위조로 보는 견해 등을 발표하였거니와 그러한 류의 견해들은 한편으로는 그들의 한국 고대사 입문서 구실을 하였던『동국통감』이나『동사강목』의 영향을 받은 데서, 한편으로는 당시의 문헌고증학적 인식방법의 한계성을 깨닫지 못한 그 당시 사학(史學)의 수준에서 오는 것이었다. 중세사회의 사유방식을 비판할 만한 근대정신의 확립없이 기술적으로 문헌고증학만을 받아들이는 단계에 있었던 일본인 학자들의 사학체질로서는『동국통감』이나『동사강목』에 나타나는 중세적 사관에서 전적으로 이탈한 것이 아니고, 오히려 그것들의『삼국사기』에 대한 평이나 삼국시대에 대한 이해방식을 그대로 답습하여 근대적 표현으로 왜뉴(歪扭)하는 데 그치었고, 마침내는 고대적 체질의 본질이 무엇이냐를 제대로 이해하지 못하였으며, 그러한 까닭으로『삼국사기』에 대한 바른 평이 성립될 리가 없었던 것이었다.

그 다음 근자에 와서 고병익(高柄翊) 교수가『삼국사기』를 체재상으로 중국의 정사류와 비교하고, 내용상으로는『동국통감』이나『동사강목』과 비교하면서『삼국사기』가 재래 비난받던 것과 같이 사대적이 아니라『동국통감』류에 비해서는 오히려 자주적이라고 보고,『동국통감』류보다 덜한 그 사대적 요소도 김부식이 가진 사관에서 나온 것이라기보다는 김부식 이전에 성립된 사서라든가『삼국사기』가 채택한 원사료(原史料)에 나타났던 것으로, 김부식은 그것을 편찬하였을 따름이라는 견해를 피력하고 있다. 이에 대해서는 뒤에서 언급함이 있을 것이나, 고교수는『삼국사기』의 편찬자의 사관은 그 편찬물에 커다란 영향을 주는 것이 아니라고 주장하고, 편찬이라는 것을 순전한 기술적인 것으로만 생각하고 있으나[1] 사론(史論)이나 문장 수식은 거론하지 않더라도 최소한도 사료의 취사 선택도 편찬자의 사관 여하에 따라 크게 달라지는 것이니 사서라 하면 기술적인 편찬에 그칠 수는 없는 것이라고 본다.

근년에 이르기까지 『삼국사기』에 대한 견해들이 대개 위에 말한 것과 같은 것들이나, 삼국시대 또는 고려시대의 사관이나 조선시대의 사관이 사대적이든 자주적이든 간에 역대 사조의 시대적 차이를 생각하지 않는다든가 하나의 사조가 어떠한 사회적·문화적 기능을 가졌던가에 대한 구체적인 이해 없이 사서의 성격을 논하는 것은 의미가 없고 유해무익한 것이므로 필자는 먼저 김부식의 시대적 환경에 대한 인식을 가지고 그 사관의 성격을 그 전시대의 것과 비교하고 나아가서 『삼국사기』의 사료와 『동명왕편』이나 『삼국유사』의 사료를 비교하여 그 차이성이 어떤 것이냐를 밝히는 것이 『삼국사기』에 대한 바른 이해 방법을 찾는 길이라 믿고 그러한 방향에서 정리하여 얻어지는 결과의 요약으로써 본장을 쓰게 된 것이다.

2

고려초기의 역사인식의 성격을 이해하려면 먼저 이 시기의 사회가 어떤 방향에서 움직이고 있는가를 살펴야 할 것이다. 누구나 나말여초(羅末麗初)라는 시기에 커다란 사회적 전환을 본 것을 인정하지 않을 수 없는데, 나로서는 이 시기의 사회적 전환이 고대사회에서 중세사회에로의 전환이라고 보아 몇 가지 견해를 발표한 바 있거니와,[2] 이 전환기에 마련된 사회기반 위에서 중세사회국가로서의 고려가 성립되기까지의 사회적 진통은 격렬하고도 장기간 계속된 것이었다. 고대사회의 모순이 폭발하기 시작한 것은 780년 신라 하대가 시작되면서부터라고 할 수 있겠고, 이때부터 초적(草賊)·해적(海賊)들이 생겨나고 지방 호족들이 일어나 반기를 들더니, 이 호족 출신의 왕건태조가 918년 고려를 건국하고 936년 후삼국을 통일한 뒤에도 왕실에 있어서

---

1) 高柄翊, 三國史記에 있어서의 歷史敍述, 金載元博士回甲紀念論叢, 1969 (東亞交涉史의 硏究 所收)
2) 拙稿, 韓國古代社會의 性格과 羅末麗初의 轉換期, 韓國史時代區分論, 1970. 韓國古代政治의 性格과 中世政治思想의 成立過程, 東方學志 10, 1969.

왕위계승을 위요(圍繞)한 외척간의 싸움 등이 일어나는 등 옛것의 붕괴와 새것의 출생을 위한 많은 진통을 겪어왔던 것이나 그러한 파동 속에서 중세국가의 기반의 정리 작업이 일단락된 것은 대개 성종조(成宗朝, 982~997)라고 본다.

돌이켜보건대 고대사회의 모순을 극복하려는 역사운동으로 일어난 후삼국시대의 사회 진통은 첫째 단계에서는 지방 호족의 반란의 형태로서 나타났다. 고대사회의 파괴 그것은 중세사회 기반을 건설하는 제1보를 의미하는 것이지만, 그 초기에 있어서는 신라 왕실의 고대 지배력을 타도한다는 것과 고구려와 백제의 구원(舊怨)을 갚는다는 표방을 함으로써만도 궁예(弓裔)와 견훤(甄萱)이 커다란 정치세력을 형성할 수 있었던 것이나, 그 다음 왕건태조의 단계에 와서는 고대 전통에 대한 도전에서 한결음 나아가 중세사회의 운영 원리가 어떤 것이어야 하느냐의 모색이 시작된 것이었다. 왕건태조의 후삼국 통일은 골품제도(骨品制度)를 조직 원리로 하는 고대 귀족제도에 대한 중세적 지방 호족세력의 승리를 말하는 것이지만, 통일 후에 와서는 아직도 호족세력 자체가 지니고 있는 고대적 체질의 청산이 보다 크고도 긴급한 문제로서 제기되었다. 원래 신라말기의 지방 호족들은 중앙 귀족들의 고대적 수취(收取)가 자기네들의 호족 기반의 존재조차 위협하는 것임을 깨달아 진성여왕(眞聖女王) 당시의 무궤도한 수취와 지배에 반항하고 고구려와 백제의 구원을 갚는다는 궁예나 견훤의 표방에 그대로 호응하였던 것이다. 그들이 이와 같이 경주 중앙 귀족들의 고대적인 수취에 대해서는 싸워왔던 것이나, 자기들이 지방에서 갖고 있는, 아직도 전통적인 따라서 고대적 성격을 지닌 지배권과 수취권을 포기할 수 있게 하는 새로운 성질의 사회기반을 발견한 것은 아니었다. 신생 고려국가가 해결해야 할 문제도 바로 이것이어서 지방 호족들의 기반과 국가와의 상관관계를 어떤 성격의 것으로 결정하느냐에 고심하게 되어 태조는 언필칭(言必稱) 취민유도(取民有度)를 내세워 호족들의 수취를 제한하는 면에서 국가기반의 확대에 힘썼고, 그 대신 새로 성립한 국가의 관작(官爵)을 호족들에게 약속한 것이 한두 번이 아니었다.

그리고 이 시기에 일어난 기본적인 사회관계 변동의 하나로서 사회 편제의 기초단위인 재래의 커다란 친족공동체가 분해되어 작은 것으로 나뉘어지는 변혁이 일어난 것이다. 신라시대에는 7세대(七世代)까지를 하나의 친족집단으로 간주하던 고대 친족공동체가 성립되어 있었는데, 이것이 고려 성종연간에 와서는 그전 것의 4분의 1정도밖에 안되는 동고조(同高祖) 8촌까지를 한 친족으로 규정하는 중국과 같은 규모의 작은 공동체로 변한 것이었다.[3] 그리고 고대에 있어서는 같은 신분층에 속하는 같은 친족공동체원 간의 유대관계뿐만 아니라, 같은 성(姓)을 쓰고 같은 부족 계통이라는 동족관계가 있으면 상위의 친족공동체가 신분이 낮은, 그리고 지방에 근거를 둔 하급 친족공동체와도 종적(縱的)인 유대관계를 가지면서 그것으로써 중앙의 상위 친족공동체의 세력기반을 형성하는 고대정치 운영을 하였던 것에 반하여, 하위의 친족공동체들이 상위 친족공동체의 지배에서 벗어나면서 각 지방에서 대두하게 된 고려초에 와서는 기인제도(其人制度)나 사심관제도(事審官制度)를 강화하면서 규모가 작아진 친족공동체들의 상호간의 유대관계를 가능한 한 억제하는 면에서 중앙집권 지배체제를 강화하는 단계에로 들어갔던 것이고, 이 새로운 지배체제는 당(唐)·송(宋)의 관제(官制)를 모방하면서 그 체제를 정비하였다. 많은 진통과 모색을 거치고 나서 도달한 이 변동은 커다란 역사적 전진이었다.

여기에서 한 가지 유의하여야 할 것은 앞서 말한 고대의 7세대 동일 친족공동체가 고려 성종연간에 와서 규모가 4분의 1의 작은 중세의 5세대 동일 친족공동체로 변하였다는 것이 어떠한 사회적 기능을 발휘하였는가를 바로 이해하는 것이다. 나는 이와 같은 변동의 원인을 단순히 중국의 사회편제 방법의 수입에 있었다는 평면적인 이해에는 찬성할 수 없고 한국 고대에 있어서도 7세대 동일 친족공동체는 주로 신라 지역의 부족들의 사회편제 방법이었고 고구려·백제 지역에서는 삼국시대나 또는 그 이전에 있어서도 그렇게 규모가 큰 것이 아니었던 것 같다. 그러나 신라에 의하여 삼국이 통일된 뒤에는 신라 중추세력의 사회편제 방법에 따라 전국이 커다란 친족공동체를 기초단위로 하여 편제되든가 크고 작은 것이 그대로 병행되든가 하였으리라고 추측된다.

그 뒤 신라의 지배세력이 무너지고 보다 작은 규모의 사회편제 방법을 가졌던 고구려 고지(故地)에서 일어난 고려의 주체세력들이 후

---

3) 拙稿, 新羅時代의 親族集團, 韓國史硏究 1, 1968.

삼국을 통일한 뒤에는 반대로 작은 친족공동체를 위주로 하는 큰 것과의 병존이라는 상태가 병행되어 오다가, 성종연간에 5세대 동일 친족공동체의 제도를 확정하였던 것이 아닌가 한다. 한 가지 유의할 것은 고구려 고지의 친족공동체가 원래부터 작은 것이었다고 해서 나말여초기에 있어서 그 자체의 체질의 변화 없이 그대로 신라 지역보다 전진적인 위치에 있었다고는 보지 않는다. 고구려 지역에 있어서도 하나의 친족공동체가 타친족공동체와의 횡적(橫的)인 유대관계의 설정폭이 가지는 사회적 필요성의 감소, 친족공동체 안에서의 세분된 단위의 활동기능의 증가 등 고대와는 다른 커다란 변혁이 있었을 것을 생각지 않을 수 없다.

　성종연간에 본 친족공동체 개편의 정작의 원인이 어떻든 간에 그 사회편제의 기초단위가 축소된 것은 같은 부인(部人), 같은 족인(族人) 등의 관념에 의해서 사회활동을 제약하던 재래의 족적(族的) 유대관계의 영향력을 그만큼 감소시키었고, 당대인의 사회관을 자기 족벌(族閥) 범위의 것으로가 아니라 그것을 초월한 보다 확대된 것으로 만들었다.

　이러한 사회관의 기반은 지금까지 말한 고대 족벌의식의 지양(止揚)이라는 것과 함께 취민유도(取民有度)를 표방하면서 고대 수취제도를 지양하려는 두 개의 주축적인 사회운동에서 형성된 것이라고 본다. 그리고 당시의 주체세력들이 그러한 새로운 성격의 사회기반과 사회의식을 배경으로 함에서 비로소 나올 수 있었던 역사적 활동능력을 갖춤에서 고구려의 구토를 회복하기 위한 북진정책(北進政策)을 표방하는 적극적인 자세까지 취하게 된 것이 아닌가 한다.

　또 이용범(李龍範) 교수가 고려시대의 지리설(地理說)은 신라시대의 수도가 반도 동남우(東南隅)에 국척(跼蹐)하고 있던 것의 모순이 여러 면에서 나타난 것에 대한 반발의 성격을 가진, 국토 재계획안적인 성격을 가진 것이라 보는 것도[4] 청종(聽從)할 만한 이해라 하겠으며, 그러한 동향도 위에 말한 사회 재편제 기운을 타고 나온 것이라고 보는 것이다. 이와 같은 사회기반의 재정리적 확대와 새로운 문화기운의 전개 위에서 신생 고려국가가 성립될 수 있었고, 광종(光宗)시에

---

4) 李龍範, 處容說話의 一考察, 震檀學報 32. 李教授는 本論文의 末尾에서 簡明히 道詵의 地理說의 性格을 논하고 있다.

는 세대교체를 주장하고 천태학사상(天台學思想)을 주축으로 하여 교선합작(敎禪合作)을 도모하는 등, 국내 사상의 통일운동을 전개하고 새로 과거제도(科擧制度)를 만들면서 중앙집권적 지배체제를 성립시킬 수 있었던 것이었다.

사회의 기초단위가 중국과 같은 것이 되고 이를 편제함에서 성립된 관제도 중국과 같이 중앙집권적 지배체제가 되는 일대변혁이 일어난 후에는 자기 친족공동체를 운영하려 할 때 중국의 친족공동체 운영방법과 합치되는 면이 나타나기 시작하였고, 새로 편제된 전사회체제를 운영하기 위하여서는 중국의 유교정치에 대한 이해의 필요성을 절감하게 되어 유교경전을 가르치는 교육제도가 확충되고 저절로 그러한 교육을 받은 자를 관리로 채용하는 과거제도를 창설하게 된 것이다. 다시 말하면 고려에 와서 중앙집권체제를 운영하려 할 때에 필요한 선례적(先例的)인 준칙(準則)을 찾으려 할 때 저절로 중국의 정치고사(政治故事)를 참작하게 되고 그 정치원리를 사서오경에서 받아들이게 되는 것은 자연스러운 일로서 김부식이 『삼국사기』를 편찬한 1145년보다 163년이나 앞선 성종 원년(982)에 최승로(崔承老)가 조정에 올린 오조정적평(五朝政績評)이나 시무 28조(時務二十八條)는 새로 적용하는 유교정치이념에 입각하여 그때까지의 고려사회의 운영방법을 비판하고 새로운 방향을 제시하는 것이었으니, 이것은 한국사에 있어서는 처음으로 성립한 유교사관(儒敎史觀)에서 나온 것이라 할 것이다.5) 한 가지 유의하는 바는 대개 유교사관과 사대성(事大性)과를 불가분의 관계가 있는 것으로 착각하고 있지만, 이 최승로의 사관에 있어서는 사대적인 요소가 강한 것이 아니라는 점이다. 위에서 나 말여초의 사회전환 과정에서 수행한 역사적 과제에 대하여 언급한 바 있거니와, 이때에 보다 선진국인 중국의 문화와 정치제도를 모방하는 것은 고려사(高麗史)가 가지는 사회전환을 위한 자체적인 발전과정에서 오는 것으로 보아야 하는 것이지, 문화 수입자의 체질은 생각지 않고 중국 것을 모방하면 그것이 곧 사대적인 것처럼 생각하는 것은 근년에 와서 사대성을 논할 때 흔히 빠지고 있는 오류로서 이 따위 피상적인 이해는 역사 본질에 대한 인식과는 거리가 먼 것이다. 특히 기억해야 할 것은, 앞서 말한 사회전환이 가능하였던 것은 그 시기에

---

5) 拙稿, 崔承老의 時務二十八條, 趙明基博士華甲記念論叢, 1965.

외세의 침략이나 간섭이 없었던 데 있고 또 그 전환과정에서 중국제도의 채용과 모방은 강제적으로 된 것이 아니라, 스스로의 모색의 결과로서 나온 것이라는 사실(史實)이다.

 물론 선진 중국문화와 그 주위 제민족문화와 비교할 때 나타나는 질량상(質量上)의 차가 너무나 커서 주위 민족에 대한 중국문화의 영향력이 지대하였던 관계로 중국문화의 모방이 사대로 간주되어 왔고, 그러한 문화적인 의미에서의 모방과 사대적 경향은 때에 따라서는 문화능력이 있는 것으로 간주될 수도 있거니와, 그것은 어디까지나 그 때마다 당면한 문화변동의 문제를 해결하려고 할 때 어느 민족이나 경험하고 있는 문화·사회의 진전과정상에 나타나는 표면적이고도 부분적인 현상으로 볼 것이지 그러한 것을 들어서 어느 민족역사의 총체적인 성격에 대한 이해에 사대 여부 문제를 관련시킬 것은 아니다. 이미 타고(他稿)에서 언급한 바 있거니와[6] 삼국시대나 신라통일기의 유교(儒敎)에 대한 이해는 자기 전통의 유지와 그 강화를 도모하는 한계 안에서 한 것으로 유교를 이해하였다기보다는 당대의 고대군왕들의 지배세력을 수식하고 합리화하기 위하여 유교적 사유방식의 일부를 적용하는 상태이었다.

 이러한 것을 가지고 삼국시대부터 유교정치사상과 연결된 사대사상을 논의하는 것도 우스운 것으로 요컨대 유교사상에 대한 이해의 출발점을 그러한 사상을 이해할 수 있는 기반이 확대된 고려시대부터 잡고 관계사료를 검토할 것이라 생각한다. 유교적인 사관이라 하는 것도 전폭적인 문화전환이 행해진 고려 이후에 있어서 있을 수 있는 것이지 그 전 고대에는 사회기반과 문화생리가 달라서 이른바 유교사관이라는 것은 성립될 수 없는 것이다.

 고려시대에 들어와서 많은 고대사서(古代史書)라든가 고대전승(古代傳承)이 개서(改書)되었을 것으로 보이는데, 그 한 예를 들 것 같으면 고려 문종연간에 금관주지사(金官主知事) 모(某)에 의하여 설화형태의 가야역사(加耶歷史)가 『가락국기(駕洛國記)』로 개서되었는데 여기서 저절로 자기전통적인 것의 주장도 중국식 문투랄까를 빌어서 하는 것으로 될 수밖에 없었다. 그러나 그것은 고대전통의 부인도 아니고 유교사관의 확립을 위한 것도 아니었다. 설화형태의 전승이 그

---

 6) 拙稿, 三國時代의 禮俗과 儒敎思想, 大東文化研究 6·7合本, 1971.

기본형태는 그대로 유지하면서 보다 권위를 갖기 위하여 중국식 역사기술 용어를 가져다가 자기 전통을 재수식한 것에 그치었다. 이러한 것은 김부식이 『삼국사기』를 편찬할 때에 고려중기에 있어서의 지배세력을 장악한 문신 중심의 유교정치적 표방을 합리화하기 위하여 유교사관에 합치되는 용어가 이미 삼국시대에도 이해되고 사용되었던 것처럼 수식하면서 유교사관의 확립을 도모하였던 것과는 성격이 다른 것이 아닌가 한다.

그리고 앞서 말한 최승로의 사관(史觀)에 있어서도 중세사회에로의 전환적 추진이 보다 중심적인 과제가 된 것이었지 김부식 때와 같이 자기세력의 합리화나 유교사관 자체의 확립을 목표로 한 것이 아니었다. 그가 말한 시무 28조(時務二十八條) 중 제11조에서는,

> 중국의 제도는 따르지 않을 수 없지만 사방의 습속은 각기 그 토성(土性)에 따르게 되므로 다 고치기는 어려울 것 같습니다. 그 예악(禮樂)·시서(詩書)의 가르침과 군신·부자의 도리는 마땅히 중국을 본받아 비루한 것을 고쳐야 되겠지만 그 밖의 거마(車馬)·의복(衣服)의 제도는 우리나라의 풍속대로 하여 사치함과 검소함을 알맞게 할 것이며, 구태여 중국과 같이 할 필요는 없는 것입니다.
> 華夏之制 不可不遵 然四方習俗 各隨土性 似難盡變 其禮樂詩書之敎 君臣父子之道 宜法中華 以革卑陋 其餘車馬衣服制度 可因土風 使奢儉得中 不必苟同

라 하여 중세 사회체제를 확립하기 위한 제도개혁의 준칙을 중국의 것에 따르는 것과 일상 소비생활면의 모방과는 구분하여야 한다는 것이라든가, 그 제5조에서, 『우리 태조는 대국을 섬기는 데 전일(專一)했사오나 오히려 수년 만에 사신을 한번 보내어 교빙의 예(禮)만 행할 뿐이었읍니다』(我太祖情專事大 然猶數年 一遣行李 以修聘禮而已)라 한 것을 보면 그 당시의 사대(事大)는 외교적인 것이지 정신적인 면에까지 영향을 주는 것이 아니었다. 이러한 것을 보면 고려초기의 국내정치나 외교정책을 비판하는 최승로의 사관이 유교사관이라고는 할 수 있겠으나 그것이 곧 사대정신의 발로라고는 볼 수 없는 것이다.

3

앞에서 보아온 바와 같이 나말여초의 사회전환기를 거치고 나서 성립된 최승로(崔承老)의 역사인식은 중세사회질서의 확립을 위한 것이었지 사대성적(事大性的) 위축이 보이는 것도 아니고 형식적인 유교사관의 성립을 도모한 것도 아니었다. 그리고 이 최승로가 시무 28조 중에서 개진(開陳)한 개혁안들이 성종연간에 대부분 실천을 보아 사회·문화전면에 걸쳐서 고대 잔재의 청산을 부르짖으면서 중세사회의 기반을 확고히 한 것이었다.[7]

이와 같이 중세국가 기반의 정리를 본 고려사회가 그 뒤의 정치와 사회의 경험이 어떤 성격의 것이었으며, 인종조 김부식이 『삼국사기』를 편찬하기까지 어떠한 문화경험을 거치었는가의 경과를 살피는 것이 『삼국사기』의 역사인식의 성격을 이해하는 데 도움이 될 것이라 믿는다. 고려사회는 그 동안에 첫째로 북방으로부터 거란(契丹)의 침입과 이에 대한 항쟁이라는 커다란 역사적 사건을 경험한 것이고, 둘째로는 안으로 중앙집권적 지배체제의 정비과정이 진전됨에 따라 귀족세력과 기층사회(基層社會)와의 괴리성(乖離性)이 증대하고 이와 함께 귀족세력간의 파벌성(派閥性)이 조장되는 사회갈등을 경험한 것이고, 세째로는 첫째·둘째와 상호 관련성을 가지면서 전개되는 것이지만 기층사회가 가지고 있는 전통문화의 주류와 관료층을 중심으로 하여 일어나는 유교정치 이데올로기와의 충돌을 경험하였다.

첫째 거란과의 항쟁에서 고려가 성공할 수 있었던 것은 둘째·세째의 모순이 아직은 심하게 나타나지 않았던 것에 있는 것이나, 거란과의 충돌과정상에 나타난 전쟁의식에 있어서나 거란을 격퇴한 이후의 민족의식에 있어서 전통적인 사유방식과 중국으로부터 수입한 유교정치관을 중심으로 하여 주장되는 중앙귀족 관료들의 이데올로기와의 정면적인 충돌은 상당히 장기간에 걸쳐 나타나지 않았던 것에 유의할 것이다. 다시 말하면 초기에 있어서의 중앙관료층의 이데올로기는 고려의 건국정신에 표시되는 호족적 체질에 기반을 둔 것이고, 아직은 전통적 체질을 상실하지 않아 뒤에서와 같이 상호간의 괴리성이나 대

---

7) 拙稿, 前揭論文 崔承老의 時務二十八條.

탑성이 심하지 않았던 것이다.

돌이켜보건대 고대 잔재의 청산을 주요목표로 하였던 성종(成宗)일대의 정치방향에 있어서도 거란과 항쟁하기 위하여서는 전통적인 이데올로기의 앙양방법을 내세우지 않을 수 없었던 것은 이지백(李知白)의 예에서 볼 수 있다.『고려사(高麗史)』열전(列傳) 서희전(徐熙傳)에,

> 전민관어사(前民官御事) 이지백(李知白)이 상주하여 말하기를,『성조(聖祖)가 창업하며 왕통을 드리운 이후 금일에 이르러 한 사람의 충신도 없어서 갑자기 토지를 가벼이 적국에 주려고 하니 통탄하지 않겠읍니까? 옛 사람의 시에 말하되,「천리의 산하를 가볍게 여긴 어리석은 사람이여, 양대의 문인이나 무인 모두 초주(焦周)를 한스럽게 여긴다」라 하였으니, 이것은 대개 초주(焦周)가 촉(蜀)의 대신이 되어 후주에게 권하여 국토를 위(魏)에 바치게 하여 천고의 웃음거리가 된 것을 말하는 것입니다. 청컨대 금은보기로써 소손녕(蕭遜寧)에게 뇌물을 주어 그 의사를 살피고 또한 가벼이 토지를 베어 적국에 버리려고 하니 어찌 선왕의 연등(燃燈)·팔관(八關)·선랑(仙郎) 등의 일을 다시 행하고 다른 나라의 이법(異法)을 행하지 않음으로써 국가를 보호하고 태평을 이루는 것과 같겠읍니까? 만약 그렇다고 한다면 마땅히 먼저 신명(神明)에게 고한 연후에 싸울 것과 화친할 것을 성상께서 결정하십시오』라 하니, 성종이 그렇게 하였다. 그때에 성종이 화풍(華風)만을 좋아하매 나라 사람들이 좋아하지 않았기 때문에 이지백이 이를 언급하였던 것이다.
>
> 前民官御事 李知白奏曰 聖祖創業 垂統洎于今日 無一忠臣 遽欲以土地輕與敵國 可不痛哉 古人有詩云 千里山河輕孺子 兩朝冠劍恨焦周 盖謂焦周爲蜀大臣 勸後主 納土於魏 爲千古所笑也 請以金銀寶器 賂遜寧 以觀其意 且與其輕割土地 棄之敵國 曷若復行 先王燃燈八關仙郎等事 不爲他方異法 以保國家致大平乎 若以爲然 則當先告神明 然後戰之與和 惟上裁之 成宗然之 時成宗樂慕華風 國人不喜 故知白及之

라 하고 있는 것을 보면 전승기원(戰勝祈願)으로서의 연등(燃燈)이나 팔관(八關)의 제례(祭禮)를 행하고 선랑(仙郎) 등을 동원하여 의식(儀式)를 행하면 보국(保國)할 수 있는 것으로 생각하였고, 군왕이 그러한 전통적인 행사를 싫어하고 화풍(華風)만 좋아하매 국인불희(國人不喜)하였다는 사실(史實)과 성종도 마침내 전통적인 행사를 거부하지

못한 것을 알 수 있으며, 또 그러한 방법으로 전의(戰意)를 고취하는 것과 함께 촉(蜀)으로 하여금 위(魏)에게 항복케 한 초주(焦周)를 비난하는 한시(漢詩)를 인용하는 것과의 사이에 조금도 부자연스러운 점이 없음을 주목할 것이다. 뿐만 아니라 제3차의 대거란전(對契丹戰)에서 승리한 강감찬(姜邯賛)에 대하여 『고려사(高麗史)』열전 강감찬전에서,

세상에 전해오기를 사신이 밤에 시흥군(始興郡)에 들어가서 큰 별이 인가에 떨어지는 것을 보고 관리를 보내어 알아보게 하니, 마침 그 집의 며느리가 아들을 낳았는지라 사신이 마음속으로 이상하게 생각하여 데리고 돌아와 기르게 되었는데, 이 아이가 강감찬(姜邯賛)이 되었다. 강감찬이 재상(宰相)이 됨에 미쳐 송(宋)의 사신이 그를 보고 자기도 모르게 절하며 말하기를 『문곡성(文曲星)이 보이지 않은 지가 오래 되었더니 지금 여기에 있구나』라고 하였다고 한다.
世傳有使臣 夜入始興郡 見大星隕于人家 遣吏往視之 適其家婦生男 使臣心異之 取歸以養 是爲邯賛 及爲相 宋使見之 不覺下拜曰 文曲星 不見久矣 今在此耶

라 하고 있고, 『동국통감』에서는 강감찬 당시의 고려실록(高麗實錄)을 편찬한 사관의 사론이라고 생각되는 아래와 같은 글을 인용하고 있다.

사신(史臣)이 말하기를 『대단하구나! 하늘이 이 백성을 인애(仁愛)함이여. 국가에 장차 화패(禍敗)할 일이 오려고 함에 반드시 명세(名世)의 현인을 내어 그에 대비시켰다. 기유(穆宗 12년)·경술년(顯宗 1년)에 역신(逆臣)이 난을 일으키고 강적이 침입하여 와서 내우외환(內憂外患)으로 나라가 위급하게 되었는데 이때에 강공(姜公)이 없었다면 장차 어떻게 나라가 되었을지 알지 못하겠다. 공은 들어가서는 모의에 참가하고 나아가서는 정벌을 관장하여 화란(禍亂)을 평정하고 삼한을 회복함으로써 종사(宗社)와 생민(生民)의 길이 의뢰하는 바가 되었으니, 하늘이 낸 것이 아니고서는 이러한 사람의 화를 방비한 자로 누가 능히 비교될 것인가? 아아! 위대하도다. 세상에 전하여오기를 한 사신이 밤에 시흥군에 들어가서 큰 별이 인가에 떨어지는 것을 보고 관리를 보내어 알아보게 하니, 마침 그 집의 며느리가 아들을 낳았는지라 사신이 마음 속으로 이상하게 생각하여 데리고 돌아와 기르게 하니 이 아이가 강감찬이 되었다. 후에 송(宋)의 사신(使臣)

이 그를 보고 자기도 모르게 절하며 말하기를 『문곡성(文曲星)이 보이지 않은 지가 오래 되었더니 지금 여기에 있구나』라고 하였다 한다. 이 말은 황당한 것 같으나 그러나 부열(傅說 : 殷의 宰相)은 죽어서 그 정신이 승천하여 기(箕)와 미(尾)라는 두 별의 정(精)이 되었고 신백(申伯)과 중산보(仲山甫 : 周의 賢人들)는 숭산(嵩山)이 그 신령한 기를 내려보냄을 맺어 탄생하였다고 하니 유독 강감찬에만 어찌 의심을 둘 것인가?

　　史臣曰 甚矣 天之仁愛斯民也 國家將有禍敗之來 必生名世之賢 爲之備 當己酉庚戌之歲 逆臣構亂强敵來侵 內訌外亂 國步危急 于斯時也 不有姜公 未知將何以爲國也 公入參謀議 出掌征伐 平定禍亂 克復三韓 以爲宗社 生民之永賴 非天之所生 以備斯人之禍者 其孰能與於斯乎 嗚乎 盛哉 世傳有一使臣 夜入始興郡 見大星隕于人家 遣吏往視之 適其家婦生男 使臣心異之 取歸以養 是爲邯贊 後宋使見之 不覺下拜曰 文曲星 不見久矣 今在此 是說似涉荒唐 然傳說爲箕尾之精 申甫維嵩岳之降 獨於邯贊何疑乎(東國通鑑 卷16 顯宗22年條)

『동국통감』에서는 그 편찬자들의 사론을 쓸 때에는 신등안(臣等按)이라 하고 그 밖의 타인의 사론을 이용할 때에는 반드시 인명을 밝히는 것이나, 이 사료에서 사신왈(史臣曰)이라 한 것은 이 사료가 고려실록에서 인용한 것을 짐작케 하는 것인데, 그 당시 문곡성(文曲星)이 세상에 내려와 강공(姜公)이 되었다는 설이 있었음을 알겠고, 중국의 부열(傅說)이나 신·보(申甫)에 붙는 전설들을 믿으면서 홀로 강공의 전설만을 의심할 수 있으랴 한 것을 주목할 것이다.

　　강공은 고려의 전통적인 사유방식에서만 위대한 것이 아니라, 중국적인 가치관에 있어서도 부열(傅說)이나 신·보(申甫)와 같은 위대성을 상실하지 않는 것을 강조한 것이고 결국은 중국문화의 영향을 받으면서 성립되는 새로운 문화기준에서도 전통적인 자기 문화의 역량을 신뢰하고도 남음이 있는 것을 주장하는 것임을 생각해야 할 것이다. 뿐만 아니라 현종 때에 대장경 간행이라는 문화민족이 하여야 할 공덕을 쌓는 커다란 사업을 시작한 것을 볼 때, 당시의 고려인은 거란보다 우수한 것은 물론이요, 중국과 같이 우수한 문화를 가졌다는 문화의식이 있었음을 알겠고, 당시의 민족의식도 우월한 문화의식을 토대로 하였던 것임을 알게 한다.

　　거란의 압력으로 말미암아 고구려 구토를 회복한다는 표방(標榜)은 달성하지 못하였으나, 그리고 그 북진정책(北進政策)은 부득이 친송

(親宋) 문화정책으로 전환하였으나 고려가 거란의 침입을 물리쳤다는 그 사실만도 중대한 의의를 가지는 것이니 그것은 동양에 있어서 고려·송·거란의 정족적(鼎足的) 대립의 상태를 출현케 하여 국제관계의 균형을 유지한 것은 당시의 국제정세로 보아 거란의 침입을 물리친 고려의 능력이 있어서 비로소 가능하였던 까닭이다. 그리하여 형식적으로는 요(遼)에 대하여 사대의 예를 취하였다고 하나 고려인이 스스로 사대라고 생각하지 않은 것은 이제현(李齊賢)의 문종에 대한 사론에 아래와 같구 귀절이 있음을 보아 알 수 있다.

송조에서는 번번이 포상하는 명을 내리고 요(遼)나라에서는 해마다 경수(慶壽)의 예절을 닦으며 동쪽의 왜인들은 바다를 건너와서 보배를 바치고 북쪽 야인들은 관문을 통해서 무역하여 갔다.
宋朝每錫褒賞之命 遼氏歲講慶壽之禮 東倭浮海而獻琛 北貊扣關而受廛

문화가 앞선 송에 대하여서는 공식적인 외교관계는 끊기었다고 하나 그대로 문화면에서 사대적 대상으로 생각하고, 교섭관계에 있어 형식적으로 사대의 예를 취하던 요에 대하여서는 동등한 교섭관계로 보아버리는 면에서 자주성을 유지하고 있었던 것을 짐작할 수 있다.

그리고 문종 이후 인종시까지의 고려의 문화활동을 살펴보건대 최충(崔冲)·박인량(朴寅亮)·황주량(黃周亮)·김황원(金黃元)·김부식(金富軾)·윤언이(尹彥頤)·정지상(鄭知常) 등 석학(碩學)과 명문장이 나와 내외에 이름을 떨치고 있었으니 뒤에 고려 신종시에 등제(登第)하여 이규보(李奎報)와 더불어 이름을 날리던 진화(陳澕)가 (東國輿地勝覽 권19 洪州 人物條) 금국(金國)에 서장관으로 가면서 『서화(西華:송)는 이미 쓸쓸해졌고, 북새(北塞:金)는 아직 미개하다. 앉아서 문명의 아침을 기다려라. 하늘 동쪽(高麗)에 태양이 오르려 한다』(西華已蕭索 北塞尙昏蒙 坐待文明旦 天東日欲紅)라고 읊은 것을 보면 당시의 지식인이 송은 이미 쇠퇴해가고 요는 아직 혼몽할 때『하늘 동쪽에 태양이 오르려 한다』는 고려문화에 대한 자긍(自矜)을 갖고 있었음을 알겠다.

불교면에 있어서도 앞서서는 광종연간에 의통(義通)과 제관(諦觀)의 활약이 송의 천태종(天台宗) 부흥에 커다란 구실을 하였고[8] 그 뒤 대각국사(大覺國師)의 『속장경(續藏經)』 간행을 위한 불서(佛書) 수집

---

8) 拙稿, 高麗初의 天台學 硏究, 東西文化 2, 1968.

활동이 송과 요에 고려 불교의 발달을 깊이 인식시키었으며, 그 『속장경』 간행이 가지는 문화적 공헌은 여기에서 다시 말할 것도 없는 것이다. 원효(元曉)·의상(義湘)·원측(圓測) 이래의 수준이 높은 신라불교의 전통이 그대로 계속되어 광종대에 일으킨 교선합작(敎禪合作) 등의 신불교 사상운동을 통해서, 그리고 그럴 만한 사상적 기반이 있었던 까닭에 고려 불교가 국제문화 교류관계에 있어서 커다란 비중을 차지할 수 있었던 것이었다.

그러면 이러한 불교가 나말여초 중세국가의 성립 기운에 따라 이해되기 시작한 유교사상과는 어떠한 관계에 있었는가를 살펴볼 필요가 있다. 이에 대해서는 여기에서 상설(詳說)할 여유도 없고 또 필자가 그럴 만한 능력도 갖지 못하나 간단히 나의 소견을 첨부한다면, 아무리 시대적 필요에서 유교 이해가 장려되었다고 하더라도 그 유교사상이 교리면으로나 철학면에서 불교와의 대항이 불가능하였고 조선시대와는 달리 배타적인 정치적 이데올로기로서 강화될 수도 없는 형편에 있었다고 생각한다.

최승로가 불교를 비판한다고 하더라도 불교사상에 대한 근본적인 비판이 아니라, 불교 행사의 과다를 들어서 종교와 정치를 분리하여 그 정치적 현실은 유교 정치이념에 의하여 처리하자는 데 불과하였고,[9] 그러한 유자들의 사상은 사실 김부식이나 여말의 이제현이나 이색(李穡)에 이르기까지 그대로 계속되는 것이었다. 당시의 유교사상이 종교와 정치를 구분하는 데 있어서 필요하고도 전진적인 기능을 발휘한 것을 부인하지는 않으나 불교를 사상적으로 비판할 능력이 없다는 것은 삼국시대뿐만 아니라 고려시대의 문화체질은 의연히 불교적인 것임을 말하는 것이다. 더우기 대각국사는 유교나 도교 같은 것은 불교에서 말하는 오승(五乘) 가운데 인승(人乘)이나 천승(天乘)의 초보단계에 지나지 않는다는 것을 언명하고 있다.[10]

이와 같이 사상적으로 우세한 위치를 차지할 뿐만 아니라 강대한 사원경제(寺院經濟) 세력을 배경으로 한 불교세력과 대립하면서 존립할 수 있는 유교의 기반이라 할 것은, 첫째로는 정치와 종교를 구분할 필요를 인식하게 되었다는 시대적 인식, 즉 중세사회적인 인식

---

9) 拙稿, 前揭論文 崔承老의 時務二十八條.
10) 大覺國師文集 卷13 與內侍文冠書.

기반에서 출발하여 관리 양성이나 채용을 위한 국학(國學)과 과거제도(科擧制度)를 설치한 것이고, 둘째로는 전시과(田柴科)를 경제적 기반으로 하는 중앙집권적 지배체제의 정비와 그 운영을 통해서 유교 정치사상의 기반을 확대해 나갔던 것이었다. 그리고 세째로는 이것이 보다 근본적인 기반을 형성하는 것이지만, 고려 불교전통이 강력하면 할수록 그 불교의 폐단을 시정하여야 한다는, 어떤 의미에서 불교의 결함을 보완하는 기능을 가지는 면에서의 존재가치를 인정받음에서 출발한 것이었다. 그리고 이 세가지가 고려 유교의 기본성격을 형성한 것이라고 할 것이다.

이러한 성격을 가지면서 출발한 고려 유교는 불교와 대치하는 면에서 그 존립기반을 그런 대로 유지할 수 있는 것이나 고려 유교의 사상 자체로 볼 때에는 과거제도를 통과하여 등장한 관료들의 파벌적 대립에 나타난 자기항쟁 과정이 어떻게 전개되고 그것이 어떻게 지양되느냐에 따라서, 그리고 불교 영향하에서 성립된 과거 문화의 전통을 어느 정도로 소화하여 유교의 자기기반을 만들 수 있느냐에 따라서 고려적인 유교가 성립할 수 있는 가능성 여부가 결정되는 것이고, 그 여부에 따라서 고려 유교가 가지는 사대성 여부의 문제까지도 논의될 수 있는 것이라고 생각한다.

돌이켜보건대 불교가 이 나라에 들어올 때에 재래의 전통을 붕괴시키고 해체하는 기능을 발휘한 것이 아니라, 재래적인 전통의 승인과 그것을 포섭하는 과정에서 포교(布敎)되었고 토착적인 종교의 신격(神格)이나 신명(神名)을 불교식의 것으로 변화는 시키었으나 그 존재 자체를 부인한 것은 아니었다. 이러한 불교 자체의 기능으로 말미암아 한국적인 불교의 성격을 성립시킬 수 있었고 한국 고대문화의 전통을 수립하는 주인공이 될 수 있었다.

이와 반대로 유교는 종교가 아니라 치자계급(治者階級)의 정치사상이었으므로 저절로 유교 성립기반 자체가 치자계급에 제한될 수밖에 없어서 피지배자계급인 생산 담당자들과의 관련도 거의 없다시피 할 때 그 전통문화와의 연결면에서의 개성의 성립이란 곤란하게 된다. 치자계급 안에 있어서도 고려보다 몇십 배나 넓은 중국의 사회기반에서, 그리고 그 선진적 문화경험의 축적에서 성립된 중국의 유교사상을 비판하기 어려운 것은 물론이요, 고려의 지배체제가 정비되면 될 수록 사회모순이 격화되고 있었고 송 문화의 영향으로 귀족사회가 발달하면 할수록 중국 귀족문화의 모방분야가 넓어지고 그에 따르는 유교사상의 적용 분야만 증가되는 추세에 있어서 그 사상을 정리하여 소화하는 개성적인 고려 유교의 성립이 곤란하게 되었다. 이러한 것이 저절로 사대정신의 기반을 마련하는 작용을 하게 되는 것이었다.

고려 유교가 위에서 말한 것과 같은 기본적인 제약은 어쩔 수 없었다고 하더라도, 다행하게도 나말여초에 있어서 중세사회로의 전환과정이 외부에서 강요된 것이 아니라 스스로 고대사회의 모순의 격동 속에서 새로운 사회운영원리를 발견하려는 노력을 계속함에서 중세사회를 건설하는 것에 직접 참여하였다는 고려 유교의 경험이[11] 고려 유교로서의 개성을 유지할 수 있는 것이 되었고, 그러한 까닭에 앞서 본 바와 같이 고대사회 잔재의 청산을 보다 중심적인 과제로 하는 최승로의 유교사상도 등장할 수 있었다. 그리고 고대전통을 중세문화의 신 각도에서 비판하면서도 그 전통을 정면적으로 부인하지 않고 오히려 국풍(國風)을 유지하는 면에서 중세 문화의식을 가질 것을 주장한 이지백(李知白)의 견해라든가 강감찬(姜邯贊)에 대한 사론이 나타났던 것이다. 이러한 고려초기의 지식계급의 이데올로기의 성격이 성립된 원인을 소급하여 생각하여 보면 그것은 고구려나 백제 고토(故土)의 호족(豪族)들의 전통적인 체질들이 구고구려나 백제 지방의 지방문화적 전통을 계승하려는 입장을 취하면서 한편으로는 보다 폐쇄적이었고 보수적이었으며 이미 자기문화의 추진능력을 상실한 신라 고대사회의 전통과 대결하면서 중세적 체질을 성장시켜 나가는 데 있었던 것이다.

고려초기의 문화와 사회의 성격이 위에서 말한 것과 같다고 한다면 고려초기의 시대정신인 중세사회의 건설운동이 뒤에 와서는 중앙집권체제 운영원리로서 유교 정치이념을 강화하게 되고, 그것이 드디어 고려 귀족의 이데올로기로 전환한 것과 호족세력들이 중세사회 건설에는 적극 참여하였으나 귀족들의 유교정치관과는 갈등을 일으키면서 고구려 전통의 계승에서 오는 북진정책(北進政策)을 추진하는 것과의 2대조류가 그 뒤 어떻게 전개되느냐에 따라서, 그리고 도교적(道敎的)인 면과도 연결을 갖는 전통적인 사상에 대해서 유교가 어떠한 태도를

---

11) 拙稿, 前揭論文 韓國古代政治의 性格과 中世政治思想의 成立過程.

취하느냐에 따라서 고려 유교의 성격이 규정되는 것이라고 본다.

4

1031년 덕종이 즉위한 해에 대거란정책(對契丹政策)을 가지고 고려의 조정이 찬반 양파로 이분되어 의견대립을 나타낸 것에 대하여서는 다음 장에서도 언급하겠으나[12] 여기에서 그 사실(史實)을 먼저 검토해볼 필요가 있다고 생각한다.

그해 6월에 요(遼)의 성종이 죽자 그 부마(駙馬) 필제(匹梯)가 반하매 고려에서는 요가 압록강 남안을 거점으로 점령하고 있는 성교(城橋)를 철수할 것과 전란시에 거란에서 압류한 고려인을 돌려줄 것을 요구하는 문제를 가지고 회의를 열었다. 이 때에 요가 듣지 않으면 절교하자는 왕가도(王可道)·서눌(徐訥) 등 29인과 이러한 위험한 정책은 불가하다는 황보유의(皇甫兪義) 등 39인과의 의견대립이 생기었다. 왕가도는 덕종비(德宗妃)의 부로서 덕종의 뒤를 돌보는 자리에 있었고 서눌은 서희의 자로서 대거란정책에 있어서 다른 문신들보다는 적극적일 수 있는 인물이었다. 그 반대파인 황보유의는 현종시에 경군(京軍)에 지급하였던 영업전(永業田)을 뺏어 부족되는 녹봉(祿俸)에 충당하려다가, 이에 분개한 상장군 최질(崔質) 등에게 장연우(張延祐) 등과 함께 포박을 당하여 현종에게 끌려가서 부당성을 면소(面訴)당한 일이 있었던 사람이니 무신들과 대립함은 물론이요, 무신들의 활약을 기대할 수밖에 없는 국방상 적극책을 취하는 것을 반대할 것은 물론이었다. 그 뒤 요가 앞에서 말한 고려의 요구를 거절하매 북계 장성(北界長城)을 쌓는 책임을 맡았던 유소(柳韶)가 압록강 성교를 직접 공격하여 취하자는 의견을 제출함에 이르러 다시 의견의 대립을 보았으니 이에 찬성한 사람이 왕가도와 이단(李端)이고 이에 반대한 사람이 요와 절교하자는 데까지는 찬성하였던 서눌과 황보유의와 태조에서 목종 때까지의 7대실록(七代實錄)을 편찬한 황주량(黃周亮)과 최승로(崔承老)의 손인 최제안(崔齊顔)과 김충찬(金忠贊)·최충(崔冲) 등이었다. 이와 같은 대립을 곧 문무의 대립으로 보는 것은 잘못이니 국방상 적극책을 취한 서희와 그 아들 서눌이나

---

12) 拙稿, 益齋 李齊賢의 史學, 東方學志 8.

강감찬이나 강민첨(姜民瞻)·왕가도, 그리고 이보다 뒤에 나온 윤관(尹瓘)이나 오연총(吳延寵)은 모두 과거시험에 합격하여 관계에 등장한 사람으로 문신임에 틀림없다. 여기에 있어서는 문무의 구별을 논할 것이 아니라 보다 적극적인 북진정책을 취하자는 북진파와 사대적인 보수파와의 대립으로써 논하여야 할 것이다.

고려는 마침내 적극적인 북진정책을 취하지 못하게 되매 덕종의 비부(妃父)이었고 그 후원자이었던 왕가도가 실각하여 죽고 덕종도 재위 불과 4년에 훙거(薨去)하였다. 이것은 마치 박술희(朴述熙)가 죽자 혜종이, 왕식렴(王式廉)이 죽자 정종이 훙거한 사실과 유사한 것으로 우연한 일이라고는 보기 어렵다. 더우기 뒷날 문신의 영도자였던 이제현(李齊賢)이 덕종에 대한 불합리한 사론을 전개하면서까지 왕가도의 정책을 비난하고 있음을 보면 15세에 즉위하여 19세에 훙거한 덕종에게 독자적인 정치 영도력이 있었다고 보기는 어렵고, 덕종의 비부인 왕가도 일파와 보수적인 반대파의 대립으로 말미암아 덕종은 그 보수파에 의하여 시해(弑害)된 것이 아니냐는 의심을 금하기 어렵다. 『고려사』에 실린 덕종에 대한 이제현의 사론은 아래와 같다.

경릉(忠烈王)조에 두타산인(頭陁山人) 이승휴(李承休)가 『제왕운기』를 지어 바쳤는데 그 글에 말하기를 『덕이 어찌 4년에 그쳤는가. 봉조가 와서 상서를 바쳤다』라 하였다. 실록을 상고하여 보니 그러한 사적은 보이지 않고 오직 야담으로 전하여 오기를 『봉조가 와서 위봉문(威鳳門)에 깃들이니 까마귀떼가 따라다니며 지저귀어서 봉조가 날아가버렸다. 나라 사람들이 까마귀를 미워해서 젊은이나 어른이나 모두 활을 갖고 까마귀를 쏘았으므로 덕종 시대에는 서울에 까마귀가 없었다』고 하였다. 무릇 봉조는 날짐승의 어른인데 까마귀떼에 쫓긴 바 되었다면 어찌 봉이라고 할 수 있겠는가?

慶陵(○忠烈王)朝 頭陁山人李承休進帝王韻紀 有曰 德何止四年 鳳鳥來呈瑞 考之實錄 未見其事 唯俚俗相傳言 鳳鳥來儀於威鳳門 群烏隨而噪之 鳳乃飛去 國人憎烏 少長持弓彈射 德王一代京城無烏 夫鳳羽族之長也 爲群烏所逐 豈曰鳳哉

이 글은 『제왕운기(帝王韻紀)』에서 『덕(德)이 어찌 4년에 그쳤는가 봉조(鳳鳥)가 와서 상서(祥瑞)를 바쳤다』(德何止四年 彩羽來呈瑞)라 하여 덕종이 피시(被弒)된 사실을 암시한 표현이 있었고 그 당시 덕종을 봉(鳳)에 비기고 봉이 군오(群烏)와 같은 무리에게 쫓기어 물러갔다는 설화(說話)가 있는 것에 대한 이제현의 반박이다. 『군오에 쫓기는 것이 어찌 봉이라 할 수 있으랴』한 것은 봉으로 상징된 덕종을 간접적으로 비난하는 것이고, 그 당시 개경(開京)에는 까마귀가 없었다는 결코 증거될 수 없는 증거를 내세우면서까지 어떤 사실(史實)을 부인하려고 애쓴 것이 보이고, 덕종의 뒤를 이은 정종에 관한 사론에 와서는 『왕가도가 화친을 끊자고 주장한 것은 황보유의(皇甫兪義)의 우호관계를 계속하여 백성을 편히 쉬게 하자는 것만 같지 못하다』(王可道議絕和親 不若皇甫兪義繼好息民之論也)라 한 것을 보면 왕가도의 반대파가 덕종을 폐시(廢弒)하고 정종(靖宗)을 옹립한 것을 합리화하려는 반대파 계통의 의견을 대변하는 것임을 알 수 있다. 이것은 그가 성종에 대한 사찬(史贊)에서 이지백(李知白)이 연등(燃燈)・팔관(八關)・선랑(仙郎) 등의 의식을 행하여 전의를 고취하자는 견해를 말한 것을 공격하여 『이지백이 어찌 감히 우리나라의 풍속을 개혁하지 않을 것을 가지고 적을 물리치려는 계책으로 삼았겠읍니까?』(李知白安敢援不革土風 以爲却敵之策乎)라 한 것과 일맥상통한 성격을 가지는 것으로 황보유의 등의 의견을 계승 대변하는 것에 지나지 않는 것이다.

이러한 점을 종합적으로 살펴볼 때에 덕종시에 전통적인 북진정책을 그대로 수행하려는 적극파와 이에 반대하는 유교사상을 보수적인 면에서만 표방하는 일군의 문신들로 뭉쳐진 보수파의 대립이 있은 것은 틀림없음을 알 것이다. 덕종시에 점차 노골화된 이 대립은 그 뒤 유교문화 농도(濃度)에 비례하여, 또 귀족사회의 모순도에 비례하면서 그대로 격화되게 마련이었다.

위에서 말한 것과 같은 사대와 자주의 대립이 앞에서는 덕종시에 시작하고 뒤에 와서는 인종시에 묘청란(妙淸亂)의 폭발로 나타났다면 그 중간 시기인 문종 이후 예종 이전에는 어떠한 상태로 진전되었는가를 간략하게나마 살펴볼 필요가 있다. 고려문화의 극성기라 일컬어오는 문종기 이후는 인주이씨(仁州李氏)가 외척으로서 등장하여 그 정권을 독천(獨擅)하고, 문신으로서는 최충 일가가 영도세력을 쥐고 있던 때로 최충의 뒤에는 그 아들 유선(惟善)이 중서령(中書令)으로, 유길(惟吉)이 상서령(尙書令)으로 활약하던 때요, 그뒤 유선의 양자(兩子) 사제(思齊)·사추(思諏)가 또한 명성을 떨치던 중 특히 사추는 숙종 8년에 대장군 고문개(高文盖)·장홍점(張洪占)·이궁제(李弓濟), 장군 김자진(金子珍) 등의 역모를 진압한 공으로 문하시중에까지 이르렀으며 이자겸(李資謙)·문공미(文公美:公仁)·유인저(柳仁著)가 모두 그의 서(壻)이다. 유인저의 자(姉)는 명의태후(明懿太后)로 예종의 모이고, 명의태후가 낳은 예종은 사추의 외손녀인 이자겸 딸을 왕비로 맞아들였다는 당시의 상호관계로 보아 최씨 문벌의 성이 한때는 인주이씨와 비길 만한 것이었다. 다만 이 해주최씨(海州崔氏)는 외척으로 등장한 인주이씨와는 달리 유교정치를 표방하는 문신계통의 영도자로 등장하여 그만한 문벌을 이룬 것이었다. 우리가 이 당시의 사료를 조사할 때에(高麗史 列傳에 나타나는 崔冲·李子淵·王寵之·文正·金元鼎·鄭文 등의 傳記를 살필 때에) 이자연(李子淵)이나 최충은 최승로 시대와 같이 중세사회에로의 전환을 위한 전반적인 제도 개혁과 사회 기반의 정리에 힘쓴 것이 아니라 중앙 귀족세력의 독점과 그 안전을 위한 제도의 강화를 도모한 것이 특징으로 나타남을 본다.

즉 고대사회 전통에서 볼 때에는 별로 문제가 되지 않았던 가족관계·결혼관계 등이 중세적인 유교관념에서 볼 때에는 타당하지 않는 신분상의 결함이 된다 하여 제거하려고 한 것은 초기의 고려사회가 재래의 지방 호족들의 상당한 진출을 허용하고 신분상 제한에 있어서 엄격하지 않던 것과는 달리 이 시기에 들어와서 신분제한을 강화하였으니 곧 지배계급의 자기도태 과정이 시작되는 것을 의미하는 것이다. 이러한 때에 그들이 내세우는 유교적 표방은 최승로 시대의 표방과는 성격이 다른 것이었다. 이러한 최씨 일가의 전통이 그대로 영향함에서 온 듯하지만 최충의 현손인 윤의(允儀)가 의종조 때에 『고금상정예의(古今詳定禮儀)』50권을 찬하였다.

이것은 수렵인(狩獵人)에게 쫓기는 사슴을 구해준 덕으로 출세하게 되었다는 수렵인 설화를 가진 서씨 일가에서 서희·서눌이 나오고, 희의 현손인 공(恭)이 의종조 때 의종을 따라 서경(西京)에 갔을 때에 대촉(大燭)을 과녁 위에 꽂고 활로 맞추는 경기에서 서경인은 많이 적중(的中)시키나 개경인(開京人)으로서 이를 명중시킨 사람은 오직 서공(徐恭)뿐이었다는 사실과 비교할 수가 있다.[13]

의종시의 최윤의나 같은 때의 서공이 모두 문신 계통의 자손이지만 그 조상이 처음으로 출세 등장한 시기와 그 시기의 시대적 성격이 다르고 그 가풍(家風)의 성격이 다른 것이 그 현손 때에 이르러서도 그와 같은 차이를 지니게 하는 두 전통의 지속성을 실감하게 하는 것이다. 최충의 증손인 약(瀹)도 예종이 사신(詞臣)과 더불어 음풍소월(吟風嘯月)만 일삼는 것을 간하다 좌천당한 일이 있지만 지배계급 안에서는 위에서 보아온 서씨 가풍적인 것과 최씨 가풍적인 것의 성격이 다른 양대 주류가 있어 당시의 정치를 운영함에 있어 상호 제약하고 있었음은 틀림없다고 하겠다. 그러나 전시대를 통관(通觀)하여 볼 때에는 뒤로 내려오면서는 고려초 고대 잔재를 청산하고 중세국가 기반의 확대를 표방하였던 고려 유교도 크게 성장한 귀족세력의 기반을 옹호하고 유지하는 데 필요한 표방만을 내세우는 것으로 격이 떨어지고, 보다 적극적인 북진정책을 표방하던 전통도 북방민족보다 우세한 귀족문화를 가졌다는 그 문화의식 속에서 자위를 찾으면서 점차 약화되어가고 있었다.

『고려사절요(高麗史節要)』예종 원년 7월조의 예종의 조서(詔書)[14]를 보면 그 당시의 귀족사회의 상황을 짐작할 수 있다.

이때 제신들이 왕실에서 천수사(天壽寺)를 창건함을 비난한 것에 대하여서는 왕이 그 과오를 인정하고 있는데, 왕실이 사원경제세력과 결탁하는 규모는 원래 큰 것으로 이에 대한 신하들의 반대도 당연한 것이라 하겠으나 귀족들 자신의 토지나 기타 재화를 불교사원에 투탁(投託)하는 것에 대해서는 스스로 규제하지 못하고 있고, 또 이를 정면적으로 공격하지 못하고 있는 것이 당시 고려 유교의 일면이었다. 전형적인 유신(儒臣)이라고 자타가 공인하던 김부식(金富軾) 역시 자기 원당으로서 관란사(觀瀾寺)란 절을 갖고 있었다.

그 다음 숙종이 사전법(使錢法)을 마련한 것은 왕실의 식화(殖貨) 수단이었다고 공격한 모양으로 예종은 이에 대하여 중국의 사전법이

---

13) 高麗史 列傳 徐熙傳附 恭, 崔冲傳附 允儀.
14) 睿宗의 이 詔書는 高麗史節要 睿宗元年 六月條에 『詔曰 是月以來 亢旱尤甚盖由否德所致 日夜焦勞 省躬謝過 禱佛祈神 無不盡心……朕嗣位以後 政敎多戾 天其或者譴告 朕躬宜令兩府近臣及臺省諫官諸司知制誥 各上封事 直言時弊』라 한 명령에 따라 諸臣들이 올린 封事가 심하게 王室經濟에 대하여 非難한 것의 答으로서 내린 것이라고 생각된다.

있음을 들면서 그렇지 않음을 말하고 있으나, 그 당시의 사전법이 사원경제와 연결되어 그야말로 식화의 수단이 될 수 있음은 인정해야 할 것이고 그 사전법 자체가 중소 귀족들의 토지를 기반으로 하는 경제생활을 파탄에 몰아넣을 가능성이 있었던 까닭에 그와 같은 반발을 보였던 것이라 생각한다. 그 다음 문무관료 중에는 무공시록(無功尸祿)이 많다는 비난에 대하여서는 재상이 현량(賢良)을 천(薦)하고 대간(臺諫)이 간탐절위자(姦貪竊位者)를 출척(黜斥)하면 될 것이라 하고 의복제도가 문란하여 존비(尊卑)가 실서(失序)한 것은 군신이 절검(節儉)하면 저절로 고쳐질 것이라 하고 있다. 이 조서를 내린 것보다 앞서 예종이 즉위하자 내린 교서에,

> 지금 제도 주군(諸道州郡)의 지방관으로 청렴하며 백성을 근심하고 구휼하는 자는 열 사람에 한두 사람도 없고, 이(利)를 부러워하고 명예를 구하여 대체를 손상시키고 있다. 뇌물을 좋아하고 사사로운 이만을 도모하여 백성에게 해를 끼쳐 유리하여 도망하는 사람이 서로 이어 열 집에 아홉 집은 비었다. 운운.
> 今諸道州郡司牧 淸廉憂恤者 十無一二 慕利釣名 有傷大體 好賄營私 殘害生民 流亡相繼 十室九空……(高麗史節要 肅宗 10年條)

이라 한 것을 보면 당시 사회경제 전반이 귀족세력에 천롱(擅弄)되어 커다란 모순을 노정(露呈)하고 있었음을 알 수 있고, 귀족들이 왕실경제가 사원경제와 결탁한 것을 비난한 것도 그와 같은 자기모순의 항쟁에서 나온 것이라고 할 수 있다.

고려사회가 이러한 현실적인 상황에 있을 때에 윤관(尹瓘)의 구성역(九城役)이 일어난 것이다. 윤관의 여진정벌(女眞征伐)이 끝까지 성공하였다면 여초 이래 북진정책(北進政策)이 어느 정도 성공한 셈이고 그에 따라 보수성과 사대성이 짙어가던 고려 유교도 보다 독자적인, 보다 진취적인 성격면이 넓어질 수 있었을 것이었다. 그러나 여진정벌의 성공은 기성 귀족세력들의 경제기반이 받는 타격을 감수할 각오가 있어서 비로소 가능한 것이었는데, 그러한 희생을 반대하고 더우기 윤관의 정치세력의 증대를 두려워한 자들의 반대로 말미암아 실패하고 말았다. 여진정벌이 그 초기에는 성공하여 예종에게 올린 봉표(奉表)를 보면 지나친 자아도취에 빠져 있어 9성축조(九城築造)

의 성사(盛事)를 『저 주왕이 엄윤을 정벌한 것과 한무제가 흉노를 정벌한 것은 토지와 변경지방을 개척하고 백성을 위하여 해를 제거하려는 것이었는데 금일에 비하면 응당 못한 것이다』(彼周王儼狁之伐 漢帝兇奴之征 所以拓土開邊 而得爲民去害 比之今日 宜在下風)라 함이 있는가 하면, 임언(林彦)으로 하여금 영주청 벽(英州廳壁)에 쓰게 한 기념문 가운데서는 윤관을 김유신과 비교하고 『대저 고구려가 앞에서 잃고 금상(睿宗)이 뒤에서 얻었다』(夫高勾麗失之於前 今上得之於後) (高麗史 列傳 尹瓘傳)라 하는 등 자화자찬이 지나치다는 것 자체가 그 당시의 전쟁의식의 결함을 말하는 것이고 이것이 또한 윤관의 정적들의 시기를 산 바 되었으리라는 것은 능히 추측할 수 있는 것이다. 다시 말하면 윤관 자신뿐만 아니라 당시의 고려 귀족들은 거의 전부가 비교적 희생없이 여진 토벌이 가능하리라고 생각하는 안이한 자신을 갖고 있었으니 그것은 고려가 중세사회에로의 전환과정에서 갖게 된 적극적인 성격의 자기표현으로서 나타난 북진주의의 전통적인 의식이나 문화의 우수성에 대한 자신을 갖는 것과 타민족에 대한 지배가능성과를 같이 보는 정신상태에서 온 것이었다. 이것은 여진 토벌의 주장자나 반대자나 간에 다 갖고 있는 당시 귀족들의 정신적 체질이었다. 이와 같이 안이한 자신에서 출발하여 실로 안이하게 실패를 본 윤관 9성역의 뒤에는 예종은 음풍소월(吟風嘯月)만 일삼다가 앞서 말한 바 있는 것과 같이 최약(崔瀹)의 간함을 받았고, 한편으로는 한안인(韓安仁)은 인종 즉위초에 그 당시의 사회모순에 대해서는 외면한 채로 『예종의 17년간의 사업은 마땅히 사책에 실려 후세에 남게 될 것이다』(睿宗在位 十七年事業宜載史册 貽厥後世)라 하여 아첨을 하고 문신귀족 본위의 평가를 하는 실태이었다. 한편 예종이 즉위한 뒤의 많은 구신(舊臣)들이 사망하여 『고려사절요』에서는 각 인물들의 졸년조에 『충의와 검박함으로 자처하였다』(以忠儉自許)(吳延寵), 『나라를 근심하는 마음이 시종 바뀌지 않았다』(憂國之心 終始不替)(崔思諏), 『공정과 충의로 자처하며 일찌기 자기 의견을 굽히고 다른 사람을 좇은 일이 없었다』(以公忠自許 未嘗屈己從人)(庾祿崇)『살림살이를 일삼지 않아서 거실이 비루하여 겨우 비바람을 가렸다』(不事生産 居室卑陋 僅庇風雨)(鄭文), 『청렴하고 검박함을 스스로 지켜서 죽음에 미쳐 집에 남은 재물이 없었다』(以淸儉自守 及卒家無羨財)(高令臣), 『교만이 없고 유자의 풍이 있었다』(無驕有儒子風)(柳仁著) 등의 인물평을 싣고 있어 이 당시 전시대의 유풍을 지녔던 구신들이 세상을 떠나고 한학(漢學)은 비록 발달되었다고 하겠으나 정치 추진력에 있어서 박력이 모자라는 인물들이 등장하여 점차 자주성을 상실해가고 있는 나쁜 의미의 세대교체가 행해지지 않았던가 한다.

　인종이 즉위하자 앞서 말한 한안인(韓安仁)이나 문공미(文公美) 등이 이자겸과 권력투쟁을 하다가 몰려나고 이자겸이 득세하게 되매 문신으로서 이에 대항하고 나선 자가 김부식이었다. 인종의 외조인 이자겸이 인종에게 칭신하지 않아도 좋을 것이라든가 이자겸의 생일을 인수절(仁壽節)이라고 칭절(稱節)하자는 박승중(朴昇中) 등 아첨하는 문신들의 의견이 나왔을 때에 김부식은 중국 고사(故事)의 예를 들어 이를 정면으로 반대하였다.

　이자겸은 윤관의 추천으로 출세하기 시작한 무장 척준경(拓俊京)을 심복(心腹)으로 삼아 천권(擅權)하고 뇌물을 좋아하매 『선화봉사고려도경(宣和奉使高麗圖經)』에서도 『전토와 제택(第宅)을 늘려 밭이랑이 서로 이어지고 가옥제도가 사치스러우며 사방에서 물건을 보내와서 썩은 고기가 항상 수만근이 있었다』(治田疇第宅 阡陌相連 制度侈靡 四方饋遺 腐肉常數萬斤)고 하는 지경에 이르렀고 마침내는 반란을 일으키었고 그 동안에 이자겸과 척준경의 사이가 벌어지자, 왕이 척준경을 달래어 이공수(李公壽)와 더불어 이자겸을 체포케 하여 난이 진정되었다. 척준경은 이로 말미암아 역신(逆臣)이 일조에 공신으로 전신하였으나 얼마 안 있어 좌정언으로 있던 정지상(鄭知常)이 척준경의 전죄를 통론(痛論)하여 몰아내었다. 이와 같이 하여 뿌리깊던 인주이씨 외척이 몰락하고 이자겸의 지사(指使)를 받던 척준경도 유배된 뒤에는 김부식 일파와 정지상 일파와의 대립이 벌어지게 되었다. 윤관의 9성역부터 시작하여 이자겸란과 속칭 서경파와 개경파의 대립에서 오는 묘청란(妙淸亂)에 이르기까지 귀족사회의 모순을 노정하게 된 그 지배계급 내의 대립의 성격을 일언으로 규정하기 곤란할 만큼 여러 가지 요소가 착잡하게 섞여 있으나, 요컨대 지배층이 분열하여 자기네들끼리 대립하는 가운데도 사회모순에 대한 근본적인 자각이 뚜렷하지 못한 채로 그때의 당면한 이해관계를 옹호하고 합리화하기 위한 여러 가지 명분을 내세우면서 항쟁을 계속하여 오다가 묘청란을 전후하여서 고려

문화 자체가 가지는 기본적인 모순이 전통문화와 새로 일어나는 유교문화의 대립에서 오는 것임을 자각함에 이르렀다. 전통문화가 가지는 고대사회적 성격은 광종·성종시를 거치면서 많은 수정을 거치어 온 것이어서 반드시 반시대적인 것이 아니었다. 고려의 전통문화는 지방호족세력의 정치참여 방법이었으며 동시에 지방세력의 편제방법이었던 중앙집권적 지배체제는 인정하나 일단 성립된 집권적 지배체제가 지방 호족세력을 억압하는 것으로서 강화되는 것과 그러한 중앙귀족의 전제권을 강화하는 작용을 하는 유교정치이념에는 동조할 수 없는 전통적인 정신기반을 갖고 있었다. 이 기반 위에서 당시의 여러 모순을 노정하고 있는 중앙 귀족세력의 한계성과 유교정치이념 표방의 한계성을 인식하고 여초의 진취적인 기상(氣尙)을 도로 찾자는 국가부흥운동으로서의 서경파의 운동이 일어났다고 보아지는 것이다. 그러한 까닭에 초기에는 칭제건원설(稱帝建元說)이나 미신적인 면이 있는 서경길지설(西京吉地說)이나 서경천도설(西京遷都說)에도 반대하는 세력이 일반적으로 약했던 것이었다.

　당시의 전지배세력을 검토하건대 그 대부분이 개경·서경이나 소백산맥·차령산맥 이북의 세력이 많고 김부식을 중심으로 한 경주세력이 강한 것이 아니었다. 그럼에도 불구하고 단재(丹齋) 신채호(申采浩)가 지적한 바와 같이 서경파에 있어서 지도자가 없었고[15] 묘청(妙淸) 등의 경솔한 행동으로 말미암아 반감을 사기 시작하여 서경 천도의 정치적 운동뿐만 아니라 국가부흥을 위한 운동도 반대를 받게 되었다. 그것이 김부식으로 하여금 묘청란의 토벌을 성공케 한 것이었지만 이 때의 김부식은 묘청란만을 토벌한 것이 아니라 앞서 말한 새로운 정신운동까지를 막아버렸던 것이다.

　당시 서경파에 가담한 사람은 묘청·정지상·윤언이(尹彦頤)·문공인(文公仁)·백수한(白壽翰) 등이고, 김부식·김인존(金仁存)·임원후(任元厚)·정습명(鄭襲明)·김경용(金景庸) 등이 이에 반대하는 자들이었다.

　서경파 정지상은 시에 능하여 이름을 얻고 경주인 김부식은 경학(經學)에 능하였으니 이것으로서 그 개인적 성격에서부터 차이가 있음을 알 것이요, 윤언이와 김부식과의 대립의 역사는 그 부친 윤관 때부

---

15) 申采浩, 朝鮮歷史上 一千年來第一大事件, 朝鮮史研究草 所收.

터이었다.

윤관의 9성역에 대한 반대파의 우두머리인 김경용·김인존 등은 경주의 분파인 강릉 출신들인데 이들이 뒤에 윤관의 처벌을 주장함에까지 이르렀거니와 윤관과 김부식과는 개인적인 숙감(宿憾)이 있었으니 예종이「대각국사비문(大覺國師碑文)」을 윤관에 명하여 찬케 하였던 바 대각국사 문도들이 그 비문에 만족치 않고 왕에게 품하여 이를 김부식에게 다시 짓게 하매 김부식이 사양하지 않고 다시 짓게 되어 감정대립이 일어났고,[16] 그 다음 김부식이 국자감(國子監)에서 왕의 친행(親幸)을 맞아『주역(周易)』을 강하다가 윤언이의 논란을 받아 곤경에 빠졌었다는 기록이『고려사』열전 윤관전 부 언이조에 아래와 같이 나타나고 있다.

이에 앞서 윤관이 조명을 받들어 대각국사의 비문을 찬술하였는데 훌륭하지 못하여 그 문도가 가만히 왕에게 아뢰어 김부식으로 하여금 개찬케 하였었다. 그때에 윤관이 재상으로 있었는데 김부식이 사양하지 않고 마침내 찬술하여 윤언이가 마음속으로 원한을 품게 되었다. 일일에 왕이 국자감에 행행하여 김부식으로 하여금『주역』을 강론하게 하고 윤언이로 하여금 토론케 하였는데 윤언이가 자못『주역』에 정통하여 토론이 종횡으로 미치니 김부식이 응답에 곤란하여 땀이 흘러 얼굴을 덮었다.

先是 瓘奉詔 撰大覺國師碑 不工 其門徒密白王 令富軾改撰 時瓘在相府 富軾不讓遂撰 彦頤 心嗛之 一日王幸國子監 命富軾講易 令彦頤問難 彦頤頗

---

16) 金富軾이 이와 같이 하여 仁宗 3년(1125)에 撰한 開城 靈通寺「大覺國師碑文」(朝鮮金石總覽 卷上 pp. 305〜312)에서는 碑文을 撰하는 것을,『噫 士爲知己者用 假令死而可作 雖布髮而籍足 亦所忻慕焉 況以文字掛名於 碑石之下 豈不爲榮幸也哉』라 하고 있어 碑文을 撰하는 榮光을 말할 뿐이고 儒敎의 口臭를 보이지 않더니 妙淸亂을 討伐한 뒤인 仁宗 19년 辛酉(1141)에 撰한「妙香山 普賢寺之記」(朝鮮寺刹資料 下)에서는 孔孟을 論하고 司馬遷이『史記』列傳을 지음에 伯夷傳을 먼저 한 것을 들면서 儒敎를 내세우는 것은「大覺國師碑文」을 撰한 때보다 自己位置가 强化된 데서 오는 것이라고 생각된다. 여기에서 덧붙여 언급해둘 것은 金富軾이 海東 天台宗의 創立者인 大覺國師의 碑文을 撰한 것처럼 그의 孫인 金君綏가 武臣執權期인 熙宗 6년(1210)에 曹溪宗의 創始者인 知訥의 碑文을 撰한 것은 하나의 奇緣이라 할 것이나(順天 松廣寺「普照國師甘露塔碑文」『朝鮮金石總覽』 卷下 pp. 940〜952) 이 碑文에서는 儒敎의 色彩가 전혀 없는 것이 흥미롭다 할 것이다.

精於易 辨問縱橫 富軾難於應答 汗流被面

 그 다음 문공인(美)은 이자겸과 동서이면서도 인종초 이자겸의 권세를 삭감하고자 하다가 유배되었으나 이자겸의 패후에 다시 등장하여 정지상 등과 결탁하였었다. 백수한은 일관(日官)으로서 밖으로 묘청과, 안으로 내시랑중 김안(金安)과 결탁한 사람이었다. 이 서경파 가운데 문공미 같은 사람은 어떠한 주의나 정신에 입각하였다기 보다는 정권욕이 보다 앞선 것에서 저절로 정지상 등에게 가담하였던 것이라 보이는 점이 있다.

 그러나 우리가 주의하는 것은 유교정치이념을 표방하던 고려의 귀족정치의 모순이 노정하게 됨에서 일어난 반귀족정치적 경향은 앞에서 보아온 바와 같이 북진정책을 들고 나서는 뿌리깊은 전통주의적 정신기반이 고려 기층사회에 그대로 깔려 있는 까닭으로 그것을 끌어다 기치를 삼게 되었다는 것이고, 유교정치이념만으로서는 그러한 자기모순을 해결할 방안을 제시할 수 없었다는 점이다. 그 일례를 들면 윤관의 9성역이 실패한 뒤 얼마 안 있어서 고려를 부모지국으로 모시던 여진이 대금제국(大金帝國)을 건설하고 거꾸로 형사(兄事)를 요구함에(뒤에 臣事함에까지 이르렀지만) 김부식의 아우 부의(富儀)가 이 여진의 요구를 그대로 좇자는 의견을 아래와 같이 제출한 일이 있다.

 금이 새로 요를 격파하고 사신을 보내어 형제관계를 맺자고 요구하여 오매 대신들은 그 불가함을 극언하며, 그 사신을 참하려고 하기에 이르렀다. 김부의가 홀로 상소하여 말하기를 『신이 그윽이 돌아보건대 한의 흉노에 대한 것과 당의 돌궐에 대한 것은 혹은 칭신하기도 하고 혹은 공주를 하가시키기도 하여 무릇 화친이 될 만한 것은 하지 않은 것이 없읍니다. 지금 대송이 거란과 더불어 백숙형제관계를 맺어 세세로 통화하고 있으니 천자의 존귀함으로 천하에 맞실 것이 없는 것인데도 오방캐 나라에게 굴복하여 섬기는 것은 이른바 성인이 방편으로 어려움을 넘겨서 나라를 보전하는 양책인 것입니다. 옛날 성종때에 변방을 방어한 실책으로 요인의 입구를 재촉한 것은 진실로 거울삼을 만한 것입니다. 신은 엎드려 원하옵건대 성조에는 장구한 도모와 원대한 계책을 생각하시어 나라를 보전하시어 후회됨이 없게 하소서』라 하였다. 재추(宰樞)에서는 비웃고 배척하지 않는 사람이 없어 마침내 회보하지 않았다.

 金新破遼 遣使請結爲兄弟 大臣極言不可 至欲斬其使者 富儀獨上疏 曰 臣

竊觀 漢之於凶奴 唐之於突厥 或與之稱臣 或下嫁公主 凡可以和親者 無不爲
之 今大宋與契丹 迭爲伯叔兄弟 世世和通 以天子之尊 無敵於天下 而於蠻胡
之國 屈而事之者 乃所謂聖人 權以濟道 保全國家之良策也 昔成宗之世 禦邊
失策 以速遼人之入寇 誠爲可鑑 臣伏願聖朝思長圖遠策 以保國家而無後悔
宰樞無不笑且排之 遂不報(高麗史 列傳 金富佾傳附 富儀條)

　우리는 성종~현종연간의 대거란전쟁의 성공으로 말미암아 그 뒤의 고려문화가 발달할 수 있는 기반이 마련된 것에 대해서는 앞에서 언급한 바와 같으나 여기에서 김부의는 그것에 대한 가치평가를 반대로 하고 있는 것을 알 수 있고, 현상유지의 보수적 정신으로 당시 귀족정치의 모순이나 취약점을 호도(糊塗)하고자 유교 정치이념이라 하여 중국의 예를 들어 궤변을 농할 수밖에 없었던 것을 본다. 이러한 것으로서는 고려의 당면문제를 해결할 수도 없거니와 정지상 등 서경파의 주장을 막기 어려웠던 것을 알 수 있고, 문화의 발달과 군사력의 강약을 혼동하던 윤관의 단계보다 한걸음 더 악화되어 여진에 신사(臣事)함도 성인의 권도(權道)라고 하면서까지 현실적인 위치를 그대로 유지하려는 귀족들의 보수적이고 사대적인 생리를 여실히 나타내고 있는 것이다.

　묘청란의 실패는 묘청·백수한 등이 일반 국민들의 여론이나 왕실의 지지가 자기편에 유리한 것만을 믿고 중앙 집권체제에 의하여 움직이는 귀족정치의 본질과 보수적이고 사대적이어야만 기존 세력기반을 유지할 수 있는 귀족의 생리와 그 정치의 특성을 몰랐다는 데 그 근본원인이 있었던 것이라 할 수 있다. 다시 말하면 당시 고려초기의 건국정신이 강하게 나타나는 전통주의적인 표방을 하거나 그러한 표방에 동조하는 것은 언무수문(偃武修文)하여 오면서 구축한 문신들의 지배세력을 부인하는 결과에 도달하는 것이므로 문신귀족들이 결국에 가서는 그 기성세력기반을 유지하기 위하여 사대를 성인의 권도라고 주장하면서까지 칭제건원론이나 서경천도에 반대하게 된 것이다.

　이러한 체질의 소유자들이 묘청란이 일어나매 개경에서 정지상·김안·백수한 등을 왕명 없이 잡아 죽이고 서경에 가서 난을 토벌하여 제1급 공신이 된 뒤에 편찬한 사서가 어떠한 형태를 취하고 거기에 나타나는 사관이 어떤 성격이 될 것이라는 것은 불문가지인 것이다.

요컨대 김부식의 정치세력의 성격을 이해하지 않고 『삼국사기(三國史記)』를 이해하려고 한다든가 또 정치적 위치와 사관과는 별개문제라고 선량한 착각을 한다든가는 허용될 수 없음을 알 것이다.

5

서기 3세기말에 편찬된 『위지(魏志)』 동이전(東夷傳)을 비롯한 중국 사서의 동이전들을 보든가 『삼국사기』보다 뒤에 나온 『삼국유사』를 보아도 삼국시대에서 통일신라 말기에 이르기까지의 한국문화의 양상이 『삼국사기』에서 받는 인상과 같이 단조로운 것도 아니고 또 그렇게 고대관념과 중세관념과의 차이를 찾아보기 어려울 만큼 고대적인 성격이 약한 것도 아님을 알 수 있다.

그런데도 불구하고 『삼국사기』가 그러한 시대적 차이성을 가능한 한 개도(改塗)한 것과 위에서 보아온 바와 같은 유교정치관의 성립 과정에서 생겨난 사대적 제경향과 연관시켜 생각하여볼 때 김부식의 사관이라는 것은 고대적인 성격과 전통적 체질을 부인하는 입장에 있었던 것을 짐작할 수 있다.

그 다음 『삼국사기』를 편찬할 때에 의거한 자료명 등을 검토하여 보건대 그것이 『삼국유사』에 나타난 전통문화의 성격이 보다 강한 것이라 보이는 자료명들과는 대척적 성격이 나타나고 있는 것을 보면 뒤에 『삼국유사』가 의거한 자료들은 무시하고 그 대신 중국 사서류나 널리 참고하였음을 알 수 있는데, 구경(究竟) 김부식은 『구삼국사기』를 대본으로 놓고 유교사관에 입각하여 그것을 개서(改書)하기 위하여 필요한 자료만을 참고하였을 뿐이지,[17] 보다 넓은 범위의 자료를, 뒷날 『삼국유사』에 채록된 것과 같은 성질의 자료까지를 수집하여 보다 넓은 역사적 이해를 가지려는 목적이 아니었음을 짐작할 수 있다.

『삼국사기』말미에 〈참고(參考)〉란 이름 아래 편찬 보조원들의 이름이 있으니 이 〈참고〉들이 그러한 자료의 수집을 담당하였던 것이라고 생각하는데 혹은 김부식은 『삼국사기』의 사론류(史論類)나 썼을 뿐이

---

17) 末松保和, 高麗文獻小錄(三國史記), 靑丘學叢 6, 1931, 同上(三國遺事) 靑丘學叢 8 참조.

고 직접 편찬은 그 〈참고〉들이 하였을 것이라는 주장도 있으나, 그 참고들은 일일이 김부식의 지휘를 받았을 것으로 생각되고 한걸음 나아가서 그 〈참고〉들의 선정을 김부식 자신이 하였을 것이므로 자기의 사관과 상치되지 않는 인물들을 뽑았을 것은 추측하기 어렵지 않다.

더우기 그중의 한 사람인 박동계(朴東桂)의 계(桂)는 주(柱)의 오(誤)로서 김부식이 인종 8년 지공거(知貢擧)가 되었을 때에 장원급제한 박동주(高麗史 選擧志 1 仁宗 8年條)와 동일인이라고 보아지며, 허홍재(許洪材)는 김부식과 같이 서경파에 대항하였던 임원후(任元厚) (初名 元敱)가 인종 12년 지공거가 되었을 때에 장원급제한 자(高麗史 選擧志 1 仁宗 12年條)인데 『보한집(補閑集)』 권상에 허홍재의 시를 평한 것이 아래와 같이 보인다.

  장원 허홍재의 「완산도중(完山道中)」이라는 시에 『옛날에 놀던 곳 다시 찾나니, 바람과 달은 예전의 그봄과 같은데, 다만 한탄하나니 이 완산 밑에 지금 배를 두드리는 사람이 없도다』라 하였다. 사람들은 이 시를 듣고 모두 말하기를 천이(淺易)하지만 백성을 사랑하는 경국제세의 뜻이 있다고 하였는데 뒷날에 과연 재상이 되었다.
    許壯元洪材 完山道中云 重尋舊遊處 風月似前春 只歎完山下 時無鼓腹人 聞者皆云淺易 然有恤民 經濟之意 後果爲冢宰

이 시를 시라고 하기에는 너무나 천이(淺易)하다고 당대인이 평한 것만 보아도 그 인물이 형식에만 구애되고 문학적인 창의성이 고갈한 자로 대체로 김부식과 공통할 수 있는 성격을 가졌음을 짐작할 수가 있다.

김부식은 두 차례의 지공거와 한 차례의 동지공거(同知貢擧)를, 그 형 부일(富佾)은 두 차례의 동지공거, 그 제 부의(富儀)는 한 차례의 동지공거와 지공거를 하였으므로 김부식 일가가 당시 문신계통의 영도세력을 쥐고 있었음을 짐작하겠고 『삼국사기』 편찬 당시 자기나 자기파의 지휘를 받는 문하생들을 동원하였을 것을 짐작할 수 있다.

앞에서 『삼국사기』나 『삼국유사』에 인용된 자료에 언급하였거니와 『삼국사기』를 편찬할 그 당시의 고대사 관계 자료의 성격을 말한다면 그 사료들이 삼국시대나 통일기의 금석문류(金石文類)나 관찬(官撰)인 사서(史書)이든가 또는 김유신전(金庾信傳)과 같은 가승(家乘)이나 개인전기이든가 또는 신화류나 불교관계 사료이든 간에 대개 아래와 같은 성격의 것으로 분류될 수 있을 것이다.

 (1) 고대적 전통을 농후히 지니고 있는 불교 수입 이전부터 전승된 자료, 또는 불교가 수입된 이후의 것이라도 부족국가 시대의 전통을 그대로 지니고 있는 분야의 자료.

 (2) 불교사 관계자료(古代傳統과 佛敎觀念이 褶合된 형태의 자료).

 (3) 나말여초의 전환기를 거치면서 한문학 발달의 영향을 받아 ①, ②와 같은 것이 가락국기(駕洛國記)처럼 일차적으로 개서된 자료.

 『삼국사기』는 이와 같은 국내 자료들을 다시 검토하면서 일차적인 개서, 이차·삼차적인 개서를 하여 채택하고 한편으로 중국측 사료를 수집하여 그 적당한 것을 삽입하면서 대본인 『구삼국사기』를 개편 개서했던 까닭으로 육당(六堂) 최남선(崔南善)이,

 후인(後人)과 타인(他人)의 안목에 번지르르하게 보이게 될 것이 실상 지나적 사상과 한문적 기습(氣習)으로써 국고(國故)의 원형을 왜뉴(歪扭)하고 개환(改換)한 결과임이라. 유교적으로 보아서 피란하다 하면 말삭(抹削)하기를 꺼리지 않고, 한학상(漢學上)으로 보아서 비야(鄙野)하다 하는 것이면 번개하기를 서슴지 않고 자구의 편(便)을 위하여는 신축과 산첨(刪添)을 임의로 하고 호오의 정으로 인하여 취사와 전재(剪裁)를 예사로 하여 그 사실에 충하려 하는 것보담 차라리 문사에 순(殉)하고 그 원상(原相)에 즉하는 것보담 차라리 주관에 구(拘)하려 한 것이기 때문에 『삼국사기』에서 국의적(國義的) 고사(古史)를 징(徵)하려 함은 실로 불가능에 속한 관(觀)이 있나니……

라[18] 말한 대로의 결과를 얻을 수밖에 없었던 것이다.

 김부식이 『삼국사기』를 편찬할 때에 삭제한 부분이 어떤 것이며 삭제한 것과 삭제 안한 것과의 차이가 어떤 것인가를 살피기 위하여서는 먼저 이규보의 『동명왕편』과 『삼국사기』 고구려본기(高句麗本紀)의 동명신화(東明神話)를 비교해야 할 것이다. 『동명왕편』에서 그 주에 인용한 것은 원래 『구삼국사기』의 기사일 것으로 이것이 『삼국사기』에서 빠진 것 중에 중요한 것으로 아래와 같은 세 가지 사료를 들 수 있다.

---

18) 崔南善, 新訂三國遺事 解題.

1. 한쌍의 비둘기가 보리를 물고 날아와, 신모의 사자가 되어 왔다. (朱蒙이 작별에 임하여 차마 떠나지 못하니 그 어머니가 말하기를 『너는 어미 때문에 걱정하지 말라』하고 오곡의 종자를 싸서 보내주었다. 주몽이 살아서 이별하는 마음이 자연히 간절하여 그 보리종자를 잊었었다. 주몽이 큰 나무 밑에서 쉬고 있는데 비둘기 한쌍이 날아와서 모였다. 주몽이 말하기를 『아마도 이것은 신모께서 보리종자를 보내주신 것이리라』하고 이내 활을 당겨 쏘아 한 화살에 모두 떨어뜨리어 목구멍을 벌리어 종자를 얻고 물을 비둘기에 뿜으니 다시 살아나서 날아갔다고 한다.)

2. 고각이 변모한 것을 와서 보고, 감히 내 그릇이라고 말하지 못하였다. (왕이 말하기를 『나라의 업이 새로 창조되었으므로 고각의 위의가 없어서 비류의 사자가 왕래할 때에 내가 왕의 예로써 맞아들이고 보내고 하지 못하니 그 때문에 나를 가볍게 여기는 것이다』라고 하였다. 시종하는 신하 부분노가 앞에 나와 말하기를 『신이 대왕을 위하여 비류국의 고각을 가져오겠읍니다』고 하였다. 왕이 말하기를 『다른 나라의 감추어둔 물건을 네가 어떻게 가져오겠는가?』고 물었다. 대답하기를 『이것은 하늘이 준 물건인데 어찌 취하지 않겠읍니까? 무릇 대왕이 부여에서 곤욕을 당할 때에 누가 대왕이 이에 이를 수 있으리라고 말하였겠읍니까? 지금 대왕이 만번 죽을 위태한 땅에서 몸을 빼쳐나와 遼左에 이름을 날리시니 이것은 천제가 명하여 그렇게 된 것입니다. 어떤 일을 이루지 못하겠읍니까?』라 하였다. 이에 부분노 등 세 사람이 沸流에 가서 북을 취하여 왔다. 비류왕이 사자를 보내어 고하기를 『운운』하였다. 왕이 고각을 와서 볼까 두려워하여 빛깔을 오래된 것같이 어둡게 만들어 놓았다. 송양이 감히 다투지 못하고 돌아갔다.)

3. 동명왕이 서쪽으로 순수할 때에 우연히 눈빛같이 흰 고라니(큰사슴을 고라니라 함)을 얻었다. 해원(蟹原) 위에 거꾸로 달아매고 감히 스스로 저주하여 이르기를 『하늘이 비류에 비를 내려 그 도성과 변방을 표몰(漂沒)시키지 않으면 나는 너를 놓아주지 않으리니 너는 내 분함을 풀어다오』라 하였다. 사슴이 우는 소리 심히 슬퍼 위로 천제의 귀에 사무쳤다. (서쪽으로 순수할 때에 백록을 잡아 해원에서 거꾸로 매달아놓고 저주하여 말하기를 『하늘이 만약 비를 내리어 비류왕의 도읍을 떠내려가고 침몰하게 하지 않으면 내가 너를 놓아주지 않을 것이니 이 곤란을 면하고자 하면 네가 능히 하늘에 하소하여라』고 하였다. 그 사슴이 슬프게 우니 소리가 하늘에 사무쳤다. 장마비가 이레를 퍼부어서 송양의 도읍을 표몰시켰다 …… 6월에 송양이 나라를 들어 항복하여 왔다 운운)

1. 雙鳩含麥飛 來作神母使(朱蒙臨別 不忍睽違 其母曰 汝勿以一母爲念 乃 裹五穀種以送之 朱蒙自切生別之心 忘其麥子 朱蒙息大樹之下 有雙鳩來集 朱蒙曰 應是神母 使送麥子 乃引弓射之 一矢俱擧 開喉得麥子 以水噴鳩 更蘇而飛去 云云)

2. 來觀鼓角變 不敢稱我器(王曰 以國業新造 未有鼓角威儀 沸流使者往來 我不能以王禮迎送 所以輕我也 從臣扶芬奴進曰 臣爲大王 取沸流鼓角 王 曰他國藏物 汝何取乎 對曰 此天之與物 何爲不取乎 夫大王困於扶餘 誰謂 大王能至於此 今大王奮身於萬死之危……此天帝命而爲之 何事不成於是 扶芬奴等三人 往沸流取鼓而來 沸流王遣使告曰 云云 王恐來觀鼓角色暗 如故 松讓不敢爭而去

3. 東明西狩時 偶獲雪色麑(大鹿曰 麑) 倒懸蟹原上 敢自呪而謂 天不雨沸流 漂沒其都鄙 我固不汝放 汝可助我憤 鹿鳴聲甚哀 上徹天之耳 …(西狩獲白 鹿 倒懸於蟹原 呪曰 天若不雨 而漂沒沸流王都者 我固不汝放矣 欲免斯難 汝能訴天 其鹿哀鳴 聲徹于天 霖雨七日 漂沒松讓都……六月松讓擧國來降 云云)

첫째 것에 관하여는 이미 소고(小考)를 발표한 바 있거니와,[19] 신모(神母)가 그 심부름을 시키는 비둘기를 갖고 있는 신화는 맥작농업(麥作農業)과 관계를 가지면서 인도 서북부에서 기원하여 희랍・애급・로마와 기타 중동지역에 있었던 것이 그 맥작(麥作)의 전파과정과 함께 고구려에까지 온 것으로 당시 고구려 농업에 있어서 맥작의 비중이 컸던 것을 짐작하게 할 뿐만 아니라, 이 신화가 남방에 가서도 선도산 선모(仙桃山仙母) 등으로 변형하는 것을 보는 것이며 통일기의 설화인 강원도 통천(通川)의 청조설화(靑鳥說話)가 도작(稻作)과 관계를 가지면서 발전하는 것을 본다.(三國遺事 卷3 洛山二大聖條) 만약 『동명왕편』에 인용된 『구삼국사기』의 기사가 없었다면 동명왕 신모의 성격뿐만 아니라 『삼국유사』에 실린 다른 신모들의 성격도 이해하기 곤란한 것이다.

그 다음 『구삼국사기』에 있는 송양국(松讓國)의 고각(鼓角)을 훔쳐온 설화는 당시 각 부족국가에 있어서의 신기(神器)의 성격을 짐작할 수 있으며 나아가서는 『삼국사기』 고구려본기 대무신왕 15년조에 보이는 왕자 호동(好童)이 최이(崔理)의 낙랑국(樂浪國)의 자명고(自鳴鼓)

---

19) 拙稿, 東明王篇에 보이는 神母의 性格, 柳洪烈博士華甲記念論文集, 1970.

를 찢게 하였다는 설화나, 백제본기 고이왕 5년조에 『천지에 제사지 낼 때 고취(鼓吹)를 사용한다』(祭天地用鼓吹)고 한 것의 고(鼓)의 의미와, 나아가서는 『삼국사기』 악지(樂志)에 보이는 부족국가 시대부터 기원을 갖는 지방 음악의 전통과 그 성격을 짐작하게 하는 것이다.

그 다음 세째의 사슴을 거꾸로 매달아 울게 하고 지기 소원을 빌면 그것이 사슴의 애명(哀鳴)에 따라 하늘로 올라가 그 소원을 달성할 수 있었다 한 것은 당시의 사유방식의 일면을 보여주고, 『삼국사기』에 보이는 신록(神鹿)의 대개가 토테미즘적 기능을 가졌던 것을 짐작하게 하는 것이다.

더우기 여진어에서 사슴을 buyo라고 하고 있어 부여라는 부족 칭호도 그 동물명이나 그러한 토템적 사유방식과 관련하여 성립된 것을 암시하는 것일지도 모른다. 이와 같이 동명왕 신화 하나만에 있어서도 한국 고대사를 이해하는 데 지극히 주요한 요소가 되는 것들이 『삼국사기』에 와서는 삭제되고 있음을 본다.

그 다음 김유신전(金庾信傳)을 고찰하여 보면 『삼국사기』에서 『김유신의 현손인 신라 집사시랑 장청이 행록 10권을 지어 세상에 전하여 오고 있는데 자못 번거로운 이야기가 많기 때문에 그것을 추려서 가히 쓸 만한 것만을 취하여 전기를 만들었다』(庾信玄孫 新羅執事郞長淸作行錄十卷 行於世 頗多讓辭 故刪落之 取其可書者 爲之傳)고 한 것으로 보아 10권의 김유신행록(金庾信行錄)이 『삼국사기』에서는 3권으로 줄어 들었으니, 『삼국유사』권1에 보이는 김유신전(金庾信傳)의 내용이나 미추왕 죽엽군조(竹葉軍條)의 기사 등도 이 때에 산락(刪落)되었던 것이 분명하다.

김유신행록을 3분의 1로 줄인 것처럼 다른 사료들도 같은 비례로 줄인 것이라고 생각한다면 대개 얼마나 많은 주요 사료들이 김부식의 사관으로 말미암아 소멸된 것인가를 추측할 수 있을 것이다.

또 『삼국유사』에 수록된 가락국기(駕洛國記)와 같은 기사도 가야를 신라에 통합된 지방 부족국가로 간주하여 전부 삭제하고 그 왕계까지도 생략하였으며 대가야(大加耶) 관계기사에 있어서도 지리지 고령군조(高靈郡條)에 『본래는 대가야국으로서 시조 이진아고왕(혹은 內珍朱智라고도 함)으로부터 도설지왕(道設智王)까지 모두 16세 520년에 이르렀는데 진흥대왕이 침략하여 멸망시키고 그 땅을 대가야군으로 하였다』

(本大伽倻國 自始祖伊珍阿鼓王(一云內珍朱智) 至道設智王 凡十六世 五百二十年 眞興大王侵滅之 以其地爲大加耶郡)라고 기록하였을 뿐이다.

오늘날 우리가 가야 역사를 이해하는 데는 가락국기와 『삼국유사』 권1 기이(紀異) 제2의 오가야조(五加耶條) 등이 보다 구체적인 근거를 제공하고 있고 대가야의 신화는 최치원(崔致遠)이 찬한 「석이정전(釋利貞傳)」에 수록되었던 것이 조선시대에 들어와 『동국여지승람(東國輿地勝覽)』을 편찬할 때에 취재(取材)되었던 까닭으로 다행히 그 일부나마 짐작할 뿐이다.[20] 그 다음 한 사실에 대하여 『삼국사기』의 기사와 『삼국유사』의 기사가 다름을 비교하여 어느 것이 고대 사유방식에 가깝게 표현되었는가를 살펴볼 필요가 있어 다음의 세 가지를 검토하기로 하겠다.

1. 『三國遺事』: 제22대 지철로왕(智哲老王)은 성이 김씨이고 이름은 지대로 또는 지도로이며 시호는 지증이라고 하였다. …왕의 음경의 길이가 1척5촌이나 되어 배우자를 얻기 어려워 사자를 3도에 보내어 구하였다.
『三國史記』: 지증마립간이 즉위하였는데 성은 김씨이고 이름은 지대로(혹은 智度路 또는 智哲老라고도 함)이다. ……왕은 체격이 크고 담력이 다른 사람보다 뛰어났다.

2. 『三國遺事』: 제26대 백정왕(白淨王)의 시호는 진평대왕이고 성은 김씨이며 대건 11년 기해 8월에 즉위하였다. 왕은 신장이 11척이나 되어 내제석궁(內帝釋宮: 또한 天柱寺라고도 하며 왕이 창건한 것이다)에 행행할 때에 돌다리를 밟으니 돌 셋이 한꺼번에 부러졌다. 왕이 좌우에게 말하기를 『이 돌을 움직이지 말고 뒤에 오는 사람에게 보이라』하니 즉 성중의 다섯 부동석(不動石) 가운데 하나이다.
『三國史記』: 진평왕이 즉위하였다. 왕의 이름은 백정(白淨)이며 진흥왕의 태자 동륜(銅輪)의 아들이다. ……왕은 출생하면서부터 기이한 용모를 가졌고 신체가 장대하며 의지와 식견이 심원하고 명철하였다.

3. 『三國遺事』: 왕의 이름은 응렴(膺廉)이며 나이 18세에 국선이 되었다. 20세에 이르렀을 때에 헌안대왕이 낭을 불러 전중에서 연회를 베풀고 물어 가로되 『낭은 국선이 되어 사방을 돌아다니다가 무슨 이상한 일을 본 일이 있느냐?』낭이 말하기를 『신은 미행자(美行者) 세 사람이 있음을 보았나이다.』왕이 말하기를 『그 이야기를 듣고자 한다.』낭이 말하기를 다

---

20) 東國輿地勝覽 卷29 高靈縣 建置沿革條.

른 사람의 웃자리에 있을 만한 사람이 겸손하여 다른 사람의 밑에 앉은 것이 그 첫째요, 호부(豪富)이면서 옷을 검소하게 입는 이가 그 둘째요, 본래 고귀한 세력가이면서 그 위엄을 보이지 아니한 이가 그 세째입니다.』왕은 그 말을 듣자 그 어짐을 알고 깨닫지 못하는 사이에 눈물을 흘리며 말하기를 『짐에게 두 딸이 있으니 낭의 건즐(巾櫛)을 받들게 하리라』고 하매 낭이 자리를 피하여 절하고 황공히 물러 갔다.

『三國史記』: 왕이 군신을 임해전(臨海殿)에 모아 잔치를 하였는데 왕족 응렴도 나이 15세로 참석하여 앉아 있었다. 왕은 그의 뜻을 알아보기 위하여 갑자기 물어 갈오대 『너는 유학한 지 여러 날이 되었으니 착한 사람을 본 일이 없느냐?』 대답하기를 『신이 일찌기 세 사람을 보았는데 삼가 착한 행실을 하는 사람으로 생각하였읍니다.』 왕이 묻기를 『어떠한 것인가?』 하니 대답하기를 『하나는 높은 집안의 자제로서 다른 사람과 사귐에 있어서 스스로 먼저하지 않고 남의 아래에 처하는 것이요, 하나는 집에 재물이 부유하여 의복을 사치스럽게 할 수 있는데도 항상 마저(麻紵)로써 스스로 즐거워하는 것이요, 하나는 세도와 영화를 누리되 아직 그 세력을 다른 사람에게 가하지 아니한 것이니 신이 본 바는 이와 같은 것입니다』라 하였다. 왕은 듣고 묵연히 있다가 왕후에게 귀엣말로 말하기를 『짐이 사람을 많이 보았으나 응렴과 같은 자는 없었으니 딸을 그의 아내로 삼게 하고 싶다』하고 응렴을 돌아보며 말하기를 『원컨대 낭은 자애(自愛)하라 짐에 여식이 있어 천침(薦枕)을 시키려 한다』라고 하였다.

1. 『三國遺事』第二十二智哲老王 姓金氏 名智大路 又智度路 諡曰智證…… 王陰長一尺五寸 難於嘉耦 發使三道求之 (紀異第二 智哲老王條)
『三國史記』智證麻立干立 姓金氏 諱智大路 (或云 智度路又云智哲老)… 王體鴻大 膽力過人 (新羅本紀 智證麻立干 即位年條)

2. 『三國遺事』第二十六白淨王 諡眞平大王 金氏 大建十一年己亥八月即位 身長十一尺 駕幸內帝釋宮(亦名天柱寺 王之所創) 踏石梯 三石並折 王謂左右曰 不動此石 以示後來 即城中五不動石之一也 (紀異第二 天賜玉帶條)
『三國史記』眞平王立 諱白淨 眞興王太子銅輪之子也…… 王生有奇相 身體長大 志識沈毅明達 (新羅本紀 眞平王即位年條)

3. 『三國遺事』王諱膺廉 年十八爲國仙 至於弱冠 憲安大王召郎 宴於殿中 問曰 郎爲國仙 優遊四方 見何異事 郎曰 臣見有美行者三 王曰 請聞其說 郎曰 有人爲人上者 而撝謙坐於人下 其一也 有人豪富而衣儉易 其二也 有人本貴勢而不用其威者 其三也 王聞其言 而知其賢 不覺墮淚而謂曰 朕有二

女 請以奉巾櫛 郞避席而拜之 稽首而退 (紀異第二 景文大王條)
『三國史記』王會群臣於臨海殿 王族膺廉 年十五歲 預坐焉 王欲觀其志 忽問曰 汝遊學有日矣 得無見善人者乎 答曰 臣嘗見三人 竊以爲有善行也 王曰何如 曰一高門子弟 其與人也 不自先而處於下 一家富於財 可以侈衣服 而常以麻紵自喜 一有勢榮 而未嘗以其勢加人 臣所見如此 王聞之默然 與王后耳語曰 朕閱人多矣 無如膺廉者 意以女妻之 顧謂膺廉曰 願郞自愛 朕有息女 使之薦枕 (新羅本紀 憲安王四年條)

1의 『삼국유사』의 기사는 당시의 관념으로서는 극히 자연스러운 표현으로 신라 토기에서 성기(性器)의 표현이 보통 장식으로서 사용되던 것과 같이 생각할 것이니, 이러한 phallicism에서 나온 표현을 『삼국사기』에서는 『왕의 체격이 크고 담력이 다른 사람보다 뛰어났다』(王體鴻大 膽力過人)라고 개서하였다. 그 다음 2의 경우『삼국유사』에 있어서는 진평왕에 대해서는 왕이 당시의 척도로 신장 11척이나 되어 음장(陰長) 1척 5촌의 지증왕에서와 같은 phallicism적 표현도 갖고 있었을 것이나, 이 시기는 불교 영향이 점차 짙어가던 때이고 불교식 왕명시대이어서 석가의 부명(父名)인 백정(白淨)을 자신의 이름으로 하고 왕비명을 석가의 모명인 마야부인(摩耶夫人)을 그대로 가져다 붙였던 관계로 그 힘의 과시도 불교식으로 부동석(不動石) 운운으로 나왔던 것이나 불교 공인 후에는 phallicism적 표현단계에서 불교적 표현단계에로 이행된 것을 그대로 보여주고 있어 후세의 사관의 윤색(潤色)을 받은 것이 아닌 그 당시의 제1차 사료적 성격을 충분히 갖고 있다.

이에 반해서 『삼국사기』에서는 『왕은 출생하면서부터 기이한 용모를 가졌고 신체가 장대하며 의지와 식견이 심원하고 명철하였다』(王生有奇相 身體長大 志識沈毅明達)고 하는 시대적 성격이 없어진 후세의 표현으로 바뀌어져 있다.

이것은 『삼국사기』가 phallicism적 표현이나 불교적 표현의 두 단계의 시대적 성격이나 문화적 성격을 부인하여 사서로서 시대성을 무시하는 표현을 한다는 모순에 빠지고 있음을 말한다.

그 다음 3의 『삼국유사』의 기사는 화랑 출신으로서 부마가 되고 나아가서 왕위를 계승한 경문왕(景文王)에 관한 기사로서『낭은 국선이 되어 사방을 돌아다니다가 무슨 이상한 일을 본 일이 있느냐?』(郞爲

國仙 優遊四方 見何異事)라고 물었는데 『삼국사기』에서는 경문왕이 국선 (花郎)이던 것은 일부러 밝히지 않았다. 그리고 왕이 화랑 출신임을 모른 체하여 『너는 유학한 지 여러 날이 되었으니 착한 사람을 본 일이 없느냐?』(汝遊學有日矣 得無見善人者乎)라 하여 문의(文意)도 다른 것이 되었다.

『삼국사기』에서는 김대문(金大問)의 『화랑세기(花郎世紀)』를 기본자료로 하여 화랑전(花郎傳)을 따로 세우고 있으나 그것은 화랑을 위한 전기가 아니라 유교사관의 확립을 위한 화랑으로서 나타난 것인데 이 경문왕의 경우에 있어서도 당시 청소년의 기질을 이해함에 있어서나 전통적인 교육방법의 이해에 있어서 불가결의 것인 화랑의 성격을 매몰(埋沒)하고 있는 것이다. 그 다음에 계속되는 세 가지 미행(美行)에 대해서도 『삼국유사』가 덜 형식적이고 그만큼 더 실감 있는 표현을 하고 있다. 대개 『삼국사기』의 화랑 기사와 『삼국유사』의 화랑 기사를 비교할 때에 『삼국사기』는 김대문의 『화랑세기』에서 화랑의 진면목을 요약하지 않고 유교관에 합치되는 화랑의 일면만을 강조하고 『삼국유사』는 불교와 관계되는 화랑면을 중시하고 있어 두 가지를 합치어야 보다 나은 화랑의 면목을 찾을 수 있을 것이나 『삼국유사』의 것이 보다 진실에 가까운 것임은 물론이다.

위에서 든 예에서 불교 이전의 관념형태를 표시하는 것, 그 다음에는 한 단계 진전된 불교적 관념을 표시하는 것과, 당시의 교육제도라 볼 수 있는 화랑에 관계되는 것 등 신라문화의 성격을 형성하는 데 기본적인 요소가 되었던 것들도 『삼국사기』에서는 말삭(抹削)되고 그 대신 시대적인 특징이 없어진 유교관념으로 도장된 형식적인 표현만 남긴 것을 본다. 이것으로서 고려 중세에 성립한 유교사관에 맞는 방법으로써 고대문화와 사회의 내용을 기술할 때에 고대적인 성격이 제대로 남아날 수 없음을 알 것이며 육당이 말한 『사실에 충하려는 것 보담 차라리 문사에 순(殉)하는』데서 오는 개서개도(改書改塗)는 한두 곳이 아니라 각 사실에 따라 개서의 정도는 다르다 하겠으나 『삼국사기』 전체가 그러한 개서에서 성립된 것을 알 수 있다. 한두 가지 더 예를 든다고 한다면 『삼국사기』 열전 궁예전에서 궁예가 말한 것에 『지난날에 신라가 당에 군사를 청하여 고구려를 격파하였으므로 평양의 옛도읍은 폐허가 되어 초목이 우거지게 되었으니 내 반드시 그 원수를 갚을 것이다』(往者 新羅請兵於唐 以破高句麗 故平壤舊都 鞠爲茂草 吾 必報其讐)라 하였으나, 궁예는 『평양이 쑥밭이 되었으니』라고 하였을 것이지 『시경』에 나오는 국위무초(鞠爲茂草)라는 글을 알아서 그 문자를 그대로 썼을 리 없는 것이다.

　『삼국사기』뿐만 아니라 가락국기에도 이와 같은 후세의 문장 수식이 있으니 이 가락국기는 그 전부터 내려오는 전승을 문종연간에 개서한 것으로서 심하게 유교사관을 강요한 것은 아니나, 그 표현방법이 중국적 역사기술 방법을 모방한 것으로서 그 말미에 붙인 수로왕(首露王) 이후의 왕계(王系) 설명에 있어서 좌지왕조(坐知王條) 가운데 『또 복사가 점을 쳐 해괘(解卦)를 얻었는데 그 점사(占辭)에 소인의 우두머리를 잘라버리면 그 붕당들은 후회하여 악을 고치고 내부한다고 하였으니 임금께서는 이 역괘(易卦)를 거울삼으시라』(又卜士筮得 解卦 其辭曰 解而拇 朋至斯孚 君鑑易卦乎) 한 것이 있는데 좌지왕 당시 복술(卜術)이 있었던 것은 신용할 수 있으나 『주역(周易)』을 알았을 리 없음에도 불구하고 그와 같이 『주역』하경 94의 소인을 친비(親比)함을 경계하는 효사(爻辭)를 그대로 가져다 붙인 것을 본다.

　이와는 달리 삼국시대와 통일기의 사회생활에서 합치되는 점에서의 한문학적 또는 유교적 표현이나 그 사상이 없는 것은 아니나 뒤에 오면서 그 시대의 생활감정과는 거리가 먼 유교적 이데올로기의 강화를 위한 개서가 더욱 불어나게 되었다.[21] 이러한 류의 개서가 크게 시도된 것은 우리가 아는 한에 있어서는 최치원 때부터 시작되는 것이니, 그의 『제왕연대력(帝王年代曆)』에서 신라 고대의 왕위호(王位號)에 거서간(居西干)·차차웅(次次雄)·이사금(尼師今)·마립간(麻立干) 등이 있는 것을 모두 왕으로 개서하였던 것이라든가,[22] 그의 「사산비

---

21) 拙稿, 前揭論文 三國時代의 禮俗과 儒敎思想.
22) 崔致遠이 『帝王年代曆』에 우리말로 된 居西干·尼師今·麻立干 등의 新羅王位號를 鄙野하다 하여 전부 〈王〉으로 고친 것을 김부식이 이를 비판하고 原名稱을 그대로 두었다(三國史記 新羅本紀 智證麻立干 卽位年條 史論 參照) 이것은 모든 것을 中國式으로 모방하지 않으면 不安해하던 崔致遠의 段階보다 한 걸음 앞선 것을 보여 주고 있으니 그것은 羅末보다는 文化意識이 성장한 단계에 도달함에서 나오는 것이고 또 三史 정도라도 읽고 그것을 모방하려는 史學의 지식만으로서도 그러한 자료들은 그대로 두는 것이 옳다고 생각할 수 있는 것이다. 또 이와 類似한 一例를 더 든다고 하면 김부식이 연개소문을 평한 史論에서 그 아들

문(四山碑文)」을 볼 것 같으면 신라적인 성격은 어디로 가고 당대(唐代) 문장을 그대로 모방한 것이어서 이러한 추세가 고려시대에 그대로 계속되어 지금까지의 사서(史書)라든가 전승(傳承)을 개서할 때에 그와 같은 분식(粉飾)이나 삭제를 받아왔던 것이라고 본다. 그러나 『삼국사기』 이외의 예에서 그와 같은 개서의 예가 있다 하여 『삼국사기』 편찬에 와서 개서된 것이 아니란 말이 아니다. 정사체(正史體)의 권위를 갖기 위해서도 『삼국사기』는 오히려 그러한 개서를 보다 철저하게 최후적으로 완성한 것이라고 볼 수 있는 것이다.

그 다음 우리가 유의하는 것은 통일신라 시대까지도 역사인식이 설화형태의 것으로서 전승되었고, 삼국시대의 사서도 그러한 형태의 전승을 축년(逐年) 기록하는 편년체(編年體)에 불과한 것이지 그것을 기전체(紀傳體)로 할 만큼 문화 총량이 풍부한 것도 아니었고, 문화의 질과 성격도 기전체로 정리하기에는 곤란한 것이었다.

설화형태의 역사인식의 주류는 전통의 확인과 재강조, 다시 말하면 전통의 당대적인 재인식과 강조에 있는 것이므로 저절로 정확한 연대라든가 어떤 사건의 정확한 경과라든가의 구체적 사실을 경시하고 있는 것이니, 이러한 설화형태를 기전체로 개서하기 위하여 분해할 때에 구체적인 성격을 가진 것으로서 남을 수 있는 것이 적게 되는 것이다. 따라서 열전(列傳)이나 지리지(地理志) 같은 것은 가능하다고 할지라도 『사기(史記)』나 『한서(漢書)』와 같이 각 분야에 걸쳐서 지(志)를 전부 설정할 때에 지(志)에 실을 만한 것이 적게 되고, 또 그 지(志)의 설정이 고대문화와는 관계없는 중세사관적 안목에서 될 때 고대적인 성격을 가진 자료는 탈락됨이 많게 되는 것이다.

그 다음, 전통적 문화체질과 거리가 먼 모방적이고 사대적인 유교사관에 입각할 때에 나타나는 결과는 자기 전통문화의 빈곤화요 축소

男生과 손자 獻誠이 唐에 降服한 것을 『男生獻誠 雖有聞於唐室 而本國言之 未免爲叛人者矣』라 한 것이 있으니 그들이 唐에 항복하였다고 하더라도 高句麗 本國으로서 보면 叛人임에 틀림없다고 말하는 것은 事大的이 아닌 證據라고 할 수 있을는지 모르나 그러한 基本的인 儒敎 德目의 하나인 〈忠〉까지를 부인한다면 儒敎的 事大史觀 자체가 성립할 근거가 없어진다는 점을 유의할 것이며 本論文에서 論하는 自主性과 事大性은 그와 같은 皮相的인 表現段階의 自主·事大를 論하는 것이 아니란 점을 이해해야 할 것이다.

화인 것이다. 하나의 예를 들면 『삼국유사』에는 그런 대로 향가(鄕歌)가 수록(蒐錄)되어 있는데 『삼국사기』에는 『삼대목(三代目)』이라는 향가집의 명칭만을 전할 뿐이지 향가는 1수도 수록되지 않았다. 무식한 궁예가 『시경』의 문구를 말하는 것으로 개서하면서 고대문화 체질의 정작의 표현인 향가는 모른 체하였다. 불교 공인 이후의 한국 고대문화의 주류가 불교를 떠나서는 생각할 수 없으므로 『위서(魏書)』처럼 석로지(釋老志)는 설정하지 않더라도 어떠한 형식으로도 불교관계 기사의 정리에 노력했어야 마땅한 것인데 그러한 점에 대해서는 일체 고려하지 않았다.

이와 같이 한국 고대에서는 제대로 이해되지 않았던 유교문화적 입장에 입각하여 고대사서를 편찬할 때에 유교사관에 배치되는 고대문화요소를 전부 삭제하게 되면 남는 것이 무엇인가에 대한 고려를 하지 않은 것을 보면 김부식의 『삼국사기』편찬이 지극히 정치적인 의도를 가지고 진행되었던 것임을 알게 하는 것이다.

다음 중국측 사료의 인용범위를 살펴보건대 조공무역(朝貢貿易)을 중심으로 한 외교관계 기사와 일식(日食) 관계기사를 뽑아서 기계적으로 삽입시키고 있으나 그 외교관계 기사는 결과적으로 한국 고대사의 내용을 보다 풍부하게 하기 위하여 채택한 것이 아니고 그의 사대(事大)를 주장하는 정치적 입장을 합리화하는 각도에서 처리되었다고 보아야 할 것이다.

한 예를 들 것 같으면 『구당서(舊唐書)』권61 온대아 제 언박전(溫大雅弟彦博傳)에,

　　때에 고구려가 사신을 보내어 방물(方物)을 바쳤는데 고조(高祖)가 군신에게 말하기를, 『이름과 실제 사이의 이치는 모름지기 서로 부합되어야 하는 것이다. 고구려는 수(隋)에 신하를 일컬으면서 마침내는 양제에게 항거하였으니 이것은 또한 어찌 신하일 수 있겠는가? 짐은 만물을 공경하여 교귀(驕貴)하고자 아니한다. 다만 토우(土宇)에 거하여 다 함께 사람을 평안케 하는 데 힘쓸 것이지 어찌 반드시 신하를 일컬으게 하여서 스스로 존대할 것인가? 가히 곧 조술(詔述)하려는 것이 짐의 본 생각이다』라 하였다. 언박(彦博)이 앞에 나와 말하기를 『요동의 땅은 주(周) 때에는 기자(箕子)의 나라가 되었었고 한(漢)나라의 현도군이었을 뿐입니다. 위·진(魏晋) 이전에 가까운 제후로 봉해진 지역 안에 있었기 때문에 신하를 일컬으지 않는 것을

허락할 수 없었던 것입니다. 만약 고구려와 더불어 예를 대등하게 한다고 하면 사방의 오랑캐가 어찌 우러러볼 것입니까? 또한 중국의 오랑캐에 대한 것은 태양의 뭇별들에 비하는 것과 같은 것입니다. 이치에는 낮고 높음이 없는 것이니 굽어보기를 오랑캐와 고구려를 같게 하소서』라고 하니 고조는 이내 그만 두었다.

時高句麗遣使貢方物 高祖謂群臣曰 名實之間 理須相副 高麗稱臣於隋 終拒煬帝 此亦何臣之有 朕敬於萬物 不欲驕貴 但據土宇 務共安人 何必令其稱臣 以自尊大 可卽爲詔述 朕此懷也 彦博進曰 遼東之地 周爲箕子之國 漢家之玄菟郡耳 魏晋已前 近在提封之內 不可許以不臣 若以與高麗抗禮 則四夷何以瞻仰 且中國之於夷狄 猶太陽之比列星 理無降尊 俯同夷貊 高祖乃止

라 한 것이 있고 이 기사는 『구당서』 고려전, 『당서』 고려전, 『당회요(唐會要)』 등에도 기록되어 있어 김부식이 이를 보지 못하였을 리 만무하지만 이 기사를 『삼국사기』에서 채록하지 않은 이유는 당 고조가 고구려의 독자적인 세력권을 인정하려고 한 사실은 당시 칭제건원론자(稱帝建元論者)들의 주장과 같은 것이 되는 까닭이라고 보아야 한다. 백제 관계 기사에도 김부식의 그와 같은 편견으로 삭제 인멸된 부분이 있었을 것은 물론이다. 고구려와 수당관계사(隋唐關係史)의 전개는 북방 새외민족(塞外民族)과 연결되어 중국에 압력을 강화하는 고구려와 중국과의 투쟁 그것이었으니 고구려의 세력권을 인정하면 『만약 고구려와 더불어 예를 다툰다면 사방의 오랑캐가 어찌 우러러볼 것인가?』(若以與高麗抗禮 則四夷何以瞻仰)라 한 것과 같이 중국 세력권이 붕괴될 수밖에 없는 것이었다.

신라계인인 김부식은 그러한 당시의 외교관계의 성격에는 외면한 채로, 그리고 위에 말한 사료에는 눈을 감은 채로 기타의 중국측 사료에 의하여 고구려의 항쟁을 비난하는 입장에 섰던 것이니 저절로 사대적인 성격밖에 남을 것이 없는 것이다.

이러한 예로 볼 때 아무리 인멸된 상태에 있다고 하더라도 고구려 유민이 간직하고 있던 사료 또는 고려가 건국되고 북진정책이 추진되던 당시에 고구려사의 인식이 다시 주장되고 그에 따라 정리됨이 있었을 것인 고구려 관계의 국내측 사료나 전승이 없었을 리 없는 것임에도 불구하고 이것이 서경파를 중심으로 한 칭제건원론자들의 주장의 근거가 되었던 것임으로 해서 그러한 자료의 수집 노력은 의식적으로 하지도 않았고, 있어도 전부 삭제하였을 것이라고 추측하지 않을 수 없다.

6

우리가 위에서 살펴본 대로 대개 짐작할 수 있는 고대적 체질의 부인과 유교사관의 확립이라는 김부식 사학(史學)의 성격은 스스로 고대 문화에 대한 이해의 범위를 좁혔을 뿐만 아니라 그 인식의 시대폭도 제한하게 되어 저절로 고조선사를 취급하지 않게 된 것이었다. 얼른 생각하면 사마천(司馬遷)의 『사기』가 오제(五帝)로부터의 역사 줄거리를 정리하여 한대사(漢代史) 위에 붙인 것과 같은 방법을 취할 수 있을 것 같으나 고대 문화전통의 체질을 부인하는 입장으로서는 정치기사가 결여되고 신화만이 남아 있는 고조선 관계의 전승을 인정하지 않게 되고 나아가서는 신라를 정통으로 잡으려는 그의 입장에서는 『삼국유사』 왕력(王曆)에서 고구려 주몽(朱蒙)을 단군지자(檀君之子)라 한 것과 같은 고구려를 정통으로 잡는 고구려계 중심의 전승에는 동조할 수 없었던 까닭에 고조선사의 서술을 피하였던 것이라 생각한다. 그리하여 신라 박혁거세 즉위년조에 『이에 앞서 조선의 유민들이 산곡 간에 분거하여 6촌이 되었다』(先是 朝鮮遺民 分居山谷之間 爲六村)고 하여 간접적으로 고조선 계통을 신라가 계승한 것처럼 보이게 하는 효과를 거두고 그 이상의 언급은 피한 것이었다. 삼국 중에 가장 뒤늦은 신라의 기원(紀元)을[23] 가장 오랜 것으로 잡은 것은 진흥왕 6년에 『국사(國史)』를 편찬할 때의 일이든가 신라가 삼국을 통일한 뒤의 일로 생각되나 『삼국사기』에서는 이것의 불합리를 묵과하고 그 전승을 그대로 채록하게 된 것이다. 당시 고려인의 일반적인 역사인식과는 상치되는 이러한 인식의 주장도 묘청란 토벌 후에 와서 비로소 가능하였던 것으로 보인다.

한편 『삼국유사』는 신라 기원을 오래 잡은 신라계의 설을 정면으로 반박하고 나서지는 않았으나 그 기이(紀異)에 있어서의 실제서술의 순위는 고구려가 먼저이고, 그 다음이 변한(卞韓)·백제(百濟)이고 그 뒤에 진한(辰韓)과 신라가 등장하는 순서를 잡고 있으니 이것은

---

23) 拙稿, 新羅上古世系와 그 紀年, 歷史學報 17·18합집, 1962.

삼국의 건국이나 발전의 선후를 바로 이해한 데서 오는 것이라 보며 『삼국사기』와는 반대적인 입장에서 보는 한국 고대사 체계의 인식이라고 생각한다.

그 다음 고병익(高柄翊) 교수가 『동국통감』과 『삼국사기』를 비교하여 『삼국사기』가 덜 사대적이라는 점을 지적하면서 『삼국사기』가 가지는 역사인식의 사대성을 부인하고 있으나 나로서는 『동국통감』과 같은 가장 개악(改惡)된 사서와 비교하는 이유를 알지 못하겠다. 만약 그러한 비교를 하려면 조선초기에 있어서 『동국통감』이 어떠한 목적으로 편찬되었으며 그 편찬이 준 영향이 어떤 것인가를 살피면서 『동국통감』의 성격을 먼저 규정하고 나서 비교할 것이지 그러한 전제적인 연구 없이 가장 열등(劣等)한 사서를 하나의 기준으로 비교하는 것 자체가 방법상 잘못이라고 생각한다.

모름지기 같은 고려시대에 있어서 상호 대립하고 갈등하고 있는 두 조류를 파악하고 그 두 조류에서 각기 나온 두 개의 사서인 『삼국사기』와 『삼국유사』를 먼저 비교해야 되었음에도 불구하고 그러한 시도는 하지 않았을 뿐만 아니라, 그러한 비교의 결과인 육당의 「삼국유사 해제」에 나온 견해도 구체적인 검토없이 부인하는 것은 방법상 커다란 오류라고 하지 않을 수 없다.

한편 『삼국사기』가 삼국의 본기(本紀)를 정하여 삼국사(三國史)를 기록한 것을 들어서 김부식의 사관이 사대적인 것이 아니라는 증거를 내세우고 있으나, 이것은 대단히 형식적이고 표면적인 것에 사로잡힌 이해로서 김부식이 고구려・백제・신라의 세 본기 말미에 붙인 사론을 읽어보면 사대의 타당성을 강조하고 쓴 것인데 이것에는 눈을 감고 제명만으로 논하는 것은 충분한 것이 아니다.

〈본기〉는 대개 천자에 대하여만 쓰는 것이라고 생각하고 있으나 『사기』에서는 항우(項羽)와 여태후(呂太后)의 본기가 있고, 『당서』에는 측천무후(則天武后)의 본기가 있어 일률적으로 논의할 것이 아니다. 안정복(安鼎福)도 이에 대하여,

> 우리 동국은 비록 사대를 높이어 그 정삭(正朔)을 받들고 있으나 그 땅이 한 모퉁이에 치우쳐 있어 스스로 성교(聲敎)로 하고 있었은즉 중국의 제후와는 차이가 있는 것이다. 김부식의 『삼국사기』에 모두 본기(本紀)라 하였는데 그 규례가 옳은 것 같다. 본기는 비록 반드시 천자가 아니고도 후세에

이름붙일 수 있는 것이다. 사마천의 『사기』의 본례에 항우를 본기로 한 것은 무슨 까닭인가? 『색은(索隱)』의 주에는 기(紀)라는 것은 기록한다는 것이니 그 일을 근본으로 하여 기록한다는 것이고 또 이(理)라고도 하니 여러 일을 모두 정리하여 해와 달에 부치는 것이다』라고 하였다.

　　我東雖尊事大 奉其正朔 而地偏一隅 自爲聲敎 則與中國之諸侯有間矣　金富軾三國史 皆曰本紀 其例恐是矣 本紀雖不必天子 而後名之 馬遷本例 又以項羽爲本紀者何也 索隱註紀者記也 本其事而記之也 又理也 統理衆事 係之年月 (順菴先生文集 卷9 與洪生錫胤書 甲辰)

이라 하여 『스스로 성교로 하고 있다』(自爲聲敎)는 입장이 있음을 말하고 나아가서 기(紀)는 기(記)의 뜻으로 『그 일을 근본으로 하여 기록한다』(本其事而記之)는 의미로서 본기(本紀)라 한 것이라고 고증하면서 사대문제와 그리 직결시키지 않고 있음에 주의할 것이다.

위에 든 사료에 계속하여 안정복도 이야기한 것이지만 앞에서 언급한 바 있는 것처럼 요(遼)·송(宋)·여(麗)의 정립기나 여진족이 일어나던 시기에 있어서 고려문화의 우수성을 믿은 데서 그와 같은 명칭을 썼을 가능성도 있으나 그것만 가지고 전체적인 성격을 논할 수는 없고 김부식이 고려문화의 우수성을 인식하고 있었다고 하더라도 그것은 유교이념적 가치기준에서 볼 때의 우수성이지 전통적인 문화능력에 대하여 확신하는 바가 있어서 나온 것은 아니다.

그 다음 삼국이 모두 동등하게 본기란 명칭을 쓴 것으로 보아 김부식의 역사인식이 신라본위적인 경향이 없는 공정성이 있는 것의 증거라고 생각하는 것 같으나 고구려 후계자로 등장한 고려의 신하가 된 자로서 그 자신은 신라계인이라 할지라도 신라에만 본기를 달고 기타는 재기(載記) 같은 것으로 처리될 수 없는 것은 상식적으로도 이해할 수 있을 것이다.

고구려 고지의 호족세력이 주체가 되어 백제 고지와 신라지역의 호족세력과 연결하여 중세국가를 세운 것이 고려이고, 이때에 협력한 지방 제호족세력을 포섭하기 위하여 후세에 와서도 항상 구 삼한(舊三韓) 공신 자손의 우대가 문제되던 당시의 현실에서 신라만을 따로 구분하여 본기를 붙일 수는 없는 것이다.

더우기 『고려사절요』 현종 8년 12월조에 『교를 내려 〈고구려·신라 백제왕의 능묘는 모두 소재지의 주현으로 하여금 수리하게 하고, 초채(樵採)를 금하고 지나는 사람은 말에서 내리도록 하라〉고 하였다』(敎 高句麗新羅百濟王陵墓並令所在州縣修治 禁樵採 過者下馬)고 하여 삼국 왕릉의 보호까지 힘썼던 것을 보면 나의 주장이 옳음을 알 것이라 믿는다. 요컨대 전체적인 성격의 검토 없이 술어의 표면적인 의미만 가지고 사대와 자주를 논할 수 없다고 생각한다.

결론적으로 말하여 사관의 사대성 여부는 과거의 전통문화능력에 대한 이해를 정당히 하는가, 그 전통적인 체질이 가지는 현재적인 문화능력에 대한 평가를 어떻게 하는가에 달리는 것이다. 대개 문화의 자주적인 개성이나 창조능력은 기층문화(基層文化)의 체질과의 연결도 여하에 달리는 것이고 치자계급을 중심으로 한 상층문화는 오히려 사대적이고 모방적일 수밖에 없는데, 더우기 치자의 정치철학으로 등장한 유교이념에 있어서는 기층문화와의 유리도가 심하여 그 유교사관에 입각하였을 때에는 전통문화에 대한 가치평가가 정당히 되기가 어려운 것이다.

김부식은 이와 같은 성격의 유교사관을 가졌던 까닭에 그리고 앞에서 말한 바와 같은 정치적 입장에 있었고 신라 경주김씨의 후손이라는 체질을 가졌던 까닭으로 고려사회가 가지는 전통문화의 체질을 부인하는 동시에 한국의 삼국시대가 가진 고대문화에 대한 가치평가를 낮추고 사료의 고대적 성격을 말살하든가 애매케 하는 것을 목적으로 하여 『구삼국사기(舊三國史記)』를 제쳐놓고 『삼국사기』를 〈중찬(重撰)〉하였다고밖에 볼 수 없는 것이다.

『삼국사기』의 편찬의 목적과 그 성격이 그러했던 까닭으로 이규보가 그 오류를 시정하기 위하여 「동명왕편 서(東明王篇序)」에서 〈불어괴력난신(不語怪力亂神)〉의 입장에 서서도 능히 고구려 신화를 말할 수 있다고 주장하였고, 일연도 『삼국유사』에서 그와 같은 주장을 하면서 그 첫머리에 단군신화(檀君神話)를 실어 고조선의 인식에서 한국사의 첫 출발점을 찾고 『삼국사기』와는 다른 역사인식 체계를 내세우게 되었던 것이다.

〈韓國史硏究 9, 1973 ; 韓國古代社會硏究, 1975〉

三國遺事의 史學史的 意義

李 基 白

1. 머 리 말

　모든 역사적 사실들이 그러하긴 하지만, 특히 사학서(史學書)의 경우에는 그것이 지니는 역사적 의의와 현대적 의의는 크게 다르다. 가령 저술 당시에 있어서는 굉장히 중요한 의미를 지니던 것이라도 현대에는 이렇다 할 가치를 지니지 못하는 경우가 있다. 그런가 하면 이와 정반대되는 경우도 또한 있는 것이다. 물론 저술 당시와 마찬가지로 오늘에도 중요한 것들이 있기는 하지만, 그것은 그리 흔하지 않다. 또 단일한 역사서에 있어서도 저술 당시에 중요시되던 측면이 현대에는 도리어 무가치하게 여겨지고, 오히려 그때에는 별로 대수롭지 않던 측면이 도리어 현대에서 높게 평가되기도 한다. 이러한 점을 분명히 가려서 생각하는 것은 매우 중요한 일이다. 강조해 말하자면 그러한 사고방법은 역사학의 생명이다. 그런데 이러한 역사적 사고방식을 역사가들 자신이 무시하고 양자를 뒤범벅해서 사람들을 혼란 속에 몰아넣는 것은 바람직한 일이 못된다. 필자는 이 점을 분명히 가려서 『삼국유사(三國遺事)』에 대한 이해에 접근하도록 노력해볼까 한다.
　그리고 『삼국유사』를 보는 관점은 여러 각도에서 가능한 것은 물론이다. 그러나 필자는 이를 주로 역사학의 입장에서 보려고 한다. 따라서 위에서 말한 역사적 의의나 현대적 의의는 곧 사학사(史學史)에 있어서의 역사적 의의요 현대적 의의가 된다. 이러한 점을 이해하기 위해서는 먼저 『삼국유사』가 지니는 사서(史書)로서의 성격부터 살펴 보아야 할 것으로 믿는다.

2. 史書로서의 三國遺事

『삼국유사』를 이해하기 위하여는 먼저 『삼국사기(三國史記)』와 비교해보는 것이 하나의 좋은 방법이다. 이 두 사서는 150년 가량의 간격을 두고 저술된 우리나라 고대사에 관한 사서의 쌍벽이라고 할 수 있는 책이기 때문이다.[1]

우선 『삼국사기』가 왕명(王命)을 받들고 김부식(金富軾) 이하 10여명의 편찬위원들이 편찬한 정사(正史)였던 데 대해서, 『삼국유사』는 일연(一然)이라는 개인이 편찬한 사찬서(私撰書)였다. 이 점은 『삼국사기』와 『삼국유사』의 체재(體裁)를 성격이 매우 다른 것으로 만들었다. 즉 『삼국사기』는 중국에 있어서 정사를 편찬하는 표준적 체재인 기전체(紀傳體)를 취하게 하였으나, 『삼국유사』는 저자의 관심의 각도에 따라서 자유로이 주제(主題)를 선택할 여지가 더 많이 허락되는 체재를 갖추게 된 것이다. 『삼국유사』의 체재를 무어라 불러야 좋은 것인지를 필자는 잘 모르지만, 그것이 저자 개인의 관심을 최대한으로 나타낼 수 있는 극히 자유로운 형식의 사서류(史書類)인 것만은 분명하다.[2] 이것이 우선 『삼국유사』가 지니는 첫째 특징이다.

『삼국유사』의 편목(篇目) 중에는 중국의 양(梁)·당(唐)·송(宋) 3고승전(三高僧傳)의 체재를 방불케 하는 것들이 있다. 이에 근거해서 『삼국유사』가 중국의 3고승전의 체재를 따른 것으로 보는 견해가

---

1) 『三國史記』와 『三國遺事』의 비교는 崔南善씨에 의해 시도된 이래(三國遺事解題, 啓明 18, 1927; 新訂三國遺事, 1941, pp.8~9) 여러 학자들에 의해 되풀이되었다.
2) 崔南善씨는 이를 『지방 新聞의 雜報나 事件의 漫錄과 같은 것을 모은 書類로 보면 可할』것이라고 하였다.(上記解題 p.2) 이에 따른다면 遺事類는 著者 개인의 관심이 두드러질 수 있는 성질의 것이다. 최근 金泰永씨도 필자와 같은 의견을 제시하였다.(三國遺事에 보이는 一然의 歷史認識에 대하여, 慶熙史學 5, 1974, p.87)

있다.[3] 일연이 중국의 3고승전에서 편목을 취해온 대목이 있는 것은 분명하다. 그러나 탑상(塔像)과 같은 편목은 중국 고승전(高僧傳)에는 없다. 게다가 불교관계가 아닌 사화(史話)를 편집해놓은 편목이 왕력(王曆)과 기이(紀異)의 둘이 있으며, 그 분량은 전체의 반이나 된다. 그러므로 『삼국유사』가 중국의 고승전들의 체재를 기본으로 하고, 역경(譯經) 같은 편목이 빠지기 때문에 10과(科)의 수(數)를 채우기 위하여 왕력(王曆)이나 기이(紀異)를 첨가했을 것으로 보는 견해는 따르기 힘들다. 『삼국유사』는 일반사화나 불교사화(佛敎史話)나를 가리지 않고, 저자 일연의 관심이 가는 사화들을 수집하여 이를 적절히 분류 편집하였다고 보아서 좋을 것이다.

물론 『삼국사기』도 일정한 목적 밑에 기사(記事)를 선택하고 이에 대한 편찬자들의 해석을 가미시키고 있기는 하다. 그러나 정사로서의 성격상 왕실 중심, 통치자 중심의 사료가 주된 편집 대상이 되었다. 『삼국사기』에서 민중 관계 사료를 찾아보기가 힘든 것은 그 때문이다. 이에 대해서 『삼국유사』는 그러한 제약을 벗어날 수 있었다. 따라서 귀족이나 민중이나 간에 일연(一然)은 아무런 제약 없이 관심의 대상이 된 사료(史料)들을 수집하여 수록하였다.[4] 이 점에서도 『삼국유사』는 『삼국사기』에 비하여 주제나 사료의 선정이 훨씬 자유로왔다고 볼 수 있다.

둘째로, 『삼국유사』는 『삼국사기』와는 달리 인용된 사료와 저자의 의견과를 구분하여 서술하는 방법을 취하고 있다. 『삼국사기』는 극히 적은 분량인 사론을 뺀다면 어디까지가 사료이고 어디부터가 편찬자의 의견인지를 분간하기가 어려운 서술방법을 취하였다. 원칙적으로 『삼국사기』가 기존사료의 편찬인 것임은 분명하지만, 때로 필요에 따라서 본문의 서술 자체를 편찬자의 목적에 맞추어 수정가필(修正加筆)하고 있다. 이것은 『해동고승전(海東高僧傳)』이나 『역옹패설(櫟翁稗說)』에서도 마찬가지여서 당시의 일반적인 경향이었다.

---

3) 閔泳珪, 三國遺事(韓國의 古典百選, 新東亞 1969년 1월호 부록, p. 88)

4) 이 점을 강조한 것이 金泰永씨인데, 씨는 『三國遺事』가 국가와 왕권에 비중을 크게 두고는 있으나, 한편 『강렬한 庶民的 生活意識으로써 그 내용을 점철하고 있음이 큰 특색이다』라고 하였다. (上記論文 p.88)

이에 대해서 『삼국유사』는 그와는 다른 독특한 서술방법을 취하고 있다. 가령 기이편(紀異篇)의 첫 조목(條目)인 고조선조(古朝鮮條)를 보면, 그것은 다음과 같은 『위서(魏書)』 『고기(古記)』 『구당서』 배구전(裵矩傳)의 세 인용문으로 구성되어 있다.

(1) 위서(魏書)에 이르기를 『지금부터 2천년 전에 단군왕검(檀君王儉)이 있어서 도(都)를 아사달(阿斯達)에 세우고 經에 無葉山이라 하였고 또 白岳이라 하였다.… ……』

(2) 고기(古記)에 이르기를 『옛적에 환인(桓因)帝釋을 이의 서자(庶子) 환웅(桓雄)이 ……』

(3) 당 배구전(唐裵矩傳)에 이르기를 『고려는 본래 고죽국(孤竹國)지금의 海州인데……』

즉 고조선조를 구성하는 (1)·(2)·(3)의 세 부분은 곧 세 인용문이다. 일연은 자신의 의견을 협주(挾註)로 기입하여 인용문과는 구별하여 서술하고 있기 때문에, 이 양자를 혼동할 가능성은 없다.

이러한 원칙은 대개 관철되고 있다.5) 그러나 때로 일연은 자기의 의견을 본문 속에서 말하는 경우도 나타난다. 그것이 협주로써 만족할 수 없는 중요한 문제인 경우에 특히 그러하다. 이런 때에도 일연은 그것이 자기의 의견이라는 것을 밝혀두곤 했다. 그 하나의 예를 권3 흥법편(興法篇)의 아도기라조(阿道基羅條)에서 찾아볼 수가 있다.

(1) 신라본기(新羅本記) 제4에 이르기를 『제19 눌지왕(訥祗王) 때에 사문(沙門) 묵호자(墨胡子)가 고려로부터 일선군(一善郡)에 이르렀는데, 군인 모례(毛禮)혹은 毛祿으로도 된다.가 집안에 굴실(堀室)을 만들고 안치(安置)하였다…』

(2) 아도본비(我道本碑)를 살피건대, 이르기를 『아도(我道)는 고려인이다. 어머니는 고도령(高道寧)인데……』

(3) 이에 의하건대 본기(本記)와 본비(本碑)의 이설(二說)이 서로 어긋나서 같지 않음이 이와 같다.

(4) 일찌기 이를 시론(試論)하건대(嘗試論之) 양(梁)·당(唐)의 이승전

---

5) 板刻을 할 때에 挾註가 本文 속에 잘못 넣어진 곳도 있다. 가장 卷2 紀異篇 文虎王法敏條의 高藏王에 대한 註가 그러하다.(李丙燾, 譯註三國遺事, 1973, p.233 註6 참조)

三國遺事의 史學史的 意義   115

(二僧傳) 및 삼본국사(三國本史)가 모두 고구려·백제 2국의 불교의 시작을 실었는데……

(5) 또 원위(元魏: 後魏)의 석 담시(釋曇始)^{혹은 惠始라}_{고도 한다}전을 살피건대, 이르기를 『시(始)는 관중인(關中人)인데 출가한 이후 많은 이적(異迹)이 있었다.……』

(6) 논의(論議)하여 말하건대(議曰) 담시(曇始)는 대원(大元) 말에 해동(海東)에 와서 의희(義熙) 초에 관중(關中)으로 돌아갔은즉 여기에 머물기 10여년이었으니 어찌 동사(東史)에 기록이 없겠는가……

(7) 찬(讚)하여 이르기를……

이에 의하면 (1)은 『삼국사기』 신라본기로부터의 인용이고, (2)는 지금은 망실된 「아도본비(我道本碑)」의 인용이다. 그리고 이어 (3)에서 위의 두 기록이 맞지 않는다는 것을 말하고 있는데, 이것은 분명히 일연의 의견이다. 그러므로 여기서부터 일연은 자기의 견해를 피력하고 있는 셈이다. 그러나 이 단순한 차이의 지적보다도 (4)의 〈상시론지(嘗試論之)〉이하는 바로 일연이 신라 불교 초전(初傳)의 인물과 시대에 대한 자기의 견해를 나타낸 당당한 고증이고, 그 결론은 현대의 역사가들을 놀라게 할 정도의 명쾌한 탁설(卓說)이다. 이어 일연은 석담시전(釋曇始傳)을 인용하고(5), 또 그 내용에 대해서 자기의 의견을 말하고 있다(6). 마지막 찬(讚)(7)은 역시 일연의 것으로 생각된다. 이같이 자기의 의견을 말할 때에 그는 〈상시론지〉〈의왈(議曰)〉 등으로 분명히 자기의 의견임을 밝히고 있다. 따라서 『삼국유사』의 편찬은 전거(典據)를 밝혀서 인용하는 것을 원칙으로 하고, 거기에 자기의 의견을 첨가하는 형식을 취하였다고 할 수가 있다.⁶⁾

다만 유감인 것은 본문의 인용문 중에는 전혀 출처를 밝히지 않은 것들도 상당히 있다는 점이다. 위에서 언급한 일연의 편찬방침과 어

---

6) 중국의 遺事類 史書들이 역시 典據를 제시하는 방법을 쓰고 있으므로, 『三國遺事』의 이러한 방법은 큰 의미가 있는 게 아니지 않느냐 하는 의견도 있을 수 있다. 그러나 一然은 典據를 제시하지 않는 서술방법이 있다는 것을 알고 있으며, 또 그 자신이 실제로 그렇게 하기도 하였다. 이렇게 선택의 자유가 허락되어 있었음에도 불구하고, 典據를 밝히는 방법을 애용한 데에는 그럴 만한 이유가 있었고, 따라서 이는 의미가 있는 일이라고 보아야 하지 않을까 한다.

굿나는 이러한 대목들이 상당히 있다는 것을 근거로 위의 원칙이 처음부터 일연에 의해서 세워진 것이 아니라고 할 사람이 있을는지도 모르겠다. 그러나 이것은 필시 당시에는 거의 출처를 밝힐 필요가 없을 정도로 자명한 것이고, 따라서 너무 자주 출처를 밝혀야 하는 번거로움을 피한 때문이었을 것으로 생각된다.[7]

『삼국유사』를 저술하는 데 이러한 방식을 취한 결과 일연은 자연히 많은 사료를 수집하지 않으면 안되었다. 이것이 『삼국유사』의 세째 특징이다. 그가 수집한 사료들 중에는 「감산사조상기(甘山寺造像記)」 같은 금석문(金石文)이 있다. (卷3 塔像篇 南月山條) 그 협주(挾註)에 『글은 그 뜻이 분명치 않으나 단지 고문을 보존할 뿐이다』라고 한 것을 보면, 남이 베껴놓은 조상기(造像記)를 다시 베낀 느낌도 있기는 하나, 아마 그가 직접 조사하였을 것으로 보인다. 그것은 그가 직접 각처의 유적을 답사한 관찰기(觀察記)가 나오는 것으로도 짐작이 간다. 가령 일연의 경주 황룡사지(皇龍寺址)에 있었다는 가섭불연좌석(迦葉佛宴坐石)에 대하여,

> 일찌기 한번 보았는데, 돌의 높이가 5·6척이나 되었고, 둘레는 겨우 세 발이었다. 우뚝히 섰는데 위는 편편하였다. (卷3 塔像篇 迦葉佛宴坐石條)

라고 기술하였다. 그러므로 불국사(佛國寺)에서 그리 멀지 않은 감산사(甘山寺)에도 그는 직접 가 보았을 것으로 생각된다.

또 고문서도 있다. 그 가장 대표적인 것으로 고려 경종(景宗) 때 경순왕(敬順王) 김부(金傅)에 대한 책상부고(册尙父誥)를 들 수 있다. (卷2 紀異篇 金傅大王條) 이 책상부고는 원문을 처음부터 끝의 서명(署名) 부분에 이르기까지 완전히 베껴놓았으며, 서명을 한 것과 안한 것, 또 관직만 있고 이름이 없는 경우까지도 밝혀놓고 있다. 비록 이 고문서 자체는 다시 대할 길이 없겠지만 이 인용만으로써도 훌륭한 고문서 자료가 될 것임이 분명하다. 이러한 고문서 중에는 많은 사지(寺誌)들이 포함되며, 그 밖에 도전장(都田帳) 같은 관청의 공문서도

---

[7] 一然이 이러한 원칙에 입각하여 『三國遺事』를 서술하였음은 이미 지적된 바 있다. (崔南善, 上記解題 p. 20)

있다.⁸⁾

　일연이『삼국유사』에 향전(鄕傳)과 같은 민간 전승기록을 전하여준 것은 특기할 만한 일이다. 이 향전은 바로 민중의 견해를 말하여주는 것으로 생각되기 때문이다. 예컨대 법흥왕(法興王)이 이차돈(異次頓)을 사형에 처한 것을 흔히는 법흥왕의 위신을 손상하지 않은 방향에서 기록하고 있다. 그러나 향전은,

　　촉(髑)이 왕명이라 하여 공사를 일으켜 절을 세울 뜻을 전하였는데, 군신(群臣)이 와서 간(諫)하였으므로 왕은 이에 촉에게 책임지어 노하고 왕명을 거짓 전했다는 이유로 처형하였다. (卷3 興法篇 原宗興法・厭髑滅身條)

고 했다. 이를 보면 마치 법흥왕이 이차돈에게 배신한 것 같은 느낌을 풍겨주고 있다. 이것은 향전이 아니고는 찾아볼 수 없는 면이고, 또 아마 이것이 진실이었을 것이다.
　요컨대 일연은 현대 역사가들의 사료수집을 연상시키는 노력을 하고 있다. 이러한 노력은 물론 자기의 논거를 굳게 뒷받침해 주려고 한 데서 나온 것으로 생각된다. 그리고 이러한 노력은 짧은 기간에 쉽게 이루어지는 것이 아니며 따라서『삼국유사』의 저술을 위하여 오랜 동안 많은 노력을 기울였음을 말하여 준다. 일연은 여러 사료를 널리 수집하여 그들 사료 사이에 개재되는 차이점을 가리고 나아가서 자기의 고증을 첨가함으로 해서 역사적 사실을 정확하게 파악하려는 태도를 취하고 있다.

3. 歷史的 位置

　위에서 지적한 바와 같은『삼국유사』의 특색은 저자 일연이 어떤 강한 목적의식을 갖고 이를 저술하였다는 것을 말하여주는 것이 아닐까 한다. 일연은 자기가 하고 싶은 이야기의 주제를 스스로 선택하였다. 그리고 선택된 주제에 대한 자기의 의견을 전거에 의하여 뒷받침

---

8) 一然의 사료수집 노력에 대하여 閔泳珪씨는『우리 後學으로 하여금 놀라마지 않는 점은 그 철저한 實證癖이다』라고 하였다. (上記解題 p. 88)

하려고 하였다. 요컨대 그는 간절히 하고 싶은 이야기가 있었던 것이다. 〈유사(遺事)〉라는 겸손한 책제(册題)로 인하여 이를 한낱 한가한 여업(餘業)의 성과로서 생각한다면 이는 잘못이다.[9] 적어도 『삼국유사』의 저술에 필요한 사료를 수집하는 데 소요되었을 노력만도 적은 일이 아니었을 것임은, 그런 작업을 해본 사람이면 누구나 쉽게 알 수 있는 일이라고 믿는다.

그러면 이 같은 노력의 결과로 이루어진 『삼국유사』를 통하여 저자가 하고 싶은 이야기는 무엇이었을까. 이 점은 『삼국유사』가 다루고 있는 주제의 성격을 통해서 짐작할 수가 있다. 『삼국유사』는 『삼국사기』가 합리적인 사실들을 주로 다루고 있는 데 대해서 비합리적인 사실을 주로 다루고 있다. 물론 『삼국유사』에도 역사적 사실에 대한 합리적 서술이 없는 것은 아니다. 그러나 주된 관심은 초인간적이라고 말할 수 있는 사실들에 놓여 있었다. 가령 태종무열왕(太宗武烈王)에 관한 대목에서,

> 왕이 하루에 쌀 3말과 꿩 9마리를 먹더니, 경신년(庚申年)에 백제를 멸한 뒤에는 점심을 그만두고 단지 조석뿐이었는데, 그러나 계산하면 하루에 쌀 6말, 술 6말, 꿩 10마리였다. (卷1 紀異篇 太宗春秋公條)

는 기록을 남겨놓고 있는 따위이다. 더욱 재미있는 경우는 김유신(金庾信)에 관한 기사이다. 『삼국사기』에는 김유신의 전기가 무려 3권에 걸쳐 있고, 그 대부분이 통일을 위한 전쟁기사로 메워져 있는 데 대해서, 『삼국유사』에는 다만, ① 가족 관계와 출생에 대한 것, ② 삼산 여신(女神)과의 관계, ③ 재매부인(財買夫人)과 송화방(松花房)에 대한 이야기, ④ 흥무대왕(興武大王) 추봉(追封)과 그의 무덤의 소재만이 기록되고 있다. 그리고 실제 분량의 대부분을 삼산(三山) 여신과의 이야기를 기록하는 데 소비하고 있다.

이 점을 일연 자신은 신이(神異)를 기록한다고 하였다. 이는 일연

---

[9] 崔南善씨는 『三國遺事는 普覺國尊에게 있어서는 도리어 一餘業이오 一閒事였겠지만』이라고 하였다. (上記解題 p.8) 그러나 閔泳珪씨는 『이것은 一然禪師 80평생의 精進이 이 한 책의 著作에 集注되어 있었다』고 하였다. (上記解題 p.86) 필자는 후자의 견해에 찬동하는 바이다.

의 다음과 같은 말로써 알 수 있다.

그런즉 삼국의 시조가 모두 신이(神異)로부터 출발하고 있는 것이 무엇이 피이하겠는가. 이 신이가 제편의 처음에 실린 까닭은 그 뜻이 여기에 있다. (卷1 紀異篇序)

이에 의하면 기이(紀異)라는 편명(篇名)은 〈신이를 기록한다〉는 뜻인 것임이 분명하게 된다. 그러나 비단 기이편만이 아니라『삼국유사』전체가 바로 이러한 방침 아래 저술되었던 것이다.

『삼국유사』는 왕력(王曆)・기이(紀異)・흥법(興法)・탑상(塔像)・의해(義解)・신주(神呪)・감통(感通)・피은(避隱)・효선(孝善)의 9편으로 되어 있다.[10] 이를 크게 분류하여 보면, ① 연표(年表)인 왕력과, ② 역사적인 신이사를 적은 기이와, ③ 그 밖의 불교 관계 기사를 실은 7편과로 3대분할 수가 있다. 만일 왕력이 원래 독립된 1서이던 것이『삼국유사』의 일편으로 첨가된 것에 지나지 않는다면,[11] 결국 ②와 ③의 둘로 양대분되는 셈이다. 그런데 기이편과 같이 그 내용에 대한 풀이를 저자 스스로가 해주지는 않고 있지만, 종교적인 신앙을 북돋아주기를 바라고 있는 불교 관계 기사들도 바로 신이의 기록 그것인 것이다. 이차돈은 스스로 목숨을 버리고 순교함으로써 여러 기적을 낳게 하여 불교를 공인하게 하였다.(卷3 興法篇 原宗興法・厭髑滅身條) 혜숙(惠宿)이 죽어서 촌인들이 이현(耳峴) 동쪽에 장사를 하였는데, 고개 서쪽으로부터 오던 사람이 도중에 혜숙과 만나 대화를 나누었다.(卷4 義解篇 二惠同塵條) 또 욱면(郁面)이라는 여비(女婢)는 신앙의 힘에 의하여 산 육신의 몸으로 지붕을 뚫고 하늘을 날아 서방정토로 왕생하였다.(卷5 感通篇 郁面婢念佛西昇條) 김대성(金大城)은 자기집 용전(傭田)을 법회(法會)에 보시(布施)함으로써 가난한 집으로부터 재상가에 전생(轉生)할 수가 있었다.(卷5 孝善篇 大城孝二世父母條) 이러한 이야기들로 가득차 있는 ③ 부분이 곧 신이의 기록이라고 한다 하더라도 이것은 결코 지나친 표현일 수가 없다.

---

10) 現存 中宗年間 版本의 혼란된 篇目을 이렇게 정리한 것은 崔南善씨였다. (上記解題 pp. 2~4)
11) 末松保和, 三國遺事解說(學習院東洋文化硏究所本, 1964, p.2) 및 金東旭, 三國遺事(韓國의 名著, 1969, p.142) 참조.

이렇게 보면 결국 『삼국유사』 전체가 신이의 기록이라는 이야기가 된다. 이것은 『삼국유사』의 기사 내용이 지니는 가장 큰 특징이다. 그리고 신이란 바로 비합리적인 사실들을 말한다. 따라서 『삼국유사』 는 비합리주의를 정면으로 표방하고 나선 역사서였다고 하겠다. 그러 면 일연이 이렇게 신이만을 적고자 한 의도는 도대체 어디에 있었던 것일까.

그것은 유교(儒敎)의 합리주의 사관(史觀)에 대한 비판의 뜻이 있 었다고 믿는다.[12] 고려후기에 접어들면 유교의 도덕적 합리주의 사 관이 풍미하게 된다.[13] 그리고 이 사관은 특히 관찬사서(官撰史書)를 중심으로 지배적인 풍조를 이루게 되었다. 이러한 풍조에 대항하고 나선 것이 『삼국유사』였던 것이다. 일연이 유교의 합리주의에 비판적 이었던 것은 그가,

> 대체로 옛날 성인이 예악(禮樂)으로 나라를 일으키고 인의(仁義)로 교(敎) 를 베푸는 데 있어서 괴력난신(怪力亂神)은 말하지 않는 바였다. 그러나 제 왕(帝王)이 장차 일어나려 함에 있어서는 부명(符命)을 받고 도록(圖籙)을 받아 반드시 남과 다른 점이 있었다. 그런 후에야 능히 대변(大變)을 타고 대기(大器)를 쥐어 대업(大業)을 이룰 수 있었다. (卷1 紀異篇序)

---

12) 『三國遺事』는 『三國史記』와 서로 반발하는 것이기보다는 이를 補足하는 것으로 보아야 하지 않겠느냐 하는 의견이 있을 수 있다. 그러나 一然이 『三國史記』에 만족해하고 이에 아무런 불명이 없었다면, 굳이 『三國遺 事』를 저술하여 이를 보완하려고 했겠는가 하는 점이 고려되어야 하지 않 을까. 그것이 결과적으로 보완하는 것이 되었다 하더라도, 어떤 내용의 것을 선택하느냐 하는 것은 전혀 저자의 의도에 따르는 것이다. 그리고 一然은 神異한 일들을 보완한 셈이 된다. 필자는 따라서 一然이 『三國史 記』에 불만해 한 점이 무엇이었는가 하는 것을 파악하는 게 필요하다고 생 각하며, 이는 一然의 『三國史記』에 대한 비판이라고 믿는다. 그리고 구 체적으로 一然은 『三國史記』가 합리적인 사실만을 취한 점에 불만스러워 했던 것이라고 믿는다.

13) 儒敎의 史觀을 도덕적 합리주의라고 부른 이유는 그것을 근대의 합리주 의와 구별하여 그 성격을 부각시키고자 한 때문이다. 現世 중심의 儒敎 史觀이 불교의 신앙 중심의 사관보다 합리주의적인 것은 분명하다. 그러 나 유교는 도덕적인 善惡에 따라서 국가의 흥망이 좌우된다는 道德至上 主義의 입장에 서 있다. 이러한 도덕지상주의에서는 그 합리주의가 일정 한 제약을 받게 되리라고 믿으며, 그런 의미에서 이를 도덕적 합리주의 라고 부른 것이다.

라고 하여, 괴력난신(怪力亂神)을 말하지 않는 데 대해 비판적인 것으로써 알 수가 있다. 다 아는 바와 같이 괴력난신을 말하지 않는다는 것은 『논어(論語)』에 나오는 공자(孔子)의 말이며, 이 정신은 후대의 유교에 일관된 정신이었다.

이 동일한 입장은 효선편(孝善篇)에서도 찾아볼 수가 있다. 여기서 일연은 현실적으로 효(孝)할 뿐만이 아니라 신앙면에서 선(善)하기도 해야, 즉 효선쌍미(孝善雙美)해야 내세(來世)에 가서도 효할 수 있는 것이 되며, 그럼으로써 가장 지극한 효를 실천할 수 있는 것이라고 설(說)하고 있다. 그러므로 진정사(眞定師)가 가난한 홀어머니를 버리고 입산(入山)하였다 하더라도 그것은 불효가 아니었다. 진정사는 의상(義湘)에게 부탁하여 화엄경(華嚴經)을 강하게 함으로써 그 어머니를 천상계(天上界)에 전생(轉生)하게 하였던 것이다.(卷5 孝善篇 眞定師孝善雙美條)[14] 이 같은 불교적 입장은 분명히 유교의 현세주의(現世主義)·합리주의에 비판적이라고 할밖에 없다. 이 같은 입장이 앞서 지적한 두 가지 주제로 나타났던 것이다.

첫째 주제인 일반적인 역사적 신이에 대한 기록은 요컨대 한국 고대사를 자주적인 입장에서 새로이 이해해보려는 노력이었다고 생각된다. 그에 의하면 한국의 역사는 중국이 아닌 천(天)과 직결되는 것이었다. 고조선의 시조인 단군왕검(檀君王儉)이 천상에 계신 환인(桓因)의 손자였다든가(卷1 紀異篇 古朝鮮條), 신라 호국삼보(護國三寶)의 하나인 옥대(玉帶)는 천사(天使)가 주었다든가(卷1 紀異篇 天賜玉帶條), 또 통일신라의 평화의 상징인 만파식적(萬波息笛)이 문무왕(文武王)의 변신인 해룡(海龍)과 김유신(金庾信)의 후신인 천신(天神)이 합심하여 만들어준 것이었다든가(卷2 紀異篇 萬波息笛條) 한 데에서 이러한 사실을 이해할 수 있게 된다.

그리고 일연은 한국사의 기원에 대하여 고조선→위만조선→마한으로 이어지는 체계를 세움으로써, 그것이 오랜 역사적 전통을 지니고

---

14) 『三國遺事』의 孝善篇은 一然이 그의 어머니한테 효도를 했기 때문에 이를 한 篇目으로 넣었을 것이라는 견해가 있으나 (崔南善, 上記解題 p.7) 필자는 本文에서 설명한 것과 같은 이유로 이에는 찬성할 수가 없다.
15) 이러한 古代史의 체계는 이 이후 우리나라의 通史에 오랫동안 적용되어 왔다. 가령 『東國通鑑』이나 『東史綱目』이 모두 그러하였다.

있고 또 신이한 것임을 자랑스러이 기술하였다.[15] 원(元)의 정치적 간섭이 불가피했던 당시의 현실을 생각할 때에, 이것은 민족적 자주의식의 표현이었다고 해야 할 것이다.

둘째 주제인 불교적 신이에 대한 서술은 요컨대 신앙의 옹호를 위한 것이었다. 불교 관계 기록은 우선 양적으로도 전체의 반을 넘는 분량을 차지하고 있으며, 뿐만 아니라 질적으로도 비교적 잘 정리된 불교문화사(佛敎文化史)인 것이다.[16] 흥법편(興法篇)은 일종의 불교미술자료집이며, 의해편(義解篇)은 고승전(高僧傳)이며, 신주편(神呪篇)은 밀교사(密敎史)이며, 감통편(感通篇)은 신앙상의 기적기(奇蹟記)이며, 피은편(避隱篇)은 신앙과 사회의 문제에 대한, 효선편(孝善篇)은 신앙과 가정과의 문제에 대한 기록들이다. 이를 통하여 나타내려고 한 것은 모두 현실세계의 논리로서는 설명이 불가능한 신앙의 세계였던 것이다. 그리고 이 신앙의 세계는 석가불 이전의 가섭불(迦葉佛)과도 연결되고, 혹은 또 미래불인 미륵불(彌勒佛)과도 연결되는 세계였다.[17]

이같이 신이의 설화로써 합리주의에 대항하기 위하여는, 그러한 설화들이 틀림없는 역사적 사실이라는 증거를 제시할 필요가 있었다. 『삼국유사』의 서술이 전거를 중요시한 가장 큰 이유는 여기에 있었다고 생각한다.[18]

『삼국유사』의 세계는 그러므로 신화와 전설의 세계이며, 신앙의 세계였다.[19] 이 세계는 당시의 사학계가 이루어놓은 합리주의에의 접근

---

16) 閔泳珪씨가 이미 『興法 이하 孝善에 이르기까지의 下半部는 그대로 三國의 佛敎史로 보아서 좋을 것이다』라고 하였다. (上記解題 p.88)

17) 閔泳珪씨는 이러한 경향을 『過度할이만큼 강인하게 모든 문제를 本地垂迹思想으로 귀결』시킨 것이라고 하였다. (上記解題 p.88) 또 金泰永씨는 이 점을 佛國土思想과 연결지어 설명하고 있다. (上記論文 p.88)

18) 이러한 一然의 태도는 韓末 儒學者들의 西洋 新學問과 대결할 때의 태도와 비슷한 점이 있지 않나 한다. 예컨대 張志淵의 「儒學辯」을 보면 그는 儒敎에 대한 비판에 답하여, 周禮·說文 등등의 여러 古典을 인용하여 진정한 儒學은 비판받을 그러한 것이 아님을 강조하고 있다. (韋庵文稿 pp.216~217)

19) 金泰永씨는 『이 神異한 사실들이 自國의 歷史를 전개시켜온 큰 推進力이었다고 인식하였음에 틀림없을 것 같다』고 하고. 그러한 인식은 『貴族政權에 대한 反撥』에서도 나왔지만, 그보다 더 『外勢의 壓制에 대한 民族的인 抵抗意識의 소산이었을 것으로 보여진다』고 하였다. (上記論文 p.94)

이라는 전진적인 자세와는 다른 복고적인 것이었다. 사학사적인 관점에서 볼 때에, 위에서 제시한 바와 같은 성격을 지닌 『삼국유사』의 위치는 이같이 규정지을 수 있을 것으로 믿는다.

4. 現代的 意義

『삼국유사』가 사서로서 지니는 여러가지 측면들을 검토해본 결과, 그가 지니는 역사적인 위치를 대세에 역행하는 복고적인 것으로 규정하기에 이르렀다. 그러나 이것은 『삼국유사』가 지니는 현대적 의의까지가 덜하다는 뜻은 아니다. 아니 오히려 그와는 반대인 것이다. 그러면 『삼국유사』가 현대 한국사학에서 지니는 의의는 무엇인가. 이는 다음의 세 가지 점으로 요약될 수 있지 않을까 한다.

첫째는 『삼국유사』가 지니는 사료적 가치가 높다는 것이다. 이것은 특히 전거를 밝혀주었음으로 해서 그러하다. 전거를 제시한 인용문은 일연이 이를 자의로 변경하고 있지 않다는 점도 주목할 만한 일이다. 그러므로 『삼국사기』와는 달리 소박한 표현들이 그대로 남아서 전존하게 되었으며, 이것은 오늘날 고대사를 연구하는 데 무한한 가치를 제공해주고 있다.[20] 더구나 인용된 많은 원전들이 남아 있지 않는 오늘에 있어서 특히 그러하다.

다만 일연은 반드시 원사료의 전문을 충실히 인용하는 방법을 쓰고 있지를 않다. 가령 「감산사조상기(甘山寺造像記)」는 원문의 몇분의 1에 지나지 않는다. 게다가 오독(誤讀)으로 인한 많은 잘못이 있다. 또 고조선조에 인용된 『구당서(舊唐書)』 배구전(裵矩傳)의 글도 완전히 문장이 일치하는 것은 아니다. 이러한 이유로 해서 인용문의 자구의 변탈(變脫)에 별로 개의치 않음이 『삼국사기』와 취재표준이 다르다고 보기도 한다.[21] 분명히 일연의 인용문에는 자구의 탈락과 변개가 있다. 그러나 그것은 불필요하다고 생각한 탈락이거나 오독이나 필사의 잘못에 의한 것이지, 내용의 변개는 아니었다. 따라서 같은 내용의

이러한 해석은 참신한 새 견해로서 주목된다.
20) 이 점은 이미 崔南善씨에 의하여 강조되었다.(上記解題 p.9 및 p.13)
21) 崔南善, 上記解題 (pp. 21~22)

기사가 『삼국사기』와 『삼국유사』에 다 나올 때, 『삼국유사』가 흔히 원사료의 본 모습을 더 많이 전해주는 것이 보통이다. 그리고 『삼국유사』이전의 원사료명의 제시는 그 사료적 가치를 크게 더해주는 것이다.

　둘째로는 유교의 도덕적 합리주의 사관에 대한 비판적 태도이다. 이것은 근대사학도 마찬가지로 짊어지고 있던 과제였다. 근대사학은 정치적 측면에서뿐 아니라 사회적·경제적 및 문화적인 넓은 관점에서 역사를 바라보려고 하였다. 그리고 그것은 도덕적인 정치사관(政治史觀)의 극복을 전제로 한 것이었다. 이러한 점에서 폭넓은 문화사적 측면을 제시해준 『삼국유사』는, 특히 문화사가(文化史家)들에 의해서 높이 평가될 수밖에 없었다. 가령 위에서 언급한 바와 같이 『삼국유사』에는 풍부한 신화의 세계, 민속의 세계가 전개되고 있다. 『삼국유사』를 읽고 있노라면 마치 한국 원시문화의 숲을 헤쳐가는 듯한 기분을 누구나 맛보게 된다. 단군신화(檀君神話)를 비롯한 이들 신화와 민속의 세계는 근대사학의 보고(寶庫)와 같이 비치었음은 당연한 일이다. 『삼국유사』에서는 또 문학적 측면이 중하게 다루어지고 있다. 무엇보다도 『삼국사기』에는 단 한 편도 수록되어 있지 않는 향가가 10여편이나 수록되어 있다는 사실이 이를 증명하고 있다. 『삼국유사』가 불교문화사로서 독자적 지위를 갖고 있음은 이미 지적한 바였다. 그러므로 도덕의 선악과 정치의 흥망과를 직결시켜 생각하는 좁은 안목의 도덕적 합리주의 사관에 대한 비판이란 점에서 『삼국유사』와 근대사학은 궤(軌)를 같이하는 것이고, 따라서 『삼국유사』는 근대사학에서 높이 평가되었다.[22]

　셋째로는 『삼국유사』가 민족적 자주성을 강조하고 있다는 점이다.

---

[22] 이러한 점에서 특히 낭만적인 近代史家들이 『三國遺事』를 높이 평가하였다. 그 대표적인 예가 崔南善씨라고 하겠다. 씨는 『三國遺事가 전체 그대로 우리의 뜨거운 感謝에 値』한다고 하였고(上記解題 p.7), 또 『三國遺事는 朝鮮古代史의 最高源泉이며 一大百科典林으로 一然의 功은 西方의 헤로도토스에도 比할 것』이라고도 하였으며(同上 p.11), 나아가서 『만일 本史와 遺事의 양자 중에 어느 하나밖에를 지니지 못할 경우가 있다 하면, 대부분이 漢土의 文籍을 引入한 것이요 그 약간의 國傳이란 것은 名與實을 대개 漢化한 三國史記를 내어놓고, 斷落하고 錯雜하고 粗陋하고 詭誕할망정 一臠이라도 本味를 전하는 三國遺事를 잡을 것이 固當하다』고까지 하였다.(同上 p.10)

위에서 지적한 바와 같은 한국의 고유문화에 대한 존중은 곧 그것이 민족적 자주성의 표시였다. 더구나 우리나라 역사의 시발점을 고조선에 두고, 단군왕검의 건국신화를 적음으로써 한국의 역사가 천(天)과 연결되는 독자적인 것임을 나타내었다. 그리고 이러한 입장에서 위씨조선(衛氏朝鮮)·마한을 거쳐 삼국으로 연결되는 민족사 발전의 체계를 세우려고 하였다. 그런데 근대에 민족적인 자각이 커가면서, 배외적(拜外的)인 경향을 띤 중국 중심의 사관(史觀)에 대한 비판은 필수적인 것이었다. 이러한 점도 근대사학과 『삼국유사』는 궤를 같이하고 있으며, 따라서 근대사학에서 『삼국유사』가 높이 평가되게 되었다.

『삼국유사』에 대한 이와 같은 근대사학의 평가는 충분히 납득이 가는 일이다. 그러나 이와 같은 평가에도 제약이 있다는 점을 잊을 수는 없다. 우선 사료적 가치는 그것이 애초에 사료집으로 편찬된 것이 아니기 때문에 일연이 전혀 예기치 못했던 일에 속한다. 만일 원사료들이 망실되지 않고 남아 있다고 한다면, 사료적 가치에 대한 문제는 거론되지 않을 성질의 것이다. 가령 감산사의 두 조상명(造像銘)은 실물이 남아 있어서 훨씬 자세하고 정확한 원문을 읽을 수 있기 때문에, 약기(略記)되었을 뿐만 아니라 잘못된 판독조차 섞여 있는 『삼국유사』의 인용문은 무가치한 것이 되었다. 또 도덕적 합리주의 사관에 대한 비판이란 점에서 『삼국유사』와 근대사학이 궤를 같이하지만, 그렇다고 『삼국유사』에서 제시된 신이사관(神異史觀)이 오늘날에도 그대로 통용될 수가 없다는 것도 자명한 일이다. 우리는 어쩔 수 없이 신이에 대한 합리적 해석을 새로이 시도해야 하는 것이다. 이러한 다른 반면을 이해하지 못한다면 현대사학에서 『삼국유사』가 지니는 의의를 올바로 인식하기가 힘들 것이다.

5. 끝맺는 말

필자는 위에서 주로 사학사적인 관점에서 『삼국유사』를 생각하여 보았다. 보는 사람의 현재적 입장이라는 절대적 기준에 비추어서 『삼국유사』를 평가하는 것에 필자는 비판적이었다. 그 결과 『삼국유사』가 지니는 역사적 의의와 현대적 의의를 구분하여 고찰하게 되었다.

본고의 제3장과 제4장이 각기 이에 해당되는 것이다. 그리고 이러한 접근방법이 역사가가 취해야 할 올바른 방법이라고 믿는 것이다. 그런데 이러한 방법이 역사가들에 의해서조차 종종 이해되지 못하고 있는 사실을 발견한다는 것은 실로 서글픈 일이다.

이러한 이해를 위하여는 사실에 대한 객관적 인식이 필요하다. 이 경우에는 『삼국유사』의 사서로서의 성격에 대한 정확한 이해가 필요하다. 이를 위한 작업이 본고의 제2장에 해당한다. 이에 더하여 사학사의 조류에 대한 인식이 필요한데, 이는 제3장과 제4장에서 각기 언급되었다.

이러한 작업의 결과, 『삼국유사』가 사학사에서 지니는 역사적 위치가 전진적이기보다는 복고적이었지만, 현대에서 지니는 의의는 도리어 크다는 결론에 도달하였다. 어떻든 『삼국유사』도 그것이 하나의 역사적 소산이요 또 현재에도 그 생명이 살아 있는 하나의 사서인 만큼, 그 긍정적인 면이나 부정적인 면이 아울러 학문적으로 정리되어야 할 것으로 믿는다.

<震檀學報 36, 1973 ; 創作과批評 41, 1976. 가을호>

三國遺事에 보이는 一然의
歷史認識에 대하여

金　泰　永

1. 序　言

『삼국유사(三國遺事)』는 고려후기의 충렬왕 7년(1281)경에 완성된 바 승 일연(僧一然)의 사찬(私撰)이다.[1] 그리고 이는 대체로 김부식(金富軾)의 『삼국사기(三國史記)』보다는 140년 뒤에,[2] 각훈(覺訓)의 『해동고승전(海東高僧傳)』보다는 70년 뒤에[3] 편찬된 불교신앙 관계를 포함하는 역사에 관한 문헌이다.

『삼국사기』는 고려중기의 대표적인 유신(儒臣)이 왕명에 따라 당시까지의 전존사료(傳存史料)를 충분히 활용할 수 있는 사관(史官)의 위치에서, 삼국 및 통일신라의 역사를 편찬한 이른바 정사(正史)이다. 『해동고승전』역시, 경북오관산 영통사 주지 교학사자사문(京北五冠山靈通寺住持敎學賜紫沙門)이란 직계를 가진, 당시의 대표적인

---

1) 增補三國遺事(民衆書舘本)의 崔南善 解題 참조.
2) 高麗史 권17 世家 인종 23년 12월 임술조에 『金富軾進所撰三國史』라 하였으니, 여기 인종 23년은 1145년이다.
3) 海東高僧傳 流通一之一 序論에 『都算佛入滅至今乙亥二千一百六十四年』이라 했으니, 여기 을해는 곧 고종 2년(1215)이다.

교학승(敎學僧)⁴⁾이 역시 왕명에 의하여 가능한 편의를 제공받아 편찬한 일종의 불교사(佛敎史)이다.⁵⁾ 그러니 이 두 사서(史書)는 각기 삼국시대의 사회일반과 불교계에 관한 두 가지 정사라 할 수 있을 것이다. 이 같은 정사가 엄존(儼存)하는데도 일연은 어째서 다시 승(僧)·속(俗)의 사실(史實)을 혼성하여 『삼국유사』를 새로이 찬(撰)하게 되었던 것일까.

그야말로 선열(禪悅)의 여가에 〈다만 일사유문(軼事遺聞)을 편의히 찬집(纂集)〉⁶⁾한 것이었을까. 그러나 그처럼 〈불용의(不用意)한 일만록(一漫錄)〉⁷⁾이기에는 너무나 광박(廣博)한 고증의 각고(刻苦)가 여기에 기울여져 있음을 주의할 필요가 있다. 『삼국유사』 불과 5권에 인용된 고증서목(考證書目)은, 오히려 『삼국사기』 50권의 것보다 그 다양함이나 치밀함에 있어서 전혀 비교가 안될 정도로 압도적이다.⁸⁾

---

4) 崔南善, 海東高僧傳解題(佛敎 37호, 1927)에 의하면, 『五冠山은 麗京에 있는 가장 著聞한 靈境이요(中京志 三山川及六寺刹 참조), 靈通寺는 具하여서는 大華嚴靈通寺라 칭하여 당시에 있어서 華嚴宗의 淵叢이던 곳이니, 저 大覺國師 같은 이도 本命으로써 그 遺骨을 玆寺의 震方에 安厝케』한 곳이며, 『賜紫沙門으로 玆寺에 住持함만으로도 覺訓의 常流 아님』을 알 수 있다 하였고, 『그 法階의 높음과 한가지 有數한 學匠임을 알 것』이라 하였다.

5) 현전하는 『海東高僧傳』이 권1·2(流通 一之一·一之二)뿐이어서 이 책의 원래의 내용 전체에 대한 논단은 불가능하다. 그러나, ① 이 책 流通편 序에 『按古梁唐宋三高僧傳 皆有譯經 以我本朝 無翻譯之事 故不有此科也』라 하였으니, 여기 번역편을 독립된 篇目으로 설정할 수 없다는 것은 한편으로 설정이 가능한 다른 편목이 여럿이며, 따라서 불교의 여러 측면에 관해서 서술하고 있다는 하나의 반증이 된다. ② 同序에 『(前略) 遂使於三韓及我聖祖 革舊鼎新 尤尊佛敎 凡制度多用佛敎 守文繼體之君 傳而不失 惟太祖四代孫大覺國師 (中略) 導其百派 大小始終頓圓之五敎 各得其所 復歸于正』이라 했으니, 覺訓은 佛敎國家로서의 전통과 大覺國師에 의한 佛敎諸宗의 歸正에 대한 自負에서 본서를 찬했다 할 수 있으며, 따라서 저 중국의 3高僧傳에 못지 않는 海東에 있어서의 불교사를 여기 전개하고자 의도하였음을 추측케 한다.

6) 崔南善, 前揭 三國遺事解題 p.9.

7) 同上.

8) 同上, pp.14~21 참조. 그리고 李基白, 三國遺事의 史學史的 意義(震檀學報 36호, 1973) pp.162~163 참조.

더구나 이 가운데에는 일연 자신이 직접 답사하여 목도점검(目覩點檢)한 것도 상당수에 달한다.[9] 이같이 광범한 사료의 수집은 실로 장기간에 걸친 용의주도한 노력을 요한다. 이 노력이 더구나 30년의 처절한 대몽항전(對蒙抗戰)과 화맹(和盟)에 잇대어진 난세(亂世) 속에서 경주되었음[10]을 상기해야 할 것이다.

이 같은 어려움을 딛고 선 서사(敍事)는 필연코 어떤 새로운 인식의 산물이었으리라 할밖에 없다. 결국『삼국유사』는 저『삼국사기』나 『해동고승전』과는 입장을 달리하는, 자국의 역사전통에 대한 찬자(撰者) 일연 자신의 어떤 새로운 인식에서 우러난 의도적인 서사였다고 하지 않을 수 없다. 이 새로운 인식은 어디서 발원한 것이었을까.

2. 歷史傳統에 대한 새로운 인식

고려 의종연간(毅宗年間)에 와서 폭발한 무인정변(武人政變)은 전통적인 문벌중심·문치편중의 귀족정권을 붕괴시킴으로써 고려사회의 전개방향을 크게 전환시키는 분수령이 되었다. 이제 이른바 고려후기 사회로 접어들게 된 것이다. 무인의 집권을 계기로 고려후기의 학자적 관료인 신진 사인(士人)층이 역사 추진세력으로서의 새로운 의의를 지니면서 등장하는 것이다.[11] 또한 무인의 집권을 계기로 고려 불교에는 저 보조국사 지눌(知訥: 普照國師, 1158~1210)이 창도한 바

---

9) 예컨대 『三國遺事』권 3 塔像편, 天龍寺條에 보이는바, 羅代의 天龍寺址에다 麗代의 崔齊顔이 靖宗 6년(1040)에 다시 寺院을 重創하고 승려들로 하여금 전승케 하는 信書 願文을 남겼는데, 적어도 그 200년 후의 一然이 同信書를 찾아보고『三國遺事』에 기재하고 있는 경우와 같다. 閔泳珪, 三國遺事(韓國의 古典百選, 新東亞 1969년 1월호 부록) p.88에서는,『新羅에 관한 限의 記事에 한해서 어느 것 하나 一然 손수 발로 찾아 걸어가서 몸으로 실험해본 나머지의 것 아님이 없다』고 하였다.

10) 몽고군의 직접 침략은 고종 18년(1231), 一然의 26세 때부터였으며,『三國遺事』의 집필이 끝난 것은 대체로 충렬왕 7년(1281), 그의 76세경이라는 것이다.

11) 李佑成, 高麗朝의 吏에 대하여(歷史學報 23집, 1964) 참조.

고려 조계종(高麗曹溪宗)¹²⁾으로 대표되는 선종(禪宗)의 새로운 발전이 일어나는 사실¹³⁾을 주목할 필요가 있다.

고려중기에 와서 극성을 보이게 된 문신 귀족정권은 왕도(王都) 중심·중앙귀족 중심의 지배체제를 구축하고 있었다. 이 지배체제는 지방적 호족적(豪族的)인 사회세력의 정치참여를 거부하는 방향의 독선(獨善)을 자행함으로써 점차 기층사회(基層社會)와의 괴리를 크게 해갔는데, 이에 복무한 것이 유교적 전제정치의 이념이었다.¹⁴⁾ 유

---

12) 고려 불교에 있어서 曹溪宗의 명칭은, 이보다 앞서 肅宗年間에 義天의 天台宗이 일어남에 따라 종래의 9山禪門이 조계종으로 총칭하게 되었다는 것인데(金映遂, 五敎兩宗에 대하야, 震檀學報 8, 1937, p.75), 그후 무인정권 시대에 이르러 『頓悟漸修의 曹寂宗旨가 普照國師시대로부터 완성된 후에 9山禪門이 此山彼山 할것없이 다 이것을 嗣承하여 朝鮮의 曹溪宗을 이루게 되었다』(同, 曹溪禪宗에 對하야, 震檀學報 9, 1938, p.151)는 것이다. 본문의 高麗曹溪宗이란 편의상 이를 지칭한다.

13) 高麗曹溪宗의 創始를 알리는 知訥의 勸修定慧結社文에, 『返觀我輩朝暮所行之迹 則憑依佛法 裝飾我人 區區利養之道 汨沒於風塵之際 道德未修 衣食斯費(中略) 上乖弘道 下闕利生 中負四恩 誠以爲恥 知訥 以是長歎 其來久矣 歲在壬寅(明宗 12, 1182) 正月 赴上都普濟寺談禪法會 一日 與同學十餘人約曰 罷會後當舍名利 隱遁山林 結爲同社(下略)』라 하였다. 즉, 불법에 依憑하여 나와 남을 거짓 꾸미며 利養에 區區하고 風塵에 汨沒하는 당시의 名利佛敎·行勢佛敎에 대한 저항의식에서 高麗曹溪宗의 새로운 禪風이 발원하고 있음을 살필 수 있다. 여기 名利佛敎란 주로 중기의 귀족정권과 共榮관계에 있던 敎宗 쪽을 가리킨다고 생각된다(註17 참조). 또한 閔賢九, 月南寺址眞覺國師碑의 陰記에 대한 一考察(震檀學報 36호, 1973)에서는, 『武人亂 당시 고려불교는 敎宗이 우세한 지위에 있었고, 따라서 문신귀족과 깊은 관계를 가지는 敎宗세력은 무신정권과 충돌』하였으며, 『武人亂으로 敎宗 세력이 약해지고 禪宗이 머리를 드는 형세 아래에서 普照國師 知訥에 의해 새로운 이론이 창도되어 禪宗 新風운동이 일어남으로써 새로운 고려불교로서의 曹溪宗이 성립되는 기틀이 잡혔』으며, 이 뒤를 이은 眞覺國師에 이르러 『최씨 무신정권과의 밀착관계를 통하여 曹溪宗은 敎團的 기반을 굳힐 수 있었다』(同 pp.37∼38)고 하였다. 새로운 曹溪禪風의 형성 동기에 대해서는 필자와 의견을 조금 달리하고 있으나 그것이 무인의 집권을 계기로 하고 있었다는 현상에 관해서는 상이가 별로 없는 듯하다.

14) 金哲埈, 高麗中期의 文化意識과 史學의 性格(韓國史硏究 9, 1973) pp. 71, 74 참조.

교 이념에 의거한 중앙 귀족정치의 전제화(專制化)에 따라 국가와 사회, 정권과 민중 사이의 유리가 보다 크게 초래된 것이다. 뿐 아니라 이러한 유리의 필연의 귀결은 오히려 그 지배체제 내부의 반목과 전통적인 자주의식의 상실이었다.[15] 귀족 지배체제는 사회와 민중으로 부터의 이질적인 유리에 따른 자체의 취약성을 도호하기 위하여, 그리고 체제내의 반목에서 살아남기 위해서는 종래 야만시해온 여진(女眞)에 대한 신사(臣事)도 부득이하였으며, 나아가서는 비록 현실성에 있어서는 문제가 있었다 하더라도 그 여진을 제압한다고 표방하고 나선 묘청(妙淸) 등의 칭제건원(稱帝建元) 운동과 이 운동의 가능 지반이었던 전통적인 자주의식마저 잔해(殘害)하는 독선을 자행하였다. 김부식의 『삼국사기』는 이러한 유교적 전제적 문신 귀족정권의 독선적인 승리의 기념물과 같은 것으로 편찬되었다 할 것이다.[16] 그리고 또한 주의할 바는 이러한 문신귀족의 지배체제와 공생공영(共生共榮)의 관계를 구축하고 있던 것이 화엄(華嚴)·천태(天台)로 대표되는 귀족적인 교종(敎宗)의 불교세력이었다는 사실이다.[17] 뒷날 화엄종사

15) 同上, pp.74, 76 참조.
16) 李佑成, 三國史記의 構成과 高麗王朝의 正統意識(震檀學報 38호, 1974), pp.205~206에서는 『주로 고구려의 옛 영역 내의 지방호족으로 구성되었던 건국의 주체세력과는 달리, 신라의 문물과 전통을 긍지로 지녀오는 문신귀족이 政局을 지배하게 되었고, 契丹과 항전하면서 불굴의 민족기개를 보였던 종래의 자세와는 달리, 女眞과 강화하여 온갖 국가적 모욕을 감수하면서 苟安을 도모하는 상황』이 『三國史記』를 산출해 낸 시대적 분위기라 하였고, 『三國史記』의 편수 책임자로서의 輸忠定難靖國功臣이라는 金富軾의 名位는 『그가 妙淸의 西京遷都와 稱帝建元의 주장을 반대하고 마침내 그 大爲國을 討平한 功勞로써 받은 것』이며, 『문신귀족의 소극적 타협주의 체질로서 稱帝建元을 감행할 엄두를 낼 수 없었던』金富軾이 『大爲國을 討平하고 功成身退한 후에 왕명으로 그 동료들과 편찬했던 것』이 『三國史記』라 하였다.
17) 肅宗代 이후 왕권의 비호 아래 번영을 보이게 된 天台宗이 敎·禪의 합작을 주장하며, 또 이것이 종파로는 禪宗에 속한다는 것이지만, 그러나 그 지반은 어디까지나 敎宗이었음은 우선 이때 天台宗의 開祖인 義天이 祐世僧統이라는 敎宗의 法階를 가졌던 사실로써도 분명하다. 金映遂, 前揭「五敎兩宗에 對하야」에서는 단적으로 『華嚴宗의 중흥이요 天台宗의 開祖인 靈通寺義天僧統』(p.90)이라 지적하고 있다.

각훈(覺訓)의 『해동고승전』도 이러한 번영의 여광(餘光)의 산물이었다고 생각된다.[18]

    또 이러한 敎宗과 문신 귀족정권과의 共生共榮관계를 말하는 사실로서는, ① 同貴族정권의 대표적인 존재의 하나랄 수 있는 李資謙의 경우 그 子인 義莊은 敎宗의 首座 法階를 가진 자인데 이가 李資謙亂에『自玄化寺 率僧三百餘人 至宮城門外』하여 가담하였다는 것(高麗史 권127, 李資謙傳 참조), ② 문신 귀족정권을 몰락시킨 무인정권에 대하여 반기를 들고 나선 사원세력의 전부가 敎宗쪽이었다는 점(閔賢九, 前揭論文, pp. 28∼31 참조), ③ 그리고 고려중기에 극성을 보인 불교에 있어서도 『禪宗의 형세는 미미하여 거의 실낱과 같았다』는 점(東國李相國全集 권25, 昌福寺談禪牓 참조) 등을 들 수 있다.

18) 극히 단편에 불과한 현전의 『海東高僧傳』으로써 이같이 果斷하기는 어렵다. 金哲埈, 前揭論文에서는『海東高僧傳』을 오히려『三國史記』에 대항적인 의식의 소산으로 추측하고 있으나(同 p.60), 우리는 다음과 같은 사실을 주의할 것이다. ① 覺訓의 住持寺利인 靈通寺가 귀족불교인 華嚴宗의 소속이요 특히 大覺國師의 유골을 안치할 정도로 중앙귀족불교의 大道場인바, 여기 覺訓이 왕명을 받들어 撰한(奉宣撰) 高僧傳이 그러한 귀족불교의 입장에 서 있었다는 것이 보다 사실에 가깝다. ② 同書 권1, 流通편의 서론에『太祖의 4대손인 大覺國師가 宣宗 3년 4월에 入宋 求法하고 돌아와 모든 宗派를 인도하매 大小始終頓圓의 5敎가 각기 제 자리를 얻어 바른 곳으로 돌아왔다』고 하여 어디까지나 귀족불교인 敎宗의 지반에 서 있던 大覺國師의 활동을 불교사에 있어서 하나의 획기적인 사실로 찬양하고 있다. ③ 同 서론은 다시 저 中國의 梁・唐・宋의 3高僧傳을 준거로 삼아 篇目을 정한 듯한 표현을 하고 있는데(按古梁唐宋 三高僧傳 皆有譯經 以我本朝 無翻譯之事 故不存此科也), 이 3高僧傳이 주로 敎宗쪽의 입장에서 씌어진 것이니, 같은 사례를 따르고 있는 듯한 『海東高僧傳』도 海東에 있어서의 敎宗의 역사를 중심으로 편찬한 바라 할 수 있겠다. ④ 무엇보다도 찬자의 의식을 가장 잘 살펴볼 수 있다고 생각되는 〈贊〉의 현전하는 것이 모두 11인데, 이 가운데의 4(順道・阿道・曇始・摩羅難陀)은 바로 유교경전을 인용하고 있으며, 또 다른 4(法雲・智明・圓光・玄大梵)은 유교적 교훈을 담은 中國의 고사를 援例하여 우리나라 불교의 유통을 기리고 있다.『三國史記』의 史論의 경향과 흡사한 것이다. 이 사실은 覺訓의 의식이 유교적인 교훈에 깊이 젖어 있었음을 뜻한다 할 것이요, 이러한 경향은 대체로 고려중기에 있어서의 유교정치 이념, 나아가서는 문신귀족의 지배체계와의 공생공영 관계에서 釀成된 餘勢라 할 것이다.

이제 무인(武人)의 정변과 집권은 이러한 문신귀족의 지배체제를 도괴(倒壞)시키기는 하였다. 그러나 무인정권의 폭압 역시 사회와 역사의 바른 질서의 회복을 실현하는 길과는 거리가 멀었다. 새로운 무단(武斷)의 살육과 독재가 계속하는 가운데 문화의 암흑기를 초래한 것은 물론이요, 중기 문신귀족의 횡행(橫行) 이래 발달하기 시작한 사적 대토지 횡탈에 따른 농장(農莊)은 이에 이르러 한층 더 급격히 성장하게 되었다.[19] 남북 각처에서는 농민·노예의 반란이 잇따르고 있었다. 더구나 여기에 강포한 이민족의 침략이 닥쳐왔다. 고종 18년(1231) 이래 계속된 몽고(蒙古)의 야만적인 침략과 지배는 참절무비(慘絕無比)의 민족적 분노와 좌절을 체험케 한 것이었다.

그런데 여기에는 이 같은 문무(文武)의 독선적인 정권이 자행한 폭압을 겪으면서, 그리고 몽고와의 30년 항전을 치르면서 그 체험의 최전선을 직접 담당하였던 민중 속에서 직접 양성(釀成)될 수밖에 없는 분노와 저항의 의식이 축적된 사실을 간과해서는 아니 된다. 돌파구를 봉쇄당한 민중의 분노와 저항의식은 곧 역사전통에 대한 민족적 의식으로 심화될 수밖에 없는 것이다. 그리고 이 심화된 민족적 의식이, 보다 지방적이며 보다 민중 속에서 성장해온 신진 사인층[20]이나 신흥의 선승(禪僧)들[21]에게서 더욱 구체적인 인식을 보이게 되었음은 결코 우연한 일이라 할 수 없을 것이다.[22]

---

19) 宋炳基, 高麗時代의 農莊, 韓國史硏究 3(1969) 참조.
20) 후기의 신진 사인층이 대체로 在鄕의 중소지주 출신이며, 따라서 민중 속에서 성장한 중앙귀족이기보다는 오히려 민중적인 체질의 소유자였다. (李佑成, 前揭 高麗朝의 吏에 對하여 참조)
21) 羅末麗初의 禪宗 9山의 성립 이래 이 禪宗이 지방적 호족적인 경향을 지녔음은 주지의 사실이다. 중앙귀족인 敎宗이 정치권력과 가까왔음에 비하여 禪宗은 보다 민중의 지반 위에서 존립해오고 있었음은 당연한 이치다.
22) 후기의 신진 사인층이 禪宗에 대하여 특별한 관심을 보이는 것은 주의할 바다. 양자가 함께 보다 민중적인 지반에 서 있었다는 점에서도 그러하거니와, 또 한편으로는 禪宗의 宗風에 있어서 그 向內的인 緊張의 기본 입장이 아마도 장차 신진 사인층에 의한 성리학의 受容을 위한 전초적인 지반의 조성과도 유관하였으리라 생각된다. 가령 신진 사인 李奎報가 華藏寺住持靜覺國師의 碑文을 지으면서, 『道之最者曰禪 非若膠於文句者 而直視自家所有一靈印耳 降及叔世 妄執鉗固 不知佛是吾物 捨

이미 몽고의 침략 이전, 고려 조계종의 2세종주 혜심(慧諶 ; 無衣子·眞覺國師, 1178~1234)[23]은 『선문염송집(禪門拈頌集)』을 찬(撰)하면서, 『더구나 우리나라는 조성(祖聖)의 삼한 통합 이래 선도(禪道)로써 국운을 떨치고 교학으로써 인병(隣兵)을 진압해왔으니, 여기 종지(宗旨)를 깨치고 도를 논구할 전자(典資)가 지금과 같이 절급(切急)할 수가 없다. 종문학자(宗門學者)들이 목마름에 마실 것을 바라며 배고픔에 먹을 것을 생각듯 함이 바로 그 때문이다. 이제 학도들의 역청(力請)을 입고 조성의 본회(本懷)를 생각하여, 나라를 복되게 하고 불법에 보비(補裨)함이 있게 하기 위하여』[24]라고 그 편찬의 동기를 밝히었다.

경도(京都)에의 요치(邀致)를 위한 최씨 무인정권의 갖가지 역청에는 불응한 채,[25] 평생을 산간에서만 마쳤던 그로서도 여기 그다지 절급하게 의식되었던 것이 조성(祖聖)에서 전승되어 온 역사전통의 새로운 발견과 그 회복을 위한 국가사회적인 요청이었음을 주의할 일이다.[26]

    而之外 認賊爲子者多矣 道不終否 世將復古 於是乎有眞人出焉(中略) 我國師是已』(東國李相國全集 卷23)라 하여, 禪을 佛道의 제1로 인식하며 또 이를 그 근본으로 復古하는 宗旨로 파악하고 있음에서 보이는 바와 같다. 이 문자는 물론 성리학 전래 이전의 제작이지만, 대체 성리학의 형성 자체가 禪宗의 영향을 크게 받고서였음은 주지의 사실이며 또 그것이 유교의 본원으로의 복귀를 의도한다는 측면을 고려할 때에, 고려 후기에 있어서 신흥의 禪宗과 신진의 사인층이 사상적인 경향에서 적이 상통하는 면을 지녔으리라 생각할 수 있겠다. 이같이 假飾을 떠난 근원에로의 복고라는 사상이 국가사회와의 관련에 있어서는 곧 역사전통에 대한 새로운 인식, 나아가서는 민족적인 의식의 深化를 보였으리라 생각한다. 또 禪宗의 對蒙古抵抗 사실은『高麗史』忠烈王 世家 4年 2月 丙辰·3月 戊戌 등 참조.

23) 李奎報 撰, 曹溪山第二世故斷俗寺住持修禪社主贈諡眞覺國師碑銘幷序(東國李相國全集 卷35)에 의하면, 이는 羅州 和順縣人이요 鄕貢進士 崔琬의 子로서 이 역시 司馬試에 합격한 후 太學에 잠간 머물렀다가 曹溪山 修禪社의 知訥에게 投身하여 승려가 되었다. 지방 출신의 신진 사인으로서 高麗曹溪宗에 투신하였던 것이다.
24) 慧諶 撰, 禪門拈頌集序.
25) 李奎報 撰, 前揭 眞覺國師碑銘序.
26) 『補閑集』卷下를 보면, 文克謙의 忠諫을 외면하고 방종을 일삼던 毅宗이 마침내 무인의 정변을 당하였다는 기사에 뒤이어, 定山縣 維鳩驛舍 西

동시대의 신진 사인 이규보(李奎報, 1168~1241)는 저 고구려 창국(創國)의 영웅 동명왕(東明王)의 사적을 읊으면서, 『천하로 하여금 우리나라가 본래 성인의 도읍(都邑)임을 알게 하려 함이라』[27]고 그 동기를 밝히고 있다. 자국의 역사전통에 대한 강렬한 자부의식(自負意識)의 체현(體現)이었다 할 것이다.[28] 문신·무인을 막론하고 사회와 민중으로부터 유리된 독선적인 귀족정권의 파벌적인 체질과는 달리, 이들 신흥의 지식층은 보다 넓은 국가적인 차원의 민족의식, 자기의 역사전통에 대한 긍정의 새로운 인식을 체득하고 있었던 것이다.[29]

『삼국유사』는 곧 이러한 의식의 전승에서 빚어진 산물이었다고 생각한다.[30] 그러나 그것은 단순한 전승에서가 아니라, 흉포(凶暴)한 몽고를 상대로 한 30년 민족의 대항전 속에서 더욱 발전적으로 심화되고, 마침내 뿌리칠 수 없게 된 이민족의 압제라는 현실의 제약하에서, 신흥의 고려 조계종과 일체 관계에 있던 선승 일연(1206~1289)[31]

壁에 一白衣가 着笠 乘馬하고 산길을 따라가는 凄然한 벽화가 있었는데, 아무도 그림의 뜻을 짐작하는 자 없었으나, 뒷날 慧諶이 이 역을 지나다가 보고서는 「諫臣去國圖」라 해석하고 이어서 『壁上何人畫此圖 諫臣去國事幾乎 山僧一見尙惆悵 何況當塗士大夫』라는 嘆詩를 남겼다고 하였다. 여기서도 우리는 慧諶의 憂國의 念을 읽을 수 있을 것 같다.

27) 東國李相國全集 卷3 東明王篇序.
28) 같은 시대의 신진 人士 陳澕가 현실상 부득이하였던 金國에의 使行 도중에서 지었다는 『西華已肅索 北寨尙昏蒙 坐待文明旦 天東日欲紅』(補閑集 卷上)이란 시에서 표현된 의식도 마찬가지였다고 생각된다.
29) 李佑成, 高麗中期의 民族敍事詩(成均館大論文集 7집, 1962)에서는, 대체로 이 같은 민족의식이 李奎報의 『東明王篇』이나 李承休의 『帝王韻紀』를 낳은 지반이었다고 論破하였다.
30) 李基白, 前揭論文(p.164)에서는 『三國遺事』의 편찬의도를, 『高麗 후기에 접어들면 유교의 도덕적 合理主義史觀이 풍미하게 되었다. 이 風潮에 대하여 대항하고 나선 것이 三國遺事였다』는 전제하에, ① 한국의 고대사에 대한 자주적인 입장에서의 새로운 이해——元에 저항하는 민족적 자주의식의 표현과, ② 불교 신앙의 옹호라는 두 가지 의식에서였다고 하였다.
31) 一然은 慶尙道 章山(慶山)에서 나서 9세에 海陽 無爲寺에 의탁하고 14세에 雪嶽山 陳田寺에서 迦智山門의 禪宗僧으로 등록하며, 일정한 師承

의 손을 빌어 민족의 역사에 관한 일대 서사(敍事)를 낳게 한 것이었다고 생각한다. 이와 동시대의 소산인 『제왕운기(帝王韻紀)』가 현실사회에서는 좌절을 면치 못하고 마침내 벽지로 은둔할 수밖에 없었던 신진 사인 이승휴(李承休, 1224~1300)의 손에서 이루어진 사실도 마

없이 〈自然通曉〉의 길을 밟는다(閔漬 撰 高麗國義興華山曹溪宗麟角寺迦智山下普覺國尊碑銘幷序 참조). 이가 高麗曹溪宗과 일체관계에 있었다는 논거는 다음과 같다. 첫째, 이가 高麗曹溪宗의 開祖인 知訥의 法脈을 嗣하였다는 사실이다. 同上 碑文에『中統辛酉承詔赴京 住禪月寺開堂 逢(遙)嗣牧牛和尙』이란 문자가 그것을 말한다. 閔泳珪, 前揭「三國遺事」에서는 이 부분을 牧牛和尙의 嗣인 天英(뒷날의 慈眞圓悟國師)과 만났다는 뜻으로 해석하고, 그 근거로서 고려시대의 師資相承의 전통이 그 得度한 山門(一然의 경우 迦智山門)을 옮길 수 없는 것으로 되어 있었다는 사실을 들고 있다(同 p.87). 그러나, ①〈逢(遙)嗣牧牛和尙〉은 文理 그대로 (멀리)〈牧牛和尙의 (法脈을) 嗣하다〉로 해석하는 것이 옳다(여기 逢은 遙의 誤字 혹은 誤讀으로 보인다). ②〈牧牛和尙의 嗣(天英)와 만나다〉라는 것이면, 이 정도의 사실을 하필 그의 碑文에 올려야 할 이유나 필요가 있을 것 같지 않다. ③ 뿐 아니라 麗代의 師承관계에서 山門을 옮길 수 없다는 것은, 得度한 곳, 즉 僧籍의 등록된 곳이요, 嗣法에 있어서는 반드시 그렇지는 않았다는 사실을 주목해야 할 것이다(金映遂, 前揭 五敎兩宗에 對하야, pp.77~78 참조). 그러니 一然이 사후에도〈迦智山下普覺國尊〉인 것은 그가 14세에 迦智山門의 하나인 陳田寺에서〈剃度受具〉함으로써 여기 僧籍을 등록함에서 기인한 사실이요, 그후 56세의 大禪師로서 元宗의 邀致에 따라 開京의 禪月寺에 住하면서 普照 牧牛和尙을 嗣法함은 넉넉히 가능한 일이며, 또 이 사실이야말로 그의 비문에 실을 만큼 중요한 일이었다고 생각한다. 둘째, 一然과 高麗曹溪宗 2세宗主 慧諶과의 관계는, 그의 저술인「重編曹洞五位序」에『曾謁曹溪小融和尙(慧諶) 語及曹洞家世 和尙亦以此云 慨然流嘆者再三』(閔泳珪, 一然의 또 하나의 著述 重編曹洞五位二卷, 제45회 한국사 연구발표회 논문, 1974. 5. 25.)이란 문자에 보이는 바와 같이, 직접 面對하여 同志的인 공감을 토로하고 있는 사실로써, 혹은『三國遺事』卷3 塔像편 前後所將舍利條에서 曹溪無衣子(慧諶)의 시를 인용해 가면서 수백년 전승의 불교문화재를 贊하고 있음으로써도 알 수 있다.

결국 일연은, 知訥에서 慧諶으로 이어지는 高麗曹溪宗과 호흡을 함께 하는 신흥의 禪宗僧으로서의 체질 및 이념을 지녔다 할 것이며, 그래서 저「禪門拈頌集序」에 나타난 慧諶의 發願이나『三國遺事』에 나타나는 一然의 역사의식의 근저가 그 軌를 같이한다 할 것이다.

찬가지였다 할 것이다.[32]

3. 傳統意識의 內燃과 그 발전적 復活

『삼국유사』의 편목(篇目)은 왕력(王曆)・기이(紀異)・흥법(興法)・탑상(塔像)・의해(義解)・신주(神呪)・감통(感通)・피은(避隱)・효선(孝善)의 9편으로 나누어져 있다.

왕력은 간략한 제왕의 연대기이다. 기이는 불교신앙에 관한 서사(敍事)를 다소 포함하고는 있으나 주로 국가와 사회에 관한 역사를 싣고 있는데, 이 한편의 내용이 무척 커서 전체의 절반 가까이를 차지한다. 흥법 이하 효선에 이르는 7편은 불교신앙의 사실이 중요한 바탕이 되어 있는데, 여기서도 신앙 그 자체보다는 국가사회 속에서의 그것으로 파악되고 있음이 주목된다. 그래서, 『삼국유사』 전편에 담겨진 내용은, 국가사회의 것과 불교 신앙관계의 것이 대등한 비중을 차지하며, 더구나 양자는 혼융(渾融)의 일원적인 사안(史眼)으로 파악되고 있음이 큰 특징이다.

『삼국유사』의 편목이 저 중국의 3고승전의 그것과 다소의 유사성을 가지고 있기는 하나,[33] 이가 그와 같은 한갓 불교문화사이기에는 국

---

32) 李佑成, 李相國集 및 動安居士集 解題(高麗名賢集 1, 成均館大 大東文化研究院刊, 1973)에서는 『(李承休의) 일생 동안의 허다한 閱歷, 특히 복잡다단한 국제관계 속에 걸어나온 민족의 고난에 찬 역정을 몸소 체험한 그의 인생행로가 이러한 傑作(帝王韻紀)의 心靈의 원천이 되었으리라 생각한다(中略). 그의 腦髓 속에 아로새긴 반세기의 민족의 애환은 그에게 역사의식의 생동을 어찌할 수 없게 했음이리라』고 하였다. (同 pp. 9~10)
33) 安啓賢, 海東高僧傳(前揭 新東亞 부록)에 의하면, 중국 3高僧傳의 편목이 각기 다음과 같은 10과로 되어 있다.

           1   2   3   4   5   6   7   8   9   10
梁高僧傳：譯經 義解 神異 習禪 明律 亡身 誦經 興福 經師 唱導
唐高僧傳
宋高僧傳：譯經 義解 習禪 明律 護法 感通 遺身 讀誦 興福 雜科聲德

이를 상기의 『삼국유사』 편목과 대조해보면 어느 정도의 유사성은 발견된다.

가사회의 역사를 너무나 크게 다루고 있다. 이런 점에서 보더라도
『삼국유사』는 그 선행의『해동고승전』과는 기본적으로 입장을 달리한
편찬이었다 하겠다.

그러나『삼국유사』는 물론 삼국의 역사 전반에 관한 사서로 편찬된
것은 아니었다. 이는 어디까지나 산승(山僧)으로서의 일연이 당시의
현실의식에서 출발하여 새로이 인식한 바 자국의 역사전통에 관한 선
택적인 기록이었음을 전제하지 않으면 아니된다.[34] 그리고 선택적인
기록이었기 때문에 여기에는 찬자 자신의 의식이 좀더 크게 반영되어
있다고도 할 것이다.

그래서 우선『삼국유사』전편에 흐르고 있는 것은 일종의 불국토
(佛國土) 사상이다. 가령 그 기이편의 초두에 실린 바 국사의 시작을
알리는 단군(檀君)의 출처부터가 불국천(佛國天)인 환인(桓因)·제석
(帝釋)으로 되어 있음이 그것을 말한다. 신라의 왕통이 불타의 종성
(種姓)인 찰리종(刹利種)이라는 설,[35] 신라의 고도(古都)에 남아 있다
는 가섭불연좌석(迦葉佛宴坐石)의 전불(前佛)시대 유허설(遺墟説),[36]
황룡사 장육상(皇龍寺丈六像)의 조성(造成)에 보이는 불국유연설(佛
國有緣説)[37] 등은 모두 신라가 곧 전세불시대 이래의 불국토(佛國土)
였음을 긍정하는 기사다. 그리고 진신사리(眞身舍利)의 감응(感應)에
따라 요동성(遼東城)의 아육왕탑(阿育王塔)이 출현하였다거나, 신인
(神人)의 지시에 의하여 평양성 서쪽에서 영탑(靈塔)을 찾아내었다는
설화[38]는 고구려가 유연(有緣)의 불국토였음을 말하는 기사다.『삼국
유사』에 의하면, 지리상으로는 일찍이 우리 민족의 생활무대였던 남
북 각지가, 역사상으로는 단군 이래의 고대사 전체가 곧 유연의 불국
토로 긍정되고 있는 것이다.

그런데 여기 불국토는 단지 부처의 독선과만 유연한 곳은 아니었다.

---

34) 李基白, 前揭論文은 이 점에 대하여『기술된 故事의 주제들은 체제상의
　　제약 없이 저자에 의하여 자유로이 선택된 것들』(同 p.162)이라고 하였
　　다.
35) 三國遺事 권3 塔像편 皇龍寺九層塔條.
36) 同上, 迦葉佛宴坐石條.
37) 同上, 皇龍寺丈六條.
38) 同上, 遼東城阿育王塔 및 高麗靈塔寺條.

가령 선도성모(仙桃聖母)는 원래 도가류(道家流)의 소양을 지닌 자였지만, 그러나 이는 다만 장생(長生)하는 신선의 술법을 배워 아득한 독선 속에 사로잡혀 있는 존재가 아니라, 산신이 되어 국가를 진호(鎭護)하고, 한 가난한 여자의 소원을 들어 불상의 조성을 성취시킴으로써 널리 민중을 위한 제도(濟度)의 길을 열어놓기에도 이른, 보살행(菩薩行)을 다하는 존재로 나타나 있다.[39] 또 원래 불국토인 아유타국(阿踰陀國)의 공주 황옥(黃玉)이 황천상제의 명에 따라 도가의 선물(仙物)인 반도(蟠桃)를 예물로 가지고 와서 마침내 수로왕비(首露王妃)가 되고 치세(治世)를 이루었다는 설화[40]도, 불(佛)·선(仙) 혼융의 불국토사상을 말해준다. 뿐 아니라『삼국유사』에는 거의 전편에 걸쳐 귀천·빈부·승속의 인간은 물론, 천지 산천의 자연이나 용호(龍虎)·신귀(神鬼), 나아가서는 조수(鳥獸)·초목의 미물에 이르기까지, 모두가 성분을 달리하는 대립투쟁의 존재로서보다는, 다 함께 선량한 이웃으로서 불국토 질서의 실현에 참여하는 존재로 파악되어 있다. 일연에 의하면 자국의 고대사는 이들 다양한 존재들의 혼융의 총화로 엮어지는 장엄한 대행진으로 의식되고 있었음을 알 수 있다. 아마도 이 같은 의식은, 고려중기에 와서 경화(硬化)되었던 유교적인 귀족주의의 독선에 대한 강렬한 부정의 관념을 내포하고 있는 바였다 할 것이다.

다음으로『삼국유사』는 그 서술의 차례부터가 국가와 왕권의 비중을 크게 말하고는 있으나, 또 한편으로는 강렬한 서민적 생활의식으로써 그 내용을 점철하고 있음이 큰 특징이다. 가령 무진주(武珍州)의 상수리(上守吏)인 안길(安吉)이 왕제(王弟)요 재상(宰相)인 차득공(車得公)과 직접 연결을 가졌다는 기사[41]는 지방세력의 중앙진출을 긍정하는 내용으로 해석된다. 또 분황사(芬皇寺)의 천수관음(千手觀音)은 한 이름없는 아이의 소원을 들어 그 먼 눈을 뜨게 하며, 민장사(敏藏寺)의 관음보살은 한 가난한 여자의 소원을 들어 만리 밖에 표류해간 그 아들을 데려다준다.[42] 황룡사(黃龍寺)의 승 정수(正秀)

---

39) 同上, 권5 感通편 仙桃聖母隨喜佛事條.
40) 同上, 권2 紀異편 駕洛國記.
41) 同上, 文虎王法敏條.
42) 同上, 권3 塔像편 芬皇寺千手大悲 盲兒得眼條 및 敏藏寺條.

는 눈 깊은 겨울밤의 길가에서 아이를 낳고 얼어죽어가는 거지 모자를 자신의 체온으로 살려내고 자기의 옷으로 구해주고는 하늘의 지시에 따라 국사(國師)가 된다.[43] 이량공(伊亮公)의 가노(家奴)였던 지통(智通)이나 아간 귀진(阿干貴珍) 집의 비녀(婢女)였던 욱면(郁面)은 그 주인인 귀족이나 혹은 사장(師丈)보다도 먼저 성불(成佛)의 길에 오른다.[44] 그리고 가난한 품팔이 생활로 어머니를 봉양하던 대성(大城)이 마침내는 재상으로 환생한다는 기사[45]를 비롯하여, 효선 전편의 내용이 비록 빈곤·무탁의 신분으로써도 그 효선에 따라 대상(代償)을 응보받는다는 서민들의 생활설화로 되어 있다.

삼장(三藏)을 통달한 고승이요 신문왕대의 국로(國老)로 존숭받던 경흥(憬興)이 말을 타고 의장(儀仗)을 갖추어 예궐(詣闕)하는 도중, 건어(乾魚)가 든 광주리를 짊어진 거지 행색의 한 거사를 만나자 다음과 같이 꾸짖었다. 『너는 승의를 입고서 어찌 부정한 물건을 짊어지고 다니느냐.』 늙은 거사는 말한다. 『두 다리 사이에 생육(生肉)을 끼고 다니는 것보다 시장에서 파는 마른 고기를 등에 짊어진 것이 뭐 잘못된 짓이냐.』[46] 반계급적 의식의 서민설화라 할 것이다. 이 같은 반계급의 의식에서 귀납되는 것은 벌거숭이 인간 그 자체에 대한 존엄의 염(念)이다. 의식(儀飾)이 아닌 인간 그 자체의 가치를 자국의 역사전통 속의 서민생활에서 도출(導出)하여 제시하고 있는 것이다. 그리고 『삼국유사』는 이러한 서민설화를 고려후기의 것까지도 아울러 채록하고 있다. 가령 무식했으나 본성이 순수한 중생사(衆生寺)의 점숭(占崇)은, 『이 절은 국가에서 기은봉복(祈恩奉福)하는 곳이므로 마땅히 문(文)·소(疏)를 해독하는 자가 맡아야 한다』는 유식승(有識僧)의 간계를, 관음대성의 호위를 받아 물리치고 만다는 설화[47]와 같다. 또 수백년을 전승해온 낙산사(洛山寺)의 보주(寶珠)를 고종 41년

---

43) 同上, 권5 感通편 正秀師救氷女條.
44) 同上, 避隱 및 感通편 朗智乘雲 普賢樹條 및 郁面婢念佛西昇條.
45) 同上, 권5 孝善편 大城孝二世父母條.
46) 同上, 感通편 憬興遇聖條. 이 居士는 文殊菩薩의 現身으로서, 憬興이 말 타고(乘馬) 다니는 것을 叱責한 것이다.
47) 同上, 권3 塔像편 三所觀音 衆生寺條. 이는 명종 3년(1173)이 일로 되어 있다.

(1254) 몽고군의 침략 앞에서 목숨을 걸고 끝까지 지켜낸 자는 그 주지승이 아니라 사노(寺奴)인 걸승(乞升)이었다는 설화[48]도 마찬가지다.

뿐 아니라『삼국유사』에는 비록 왕공 귀족의 일이라 할지라도 기본적으로는 서민생활과의 일체의 정조(情調) 위에서 전개되고 있음을 살필 수 있다. 통일을 완수한 문무왕이 세간의 영화를 싫어하고 호국(護國)을 위해서는 축생도(畜生道)에 떨어지는 것도 사양치 않았다는 사례[49]가 그 하나다. 강릉태수 순정공(純貞公)의 부인이요 자용(姿容)이 절대한 수로(水路)가 해룡(海龍)의 약거(掠去)한 바 되었을 때에, 이를 구해낸 자는 어느 영웅적인 개인 혹은 귀족적인 권력이 아니라, 바로 〈쇠도 녹인다〉는 뭇 서민들의 의사를 함께 하는 입(口)에서 나온 가창(歌唱)의 힘이었다는 사실[50]도 마찬가지다. 『삼국유사』가 소박하며 기본적으로는 인간 자신의 영탄(詠嘆)인, 그리고 뭇 사람들의 입을 통하여 전승되어온 향가(鄕歌)를 특히 채록하고 있는 것도 그 한 사례가 될 것이다.

결국『삼국유사』는 국가와 정치권력에 대한 사회와 민중생활과 인간의 옹호라는 입장을 취하고 있으며, 양자간의 조화를 역설하고 있다 할 것이다. 그리고 이는 고려중기 이래 문·무 귀족정권의 독선적인 지배와 횡포에 대한 반발의 의식을 내포한 것이었다고 생각된다.

『삼국유사』에는 다음으로 민족사의 자주성과 그 문화의 우위성을 강조하는 관념이 전편을 지배하고 있다. 우선 국사의 시작을 단군의 고조선으로 잡아 중국역사의 시조라는 요(堯)와 동시대로 인식할 뿐만 아니라, 이를 또한 직접 천(天)에 연결시키고 있음은 주지하는 바와 같다. 국조(國祖)로서의 단군에 관한 설화는『삼국유사』이전의 오래 전부터 전승되어 온 바라 생각되지만, 이는 고려 지배층의 공인하는 바는 아니었다. 오히려 그 지배층은 이른바 유교적인 예교(禮敎)의 시초를 기자(箕子)에서 찾고, 그럼으로써 국사의 시작을 은연중 중국에 연결시키려 하고 있었던 듯하다.[51] 그러나『삼국유사』의

---

48) 同上, 洛山二大聖觀音正趣條.
49) 同上, 권2 紀異편 文虎王法敏條.
50) 同上, 水路夫人條.
51) 拙稿, 朝鮮初期 祀典의 成立에 對하여 (歷史學報 58집, 1973), p. 126 이

국사인식은 이와는 아주 대조적이다. 여기서는 오히려 기자를 단군의 고조선 속에 흡수시켜 놓고 있는 것이다. 즉, 기이편에서 삼국 이전의 여러 국가들을 각기 별개의 조항으로 기술하고 있지만, 기자에 관한 조항은 따로 없고, 다만 단군의 고조선조 말미에서 약간 언급하고 있을 뿐인 것이다. 그리고 단군 이후 동족국가들의 계승관계나 그 편년(編年)을 분명히 밝히지는 않았으나, 대체로 고조선—위만조선(衛滿朝鮮)—부여(扶餘)·마한(馬韓)으로 연결되는 국사의 계통을 잡고, 삼국시대를 대체로 이 뒤에 연결시키고 있는 것이다. 이는 곧 자국의 역사가 하늘과 직결된 신성한 것이며, 또 그 자주의 전승이 유원(悠遠)한 것이었음을 강조하는 의식의 소산이었다 하겠다.[52] 이 같은 의식은 일연과 동시대의 신진 사인 이승휴(李承休)에 있어서는 한층 더 포괄적이며 구체화하고 있다. 즉,『제왕운기』에 있어서는, 단군이 요(堯)와 동시대의 대등한 국조(國祖)로 파악되고 있음은 물론 나(羅)·여(麗)·남북옥저(南北沃沮)·동북부여(東北扶餘)·예맥(濊貊) 등 동방의 모든 동족국가가 이 단군을 공통의 시조로 하는 국사의 체계 속에 들어 있으며, 종래 도외시되어온 발해까지도 국사의 권내로 맞아들여지고 있는 것이다.[53] 그리고『삼국유사』나『제왕운기』가 다 같이 중국에 대한 자국의 역사의 대등성, 그 유원(悠遠)한 자주성을 역설하고 있음은, 이민족의 압제를 뿌리칠 수 없게 되어 있던 당시의 현실하에서는 곧 저항적 민족의식의 표현이었다고 해석되는 것이다.[54]

특히『삼국유사』에 있어서 이 같은 저항의식은 갖가지로 나타난다. 삼국통일의 과정에서 신명(身命)을 바친 장춘랑(長春郞)과 파랑(罷郞)의 혼은 당수(唐帥) 소정방(蘇定方)의 위세에 핍박을 받아 항상 남의 뒤에만 쫓겨다님을 국왕에게 호소하고 있는데,[55] 이는 동맹(同

하. 또 金哲埈 前揭論文에서는,『고대적 체질의 부인과 儒敎史觀의 확립이라는 金富軾史學의 성격은 스스로 고대문화에 대한 이해의 범위를 좁혔을 뿐만 아니라 그 인식의 時代幅도 제한하게 되어 저절로 古朝鮮史를 취급하지 않게 된 것이었다』(同 pp.83~4)고 한다.

52) 李基白, 前揭論文 p.164 참조.
53) 李佑成, 前揭 高麗中期의 民族敍事詩, pp.107~108 참조.
54) 李基白, 同上.
55) 三國遺事 卷1 紀異편 長春郞罷郞條.

盟)이라는 이름 아래 자행되고 있던 당군의 유형・무형의 자세(藉勢)와 횡포를 말함이다. 그래서『삼국유사』는〈장차 신라마저 쳐서 멸망시키려〉하는 당군을 상대로 신라는 명랑법사(明朗法師)의 비법(秘法)까지 동원하는 거국(擧國)의 항전 끝에 드디어 격퇴하고 말았음을 또 전한다.[56] 원래 33천의 1인으로서 하강한 김유신의 위훈(偉勳)을 하늘이 당제(唐帝)에게 계시(啓示)함으로써 태종무열왕의 묘호(廟號)를 간섭 못하게 하였다는 기사[57]는 신라의 자주성이 불국천(佛國天)과 바로 연결되었음을 강조하는 것이다. 또 문무왕은 현세간의 왕자로서, 김유신은 33천의 한 아들로서 태어나, 살아서는 통일을 끝내었고 죽어서는 다시 각기 동해의 용과 천신이 되어 만파식적(萬波息笛)을 후세에 남겼으니,『이 피리를 불면 적병이 물러가고 질병이 나으며』한 우(旱雨)・풍랑(風浪)이 고르게 되었다는 기사[58]는 포란(暴亂)의 현실 속에서 자주와 평온을 갈구하는 염원의 표현이다. 금관성(金官城)의 파사석탑(婆娑石塔)은 아유타국(阿踰陀國)의 공주 황옥(黃玉)이 유연(有緣)의 땅에 항도(航渡)하는데 수신의 방해를 막기 위하여 싣고 온 것이었지만, 이 탑은 다만 황옥을 도와 수로왕비가 되게 하였을 뿐만 아니라,『천년 동안 남으로 왜의 침략을 막아 왔다』고 일연은 찬(贊)하고 있다.[59] 또 황룡사의 장육상(丈六像)과 9층탑은 외적의 진압을 위한 무상(無上)의 대보(大寶)로서 수백년을 우뚝히 보존해왔으나, 마침내 몽고의 병화가 이들을 모조리 소신시켜 버렸음을『삼국유사』는 밝히고 있다.[60] 국가사회의 자주와 평화를 수호해온, 그리고 야만인은 결코 소유할 수 없는 이들 무상의 문화재를 파괴해버린 이민족의 잔학에 대한 간접의 지척(指斥)인 것으로 이해된다.[61]

56) 同上, 卷2 文虎王法敏 및 卷5 神呪편 明朗神印條.
57) 同上, 卷1 紀異편 太宗春秋公條.
58) 同上, 卷2 紀異편 萬波息笛條.
59) 同上, 卷4 塔像편 金官城婆娑石塔條.
60) 同上, 皇龍寺丈六 및 九層塔條.
61) 마찬가지 文化大寶를 파괴해버린 몽고의 야만에 대하여, 그 야만과 직접 항전 중에 살았던 李奎報가 다음과 같이 叱斥하고 있음도 참고할 만하다.『甚矣達旦之爲患也 其殘忍凶暴之性 已不可勝言矣 至於擬暗昏昧也 又甚於禽獸 則夫豈知天下之所敬 有所謂佛法者哉 由是 凡所經由 無佛像梵書悉焚滅之』(東國李相國全集 卷25, 大藏刻板君臣祈告文)

나아가, 『삼국유사』 전편에 실린 사실에는 신이(神異)가 또한 그 바탕이 되어 흐르고 있다. 우선 그 기이편의 서두에서부터 일연은, 괴력난신(怪力亂神)을 말하지 않는다는 유교적 합리주의를 반대하여, 『장차 제왕이 일어날 때에는 부명(符命)과 도록(圖籙)을 받게 되므로 반드시 남보다 다른 일이 있음』을 전제하고, 중국 고대 제왕들의 신이(神異)한 일들을 소개한 후, 『그런즉 우리 삼국의 시조가 모두 신이에서 탄생한 일이 무엇이 괴이하랴』고 하여, 중국에 비한 자국의 역사전통의 독자적인 대등성을 말하고 있다. 역사 속의 신이에 대한 새로운 인식의 표현이었다 할 것이다.

그리고 이같이 새로운 인식이 일연과 거의 동시대의 신진 사인들에 있어서도 공통으로 나타난다는 사실은 특히 우리의 주의를 이끄는 바다. 이규보는 그의 「동명왕편 서」에서, 내외의 사책(史册)에 기재되고 세인들이 흔히 말하는 동명왕의 신이한 사적을 처음에는 귀(鬼)와 환(幻)인 줄로 여겨 믿기 어려웠으나, 깊이 탐미(耽味)하여 그 근원에 젖어들어 보매, 마침내 귀가 아니라 신(神)이요 환이 아니라 성(聖)이었음을 새로이 인식하게 되고, 이 창국(創國)의 영웅의 신성한 사적을 천하에 알려 자국이 본래 성인의 도읍임을 깨닫게 하기 위하여 『동명왕편』을 짓는다고 하였다.[62] 이승휴(李承休)에 있어서도 마찬가지였다. 그는 고래(古來)의 사적(史籍) 가운데에서 〈부사(浮辭)를 제거하고 정리(正理)를 취하여〉 우리나라 역대 군왕들의 개국연대를 기술한다고 하면서도, 단군 이래 역대 시조들의 신이한 사적들을 거리낌없이 엮어나가고 있다.[63] 여기 창국의 영웅들의 신이는 곧 〈정리(正理)〉로 인식되고 있음을 살필 수 있을 것이다.

이규보나 이승휴는 기본이 이른바 합리적이라는 유학의 전공자였다. 이 같은 유자에 있어서도 역사 속의 신이는 실재와 결코 모순되지 아니하는 혼융(渾融)의 일체로 인식되고 있는 것이다. 그리고 이러한 인식은 『삼국유사』의 경우 더욱 현저하다. 『삼국유사』는 창국의 시조들뿐만 아니라 그 수성(守成)의 군왕, 나아가서는 일반 서민의 일에 이르기까지, 기이(紀異)에서 효선(孝善)에 이르는 전편의 서사(敍事)를 기본적으로 신이의 바탕 위에서 전개하고 있다. 승·속을 막론하

---

62) 東國李相國全集 卷3 東明王篇序.
63) 帝王韻紀 卷下 東國君王開國年代幷序 참조.

고 소박하나마 민족의식에 충만하였던 이들 고려후기의 신흥계층에 있어서 자국의 역사 속의 신이에 대한 이해와 인식이 거의 공통이었다는 사실은 무엇을 말하는 것일까.

　이들은 이 신이한 사실들이야말로 자국의 역사를 전개시켜온 큰 추진력이었다고 인식하였음에 틀림이 없을 것 같다. 그리고 이러한 인식은, 문신·무인을 막론하고 중기 이래 합리를 표방하면서도 폭압을 자행하며 혹은 일종 역사의 암흑을 초래하는, 그러면서도 고식과 경화 속에서 사회와는 유리된 독선을 유지하기에 급급한, 귀족정권에 대한 반발에서도 나왔다고 보여진다. 그러나 보다 더 외세의 제압에 대한 민족적인 저항의식의 소산이었을 것으로 보여진다. 현실의 합리적인 물리력(物理力)으로써는 당하기 어려운 강포한 외세에 대한 민족적 저항의 의식, 그 강렬한 극복의 의욕이 이들로 하여금 자국의 역사 속의 신이한 힘에 대한 새로운 인식에 도달케 하였던 것이라고 생각한다.

4. 結　言

　『삼국유사』는 현실의 세계와 불교신앙의 세계, 국가정치와 서민의 생활, 그리고 이들을 중심으로 하는 천지자연의 혼연일체의 조화 속에서 자국의 역사가 전개되어 오고 있었다는 사실을 역설하여 전한다. 또한 그 역사전통의 유구성과 신성함에 대한 새로운 인식을 통하여 시대적인 난파(難破)의 현실을 극복할 수 있는 새로운 힘을 찾아내고자 한다. 그래서 권력의 독선과 야만인 이민족의 횡포에 저항하는 전통적인 자주와 인간의 회복을 역설하고 있는 것이다.

　『삼국유사』는 그러한 전통의 원형을 그대로 전하기 위하여 원형 그대로의 소박한 표현을 많이 빌려 쓰고 있다. 이것이 사서(史書)로 편찬된 글이 아니면서도, 오히려 정사(正史)가 외면해버린 여러 사실(史實)들——단군기(檀君記), 여러 동족국가들, 가락국기(駕洛國記) 그리고 향가(鄕歌) 등——을 널리 채록하고 있는 사실이라든가, 그 밖에도 이 책에 실은 모든 사실들을 뒷받침하기 위한 그 세밀한 인증(引證)도, 바로 새로운 힘의 원천으로서의 전통의 원형을 그대로 전하기 위한 각고의 노력에서 나왔으리라 생각되는 것이다.

　『삼국유사』가 호소하는 바 전통적인 자주성과 인간의 회복은 어느 면에서는 복고적인 자세와도 통한다 할 것이다.[64] 그러나 여기 복고적인 자세가 단순한 전통의 묵수(墨守)를 지향한 것이었다고만은 생각되지 않는다. 오히려 여기 자주와 인간의 회복에 대한 열망은, 앞서 말한 대로 고려중기 이래의 지배체제가 자행해온 바 사대와 모방과 독선에의 접근에 저항하는, 그리고 미증유의 외세의 압제에 저항해야 하는, 새로운 힘의 원천으로서의 자기전통에 대한 새로운 인식과 상통하는 것이었다고 생각한다. 이규보나 이승휴와 같은 유자가 이른바 그 유교적인 합리로써는 설명하기 어려운 자국의 역사적인 신이를 새로이 인식하고 서사(敍事)하게 된 사실도 마찬가지였으리라 보여진다. 그리고 이런 점에서 『삼국유사』는 저 『삼국사기』의 역사인식[65]과는 근본적으로 입장을 달리하였다 할 것이다.

　『삼국유사』가 말하는 바 국사에 대한 새로운 인식이 그후에 물론 그대로 계승되어지지는 아니하였다. 많은 요인이 있었겠지만, 국내에 있어서는 우선 사회의 지배이념으로서의 불교의 시대가 점차 지나고 유교의 시대가 오고 있었다. 외적인 요인으로서는 100년에 걸치는 원제국(元帝國)의 압제가 고려사회의 전통적인 독자성을 그 의식의 면에 있어서까지 크게 위축시켜 놓기에 이르렀다. 그러나 그럼에도 불구하고 이 새로운 인식이 그냥 사라져버리게 된 것은 물론 아니었다. 무엇보다 그것은 본질적으로 고려후기에 있어서의 신흥계층의 인식이었으며, 이들의 계기적(繼起的)인 성장이 장차 사회의 지배적인 세력을 형성하게 된다는 사실을 주목할 필요가 있다. 이른바 사대부층

---

64) 李基白, 前揭論文(p.164)에 의하면『三國遺事의 세계는 신화와 전설의 세계이며 신앙의 세계였다. 이 세계는 당시의 史學界가 이루어놓은 합리주의에의 접근이라는 전진적인 자세와는 다른 복고적인 것이었다』고 하였다. 여기 〈합리주의에의 접근이라는 전진적 자세〉가 의미하는 대표적인 것은 金富軾의『三國史記』에 나타난 이른바 유교적 합리주의의 사관을 지칭한 것 같다.

65) 金哲埈, 前揭論文(pp.86~87)에 의하면,『金富軾은(中略) 고려사회가 가지는 전통문화의 체질을 부인하는 동시에 한국의 삼국시대가 가진 고대문화에 대한 가치평가를 낮추고』있는 자세라 하였다.

의 성장인 것이다. 이들의 성장은 급기야 원제국의 압제를 물리쳐내는 주체적인 요인이 되는 것이며, 또 이들에 의하여 수용(受容)되는 성리학은 전통 유교에 비하여 보다 이지적(理知的)이며 민족적인 경향으로 적어도 당분간은 활용되는 것이다.[66] 일연과 같은 선승과 성리학을 하는 사대부층과는 사회 체질상으로 많은 상이한 속성을 지녔다 하겠지만, 그러나 양자가 등질(等質)의 시대적인 요청의 선상에 살면서 자기 역사에 대한 인식면에 있어서도 상통하는 바가 많았다고 보여진다. 그것은 국조 단군 이래의 자기 역사의 유원성과 독자성에 대한 긍정의 민족의식으로 집약될 수 있을 것이다.[67]

<慶熙史學 5집, 1974>

---

66) 이 방면에 관해서는 別稿를 준비 중이다.
67) 拙稿, 前揭論文 p.126 이하 참조.

高麗中期의 民族敍事詩
東明王篇과 帝王韻紀의 硏究

李 佑 成

序

　문학사의 방법이나 관점과 같은 것은 이 논고의 논제 외에 속하지만, 나는 이 논고에서 두 가지의 조그만 성과를 시도해보았다. 첫째 어느 한 시대의 문학이란 그 시대의 일정한 역사현상의 한 부분임을 전제로 해놓고 문학의 연구에 있어서 역사과학적 방법론을 도입해보려 한 것이고, 둘째, 역사의 대세는 〈민족(民族)〉을 주축으로 움직여 온 것이란 원칙하에 문학의 생성·발달을, 〈민족(民族)〉의 성장과정 내지 〈민족(民族)〉의 정신적 전개 방향과의 내면적 연관에서 직접 파악해보려고 한 것이다.

　이 논고가 이규보(李奎報)의 『동명왕편(東明王篇)』과 이승휴(李承休)의 『제왕운기(帝王韻紀)』를 대상으로 하면서 특히 「고려중기의 민족서사시」라는 약간 수사적(修辭的)인 제목을 붙여본 것도 여기에 그 까닭이 있다.

　여기 말하여 둘 것은, 이 민족서사시의 경우의 민족이란 물론 〈폴크〉(Volk)적인 의미의 것이요 〈나찌온〉(Nation)적 의미의 것은 아니다. 그러나 〈나찌온〉은 결코 근대에 들어와서 돌발적으로 생긴 것이 아니다. 〈폴크〉 그 자체의 연장이며 발전의 결과다.

오늘날, 민족의 주체성 문제가 역사학자나 문학자에게 어느 시기보다 중요한 의미를 가지게 되었다고 생각할 때에, 우리는 민족의 역사와 문학의 유산을 검토하고, 그 속에서 시대와 대결하는 〈민족〉의 정신적 자세와, 또한 〈민족〉 그 자신에 대한 의식도의 농담(濃淡)의 변화를 고찰해봄이 절실히 요청되는 작업의 하나다.

이『동명왕편』과『제왕운기』가 한 개의 역사문헌으로, 그 사료적 가치는 진작부터 내외 학자간에 평가되어 왔으나, 문학사적 견지에서 주목을 끌게 된 것은 극히 최근에 속한 일이다. 1956년 부산에서 졸고「이규보·이승휴 시대의 연구」가 발표되어, 처음으로 서사시(敍事詩)로서의 문제를 제기했고 그 익년 서울에서 장덕순(張德順)씨가「영웅서사시 동명왕」이라는 제하에 다시 논문을 발표하여, 뒤에 공간된 그의『국문학통론(國文學通論)』에 실었다. (pp. 325~350) 얼마 전에 나온 이병기(李秉岐) 선생의『국문학전사(國文學全史)』(p. 108)에는, 이『동명왕편』과『제왕운기』를 가사(歌辭)의 기원으로 본다는 새로운 견해를 제시한 바도 있다.

이병기 선생의 가사기원설은 이 논고의 주지와는 직접적인 관계가 없으므로 그 견해의 당부(當否)에 감히 용훼(容喙)할 바 아니나, 지금껏 국문학 사가에게 도외시되어오던 이 두 장편의 한시(漢詩)를 우리 국문학사의 체계 속에 일정한 위치를 주어보려는 생각만으로 매우 의의가 있는 것이다.

다음 일언해 두고자 하는 것은 장덕순씨의 논문에 관하여서다. 씨의 유려한 문장과 해박한 견식은 차치하고, 동명왕설화에의 구조적 분석과 외국설화와의 유형적 비교가 상세하고도 협흡(浹洽)한 느낌을 주어, 이 논문만으로 독자들은『동명왕편』을 남김없이 이해할 수가 있을 성 싶다.

다만 씨의 연구태도가 위에 말한 바 구조적 분석과 유형적 비교에 시종했고, 역사적·발전사적 고찰에 유의하지 않았기 때문에, 씨는 이 작품의 역사성의 파악에 대단히 소홀함을 면치 못했다. 씨는『동명왕편』의 창작의 동기를 단순히 〈고려인의 고구려에 대한 회구적(懷舊的) 의리〉에 돌려버리고 마는가 하면, 서사시의 유행을 〈13세기의 우연〉이라고 규정함에 서슴지 않았다.

모든 문학유산은 역사적 소산이다. 우리는 우리의 문학유산을 가장 안이하게 다루어놓고 만족할 수는 없다. 이에, 우리는 작품의 검토에 선행하여 그 시대적 배경과 작자의 주체적 입장의 이해에 정력을 경주하고, 나아가 적극적이며 전진적인 역사의 시각(視角)에서 작품의 내용을 파악하기에 힘쓸 것이다.

이 논고는 전기 부산시절의 낡은 적발을 다시 정리해낸 것이다. 제목을 달리할 만큼 목차도 바꾸고 체계도 고쳐 세웠다. 그러나 기본적 관점에 있어서는 조금도 수정되지 않았다. 무슨 신념이 있어서가 아니다. 나의 공부에 여태껏 새로운 진경(進境)이 없는 탓이다.

나는 이 논고를 작성하면서 이 논고의 필요한 범위 내에서 선배·동학의 이에 관련된 논술을 되도록 많이 인용하기로 했다. 그것은 선배·동학의 귀중한 논술을 나의 견해에 대한 주각(註脚)으로 사용하려 한 것은 아니다. 학문의 전통이 서 있지 못한 우리나라에 있어서 선배·동학의 학문적 성과를 섭취하고 그것을 인신발명(引伸發明)하려는 젊은 세대의 윤리감에서다.

1. 李奎報·李承休의 世界

(1) 12·13世紀의 歷史的 事情

동아시아의 역사는 10세기에 접어들면서 커다란 변혁기를 맞이했다. 당(唐)이 망하고 얼마 안 가서 송(宋)이 그것을 대신했지만, 그것은 단순한 왕조의 교체가 아니라, 당이라는 세계제국(世界帝國)이 몰락하고 아시아의 안정이 동요되기 시작한 것을 의미하는 것이다. 한민족(漢民族)을 중심으로 한 세계제국적 지배질서가 붕괴되고, 제국의 내부 및 주변의 제민족이 각각 독자적인 움직임을 개시했다. 그 가운데서 특히 북방계의 뒤떨어진 민족들이 이 시대로부터 급속히 활동을 개시하여, 거란·여진·몽고의 순위로 연달아 역사무대에 고개를 내밀었다. 이러한 역사의 추세 속에 우리 민족은 어떠했는가. 당에 뒤이어 신라가 종언을 고하고, 송악군(松嶽郡)의 호족(豪族) 출신인 왕건(王建)이 반도를 통일하여 고려왕국의 토대를 확립시킨 후 대외관계에 있어서도 매우 진취적 기상을 보여주었다. 이제현(李齊賢)의 「태조찬(太祖贊)」에, 왕건이 건국초에 신라와 후백제가 아직 합병도 되기 전에 누차 평양에 가행(駕幸)하고 북쪽 변비(邊鄙)를 친히 순시(巡視)한 것은, 그의 뜻이 반도통일에 그치지 않고 동명구양(東明舊壤) 즉 고구려의 고토를 자가(自家)의 상속물로 삼자는 데 있었던 것이라 했다.[1]

그러나 거란이 만주대륙을 차고 앉아 남방을 호시(虎視)하고 있는 한 고려의 이상은 실현될 수 없으며, 따라서 고려는 건국초부터 북방민족과 숙명적 대항관계에 서게 되었다. 거란의 계속적 침구(侵寇)와 그것에 대한 용감한 항전은 양규(楊規)·강감찬(姜邯贊) 등 기다(幾多)의 민족적 위인을 산출케 했으나, 거란이 대요(大遼)로 발전하여 중국의 송(宋)을 재압(制壓)하기에 이르러서는 고려도 세부득이 요(遼)를 받들어 신사(臣事)하게 되었다. 그 뒤 여진이 대금국(大金國)으로 나타나게 되었을 때에, 고려의 사정은 더욱 곤란했다. 여진은 고려인의 주장[2]대로 고려에 신속해 있으면서 구략(寇掠)을 일삼아왔던 오랑캐에 불과했는데, 금국을 세운 후에, 아골타(阿骨打)는 고려왕에게 편지를 보내어 스스로 고려를 부모지방이라 하여 소심(小心)으로 섬겨왔다고 말하면서도 『형인 대여진금국황제는 아우인 고려국왕에게 편지를 보내노라』는 오만한 태도를 표시해왔다.[3] 이에 대하여 당시의 감찰어사 김부의(金富儀)는 한·당·송의 중국천자도 온갖 굴욕을 참아가면서 흉노·돌궐·거란 등에게 화친을 했다는 사례를 들어 여진의 요구를 받아 들이기를 주장했다.[4] 그러나 조정 공론은 그리로 돌아가지 않았고, 그중에는 금사(金使)의 목을 베자는 과격파도 있어서 금의 요청을 들어줄 수 없었다. 그러다가 금이 거란을 멸하고 고려에 대한 오만이 더욱 심해져서 고려에게 신례(臣禮)를 요구하기에 이르렀을 때, 일반 관료들은 금의 요구의 불가함을 말했는데, 오직 이자겸(李資謙)

---

1) 高麗史 卷1 太祖世家, 『我太祖, 即位之後, 金傅未賓, 甄萱未虜, 而屢幸西都, 親巡北鄙, 其意亦以東明舊壤, 爲吾家靑氈, 必席捲而有之, 豈止操鷄搏鴨而已哉』

2) 高麗史 卷15 世家 仁宗 4년 7월 丁未條에 『惟金人之始也 固嘗臣屬於我國』이라 했고, 그 밖에도 이러한 기록이 『高麗史』에 산견된다.

3) 『兄大女眞金國皇帝, 致書于弟高麗國王, 自我祖考, 介在一方, 謂契丹爲大國, 高麗爲父母之邦, 小心事之, 契丹無道, 凌轢我疆域, 奴隸我人民, 屢加無名之師, 我不得已拒之, 蒙天之祐護, 殄滅之, 惟王, 許我和親, 結爲兄弟, 以成世世無窮之好』

4) 高麗史 卷97 列傳 金富儀에 자세히 나온다.

일파가 이소사대(以小事大)는 선왕지도(先王之道)라 하여 견사빙문(遣使聘問)하자고 했다.[5] 이 문제가 고려조정에 있어서 얼마나 심각한 고민이 되었던가는, 백관의 회의가 있은 지 며칠 후에, 사람을 보내어 태묘(太廟)에 고하고, 사금(事金)의 가부를 신(神)에게 물어 화전(和戰) 양론의 결정을 얻으려 한 기사(紀事)에서 넉넉히 엿볼 수 있다.[6] 신이 고려의 운명에 대하여 어떤 계시를 내렸는지 우리가 알 바 아니고, 이것은 오직 국병(國柄)을 잡고 있던 이자겸 일파가 태묘의 존엄에 자중(藉重)하여 그들의 정책을 결정하려는 수단에 불과한 짓이 었다고 생각하면 그만이다. 이자겸은 전기 김부의와 함께 고려전기의 대표적인 귀족이었다. 이들 경원이씨(慶源李氏)·경주김씨(慶州金氏)의 문벌귀족(門閥貴族)들은 모두 신라의 대관 혹은 왕족의 후예로서, 고려전기 특히 문종(文宗)으로부터 인종(仁宗)에 이르기까지 7대 약 77년 동안 고려의 정치를 좌우해왔다. 이들 귀족은 인종시대에 이르러 이미 모든 진취성을 상실하고, 오직 비굴한 외교책으로 1일의 구안(苟安)을 도모하려 했을 뿐이다. 그들의 사대론은 그대로 실행되어 금(金)에게 상표칭신(上表稱臣)하고, 요(遼)에게 바치던 신례(臣禮)로써 다시 그대로 금에게 섬기게 되었다고 했다.[7]

대외적으로 비굴했던 귀족은 대내적으론 기탄없는 권력을 행사하였고, 나아가 비분(非分)의 기유(覬覦)로써 왕위를 노리기까지 했다. 이자겸의 반란이 그것이다. 이자겸은 왕궁을 습격하여 불태워버리기까지 했으나(1126), 동모자(同謀者) 척준경(拓俊京)의 역습으로 이자겸은 죽고 이씨 일문은 추방되었다. 이씨 일문의 몰락은 귀족정치의 쇠망의 전조였다. 이·척의 난으로 많은 궁전이 사회(死灰)가 되고 아름다왔던 도성은 잔해처럼 앙상해졌다. 도성에는 불길 음산한 공기

---

5) 高麗史 卷15 世家 仁宗 4년 3월 辛卯條『召百官, 議事金可否, 皆言不可, 獨李資謙拓俊京曰, 金昔爲小國, 事遼及我, 今旣暴興, 滅遼及宋, 政修兵强, 日以强大, 又與我境壤相接, 勢不得不事, 且以小事大, 先王之道, 宜遣使聘問』

6) 高麗史 卷15 世家 仁宗 4년 3월 乙未條『遣李之美, 告太廟, 筮事金可否, 其文曰, 惟彼女眞, 自稱尊號, 南侵皇宋, 北滅大遼, 取人旣多, 拓境亦廣, 顧惟小國, 與彼連疆, 或將遣使講和, 或欲養兵待變, 稽疑大筮神其決之』

7) 高麗史 卷15 世家 仁宗 4년 10월 戊戌條『王, 餞金使于大明宮, 付回表謝, 一依遼舊制』

가 내려덮이고 이 불안한 공기 속에 음양지리(陰陽地理)의 미신이 사람들의 생각을 지배했다. 여기에 승 묘청(妙淸)을 중심으로 한 〈평양 천도운동〉이 전개되었다. 이 천도운동은 음양지리의 미신에 바탕을 두고 있으나, 거기 주의깊게 볼 것은 귀족정치에 대한 불만과 귀족의 비굴한 외교에 대한 군센 반발이 그들의 의식의 저류를 이루고 있었다는 사실이다. 『고려사』 묘청전(妙淸傳)에 의하면, 그들은 평양 천도를 통하여 국가를 유신(維新)하고 중흥공신이 되자는 것으로,[8] 개성의 전통적 생활기반을 가진 귀족의 세력을 이 기회에 억눌러버릴 뿐만 아니라, 한걸음 더 나아가 천하를 아우리고 36국을 신첩(臣妾)으로 삼게 된다는 것이다.[9] 36국 운운은 과장된 표현에 속하지만, 문제의 소재는 금국에 대한 대항이었다.

그들은 왕의 평양 행차 때에 글을 올려 중국의 유제(劉齊)와의 협약으로 금을 협공해서 멸해버리자고 청하기도 하고,[10] 또 평양의 지방인사 50여명을 동원해서 칭제건원(稱帝建元)을 청하고 그렇게 함으로써 위로 천심에 부응하고 밑으로 백성의 희망을 순성(順成)하는 한편 숙적(宿敵)의 금국을 제압하자고 하기도 했다.[11]

이것은 천도파(遷都派)의 금에 대한 저항의식이 얼마나 강렬했나를 보여주는 것이며, 또한 그것이 일부 술수가(術數家)의 책략에 그치는 것이 아니고 널리 민중의 심리에 결부되어 있었던 것을 알 수 있다. 『위로 천심에 부응하고 밑으로 백성의 희망을 순성한다』(上應天心 下順人望)라는 것을 단순한 허식어로 볼 수는 없다. 적어도 〈금국을 제압〉하자는 민족적 적개심에 있어서는 그 당시의 민중의 심리가 귀일될 수 있었기 때문이다. 이 〈칭제건원〉의 주장은 금에 대항하는 고려인의 자주적 의식의 발로라고 하겠으나 실은 당시 동아시아의 풍운 속에 기멸무상(起滅無常)한 민족·국가들이 얼마든지 칭제건원(稱

---

8) 高麗史 卷127 列傳 妙淸『吾等, 若奉主上, 移御西都, 爲上京, 當爲中興功臣, 非獨富貴一身, 亦爲子孫無窮之福』

9) 同上『臣等, 觀西京林原驛地, 是陰陽家所謂大花勢, 若立宮闕御之, 則可並天下, 金國執贄自降, 三十六國, 皆爲臣妾』

10) 同上『七年, 新宮成, 王, 又幸西京, 妙淸之徒, 或上表勸王稱帝建元, 或請約劉齊, 挾攻金滅之』

11) 同上『西京父老檢校太師致仕李齊挺等五十人, 希妙淸知常旨, 上表請稱尊號建元……請上應天心下順人望』

帝建元)을 실행했던 것으로,[12] 결코 고려만의 당돌한 생각이 아니며 도리어 그러한 시대적 환경 속에 고려가 자극을 받아 자주적 의식에 도달했던 것이다.

그러나 천도에 따라 정권이 변동될 것을 두려워한 김부식──김부의의 형──의 일당은 천도를 극력 저지하였고, 천도파가 평양에서 반란을 일으키자 또한 김부식이 총수가 되어 난을 평정했다. 이자겸의 이씨는 몰락했으나 김부의·김부식의 김씨 등이 그대로 귀족의 중추세력이 되어 정권을 쥐고 있는 한, 고려조정의 부패한 정치와 비굴한 외교는 시정될 수 없었다. 민중의 심리와 아무런 결부도 되어 있지 않는 정치·외교가 귀족정권에 의하여 타성적으로 유지될 뿐이었다.

이러한 가운데서 무신정변(武臣政變)──정중부(鄭仲夫)의 난(亂)이 발발했다. (1170) 이 정변은 귀족정권을 일거에 넘어뜨리고, 나아가 귀족문신들을 크게 살육하여 역사상으로부터 신라 이래의 구귀족을 소멸시켜버렸다. 정중부란에 뒤이어 세력을 장악한 최씨정권이 4대에 걸쳐 세습되면서 광고(曠古)의 외환, 즉 몽고의 전화(戰禍)를 치르게 되었다.

몽고가 금을 멸하고 일어나자, 동방의 대국(大局)을 온통 뒤흔들어, 고려의 국운은 풍전등화(風前燈火)의 위기에 놓여졌다. 최씨정권은 몇 차례의 외교적 절충 끝에 몽고에 굽히지 않기로 결의했다. 최이(崔怡)의 지휘하에 왕공백관(王公百官)은 재산을 배에 싣고 강화도(江華島)로 천도하여 여기에서 30년의 대몽고전쟁으로 버티고 나갔다.

이것은 고려 무신의 그 나름의 성격을 단적으로 보여주는 것이다. 고려 무신 특히 최씨정권은 전기 귀족의 정치 지배관계의 폐쇄성에 비하여 보다 넓은 지반 위에 서게 되었고, 그 강고한 결속과 과감한 조치로써 국내의 모든 가능한 힘을 동원시킬 수 있었던 것이다. 만약 부패무력했던 귀족에게 고려의 국병(國柄)이 그대로 맡겨져 있었던들, 몽고의 침략 앞에 진작 멸망의 화를 입었거나 그렇지 않으면 요(遼)·금(金)에게 보여준 비굴한 외교의 추태를 몽고에도 되풀이했을 것이다.

몽고의 침략은 그 침략행정의 광막(廣漠)함과 침략행위의 잔인흉포함이 세계인류의 전쟁사에서 유례를 볼 수 없던 것이다. 유럽·아시

---

[12] 이 시대의 동아시아 각 지역의 稱帝建元의 유행은 李丙燾 박사 『高麗時代의 硏究』 제 2 편 제 4 장 제 3 절 註 9 에 자세히 적혀 있다.

아의 전대륙에 걸쳐 모든 도시, 모든 문화는 몽고의 가는 곳마다 도살 장을 이루었고 초토로 화해졌다. 이러한 침략에 대하여 최대의 저항 과 희생에 견디어온 것이 러시아민족・중국민족 그리고 우리 민족이 었다. 당시 고려에서는 몽고를 〈달단완종(達旦頑種)〉으로 불렀다. 그 것은 몽고를 한 개의 이민족으로 보는 데 그치지 않고, 극히 야만민 족으로 인정했던 것이다.

『저 달단의 완종이 까닭없이 우리나라를 침범해서 우리 변방을 탕 패(蕩敗)시키고 우리 인민을 살육하면서 경기(京畿)까지 짓밟고 사방 으로 날뛰니 마치 호랑이가 고기를 찾는 행동이다』[13]라고 하여 몽고가 아무런 이유없이 우리나라를 침범하여 경기까지 짓밟은 무도한 행위를 말하고, 또 몽고의 잔인흉포함은 이미 말할 것 없고 그 치암혼매(癡暗昏昧), 즉 미개함이 금수나 다를 바 없어, 천하가 다 존경하는 바 〈불법(佛法)〉이라는 것이 있다는 것도 모르고 불상(佛像)과 범서(梵書:佛經)를 닥치는 대로 불사르고 파괴한다는 것이다.

이것은 현종 때에 각성(刻成)한 부인사(符仁寺) 소장 대장경판(大藏經板)이 몽고의 병화에 타버린 것을, 〈국지대보(國之大寶)〉가 상실되었다고 통분히 여기면서 대장경판의 재각(再刻)에 착수하게 된 사유를 말하는 가운데 몽고의 야만성을 지척(指斥)한 말이다.[14] 이 경우의 〈불법(佛法)〉이란 불교 그것에 국한된 것이 아니고, 보다 널리 문명(文明)을 상징하는 말이었다. 실제, 불법을 떠나 고려의 문명을 말할 수 없을 만큼 고려인에게 불법은 소중한 것이며, 〈국지대보(國之大寶)〉인 대장경판은 문명(文明)의 구체적 재산이었다. 고려인이 본 몽고는, 〈조국의 침략자인 동시에 문명의 파괴자〉였다. 〈이민족의 침략으로부터 조국을 방위하고, 야만인의 파괴로부터 문명을 수호한다〉는 것이 고려인의 대몽고전쟁의 의식이었다. 전쟁 와중에 국력을 기울여 6500여권 17만여면의 대장경판을 재각(再刻)한 것도, 12도(徒)의 사

---

13) 東國李相國全集 卷25 辛卯 12월 君臣盟告文『彼達旦之頑種, 無故犯境, 殘敗我邊鄙, 殺戮我人民, 浸淫至于京畿, 騰蹂四郊, 如虎擇肉』

14) 同上 大藏刻板君臣祈告文『甚矣, 達旦之爲患也, 其殘忍凶暴之性, 已不可勝言矣, 至於癡暗昏昧也, 又甚於禽獸, 則夫豈知天下之所敬, 有所謂佛法者哉, 由是, 凡所經由, 無佛像梵書, 悉焚滅之, 於是, 符仁寺之所藏大藏經板本, 亦掃之無遺矣 嗚乎, 積年之功, 一旦成灰, 國之大寶喪矣. 雖在諸佛多天大慈之心, 是可忍, 而孰不可忍耶』

학(私學)의 재건을 위한 운동이 전개된 것도, 세계 최초의 활자를 발명하여 『상정예문(詳定禮文)』이라는 경국(經國)의 전장(典章)을 인쇄한 것도, 특이한 안료(顔料)와 수법으로 세계적 공예품인 청자기(青磁器)를 만들어낸 것도 다 이러한 의식의 소산이었다.

그러나 보다 더 중요한 것은 이 전쟁기간에 있어서의 각 지방의 장졸(將卒)과 민중들의 영웅적 전투였다. 박서(朴犀)는 귀주(龜州)에서 김경손(金慶孫)은 정주(靜州)에서 송문주(宋文胄)는 죽주(竹州)에서 최춘명(崔椿命)은 자주(慈州)에서 모두 몽고병의 철통 같은 포위에 조금도 굴함이 없었고, 주야를 가리지 않는 치열한 공방전 끝에 마침내 몽고병을 격퇴시킨 것이다. 이러한 성공은 장수들의 뛰어난 지휘력에 달리기도 했지만, 보다 지방민중의 일치한 항쟁의 결과였다. 충주의 경우가 그것을 잘 보여준다. 70일 동안의 포위 끝에 군량마저 다 되고 성은 함락의 직전에 놓였는데, 수장(守將)은 민중을 앞에 두고 귀천(貴賤)을 막론하고 공이 있는 자는 상을 준다고 한 후 노예문서를 불살라버리자, 노예들은 감격하여 용부쟁전(勇赴爭前)으로 필사적 전투를 전개하여 몽고병을 무참하게 패퇴시켰던 것이다.[15]

최씨정권이 무너진 후, 낡은 고려왕실과 반동적 관료군에 의하여 몽고에의 강화(講和)와 강화로부터의 출륙(出陸)이 결정되고, 몽고의 감독 밑에 강화도성을 파괴하게 되었을 때, 강제로 성벽을 부수는 부병(府兵)들의 고통스런 눈물과, 넘어지는 성벽의 진동성(震動聲)에 대한 가동항부(街童巷婦)의 비읍(悲泣)이 처참하기 짝이 없었다고 한다.[16] 당시의 민중의 심리가 어떠했나를 이로써 짐작하겠다. 이때, 삼별초(三別抄) 군대는 항복을 거부하고 진도(珍島)·제주도를 전전하면서 몽고에 대한 최후까지의 항전을 호호(呼號)했고, 전라도·경상도 지방의 민중들은 이에 호응하여 일제히 일어났다.[17]

민중의 봉기는 지방수령들로 하여금 바람에 쓰러지듯 합류케 했고,

---

15) 高麗史 卷103 列傳 金允侯.
16) 高麗史 卷24 世家 高宗 46년 6월 癸未·乙酉條 『癸未, 始壞江都內城, 客使, 督役甚急, 諸領府兵, 不堪其苦, 泣曰, 若知如此, 不如不城. 乙酉, 城郭摧折, 聲如疾雷, 震動閭里, 街童巷婦, 皆爲之悲泣』
17) 高麗史 卷219 列傳 金應德『三別抄, 叛據珍島, 勢甚熾, 州郡, 望風迎降, 或往珍島, 謁見賊將』

반대로 말을 듣지 않는 수령은 민중의 손에 죽게 된 형편이었다.[18]

이러한 사태를 고려정부는 어떻게 대처했던가. 군대와 민중의 민족적 반항에 대하여 정부는 관군으로 하여금 몽고병과 더불어 그것을 토벌케 했다. 적병과 연합하여 우리 군대와 민중을 치게 된 고려정부의 반민족적 처사는 몽고에 모든 것을 맡겨버린 왕과 그의 관료들의 슬픈 운명의 귀결이기도 했다.

이리하여 우리 민족은 고려 일대를 통하여 그 건국초의 진취적 기상은 거란・여진 양민족에게 억제되어버렸고, 몽고의 침략에 대하여는 장기 항전에 견디어왔으나, 결국 패배의 비운을 맞이하고 말았다. 전자에 있어서는 집권자인 구귀족의 부패무력의 소치였고 후자에 있어서는 낡은 왕실과 반동적 관료군의 배신에 의한 것이었다.

그러나, 금국을 제압하기 위하여 칭제건원(稱帝建元)을 내세웠던 평양 천도운동에 있어서나, 대몽고 전쟁중 각 지방의 영웅적 전투에 있어서, 그리고 항복을 거부하고 끝까지 항전을 호호(呼號)했던 삼별초란(三別抄亂)에 있어서, 〈민중의 심리의 귀일과, 민중의 에네르기의 축적에 의한 민족적 저항정신의 발산〉을 간과해서는 안된다.

12・13세기는 우리나라 역사에 있어서 〈위대한 민족의 수난기〉였다. 이 시대의 저항정신이 현실적 제약에서 더욱 내면적으로 심화되고 다시 발효되어, 그것의 분발(噴發)이 문학의 정화(精華)로 나타났던 것이다. 여기 이 시대의 대표적 문학자인 이규보(李奎報)・이승휴(李承休)에 대하여 연구할 필요가 있는 것이다.

(2) 李奎報・李承休의 生涯와 思想

정중부란(鄭仲夫亂)으로부터 최씨정권이 무너질 때까지 80여년간의 무신의 집권은 적어도 두 가지 중요한 역사상의 의의를 지니게 되었다. 하나는 낡은 귀족세력의 청산이요, 다른 하나는 신진사인(新進士人)들의 진출이었다. 이 신진사인들이란, 지방에서 신흥한 중소 지주층의 출신으로, 수도왕성 속에 전통적 생활기반을 가져 왔던 고려전기의 귀족계급과는 여러모로 성격을 달리한 사람들이다. 귀족의 전통적 생활기반이란 전시과체제(田柴科體制)에 토대를 둔 것이며, 국가를 통하여 수조권(收租權)의 보장과, 봉록(俸祿)의 반급(頒給)에 특

---

18) 高麗史 卷267 列傳 金晅 『密城人, 殺其宰以叛, 移牒郡縣, 皆隨風而靡』

혜를 입고 있었던 것으로, 귀족이란 말하자면 주로 왕조(王朝)에 기생(寄生)하는 관인층(官人層)이었다. 이에 대하여 신진사인들이란 전시과체제의 분해 과정 속에 사유지를 가지기 시작한 지방 토착세력——중소지주들이었으며, 새로운 경제관계를 발판으로 신시대의 각광을 받게 될 인간들이다.

처음 이 사인(士人)들은 독자적 세력을 형성할 만큼 성장되지 못했다. 무신정권하에서 자기의 문학으로 무신에게 봉사하면서 무신으로부터 보호육성이 되어 왔다. 이렇게 성장해온 사인들은, 무신정권이 넘어지고 점차 그 정치적 진출이 활발해지면서, 드디어 고려후기의 신관료——사대부(士大夫)계급으로 발전해갔다. 이들은 전기의 〈귀족문신〉과 대조적인 〈관료학자(官僚學者)〉들이며, 왕조에 기생하는 귀족들에 비하여 자기의 토지를 발판으로 가지고 있는 이 신관료들은, 그 생활에 있어서 훨씬 주체적이며 전진적이었다.[19]

이규보(李奎報, 1168~1241)와 이승휴(李承休, 1224~1300)는 이 시대에 선후했던 신진사인들이다. 두 사람은 다같이 무신정권에 의하여 보호육성된 과도적 인물들이다. 그러나 두 사람의 사이에는 약간의 시대적 간격이 있었다. 이 근소한 간격 동안에 고려의 국가·사회는 만장(萬丈)의 파란 속에 현애전석(懸崖轉石)과 같이 급전(急轉)하게 되었고, 거기 따른 시대적 환경의 변천은 두 사람의 생애와 사상에 커다란 특색을 가지게 했다. 이하 두 사람에 대하여 선후순으로 각각 고찰해보기로 한다.

이규보는 황려현(黃驪縣 : 驪州)인으로 그의 조상은 알 수 없다. 그의 부친 이윤수(李允綏)는 개성에서 관리 노릇을 했다고 하나, 기록이 자세하지 않다. 당시 고향인 여주에는 이씨 일족이 살고 있었으며, 호장(戶長)·교위(校尉) 등의 향직(鄕職)에 종사하고 있었다.[20] 이 호장·교위 등은 지방 토착세력을 대표하는 층으로, 이윤수도 이러한 토착세력을 배경으로 개성에 관리 노릇을 했던 것이다. 또한 개성에 있으

---

19) 高麗後期에 있어서 新進士人에 의한 新官僚階級의 성립과정과, 이 신관료와 전기 귀족과의 성격적 차이에 관하여는 李佑成, 高麗朝의 〈이(吏)〉에 對하여(歷史學報 23輯) 參照.

20) 『驪州李氏族譜』에 의하면, 시조 仁德이 仁勇校尉, 二世 元傑이 副戶長, 三世 孝溫이 戶長으로 되어 있다. 時代는 毅宗·明宗의 前後로서 李奎報와 同時代의 同族으로 추정된다.

면서 여주에 약간의 전토를 가지고 있었던 것 같다. 후일 이규보의 귀향시(初入黃驪,. 東國李相國全集 卷 6, 鄕親尋版籍, 農畝問先疇) 1련이 있고, 근곡촌(根谷村 : 驪州境內)에 투숙한 시(發黃驪將向尙州, 同上)에 〈여전소재(予田所在)〉라는 소주(小註)가 있는 것으로 보아 알 수가 있다. 뿐만 아니라 개성 서교(西郊)에 초당을 짓고 전장(田莊)을 겸한 조그만 별업(別業)을 마련하여 후일 이규보에게 상속되었다. 이규보의 시집 속에, 「유가군별업 서교초당(遊家君別業西郊草堂)」이라는 시(同上 卷 2)가 몇 차례나 나오고, 그의 「사가재기(四可齋記)」에 보면, 별업의 규모는 유전유상(有田有桑)하여 의식의 공급에 부족이 없을 정도였다고 생각된다.[21] 이 전원의 경영은 전호(佃戶)의 소작제에 입각한 것인지, 노예노동에 의한 자영인지 알 수 없지만, 그의 「초당이소원기(草堂理小園記)」(同上 卷23)에, 『집에 왜노 셋, 이동 다섯이 있다』 (家有矮奴三, 羸僮五)라고 한 것에 의하면, 7, 8명의 가내노예를 소유하고 있었던 것은 분명하다. 이제 종합해서 말하면, 〈이씨의 집은 당시 지방에서 진출해온, 가계도 관위(官位)도 대단치 못한 처지였으나, 일정한 토지와 노예를 소유하여, 새로운 사회조건에 적응하면서 전진〉할 기반을 닦아놓았던 것이다.

이규보는 이러한 환경에서 자라났다. 그의 태생지는 알 수 없으나 생후 3개월 만에 악종(惡瘇)이 만신(滿身)하여, 부친이 송악사(松岳祠)에서 신에게 복서(卜筮)로 물었다는 기록(同上 卷 1 年譜)을 보면, 그는 개성에서 출생했다고 추측된다. 무신정변이 발발하기 바로 2년 전에.

무신정변의 익년, 그의 나이 4세 때에 부친이 성천(成川)에 지방관으로 갔다가, 4년 만에 내시(內侍)로 소환되어, 그뒤 다시 수원에 외임(外任)으로 나가기까지 대략 10년 동안에, 이규보는 그의 다정다감한 소년시절(8세~16세)을 개성에서 보냈다. 이 때의 개성이란, 무신정변으로 정국이 주마등처럼 변전하고 유혈이 빈번한 소란의 수도였다. 그의 천재적 자질은 9세에 이미 신동으로 알려졌고, 14세에 문헌공도(文憲公徒)에 적을 두어 성명재(誠明齋)에 수업(修業)하면서 더

---

21) 東國李相國全集 卷23 『昔予先君, 嘗置別業於西郭之外, 溪谷窅深, 境幽地僻, 如造別一世界, 可樂也, 予得而有之, 屢相往來, 爲讀書閑適之所, 有田可以耕而食, 有桑可以蠶而衣』

욱 참연(嶄然)히 두각을 나타내었다. 그러나 그는 16세와 18세, 그리고 20세의 세 차례에 걸쳐 과거에 응시하여 낙제했다. 그의 연보에 소년 시절부터 술을 좋아하고 방종한 생활을 하면서 오직 풍월을 일삼았기 때문에 연달아 실패했다고 했다. 이 천재 문학소년은 자기의 감흥을 자유롭게 읊조리는 풍월시(風月詩)를 즐겼을 뿐, 부자연한 과거문체에 흥미를 끌지 못했던 셈이었다. 이러한 성격은 과거에 오른 후에도 당국자의 환심을 얻지 못하여 오랫동안 불우한 생활을 겪어야 했다. 이 불우한 생활이야말로, 그에게 문학수양을 위한 가장 뜻깊은 시기였다. 그는 당시 국내 정정의 불안동요와, 요(遼)・금(金) 이래의 비굴한 외교관계하에 살아가면서, 자기자신의 개인적 불우가 겹쳐졌을 때, 그의 생래(生來)의 방달(放達)한 안광(眼光)과, 초예(超睿)한 두뇌와 반발적인 체질은 현실에의 충동과 문학에의 침잠(沈潛)을 통하여 시대의 정신을 체득하고, 민족의 맥박에 심호흡을 가했던 것이다. 그의 역사적 명작인 『동명왕편』은 바로 이 시기의 소득이었다. 그가 24세 때 부친을 여의고, 천마산(天磨山)에 우거하면서, 백운거사(白雲居士)로 자호하여 「백운거사어록」과 「자서전」을 지었고, 그 다음다음해(1193)에 『구삼국사(舊三國史)』를 얻어 『동명왕편』을 지은 것이라 했다. (同年譜)

그는 스스로 백운거사로 일컬었으나, 그의 사상은 결코 은둔적인 것은 아니었다. 그는 적극적으로 현실에 참여할 것을 지원했다. 그의 29세 때, 최충헌(崔忠獻)이 대권을 한손에 잡아, 그때까지의 내홍(內訌)을 일소하고 정국이 정돈되매 그는 관료로의 진출을 더욱 열망했다. 최충헌은 정중부(鄭仲夫) 일파와 많은 차이가 있었다. 정중부 일파가 구귀족을 넘어뜨린 동시에 문화의 말살을 자행했음에 대하여 최충헌은 신진사인을 보호육성하여 새로운 문화를 발아케 한 셈이었다. 이규보가 여러 문사와 함께 최충헌의 저택에서 천엽유화(千葉榴花)를 부(賦)한 것이 최씨정권에 접근하게 된 최초의 계기였다고 하거니와 최충헌・최이(崔怡) 부자 양대에 걸쳐, 그는 그의 문학으로 최씨정권에 마음껏 협조했다. 후세의 역사가들은 그를 최가문객(崔家門客)이라고 폄평(貶評)을 했지만, 당시 이규보의 눈에 비치는 최충헌・최이 부자는 국가의 간성이며 민족의 지주이었다. 강화도를 보루로 몽고에 대한 장기 항전을 지휘하는 최씨정권을 이규보는 충심으로 지지

했던 것이다. 그가 강화도에 들어가서 천도(遷都)에 관한 시를 지어 천도에 임한 최이의 신속한 처리를 칭찬하고, 최이가 아니었던들 삼한이 벌써 호만(胡蠻)으로 화했으리라고까지 했다.[22]

　강화시대는 그의 문학적 활동에 있어서나 사환의 영달에 있어서 일생에 가장 빛나는 시절이었다. 그의 시와 산문의 대부분은 긴박한 국난의 극복과 초조한 민심의 위무(慰撫)에 관한 것이었고, 그의 명성이 높아질수록 관자(官資)도 승진되어 어느덧 재상(宰相)의 한 사람이 되었다. 그러나 그의 사생활은 대단히 빈군(貧窘)했다. 강화도에 들어온 후 모든 사람이 다투어 제택(第宅)을 일으키고 전답을 마련하는데, 그에겐 한간의 집도 1묘(畝)의 땅도 없었다.[23] 그의 생활은 오직 박봉에 의존하였고 치사(致仕) 후에 때때로 최이의 주급(周給)을 입었으나, 끝내 빈군을 면치 못했던 것은 그의 시집 속에 역력히 나타나 있다. 그러나 그의 불굴의 저항정신은 늙어 죽을 때까지 적(蒙古)에 대한 저주와, 국보(國步)·민생(民生)에 대한 우분(憂憤)으로 문학적 정열을 연소시켰다. 그가 노익장으로 만년에 더욱 많이 쓰게 된 것은 이런 점에서 이해되기도 한다.

　이규보의 일생에 비하여, 다음 이야기할 이승휴는 한 사람의 시인으로 더욱 불운한 시대에 처했던 사람이다.

　이승휴(李承休)는 그의 본전(本傳, 高麗史 卷106)에 경산부(京山府: 星州) 가리현인(嘉利縣人)으로 되어 있으나, 그가 가리현에 어떤 실제적 연고관계가 있었는지 전혀 알 수 없다. 그의 일생의 대부분은 그의 외가곳인 삼척현(三陟縣)에서 보냈을 뿐이었다. 그의 가계는 물론, 부친도 일찍 여의었다고 했을 뿐 아무 행적이 없다. 그도 〈지체가 대단치 않은 일개 지방사인〉이었던 것이다.

　그의 출생은 최씨정권이 성립된 지 29년 후요, 강화 천도의 9년 전이었다. 그는 12세에 원정국사(圓靜國師)의 방장(方丈)에서 명유 신서(申諝)에게 글을 배웠다고 했는데(動安居士集 行錄 卷1 病課詩序) 원정국사가 있었던 곳이 어느 지방인지 알 수 없으나, 아마 강화도이었다고 생각된다. 임시수도인 강화도는 이때 인재의 연수(淵藪)이며 문물의

---

22) 同上 卷18 望海因追慶遷都,『遷都自古上天難, 一旦移來似轉丸, 不是淸河謀大早, 三韓曾已化胡蠻』

23) 천도후의 李奎報의 사생활의 형편은,『東國李相國全集』18 喜雨詩와, 同後集 1 寓河陰客舍西廊有作詩 등에 잘 드러나 있다.

집주지(集湊地)였다. 이규보의 성원과 김창(金敞)의 노력으로 그 동안 없어졌던 12도의 사학(私學)을 재건키 위한 운동이 이 임시수도에서 전개되었다.[24] 이규보·김창 등이 다 문헌공도의 성명재의 출신이었으므로, 12도중에 성명재가 맨 먼저 복구되었고, 나머지는 차례로 일어날 듯한 기세였다. 이승휴는 이러한 분위기 속에 성장했다. 그러나 그는 일신상으로 보아, 그의 성장기가 결코 다사로운 환경은 아니었던가 싶다. 14세에 부친을 잃고, 어느 친척 부인의 집에서 쓸쓸하게 자라온 그는 낙성재(樂聖齋 : 文憲公徒의 九齋의 하나) 도회소(都會所)에서 여러 학도의 환대를 받고 그만 침취행읍(沈醉行泣)을 했는데 이것을 조롱한 교도(敎導) 홍열(洪烈)의 시가 도하에 유파(流播)되고 인하여 이승휴는 주광(酒狂)의 이름으로 많은 교유를 얻게 되었다. 그 중에도 당대의 문인이요 달관(達官)인 최자(崔滋)에게 인정을 받게 된 것은 그의 일생의 한 전기였다. 최자의 주시하(主試下)에 급제를 한 것이 그의 29세때, 이규보가 세상을 떠난 지 벌써 11년 후였다.

최자는 이규보의 문병(文柄)을 이어받아 강화시대의 주문(主文)이 되었거니와, 이승휴는 그와의 접촉을 통하여 이규보의 영향을 간접적으로 많이 받았을 것이 추측되기도 한다. 그는 이제 한 사람의 명사로서 출세의 기회가 다가오는 것 같았다. 그러나 그 후의 사세는 아주 달라졌다. 그가 급제의 기쁨을 안고 삼척으로 편모에게 귀성했던 바로 그 다음해(1253)에, 몽고병이 다시 도강해 와서 30년의 전쟁을 종결지을 듯 최후의 공세로 나왔다. 강화정부는 영을 내려 모든 민호를 산성과 해도에 대피케 했거니와, 동해안의 일방은 삼척에 모여 요전산성(蓼田山城)을 지키고 있었다. 이승휴도 거기 참여했다. 강화로 가는 길은 병란에 막혀버리고 삼척의 한구석에서 세월을 보내는 동안, 최씨정권은 무너지고 강화정부는 몽고와 강화하게 되었다. 당시의 형편을 그는 후일 그의 「병과시서(病課詩序)」에 적어놓았던 바와 같이, 최자와 친척 부인이 다 세상을 떠난 뒤라, 이제 강화에 가도 급인(汲引)해 줄 선진(先進)도 의탁할 만한 친척도 없게 되었다. 게다가 난중에 적의 노략으로 가산이 탕진되어 어떻게 움직여 볼 수도 없

---

24) 『東國李相國後集』 7 「寄金學士敞詩並序」에 그 상황을 짐작할 수 있고, 그 밖에도 이에 관한 시의 왕복이 몇 首 있다

었다.25)

　그는 두타산록(頭陀山麓)의 귀동(龜洞)으로 들어가 궁경(躬耕)으로 어머니를 받들고 있었다.26) 그에게도 몇 사람의 노예가 있었던 기록(病課詩序)이 있는 것을 보면, 궁경(躬耕)이라는 말이 몸소 노동을 했다는 뜻은 아닌가 싶다. 또한 그가 이 귀동에서 얼마만한 토지를 가지고 있었던가는 그의 생활구조를 파악하는 데 중요한 자료가 되겠거니와, 그의 만년작인「보광정기(葆光亭記)」에 귀동의 지형을 설명하고, 용계(龍溪) 양변에 2경(頃)의 전토가 있는데, 그것은 그의 외가로부터 물려받은 땅으로 비록 척박(脊薄)은 하나, 수구지가(數口之家)의 생활을 이바지할 수 있다고 했다.27) 결국 그는 몇 사람의 노예를 거느리고 약간의 전토를 자영(自營)하는, 소토지 소유자였던 것이다. 그러나 그는 이 토지로써 생활하는 것을 만족히 여기지 않았다.

　신진사인인 그는 어디까지나 관료로의 진출을 단념할 수 없었다. 이 시기에 지은 장편「병과시」는 촌수(村叟)와의 문답을 통하여 그가 어느 때고 촌생활에서 벗어나 청운에 오르고 공명사업을 떨쳐보리라는 장래의 포부를 말한 것이다. 그의 포부는 헛되지 않았다. 10년 후인 40세 때에 강원도 안집사(江原道安集使)의 주선으로 강화에 들어가서 몇몇 대신의 천거로 경흥부 서기(慶興府書記)가 되었고 얼마 안가 중앙의 도병마 녹사(都兵馬錄事)가 되었다. 이것이 그의 관계에의 제일보였다. 개성 환도를 앞두고 삼별초(三別抄)의 반란이 일어났을 때 그는 반란군의 점거지로부터 탈출하여 왕에게로 돌아갔다. 왕에게 그의 존재가 알려져서 차차 등용되게 되었다. 그는 서장관으로 두 차례나 원(元)의 대도(北京)에 가서 외교임무를 다하는 한편, 그의 문명을 중국에 퍼뜨리기도 했다. 지난날 귀동의「병과시」에서 벼르었던 영달의 꿈은 이제 실현의 탄도(坦途)에 오른 것 같았다. 그러나 그의 정직한 성격은 현실과 서어(鉏鋙)되기 시작했다. 우사간(右司諫)을 거

---

25) 同上『胡兵梗路, 綿年不退, 由是未得還京, 姑息棄鄕, 而文淸(崔滋) 卽世, 元氏(親戚夫人) 返眞, 輩下, 無攀援之勢, 又爲東蕃逆賊所掠, 蕩盡家資, 無以自振』
26) 同上『因結茅於頭陀山麓龜洞龍溪之側而家焉, 躬耕奉母』
27) 同上 雜著一部『洞之中, 自西北激激然派于東南者, 龍溪也, 沿溪兩邊, 有田二頃, 是動安居士外家所傳柴地也, 地雖脊薄, 可以資數口之家, 乃結茅於溪西田之短原上』

처 양광(楊廣)·충청 2도를 안찰(按察)할 때에 7인의 장리(贓吏)를 탄핵하고 가산을 몰수한 것이 원망을 사게 되어 필경 철원으로 좌천(東州副使)되었다. 동안거사(動安居士)로 자호한 것이 이때부터였다고 한다. 얼마 뒤에 전중시사(殿中侍史)로 징배(徵拜)되기는 했으나 소(疏)를 올려 시사(時事)를 극론하다가 다시 왕에게 미움을 받아 파직이 되고 말았다.

그는 이제 자기의 전토를 찾아 귀동 구은(舊隱)으로 돌아왔다. 도연명의 「귀거래사」의 일절을 인용하여 그의 거소를 용안당(容安堂)이라고 한 것이 이때부터였다. 백발이 성성한 노구로 귀동에 돌아온 그는 벌써 「병과시」를 읊었던 당시의 진취적인 그가 아니었다. 그의 사상은 아주 퇴영적인 것이 되고 말았다. 그는 관직을 버리고 전토에 돌아왔으나, 지주로서의 토지의 경영에도 아무 열의가 없었다. 그의 「촌거자계문(村居自誡文)」에 농업에 종사한 것을 운명적인 것으로 생각했는데 그것 자체부터가 비의욕적인데다가 수확의 다(多)를 힘쓰지 말라는 것과, 황무지를 갈아먹고 비옥한 땅을 탐내지 말라는 것과, 한천(旱天)에 수도(水道)를 다투지 말라는 것 등은[28] 그 당시의 시대적 추세로 보아 너무나 비현실적이었다. 그 당시에 이미 전시과체제는 완전히 허물어졌고 지방의 신흥지주들은 간전(墾田)과 점전(占田)을 통하여 경쟁적으로 토지소유를 확대해갔으며, 또한 완만하나마 생산기술의 개선과 생산력의 향상을 보여주었다. 이것이 이 시대의 요구이며 역사의 발전적 방향이었다. 이승휴는 전토에 돌아왔으나, 그의 전토에 입각하여 신시대를 지향하는 지주로서 시대의 진운에 보조를 맞추는 사람이 아니고, 도연명과 같은 전원의 일민(逸民)을 자기의 이상으로 삼았던 것이다. 그의 이상은 갈수록 도피적이어서, 만년에는 전적으로 불교에 몰입했다. 죽기 전 6년에 그는 용안당(容安堂)의 간판을 간장사(看藏寺)로 바꾸어놓고 약간의 전답마저 거기에 희사하고 말았다.

이러한 사고방식은 그의 처세관에도 여실히 나타나 있다. 전기 「촌거자계문」에 국사(國事)와 세론에 일체 함구를 하겠다고 스스로 다짐

---

28) 同上 『命旣關農, 業于耕穫, 且莫務多, 剩則必略, 田汝荒蕪, 莫爭衍沃, 時當旱膜, 莫爭溝洫, 周人讓畔, 天眷之福』

했다.²⁹⁾ 그는 한 걸음 나아가 선비가 되었으니 음풍영월을 완전히 제거치는 못하나, 되도록 하필(下筆)을 삼가겠다고 했다. 시휘(時諱)가 많아 저촉되기 쉬운 때문이란 것이다.³⁰⁾ 과연 그의 시집은 산실(散失)의 이유도 있겠지만, 전체 분량이 얼마 안 되는데다가 만년의 작이 더욱 적은 편이다. 이 점은 이규보와 참으로 좋은 대조가 되는 것이다.

이러한 가운데『제왕운기(帝王韻紀)』의 걸작을 내게 된 것은 생각하면 기적같기도 하다. 시휘(時諱)에 저촉될 염려가 전혀 없는 역사적 설화이기에 그는 음풍영월을 완전 제거치 못하는 시(詩)에의 미련을 여기에서 장가호창(長歌浩唱)으로 충족시키게 되었던 것일까? 그렇지 않으면 그의 조용한 관조의 세계 안에 지나간 역사가 스스로 영현(映現)되어 오는 것을 어찌할 수 없이 운율화시키게 되었던 것일까? 우리는 그의 일생 동안의 허다한 열력(閱歷), 특히 복잡다단한 국제관계 속에 걸어나온 민족의 고난에 찬 역정을 몸소 체험한 그의 인생행로가 이러한 걸작의 심령적(心靈的) 원천이 되었으리라 생각한다. 그가 비록 현실에 눈을 감고 시를 쓰지 않는다고 했지만 그의 뇌수 속에 아로새긴 반세기의 민족의 애환은 그에게 역사의식의 생동을 어찌할 수 없게 했음이리라.

2. 英雄詩와 歷史詩

『동명왕편』과『제왕운기』를 다같이 서사시로 규정함에 있어서는 그다지 이의가 없을 것이다. 그러나 이 두 작품은 그 주제에 있어서, 그리고 그 구성에 있어서 상당히 틀린다.『동명왕편』은 동명왕이라는 한 사람의 창국(創國)의 영웅을 찬미한 시였음에 대하여,『제왕운기』는「동국군왕개국연대」「본조군왕세계연대」라 하여, 한 개의 중심인물이 있는 것이 아니고, 단군 개국으로부터 작자 자신의 시대까지를 포함한 민족의 전역사기간의 중요사실을 서술한 것이다. 이제 여기 두 작품을 구분하여『동명왕편』을 영웅시, 그리고『제왕운기』를 역사

---

29) 同上 村居自誡文『家國安危, 朝廷得失, 圖讖雜言, 莫讇脣舌, 杖節是非, 分符善惡, 郡人所行, 亦莫論說』

30) 同上『業已爲儒, 嘲吟風月, 縱未全除, 毋輕下筆, 時諱頗多, 庸知不觸』

시라고 불러둔다. 물론 영웅시와 역사시라는 말은 원래의 의미에 있어서 구분될 것이 아니다. 영웅시는 역사를 소재로 한 것이며, 역사시는 수많은 영웅들의 이야기를 엮어놓은 것으로, 기실은 하나임에 다름없다. 그러므로 여기에서의 구분은 그것이 하나의 방편일 따름이고, 결코 엄격한 과학적 구분은 아니라는 점을 미리 말하여 두는 바다.

원래 일반 문학사에 있어서 서사시의 의의는 그것이 고대, 특히 영웅시대의 문학이라는 점에 있는 것이며, 또한 영웅시는 모든 서사시를 대표하여 서사시의 왕좌를 차지해왔던 것이다.

비코와 헤겔에 의하여 영웅시대와 영웅시가 여러모로 검토되어 왔거니와, 오늘날 역사가들은 〈영웅시대〉의 개념을 원시사회로부터 고대국가의 형성을 지향하는 과도의 시대, 다분히 원시적인 것을 함유하고 있으면서, 그러나 이미 계급관계가 발생된 단계라고 말하고 있으며, 〈영웅〉이란 이 시대의 족장-왕으로서, 그의 신분은 이미 계급관계 위에 위치하고 있으면서도 그의 행동은 아직 공동체에 토대를 두었던 것이라 한다. 공동체라는 집단의 의지가 왕의 개인의 행동 속에 관철될 때 왕은 영웅으로 형상화되는 것이라 생각한다. 영웅적인 인간은 사회발전의 중대한 변혁기에 몇번이고 나타날 수 있는 것이지만, 전형적인 영웅들은 역시 원시사회로부터 국가형성에의 과도기에 출현되었던 것이다. 그것은 희랍사의 초기에 가장 두드러지게 나타났던 것이며, 그것을 노래한 호메로스의 서사시-영웅시는 또한 모든 영웅시의 대표가 되는 것이었다.

우리나라 고대에도 일정한 영웅시대가 있었던가, 그리고 영웅시대의 문학인 서사시-영웅시가 있을 수 있었던가, 이 문제는 국사학과 국문학의 공동제휴에 의하여 앞으로 본격적 연구가 진전될 것을 바라고 있거니와, 적어도 우리가 세계사의 기본법칙을 부인하지 못한다면 우리나라에도 〈원시사회로부터 국가형성에의 과도기〉가 존재했다는 사실과 더불어, 〈우리나라대로의 영웅시대〉의 존재만은 의심할 여지가 없는 것이다.

우리나라의 영웅시대, 그것은 대체 어느 시대로 잡아야 할 것인가. 우리는 저 4·5세기경에 낙랑(樂浪)·대방(帶方) 등의 중국군현을 멸망시키고 뒤이어 사위(四圍)를 모조리 정복해가는 역사적 사실을 통하여 그 당시 전투력의 비약적 증강과 그것을 뒷받침하는 생산력의 고양을 볼 수 있으며, 이러한 발판 위에 서 있는 고구려족과 백제족의 왕과 귀족들의 힘과 행동 속에, 고대국가를 산출하기 위하여 싸우는 인간들의 영웅시대의 체험을 발견할 수 있을 것으로 생각한다. 압록강 기슭에 자리잡은 고구려족, 마한 50여국의 하나이었던 백제(伯濟)족이 급속히 머리를 처들고 활개를 펼쳐나가는 과정, 구체적 인물로서 광개토왕·근초고왕 등을 절정으로 하는 그 시기가 우리나라의 영웅시대가 되기에 가장 적합한 시대적 환경이었다고 생각한다.

그러나 광개토왕이나 근초고왕은 물론이요, 모든 우리나라의 창업·척경(拓境)의 영웅들——동명왕·온조왕·진흥왕 등은 모두 희랍에서 볼 수 있는 전형적인 영웅은 아니었다. 그들은 영웅이면서도 진작부터 아시아적 전제왕의 권위를 갖추고 있었다. 전형적인 영웅이 민중적·인간적이었다고 할 수 있음에 반하여, 이들 전제왕적인 영웅은 귀족적·신격적(神格的)이었던 것이다. 이러한 특수성은 아시아지역에서 널리 볼 수 있는 현상이지만, 우리나라의 경우는 좀더 독특한 이유가 있었던 것 같기도 하다. 기원전 1세기경에 이미 한민족(漢民族)의 식민지-사군의 통치를 받아, 우리나라의 원시사회-공동체들은 부당한 억압과 파괴 속에 주체적 발전이 저지되었고, 이러한 공동체를 토대로 한 대이민족(對異民族 : 漢民族) 해방운동-국가형성운동은 오직 전제왕을 통하여 강력한 힘의 결집과 급속한 권력체계의 확립만이 부과된 역사 사명을 달성할 수 있었던 것이다. 그러나 귀족적·신격적으로 높여진 전제왕들의 권위는 먼 거리에서 민중의 두상에 군림하게 되었고, 그들에 대한 찬미는 강요와 맹종에서 오는 신비로운 상상이 착색되어 있을 뿐, 민중의 생활감정에 의하여 환희와 감격으로 자연히 운율화될 수는 없었던 것이다. 여기에 서사시가 성립되지 못하고 오직 신화와 전설의 산문적 기록만을 남기게 된 이유가 있었던 것이 아닐까? 바꿔 말해서 우리나라 고대에는 〈서사시적 세계〉가 형성되지 못하였고 우리나라 고대의 영웅들은 〈서사시적 영웅〉이 아니라 〈산문적영웅〉이었다고 할 수 있는 것이 아닐까?[31]

31) 李○○씨는 그의 『朝鮮文學史』에서, 우리나라 고대에도 敍事詩가 존재했음을 역설하고 『三國史記』『三國遺事』를 서사시로 간주했다. 이것은 씨의 公式主義的 견해에서 나온 해석이다. 영웅시대가 존재했다고 해도 영웅의 성격에 따라 서사시가 반드시 성립되는 것은 아니라고 생각된다.

그런데 여기 크게 흥미로운 사실은 이 고대의 산문적 영웅이 오랜 시대를 거쳐, 12세기말-고려중기에 이르러 새삼스럽게 서사시적 형식으로 재현되어 문학사에 등장하는 것이다. 그것이 즉 이규보의 『동명왕편』인 것이다.

동명왕설화는 이규보 자신의 『동명왕편』서(序)에, 『세상에서 동명왕의 신이(神異)한 사실을 많이 말하고 있어서 즉 어리석은 백성들이 또한 그 사실을 이야기할 줄 알고 있다. ……위서(魏書)와 통전(通典)을 읽었더니 거기에도 그 사실이 실려 있었다』[32]라고 한 바와 같이 민간에 비교적 널리 유포되었고, 중국측 사적에도 일찍부터 수록되어 있었다. 그런데 일반 지식층들은 이규보 자신의 고백과 같이, 이러한 설화는 〈황당기괴(荒唐奇怪)〉로 돌려버리고 조금도 관심을 표시하려 들지 않았다.[33] 그러던 것이 이제 이규보의 인식상(認識上)에 일대 전회(轉廻)가 왔다.

그는 『구삼국사』를 얻어 동명왕본기(東明王本紀)를 읽은 후에 종래의 태도를 일변하여 이 설화의 가치를 크게 강조하기에 이르렀다. 그는 『구삼국사』소재의 설화가 민간에 유포된 그것보다 한결 신이의 도(度)를 더하여 처음엔 또한 믿기가 어려웠고, ·『〈귀(鬼)〉와 〈환(幻)〉인 줄만 여겼다가, 삼복탐미(三復耽味)를 거쳐 그 근원에 소입(溯入)해봄에, 비로소 귀(鬼)가 아니라 〈신(神)〉이요 환(幻)이 아니라 〈성(聖)〉이었음을 알았다』는 것이다.[34] 여기서, 설화의 내용은 귀에서 신으로 그리고 환에서 성으로 전이(轉移)되면서, 설화의 본상(本相)이 선명히 떠오르게 되었던 것이다. 이것은 민족의 자기파악의 전진과 자기이해의 구체화 과정에 의하여 민족설화에의 인식이 전회(轉廻)되기 시작한 것을 의미하는 것이다.

민족설화에의 인식의 전회, 그것을 뒷받침한 민족의 자기파악·자기이해의 고귀한 정신작용은 또한 어디로부터 왔던 것일까. 두말할

---

32) 東國李相國全集 卷3 『世多說東明王神異之事, 雖愚夫騃婦, 亦頗能說其事, ……及讀魏書通典, 亦載其事』
33) 同上『先師仲尼, 不語怪力亂神, 此實荒唐奇怪之事, 非吾曹所說』
34) 同上『越癸丑四月, 得舊三國史, 見東明王本紀, 其神異之迹, 踰世之所說者, 然, 亦初不能信之, 意以爲鬼幻, 及三復耽味, 漸涉其源, 非幻也, 乃聖也, 非鬼也, 乃神也』

것도 없이 그것은 그 시대의 역사적 배경이 충분히 설명해주는 것이다. 우리는 앞에서 이미 12·13세기의 역사적 사정을 상세히 더듬어보아 왔거니와, 무엇보다 중요한 것은 민중의 심리의 귀일과, 민중의 에네르기의 축적에 의한 민족적 저항정신의 발효였다. 요(遼)·금(金) 이래의 이민족의 압력이 그대로 지속되고 구귀족은 타도되었으나, 초기 무신들의 횡포한 정치가 암흑기를 이루고 있는, 국내외의 혼미한 현실 속에 시인은 자기거점을 〈민족〉에서 발견하고 민족에의 귀의를 통하여 민족의 전통과 유서(由緖)에 새로운 계시를 받았던 것이다.

이리하여 그는 우부애부(愚夫騃婦)들이 이야기하고 있는 동명왕을, 그리고 우리의 창국(創國)의 영웅인 동명왕을 1200년 후에 다시 들추어내고 추켜올리게 되었다. 그는 『동명왕편』을 창작한 목적을 말하면서, 천하로 하여금 우리나라가 본래 성인지도(聖人之都), 즉 〈영웅의 도시〉임을 알게 하려는 것이라 했다.[35] 이 얼마나 대단한 민족적 긍지였던가. 그는 이제 민중의 심리를 승화시키고 민족적 저항정신을 구현시키는 고차적 세계에까지, 시인으로서의 자기위치를 높이게 된 것이다.

그런데 시인이며 문장가였던 이규보가 동명왕을 재현시킴에 있어, 왜 하필 시로써 그 수단을 삼았던 것일까. 『구삼국사』의 동명왕본기가 대단히 신이한 내용을 담은 것이라 했지만, 이제 본기 따위의 산문적 철습(掇拾)만으론 벅찬 정열을 풀어낼 수 없었다. 자유로운 창작과 집중된 열렬한 노래만이 민족의 심금을 울릴 수 있었던 것이다. 이규보 자신의 설명으로 그 이유가 더욱 명백해진다. 즉 김부식이 국사를 다시 엮을 때, 동명왕설화를 자못 생략해 버렸는

---

35) 同上 『欲使夫天下, 知我國本聖人之都耳』 〈聖人之都〉를 〈英雄의 都市〉라고 번역한 것에 대해 異議가 있을지 모르나, 이 경우의 〈聖人〉이란 孔孟型의 人間이 아니고, 神聖한 人間, 偉大한 人間, 즉 〈英雄〉이다. 李奎報의 平素의 用例에도 그런 것이 있다. 그의 「南行月日記」(同上 卷23)에 고인돌을 구경하는 기록에, 「支石者, 俗傳古聖人所支, 果有奇迹之異常者」라는 것이 있는데, 여기의 聖人도 民間俗傳의 의미의 古偉人·古英雄을 뜻하는 것이다. 그리고 都市에 관해서는, 물론 우리나라에 希臘의 폴리스는 없는 것이지만, 原始共同體——〈祭祀軍事共同體의 居住地〉라는 의미에서, 東洋古代에서도 〈都市〉란 말을 쓸 수 있는 대상은 얼마든지 있는 것이다.

데,³⁶⁾ 그것은 정사(正史)의 체재상 크게 신이한 일을 실을 수 없었기 때문이다(기실 김부식은 구귀족이며 사대론자로서 민족과 민족설화에 원래 흥미가 없었는지도 모른다). 당현종본기(唐玄宗本紀)와 양귀비전 (楊貴妃傳)에 보이지 않는 방사(方士)의 황음기탄(荒淫奇誕)한 이야기를 백낙천(白樂天)이 노래를 지어 남기기도 했는데, 동명왕의 것은 단순한 변화신이(變化神異)로 중목(衆目)을 현혹케 함이 아니고, 실로 창국의 신적(神迹)이라, 이것을 지금 서술하지 않으면 후세에 장차 못보게 되겠으므로 이에 노래를 지어 길이 남긴다는 것이다.³⁷⁾ 역사가가 자기규범에 구애되어 생략하지 않을 수 없는 신이한 설화를, 시인은 아무 제한없이 자유스럽게 서술할 수 있는 것이다. 여기 시의 특권이 있다. 이것을 잘 알고 잘 택한 곳에 이규보의 현명이 있었던 것이다. 여기 1200년 동안 단속적(斷續的)인 산문적 기록밖에 가지지 못했던 영웅 동명왕이 새삼스럽게 서사시의 주인공으로 등장하게 되었던 것이다.

이 작품은 5언의 280여구, 1400여자의 본시(本詩)와, 430여구 2200여자의 주(註)로 구성된 근 4천자에 가까운 장편으로, 우리 문학사에 독보적인 영웅서사시인 것이다.

이것은 영웅 동명왕의 탄생 이전의 계보를 밝히는 서장(序章)과, 동명왕의 출생으로부터 그의 입국종말(立國終末)까지를 묘사한 본장과, 그리고 그의 사업을 계승한 유리왕(類利王)의 즉위까지의 경로 및 작자의 소감을 부연(敷衍)한 종장의 3부로 구성된 서사시이다.

여기에는 해모수(解慕漱)·동명왕(東明王)·하백(河伯)·송양(松讓)·유리(類利) 등의 영웅과 이들 막하에 예속된 부하들, 그리고 유화(柳花)·훤화(萱花)·위화(葦花) 등 미인들이 등장하고, 그 활동무대는 북방대륙에서 남반도에 뻗치는 광활한 땅에서 상거가 2억만8천7백80리(里)에 달한다는 창궁(蒼穹)이며, 또 깊고 깊은 수중세계인 것이다.³⁸⁾

---

36) 『三國史記』와 『東明王篇』을 대조하여, 『三國史記』에서 생략된 부분을 밝혀놓은 것으로, 張德順氏의 前記論文「英雄敍事詩 東明王」속에 상세한 도표가 있다.
37) 東國李相國全集『金公富軾, 重撰國史, 頗略其事, 意者, 公以爲國史矯世之書, 不可以大異之事, 爲示於後世而略之耶, 按唐玄宗本紀楊貴妃傳, 並無方士升天入地之事, 唯詩人白樂天, 恐其事淪沒, 作歌以志之, 彼實荒淫奇誕之事, 猶且咏之, 以示于後, 矧東明之事, 非以變化神異, 眩惑衆目, 乃實創國之神迹, 則此而不述, 後將何觀, 是用作詩以記之』
38) 張德順, 英雄敍事詩 東明王, 國文學通論 p.325.

우리는 지금까지 『동명왕편』이 성립된 시대적 배경과 작자의 심적 계기를, 그리고 이 작품의 내용을 요약하여 살펴온 셈이다.

이제 이 작품에 대한 구체적 분석에 들어가려고 하거니와, 우리는 우선 다음 두 가지 점을 중심으로 이 작품을 다루어보기로 한다. ① 플로트 전개의 방식이고, ② 영웅의 성격문제인 것이다.

영웅시에 있어서 플로트의 전개는 활동주체의 단수와 복수 여하에 따라 그 원리를 달리하는 것이다. 활동주체가 단수일 경우에는 플로트 전개의 원리를 영웅 개인 그 자신의 의지와 목표의 전환에 구할 수밖에 없지만, 활동주체가 복수일 경우에는 인간적인 대립 충돌이 플로트 전개의 원리가 되는 것이다. 『동명왕편』은 원래 동명왕에 대한 전기적 서술이니만큼 활동주체는 동명왕 하나뿐이며(序章에 있는 解慕漱의 활동은 별문제로 치고), 동명왕의 일생의 주요행동을 시(時)의 순위에 따라 엮어놓았을 따름이다. 호메로스가 아킬레스의 격노 및 오디쎄우스의 귀국을 중심 테마로 하여 겨우 수십일 동안에 일어난 일 중에서 많은 영웅의 행동을 주위에 결집시켜 놓은 것과는 짜임새가 아주 다르다. 그런데 이규보는 단조롭기 쉬운 이 〈개인전기적 서술에, 복수(複數)의 원리를 이용〉하여 플로트를 전개시켰다. 해모수가 그 후사(後嗣)가 될 동명왕을 낳기까지에, 하백과의 대립 충돌이 여러 번 되풀이되었고, 필경 해모수에 대한 하백의 복수는 그 딸 유화의 신상에 내리게 되어 입술을 땡겨 3척이나 늘어지게 한 후에 우발수(優勃水) 기슭으로 귀양을 보냈다. 이것이 기연(機緣)이 되어 유화는 부여왕 금와(金蛙)의 별실에 들게 되었고, 거기에서 주몽(朱蒙)이 출생한다. 주몽은 차차 자라나 그 재능을 따를 자 없으매 부여왕자가 질투를 한다. 주몽과 부여왕자와의 대립 충돌은 심각하였고, 이러한 대립 충돌은 주몽으로 하여금 부여를 탈출케 한다. 이리하여 남쪽 땅에서 새로이 나라를 세우게 되었으나, 거기서 다시 원주민인 비류왕(沸流王) 송양(松讓)의 침압(侵壓)을 받아 고경에 빠지게 된다. 주몽과 송양의 대립 충돌은 고구려족의 운명을 도(賭)한 흥망의 판가름이었으나, 마침내 굳세고 슬기로운 주몽의 승리로 낙착되어 그 뒤부터 주몽의 패업(覇業)은 완성되고 아무도 대항할 자가 없게 되었다. 주몽의 활동은 이것으로 끝나는 것이지만, 아들 유리가 부여로부터 아버지 동명왕을 찾아오게 된 것도 역시 이 충돌의 원리에 의해서였다.

즉 아버지를 모르고 자라나던 유리가 탄자(彈子)로 부인의 물동이를 깨뜨리매, 부인이 무부지아(無父之兒)라 욕설을 퍼붓는 것이 계기가 되어 아버지를 발견한 유리는 만난을 배제하고 고구려로 찾아든 것이다.

이와 같이, 복수(複數)의 원리를 이용하여 플로트를 전개시킨『동명왕편』은 항상 한 사람의 주인공과 그 상대역과의 대립 충돌에 의하여 제삼의 국면으로 전환시키고, 사건의 발전을 하나의 필연적인 과정으로 이끌어갔다. 개인전기인『동명왕편』을 한 개의 영웅시로 제고시키게 된 것은, 이 같은 다채롭고 발랄한 플로트 전개에 의한 것이었다.

다음, 영웅의 성격문제로 옮기려 하거니와, 여기 영웅의 성격이란 동명왕의 본래의 성격——역사상의 성격이 문제가 아니라, 동명왕을 재현시킨 작자의 작품세계 속에 동명왕이 얼마만큼 영웅의 성격으로 부조(浮雕)되어 나오는가의 문제다. 이 작품의 중요한 장면에 관한 귀절들을 적출하여 음미(吟味)해보기로 한다.

부여왕의 천대를 박차고 탈출을 꾀하는 주몽의 심사를 표현하기를,

스스로 생각하매 하늘의 손자인 이 몸, 부끄럽게도 마굿간 치다꺼리라니, 가슴 만지며 항상 생각하기를 나의 삶이 죽음만 못하도다. 뜻으론 장차 남쪽 땅으로 가 나라를 세우고 도읍을 만들리라고.
自思天之孫, 斯牧良可恥, 捫心常竊導, 吾生不如死, 意將往南土, 立國立城市

하여 천손으로 생각하는 자기 긍지와 목동으로 강요된 자기 신세에 너무나 상치된 현실을 죽음으로 거부하고 남쪽 땅으로 건너가서 나라를 세우고 도시를 세우겠다는 영웅으로서의 의지력과 야심적 포부를 나타내어 준 후에,

좋은 곳 찾아 왕도를 여니, 산천이 수려도 한데 스스로 띠자리 위에 앉아 간략하게 군신의 좌차(坐次)를 정했도다.
形勝開王都, 山川鬱崋歸, 自坐茀範上, 略定君臣位

라 하여 산천이 수려한 형승지에 도읍을 열고 주몽은 스스로 불체상(茀範上)에 앉아 대강 군신의 위(位)를 정했다는 것이다. 불체란 것은 띠(茅)를 묶어 위치(坐次)를 표시하는 것으로, 황막한 벌판에 새 나라의 터전을 마련하고 소박한 절차에 의하여 질서를 세우게 된

그곳에는, 〈초창기적 개척정신이 용솟음치고 군신의 주종관계가 성립되어 있으면서도 공동체의 유대가 아직 강하게 남아 있는 영웅시대의 특징〉을 포착(捕捉)함에 핍근(逼近)한 느낌이 있다. 영웅 동명왕의 부하들도 지혜와 용맹을 겸비한 영웅들로서 처음 부여를 탈출할 당시에 『가만히 셋 동지를 맺으니 그 사람들 모두 지혜롭더라』(暗結三賢友, 其人共多智) 하여, 도이(島伊)·협보(陜父)·마이(摩伊) 등 3인의 현우(賢友)를 동반했거니와, 나라를 세워놓고 비류왕과 대치할 때에 종신 부분노(扶芬奴)가 진언하기를, 지난날 부여에서 곤고(困苦)를 겪을 때 누가 오늘이 있을 줄 알았으며, 이제 대왕이 만사지위(萬死之危) 속에 분신(奮身)하여 요좌(遼左)에 이름을 떨치게 되었으니, 이것은 천제가 명하여 시킨 것이라, 무슨 일이 뜻대로 되지 않겠느냐[39]는 것이다. 의기와 신념에 차 있는 창국(創國)의 영웅들의 모습이 약동하게 그려져 있다.

또한 작자는, 이들 영웅에게 고대 영웅의 공통된 성격의 일면을 부여해놓았다. 고대 서사시 속에 발휘된 영웅들의 개성에 모두 공통된 것은, 후세의 소위 도덕성이란 것이 전혀 보이지 않는 것과, 그 대신 보편적으로 나타난 것이 자연적 인간의 소박한 아욕(我慾)뿐이란 것이다. 영웅들은 소박한 자기의 욕망을 실현키 위하여 단순한 완력(腕力)만이 아니라 얼마든지 간계를 사용했다. 주몽이 부여에서 탈출할 때, 타고 달아날 준마를 하나 골라 남모르게 말의 혓바닥에 바늘을 꽂아놓아 말로 하여금 산통불식(酸痛不食)케 하여, 얼마인가 바싹 여윈 이 준마가 못생긴 말(駑駘)과 같아지매 부여왕은 그것을 모르고 주몽에게 하사했으며, 주몽은 자기 소유가 되자 바늘을 뽑아버리고 주야로 먹여 살찌게 했다[40]는 것이다. 다음, 비류국의 고각(鼓角)을 훔쳐와서 낡은 빛깔을 가하여 자국의 것인 양 속여넘기는 것이라든지, 비류왕이 건국(建國)의 선후로 주종을 결정짓자고 요청해왔을 때, 주몽은 일부러 궁실의 기둥(柱)을 썩은 나무로 해서 천년 고물인 양 속였다고 한 것은 다 영웅들이 즐겨 사용하는 간계의 일단이다.

영웅들은 또한 흉포·잔인·이기적이었다고 말하고 있거니와, 동명

---

39) 東明王篇 小註 『夫大王, 困於扶餘, 誰謂大王, 能至於此, 今大王, 奮身於萬死之危, 揚名於遼左, 此天帝, 命而爲之, 何事不成』
40) 同上 『潛以針刺舌, 酸痛不受飼, 不日形甚癯, 却與駑駘似, 爾後王巡視, 予馬此卽是, 得之始抽針, 日夜屢加餧』

왕도 마찬가지로 되어 있다. 예를 들면, 죄없는 설색(雪色) 사슴을 거꾸로 매달아 두고 비류국을 저주하여 홍수에 표몰(漂沒)되게 할 것을 강박했으며, 마침내 이 소원은 달성되어 7일의 임우(霖雨)로 비류국은 물바다가 되고, 빗속에 빠져 있는 비류국의 사민들은 갈댓줄을 더위잡고 허둥대었다[41]는 것이다. 이와 같이 목적을 위해서 수단을 가리지 않는 흉포·잔인·이기적인 영웅도 어머니의 사랑 속에 애틋한 동심을 그대로 발로시키고 있다. 주몽이 부여를 탈출하던 전야에, 어머니를 뒤에 두고 차마 떠나지 못하던 차에, 어머니의 위대한 희생심과 슬기로운 지도에 힘을 얻어 출발하게 되었고,[42] 『한 쌍의 비둘기가 보리를 머금고 날아오니 어머니의 사자임을 알겠도다』(雙鳩含麥飛, 來作神母使)라는 귀절의 주에, 남쪽 땅으로 건너가서 새나라를 세우려는 영웅아에게 어머니가 손수 싸주는 오곡의 종자를, 어머니와 생이별하는 슬픔에 사로잡혀 그것마저 잊어버리고 왔다가 큰 나무 밑에 휴식할 때에 한 쌍의 비둘기가 날아오는 것을 보고 곡식의 씨를 전달하는 어머니의 사자임을 알았다는 것이다 추병(追兵)의 위기를 가까스로 모면하고, 일로 남으로 남으로 향하는 도중에서, 어머니에의 그리움이 불현듯 솟아날 때, 새나라 건설의 상징인 오곡의 종자가 신모(神母)의 사자인 비둘기로부터 전달되었던 것이다.[43] 이 영웅의 어머니에게 향한 애정은 결코 후세의 유교적인 윤리에서 온 것은 아니었다. 소박하고 무사기(無邪氣)한 자연적 인간이기에 도리어 그만큼 절지(切摯)할 수 있었던 것이다. 우리가 영웅의 간계에 대하여, 그리고 흉포·잔인·이기성에 대하여 혐오를 느끼기는커녕 도리어 일종의 호감조차 깨닫게 되는 것은 모든 사회윤리가 구속을 주기 이전의 것, 즉 고대적 인간체취에서 풍겨지는, 건강하고 신선한 매력 때문인 것이다.

---

41) 同上『東明西狩時, 偶獲雪色麂, 倒懸蟹原上, 敢自呪而謂, 天不雨沸流, 漂沒其都鄙, 我固不汝放, 汝可助我憤, 鹿鳴聲甚哀, 上徹天之耳, 霖雨注七日, 霈若傾淮泗, 松讓甚憂懼, 沿流謾橫葦, 士民競來攀, 流汗相聘眙』
42) 同上 註『爲緣慈母在, 離別誠未易, 其母聞此言, 潛然抆淸涙, 汝幸勿爲念, 我亦常痛痞, 士之涉長途, 須必憑騪駬』
43) 同上註『朱蒙, 臨別, 不忍暌違, 其母曰, 汝勿以一母爲念, 乃裹五穀種, 以送之, 朱蒙, 自切別之心, 忘其麥子, 朱蒙, 息大樹之下, 有雙鳩來集, 朱蒙曰, 應是神母, 使送麥子, 乃引弓射之, 一矢俱擧, 開喉, 得麥子, 以水噴鳩, 更蘇而飛去云云』

이상으로 우리는 『동명왕편』을 한 개의 영웅시로 다루어 왔거니와 『동명왕편』에 나타난 동명왕은 역사상에 실재한 동명왕은 아니었다. (東明王 自體가 歷史上 實在한 人物로 보기도 어렵지만.) 그것은 시인 이규보의 창작적 표현에 의하여 동명왕의 인간구조가 얼마든지 재구성될 수 있기 때문이다.

서사시의 성립의 시대와, 서사시의 테마의 시대는 언제나 많은 거리가 있는 것이지만, 이규보와 동명왕의 시대거리는 너무나 멀기도 했다. 이러한 시대거리를 사이에 둔 이규보가, 중세적 윤리도덕이 몸에 밴 이규보가 고대영웅을 창작함에 있어서 건강하고 신선한 감각을 잃지 않았던 것은 무엇보다 우부애부(愚夫騃婦) 즉 민중들의 전승 속에 새로운 이야기를 발견하고 섭취했기 때문이리라. 그가 『구삼국사』의 동명왕본기를 유일의 문헌상의 자료로 삼았던 것도, 이 『구삼국사』가 민중들의 전승에 비교적 충실했기 때문이었다고 생각된다.

> 이른바 『구삼국사기(舊三國史記)』의 면모는 이제 취마(揣摩)할 길이 없으나 동명왕에 관하여 『삼국유사』권1 북부여조에 고기운(古記云)이라고 게출(揭出)한 문(文)이 대강 이규보의 『동명왕편』과 합함으로써 보건대, 그것이 진역(震域)의 고문헌에 잡출(雜出)하는 이른바 〈고기(古記)〉류의 일물(一物)에 속하고, 이규보가 동명왕본기라는 치어(侈語)를 썼어도 실상은 체례정엄(體例整嚴)한 일부 사적(史籍)이 아니었을지 모를 것이다. 여하간 『동명왕편』에 인용한 동명왕전설은 그 표현의 야단스러움을 얼핏 보면, 매우 발달을 수(遂)한 후대적의 것과 같지마는, 그 골격과 요소는 의연히 소박한 원질(原質)을 가지고 있음이 학문적으로 흥미도 있고 든든도 하다.[44]

그런데, 『동명왕편』이 한 개의 영웅시로서 성공적인 작품이었으나 한 걸음 나아가 민족서사시라는 견지에서 본다면 보다 더 높은 차원이 요구된다. 그것은 동명왕이 〈고구려의 계승자로 자처하는 고려인〉에게는 창국(創國)의 영웅이 될 수 있을지 모르지만, 우리 민족의 입장에서 본다면 고구려족이라는 한 부족의 족장일 따름이요, 민족의 공동의 시조는 아니기 때문이다. 따라서, 동명왕설화는 엄밀한 의미에 있어서 부족적 지역적 성질에서 완전히 벗어나지 못하는 것이었다.

---

44) 崔南善, 新訂三國遺事附錄 東明王篇 解題.

이와 같은 부족적 지역적 설화에서 탈피하여, 민족의 공동의 시조를 발견하고 거기에서 발원한 민족의 활동의 전과정을 서술한 것은 이규보를 거쳐 이승휴에 이르러 비로소 가능했다. 『제왕운기』는 이러한 의미에서 민족서사시의 대성(大成)이며, 특별히 역사시(歷史詩)라고 부르게 된 것도 바로 이러한 이유에서다.

> 역대의 사실(史實)을 운어화(韻語化)하여 풍영(諷詠)의 자(資)에 공(供)함은 중국에서 진작 행한 바요, 고려의 명종조에 오세문(吳世文)이 이미 「역대가(歷代歌)」를 찬하여 유명하거니와, 이승휴는 전대의 제작보다 규모를 넓히고 자세하게 하여 써 예림(藝林)의 일기파(一奇葩)되기를 기한 것이 이 『제왕운기』일부(一部)이었다.』(中略)
> 『제왕운기』는 상하 2권이니 상권에는 중국의 역대(盤古로부터 金까지)를 7언시로 읊고, 하권은 진역(震域)을 2부로 나눠서, 동국군왕개국연대에는 단군이후, 위만·사군·삼한·신라·고구려·백제·후고구려·후백제·발해의 사실을 7언으로 영출(咏出)하여 범(凡) 1천4백6십언으로 하고, 본조군왕세계연대는 고려시조로부터 충렬왕까지를 5언시로 하여 범 7백언을 만들었다.
> 『제왕운기』는 『삼국유사』와 더불어 거의 동시의 찬으로서, 그 채용한 재료에는 호조참증(互照參證)에 자(資)할 것이 많다.[45]

우리는 여기에서 먼저 이 『제왕운기』가 민족시조인 단군을 내세우고, 민족생활에 대한 횡적 포괄의 광범, 종적 전망의 유원(悠遠), 다각적 취상(趣尙)의 복잡함을 종합해놓고, 그 모든 것의 출발을 민족시조인 단군에게로 귀일시킨 데에 경탄을 불금하며, 나아가 우리 민족의 역사인식의 발전상에 한 시기를 획하는 것이라고 보아 찬사를 아끼지 않는 바다.

역사인식은 그 시대의 사회수준과 민족적 성장도에 따라 내용의 변화가 있는 것이다. 그것이 곧 역사인식의 발전이다. 이름만 남기고 실제 없어진 각종 고기(古記)는 지금 빙거할 수 없는 바요, 우리나라 산문가의 최대업적인 『삼국사기』에서 민족의 공동의 시조는 그림자도 발견되지 않았다. 그것이 『제왕운기』에 이르러서는 본래 평양지방의 한 지방신이었던 선인왕검(仙人王儉)(三國史記)이 민족시조인 단군으

---

45) 崔南善, 新訂三國遺事附錄 帝王韻紀抄 解題.

로 승격되어 뚜렷이 나타나는 것이 아닌가.

『제왕운기』의 개종명의(開宗明義)의 제1장이라고 할 수 있는 전조선기(前朝鮮紀)에 『맨처음 누가 나라를 열어 풍운을 일으켰노? 하느님의 손자, 그 이름 단군이로세』(初誰開國啓風雲, 釋帝之孫名檀君)라고 하고, 그 주에 본기(檀君本記?)를 인용하여 단군신화를 소개하는 동시에, 시례(尸禮)・고례(高禮)・남북옥저(南北沃沮)・동부여(東扶餘)・예맥(濊貊)이 다 단군의 자손임을 기록했다. 그리고 삼한을 설명하는 귀절에 다시 시라(新羅)・고례(高句麗)・부여・옥저・예・맥 등 남북각지에 산재한 부족집단이 모두 단군의 후예로서 단군의 세계를 이어받았다는 것이다. 동명왕에 비하여 단군의 위치가 얼마나 더 높은 것인가를 이로써 알 수 있는 것이다.

단군은 『삼국유사』에도 나오지만, 이 전조선기가 『삼국유사』와 틀리는 점은, ① 기자가 후조선조(後朝鮮祖)임에 대하여, 단군은 전조선조라는 것, ② 단군의 단(檀)자가 확실히 목변(木邊)의 단(檀)이라는 것, ③ 『유사』에는 환웅(桓雄)이 웅녀(熊女)와 혼인하여 단군을 낳았다고 했는데, 『운기』에는 환인(桓因)의 자 단웅(檀雄)이 손녀에게 약을 먹여 인신(人身)으로 화하게 한 후, 단수신(檀樹神)과 혼인시켜 단군을 낳았다는 것, ④ 『유사』에는 판도에 관한 것이 자세치 않은데, 『운기』에는 〈시라・고례・남북옥저・동북부여・예・맥 등 조선반도가 전부 그 치하에 들어가 있다.〉 즉 이것은 고려의 판도욕의 반영인 것이다.[46]

여기에서 가장 주목에 값하는 것이 ④항이다. 『유사』보다 불과 10년 가량 뒤에 만들어진 이 『운기』에, 단군신화의 민족시조로서의 내용이 훨씬 구체화된 것은 참으로 재미있는 일이다.

고려시대에 『구삼국사』, 이규보의 『동명왕편』, 『삼국유사』의 단군조선, 『제왕운기』의 전조선기(前朝鮮紀)를 통하여, 불완전한 단군신화가 어떻게 하여 완전한 것으로 성장 발전한 것임을 알 수 있다. 단군신화라는 개국신화의 이 같은 발전은, 정히 고려라는 일민족사회의 현실적 발전의 반영인 것이다.[47]

---

46) 朝鮮古典刊行會叢刊, 帝王韻紀・動安居士集 解說.
47) 同上.

단군을 동방의 모든 종족의 시조로 받들게 됨에 따라 동방의 모든 종족은 동족의 의식으로 포섭될 수 있는 것이다. 나(羅)·여(麗)·옥저(沃沮)·예·맥은 물론이요 만주 저쪽에 따로 나앉은 발해까지도 이제 동족의 일부분으로 들어오게 되었다. 동국군왕개국연대의 말장(末章)에 발해를 수록한 것은 이러한 의식에서 나온 것이라 생각한다. 발해는 신라때만 해도 이국시·적국시되었고, 발해에 대한 증오는 신라말까지 숙지지 않았다. 신라의 자제들이 당(唐)의 과거에 응시할 때, 발해인이 동일 비율로 합격된 것을 크게 수치로 여길 정도였다. 최치원(崔致遠)이 작성한 「신라왕여당강서고대부상장(新羅王與唐江西高大夫湘狀)」에 외국인 급제 두 명 중에, 발해출신이 수석(首席)이 되고 신라가 그 부(副)가 된 것은 한비(韓非)가 노자(老子)와 전(傳)을 같이하고, 하언(何偃)이 유우(劉瑀)의 앞에 있는 것과 다름없어, 널리 사린의 기롱(譏弄)을 받고 길이 일국의 수치를 남기게 되었다[48]는 것이다. 고려왕조가 발해유민을 최대한 받아들이면서도 발해를 위하여 역사를 편찬해 준 일이 없었고, 뒤에 『삼국사기』 『삼국유사』의 찬자에 있어서도 발해의 존재는 일체 무시되어 왔던 것이다. 이리하여 후세의 역사가로 하여금, 신라·고구려·백제의 삼국사를 편찬하면서 신라·발해의 남북국사(南北國史)를 만들지 못한 것을 비난케 했고,[49] 나아가 발해사를 갖지 못한 까닭에 발해의 옛땅의 반환을 요구할 근거가 없어지고, 고려는 드디어 약국(弱國)이 되어버렸다고 발탄(發歎)케 했던 것이다.[50] 그런데, 이 『제왕운기』에서는 나·려·제 등과 함께 발해가 뚜렷이 자리를 차지하고 있는 것이 아닌가. 『사기』 『유사』 이래의 산문가들이 한결같이 우리 민족의 역사권외에 내쳐버린 발해를, 이 서사시인은 따뜻이 동족의 의식으로 포섭해

---

48) 東文選 卷47『惟彼句麗, 今爲渤海, 爰從近歲, 繼忝高科, (中略) 靖恭崔侍郞, 放賓貢兩人, 以渤海烏昭度爲首, 韓非 同老聃之傳, 早已難堪, 何偃 在劉瑀之前, 其實堪恨, (中略) 旣致四隣之譏, 永貽一國之恥.』

49) 柳得恭, 渤海考序『高麗, 不修渤海史, 知高麗之不振也, 昔者, 高氏, 居于北, 曰高句麗, 扶餘氏, 居于西南, 曰百濟, 朴昔金氏, 居于東南, 曰新羅, 是爲三國, 宜其有三國史, 而高麗, 修之, 是矣, 及扶餘氏·高氏亡, 金氏有其南, 大氏有其北, 曰渤海, 是爲南北國, 宜其有南北國史, 而高麗, 不修之, 非矣』

50) 同上『竟不修渤海史, 使土門(豆滿)以北, 鴨綠以西, 不知爲誰氏之地, 欲責女眞而無其辭, 欲責契丹而無其辭, 高麗, 遂爲弱國者, 未得渤海之地故也, 可勝歎哉』

놓았던 것이다. 여기 민족의 활동에 대한 횡적 포괄의 광범을 볼 수 있겠거니와, 또한 민족시조를 근원으로 한 동족의식의 형성은 역사의 관념에도 새로운 작용을 일으켜, 종래의 왕조본위의 단대사적(斷代史的) 견해를 극복하고 왕조의 변천을 넘어서서 민족생활의 계속적 전개를 인식하게 되는 것이다. 『제왕운기』의 편차(編次)에 맨처음 지리기(地理紀)라 하여 민족생활의 환경을 약설한 후에, 전조선기(前朝鮮紀)·후조선기(後朝鮮紀)·고구려기(高句麗紀)·백제기(百濟紀) 등등으로 서술하여 작자 자신의 시대인 금상폐하(忠烈王)에까지 내려온 것은, 민족사의 종적 고찰을 통하여 유원(悠遠)한 전망을 가질 수 있게 된 것이다.

역사는 고대인의 〈경험의 기억〉에서 시작되는 것이다. 우리나라의 경우에도 〈경험의 기억〉은 그 원초부터 있었던 것이며, 겪어온 사실 중에 큰 것, 두드러진 것은 이야기로 엮어지고 문자로 기술되어왔다. 우리나라 최초의 역사기술이 『고구려유기(高句麗留記)』였다고 생각되거니와 『유기』라는 이름이 바로 이 경험의 기억이라는 뜻을 표시해 주는 것 같다. 한편, 민중의 생활감정을 풍부히 담아 가진 모든 전승의 집적은, 단순한 기억에 그치는 것이 아니라, 윤색과 가공을 통하여 설화문학적 역사기술이 무수히 출현되었던 것이다. 여기 초기 산문가의 공적이 있었던 것이다. 그러나 시대가 흘러감에 따라 경험의 기억은 완전상실, 혹은 희미해짐을 면할 수 없게 된다. 그것은 산문가 자신이 정사체(正史體)의 규범에 얽매여서 많은 설화를 삭제해버리는 반면에, 일반적으로 산문가의 기록들은 분량이 호한(浩汗)하게 마련이어서 보급이 어려워지기 때문이다. 이규보가 『동명왕편』을 지을 때, 『이것을 기술하지 않으면 뒤에 무엇을 볼 게 있으리오』(此而不述, 後將何觀)라고 한 바와 같이, 그는 산문 대신 시를 가지고 위대한 창국(創國)의 신적(神迹)을 망각으로부터 건지겠다는 뜻을 말했거니와, 이승휴는 『제왕운기』 상권 서(序)에, 호한한 분량으로 앞뒤가 어수선한 고금의 전적은 역사의 사실, 즉 제왕상승수수흥망지사(帝王相承授受興亡之事)를 흐리게 하고 있으므로 그것을 요약하여 시로 만드는 것이 보기에 편리하다[51]는 것이다. 이 두 시인은 경험의 기억에 있어서

---

51) 帝王韻紀 上卷 序『自古, 帝王相承授受興亡之事, 經世君子所不可不明也, 然, 古今典籍, 浩汗無涯, 而前後, 相紛如也, 苟能撮要, 以詩之, 不亦便於覽乎』

산문보다 서사시의 가치를 훨씬 높게 보았던 것이다.

그러나 이 두 시인의 창작태도는 매우 다른 것 같다. 이규보는 황당기괴한 설화에 대하여 〈귀(鬼)〉와 〈환(幻)〉이라고 생각되었던 것을 〈신(神)〉과 〈성(聖)〉으로 깨닫게 되었다고 했으나 그것은 결국 황당기괴한 것을 그대로 받아들여 시를 쓴 것이었다. 이에 반하여 이승휴는, 〈부사(浮辭)〉를 버리고 정리(正理)에 취(就)하여 그 사실을 포장영출(舖張咏出)〉했다는 것이다.[52]

부사는 곧 황당기괴한 설화를 뜻한다. 이 부사를 버리고 정당하게 사리에 맞도록 서술한다는 태도는 이규보와 아주 대척적인 것이다.

사실, 우리는 『동명왕편』과 『제왕운기』를 한데 놓고 비교해 보면 두 작품의 이러한 차이점을 곧 느끼게 될 수 있다. 『동명왕편』이 영웅의 신이한 자취를 전하기 위하여, 천마행공(天馬行空)의 신치(神致)로 화려한 조사(藻思)를 발휘했음에 대하여, 『제왕운기』는 역사의 흥망변천을 밝히기 위하여 건실한 상식의 기조 위에(비록 신화·전설을 취급은 했으나) 조용한 관조자로 사실의 체계를 파악하려 했던 것이다. 『동명왕편』이 민족적 긍지와 정열 속에 승화된 로맨티시즘의 작품이라면, 『제왕운기』는 객관적 냉정(冷靜)으로 민족의 동태와 역정을 그려나간 리얼리즘의 문학이라고 할 수 있는 것이 아닐까 한다.

3. 民族敍事詩로 본 두 作品의 歷史的 限界

역사적 소산이었던 이 두 작품은, 또한 그대로 역사적 한계를 넘어서지 못했다. 우리는 다음 이 두 작품의 문학형태 및 사상내용상의 한계를 아울러 한번 살펴보기로 한다.

민족서사시로 본 이 두 작품의 근본적 약점은 그것이 모두 한시(漢詩)로 되어 있고 민족어로 표현되지 못했다는 사실이다. 이것은 물론 이규보·이승휴의 두 작자만을 탓할 것이 아니다. 유감스럽게도 그때까지 우리 민족은 자기 표현을 위한 민족문자를 창조해내지 못했

---

52) 同上 下卷 東國君王開國年代 序『謹據國史, 旁探各本紀, 與夫殊異傳所載, 參諸堯舜以來, 經傳子史, 去浮辭, 取正理, 張其事而咏之以明興亡年代』

기 때문이다.

　10세기 이래, 중국의 정치적 지배에서 벗어난 동아시아의 여러 민족들은 문화적으로도 한문자(漢文字)에 대항하여 각각 자기 문자를 만들었다. 거란문자(契丹文字)・여진문자(女眞文字) 그리고 몽고문자(蒙古文字) 등이 그것이다. 이러한 때에, 우리 민족만은 신라로부터 물려받은 이두(吏讀)・향찰(鄕札)에서 저회(低回)하고 있으면서 한문자에의 의존도가 갈수록 높아졌을 뿐이었다. 시가문학에 있어서도 신라문화의 꽃다발인 듯 탐스럽던 향가는 차차 시들어지고 대신 한시가 발전하고 보급되기 시작했다. 향가와 한시와의 비교논의는 고려에서 진작 행하여졌다.『균여전(均如傳)』의 최행귀(崔行歸) 역시서(譯詩序)에 5언 7자의 한시와 3구6명(三句六名)의 향가가 성조(聲調)에 있어서는 동서참상(東西參商)의 거리가 있지만, 사리(辭理)에 있어서는 강약을 난분할 만큼 대등하다는 것이었다.[53] 최행귀는 향가를 한시와 대등하다고 말하면서도 균여의 14수 향가를 진작 한시로 번역하여 널리 펴게 했다. 물론 그가 한시로 역출하게 된 것은 다른 이유도 있었다. 즉 한문은 아방(我邦)에서 읽기가 쉽고 향찰(鄕札)은 피토(彼土: 中國)에서 알기 어려워, 아방의 재자명공(才子名公)은 한시(唐什)를 읊을 줄 아는데, 피토의 홍유석덕(鴻儒碩德)들은 향가를 해득치 못하고 있으므로, 균여의 교의(敎義)를 형통(亨通)시키기 위하여 향가를 한시로 바꾸어 놓았다는 것이다.[54] 그러나 우리는 여기에서〈향가가 차차 한시로 대체되는 당시의 경향〉을 짐작할 수 있겠다. 사실 한문학의 세련을 받아 착상과 조구(造句)가 이미 상당한 수준에 도달하게 된 고려의 시인들은〈향가식 표기방법의 간삽(艱澁)과 조루(粗漏)에 애착을 느낄 수 없었던 것이다. 이리하여 한시는 향가보다 도리어 일반화되었고, 향가는 왕실 중심의 구귀족층에 폐쇄된 잔명을 연장해오다가, 귀족사회의 몰락(鄭仲夫亂 以後)과 함께, 완전히 자취를 감추어 버렸다. 「정과정곡(鄭瓜亭曲)」은 실로 이 향가계 고대문학의 종장이

---

53) 崔南善, 新訂三國遺事 附錄 均如傳『詩構唐辭(漢詩), 磨琢於五言七字 歌排鄕語, 切磋於三句六名, 論聲則隔若參商, 東西異辨, 據理則敵如矛盾 强弱難分, 雖云對衒詞鋒, 足認同歸義海, 各得其所, 于何不臧』

54) 同上『我邦之才子名公, 解吟唐什, 彼土之鴻儒碩德, 莫解鄕謠, 矧復唐文 如帝網交羅, 我邦易讀, 鄕札, 似梵書連布, 彼土難諳』

며, 귀족사회의 만가(輓歌)이기도 했다. 일연이 『삼국유사』에서 신라 향가를 소중히 수록하면서, 자기의 지은 찬(讚)들은 모두 한시로 된 것을 보면, 12세기 이후의 고려사회에 있어서, 향가는 이미 망각의 세계에 속하고 있었으며, 그것의 반비례로 한시의 침투범위가 더욱 확대되었던 것을 알 수 있겠다.

그런데 13세기초에 이르러 경기체가(景幾體歌)로 불리어지는 특수 형식의 별곡(別曲)이 성립되었다. 「한림별곡(翰林別曲)」이 그것이다. 경기체라는 신가형(新歌型)의 창조자들은 바로 그 당시의 신진사인들이었다. 강력한 최씨정권에 의하여 일단 정돈된 고려의 정국은, 새출발과 새 희망의 밝은 일면이 있는데다가 최씨정권의 비호하에 앞날이 보장된 신진사인들은, 그 자신의 본래의 진취적 성격으로 한결 의기로왔다. 거란의 여신(餘燼)이 간혹 불똥을 튀기고 여진의 숙채(宿債)가 깨끗이 가셔지지는 못했으나, 아직 몽고의 대구(大寇)가 들어오기 이전이라 「한림별곡」은 정방의 주재하에 옥순(玉筍)처럼 족출하는 신진사인들의 장려한 행렬과 호화로운 전시장으로 구성될 수 있었던 것이다. 전세기의 향가가 신라의 혈통을 이어가진 구귀족──왕조에 기생하는 관인들의 소극적 영탄물의 잔천(殘喘)이었음에 대하여 경기체가 「한림별곡」은 고려의 지방풍토 속에 자라난 신진사인들의 집단적 시위의 첫 함성이었다.[55]

경기체가는 일종의 서사시였다.[56] 향가가 귀족의 서정시로 소침(消沈)된 이후에, 경기체가는 신진사인에 의하여 서사시로 출현되었던 것이다. 이 신진사인들은 모두 한문학의 문호였다. 한시의 정취에 깊이 젖어 있으면서도 그들은 민족의 리듬을 되살려서 노래하려고 했

---

55) 「翰林別曲」에 나오는 인물들 가운데는 구귀족의 혈통을 이은 자, 武臣의 家系에 속하는 자가 있으나, 대체로 지방출신의 新進士人들이 주력을 이루고 있는 것 같다. 다만 武臣執權期를 하나의 과도기로 본다면, 「翰林別曲」의 인물들도 過渡期的 人物, 다음에 등장하는 新官僚士大夫階級의 先驅型에 해당하는 것이다. 어쨌든 「翰林別曲」은 당시 新進士人들의 社會的 進出의 氣魄을 자랑하는 集團의 詩요, 종래 무작정하고 頹廢·逃避의 文學으로 해석해오던 견해는 수정되야 한다고 주장한다.

56) 景幾體歌를 敍事詩로 규정한 것은 具滋均·孫洛範氏 등의 共著 『國文學槪論』(p. 116)에서도 볼 수 있다.

다. 여기 한자어로 가득찬 경기체가가 그 형식에 있어서 전후절의 분단과 매장 말의 첩구(疊句)로써 〈우리나라 시가의 고유 공통의 특징〉을 지니게 되었고, 나아가 극히 부분적이나마 향가식 표기방법으로 우리말을 사용하게 되었던 것이다.[57]

그러나 경기체가는 장편 서술체의 서사시는 아니었다. 즉흥적으로 수창(酬唱)하는 별곡체의 형식일 따름이었다. 이 〈별곡체 서사시〉가 한 걸음 나아가, 영웅과 역사를 소재로 한 장편의 민족서사시로 발전할 수 있었던들, 우리나라 문학유산은 큰 빛을 더하게 되었을 것이다.

향가가 소멸되고 한시가 유행하는 그 시대에, 민족의 말과 리듬을 되살리는 방향에서 경기체가──별곡체 서사시를 성립시키게 된 것은 우리 문학사의 일단의 전진이 아니랄 수 없으나, 거기에서 한 걸음 더 내켜, 장편의 민족서사시로 옮겨가기에는 커다란 제약이 있었던 것이다. 그때까지의 우리나라의 시가의 전통이란 기껏해야 3구6명(三句六名)의 향가가 있었을 뿐, 장편시는 존재하지 못했으며, 또한 장편시의 성립을 가능케 할 문자의 표기법도 언어 자체의 표현력도 성숙되지 못했던 것이다. 이리하여 신진사인들은 서사시적 의욕에 넘쳐 있으면서도 그것을 표현할 적당한 형식을 갑자기 마련하지 못하고 오직 즉흥적 수창인 별곡체 서사시에서 최소한 민족의 말과 리듬을 즐기게 되었던 것이다. 그러나 신진사인들은 이것으로 서사시적 의욕을 해소시킬 수 없었다. 무엇인가 적극적인 표현이 요구되었다. 이제 〈3구6명의 향가의 전통으로 자기를 한정시키느냐, 그렇지 않으면 5언7자의 한시를 빌어서라도 장편을 창작하느냐〉양자 택일이 필요

---

57) 景幾體歌가 우리 詩歌의 固有 共通의 형식을 취했다는 것은 趙潤濟博士 이래의 諸家의 定說이다. 다만 趙博士는 景幾體歌의 基本音調가 中國의 詞나 四六에서 온 것이리라고 추정했고, 최근 李明九氏는 趙博士의 見解를 발전시켜, 景幾體歌의 聯章體마저 宋詞의 模倣이라고 설명했다. (景幾體歌의 形成過程 小考, 成均館大學校論文集 第5輯) 그런데, 李明九氏의 硏究는 景幾體歌의 宋詞의 模倣面에 대한 闡明보다도 景幾體歌의 〈前大節 後小節의 重輕이 合친 分節體〉를 상세히 검토하여 그것이 우리나라 고유의 것임을 일층 더 명백히 한 곳에 특색이 있다. 씨는 현재 계속해서 景幾體歌에 대한 독자적 연구분야를 개척해가고 있거니와 그 분석의 視角이 종래의 形式·音節面으로부터 歷史的·社會的인 면으로 전환되고 있음이 더욱 기대된다.

하게 되었다.

이규보는 「한림별곡」에 직접 관여된 당장(當場)의 한 사람이었다. 별곡체 서사시의 경중인(景中人)이 된 그가, 일찌기 민족서사시 『동명왕편』을 지을 때엔 한시를 택했던 것이 어쩔 수 없었던 일이다.

이규보가 5언시 하나를 택했음에 대하여, 이승휴는 그의 『제왕운기』에서 5언7자를 병용했다. 이승휴는 이에 관해서 시의 성립과정이 5언에서 시작하여 7언에서 완성된 것인데, 지금 이 제작의 본의가 본조(高麗朝)에 비롯한 것이므로, 본조에는 5언, 본조로부터 소상(溯上)된 이여(爾餘)의 시대에는 7언으로 했다는 것이다.[58]

이런 종류의 설명은 우리에게 아무런 흥미도 주지 못한다. 보다도 이 5언7자의 한시가 과연 얼마만큼 우리 민족의 모습을 구김없이 나타낼 수 있으며, 이 한시의 운율이 얼마만큼 우리 민중의 생활감정에 투합될 수 있었던가가 우리의 관심사다.

결국 12·13세기의 우리나라의 시인들은 서사시적 의욕의 왕성에도 불구하고 시가전통의 영체(零替)와 문자·언어 등 제조건의 미숙 때문에 겨우 별곡체 서사시를 성립시켰을 뿐이고, 장편 서사시에 이르러서는 독자적 민족시의 신형태를 창출하지 못하고 오직 한시 5·7언 장편의 체제를 답습했던 것이다.

이러한 제약은 시의 형태상에서뿐 아니다. 보다 사상내용상에 더 많은 제약을 볼 수 있는 것이다.

『동명왕편』이 영웅시로서 성공적인 작품이었다고 말했으나, 책비적(責備的) 의미에서 본다면, 그 속에는 수많은 결함이 노출되고 있음을 숨길 수 없다. 동명왕의 개인적 자질은 영웅의 자질로서 손색이 없겠으나, 영웅의 행동을 뒷받침할 집단의 움직임이 전혀 없다. 이 서사시 가운데서는 병사(兵士)의 집단이 행군하는 발자국 소리는 조금도 들을 수 없다. 거기에 그려져 있는 전쟁이란 인간의 집단과 집단이 공방(攻防)의 기복(起伏)으로 분박(噴薄)하는 전쟁이 아니라 영웅의 양자 대결이든가(東明王과 松讓의 활쏘기, 解慕漱와 河伯의 재주 다툼의 경우) 그렇

---

[58] 帝王韻紀 下卷 本朝君王世系年代 末尾小註『或難曰, 子之編修帝王韻紀, 皆以七言敍事, 而至於本朝, 則用五言者, 何也, 其有指乎答, 且詩之作, 始於五言, 而終於七言者也, 今夫制作之意, 始起於本朝, 故, 終之以所起之始』

지 않으면 인간의 눈에 보이지 않는 하늘의 힘으로 상대편을 굴복시키려는 절망적 비관적 투쟁이 있을 뿐이었다. (사슴을 거꾸로 매달아 놓고 하늘에게 沸流國에 霖雨를 내리게 할 것을 기원하는 경우) 동명왕이 부여를 탈출하여 엄체수(淹滯水)를 건너는 장면에, 추병(追兵)은 뒤에 다가오고 강은 앞을 가로막아 있는데, 하늘에 대한 애소(哀訴)가 헛되지 않아 어별(魚鼈)이 교량을 이뤄 천손(天孫)을 건너게 했고, 추병이 왔을 때에는 이 교량이 무너져버렸다는 것이다.[59] 이러한 경우에 동명왕은 하늘의 도움으로 위기를 모면했을 뿐이고, 그 자신의 영웅으로서의 역량은 조금도 보증되지 않는다. 그리고 새 도읍을 정하고 성곽을 쌓을 때에, 운무(雲霧) 속에 수천의 신병(神兵)이 토목을 일으켜 훌륭한 성궐(城闕)을 이루어놓았다는 것이다.[60] 이것도 하늘이 동명왕에게 점지해 준 것이고, 동명왕은 추호의 노력도 들인 바 없는 것이다.

만약 전자의 경우에 있어서 동명왕 및 그 부하가 부여의 추병을 상대로 초인적 전투를 전개하여 기사회생(起死回生)의 용맹을 발휘케 하고, 후자에 있어서 동명왕의 창의적 지휘하에 대중의 협동적 노동으로 성궐(城闕)을 불일성지(不日成之)케 했던들, 영웅의 성격은 거의 유감없이 나타낼 수 있었을 것이다.

고려의 역사현실은 『동명왕편』이 제작된 시대에 있어서나, 또는 그 이후에 있어서 『동명왕편』의 성격과 그대로 표리를 이루고 있다. 예를 들면, 몽고에 대한 전쟁기간, 전국 각지방의 장졸과 민중들의 영웅적 전투 속에 숭고한 희생과 빛나는 공적을 도처에서 볼 수 있었으나, 중앙 최고의 위치에서 그것을 종합하고 집중적으로 파악해야 할 최씨정권은, 자기 역량의 한계 때문에 오직 후방에서 소비적인 생활만을 지탱해가면서 민중의 항전의욕을 끝내 지방적 분산적인 것으로 소모시키고 말았다. 따라서 전쟁에 전망이 어두워진 그들은 하늘의 도움을 빌고 부처(佛)의 신통력에 의지해보려고 했다. 앞서 인용한 「신묘 12월 군신맹고문(卯辛十二月君臣盟告文)」의 첫머리에 달단완종(達

---

59) 東明王篇 『南行至淹滯, 欲渡無舟艤, 秉策指彼蒼, 慨然發長嘅, 天孫河伯甥, 避亂至於此, 哀哀孤子心, 天地其忍棄, 操弓打河水, 魚鼈騈首尾, 屹然成橋梯, 始乃得渡矣, 俄爾追兵至, 上橋橋旋圮』

60) 同上 『玄雲羃鶻嶺, 不見山邐迤, 有人數千許, 斷木聲髣髴, 王曰天爲我, 築城於其趾, 忽然雲霧散, 宮闕高崔嵬』

旦頑種)의 무도한 침략 앞에, 구원을 내릴 것을 하늘(皇天上帝)과 일체의 영관(靈官)에게 애소하였고,[61] 그 다음「대장각판군신기고문(大藏刻板君臣祈告文)」에 시방무량제불보살(十方無量諸佛菩薩)과 삼십삼천(三十三天)에게 간박(懇迫)한 이 기원을 양찰(諒察)하고 완융(頑戎)의 추속(醜俗)으로 하여금 이 나라 강토에서 멀리 물러나게 해달라는 것이다.[62]

이 맹고문과 기고문은 모두 이규보의 찬이다. 국왕·태자를 위시한 공후백(公侯伯)·재추(宰樞)·문무백료(文武百僚) 등 고려정부 지배층의 일치된 기원의 표시였다. 그러나 이규보는 그가 창작한 시의 세계에서는 얼마든지 하늘의 조화를 활용하여 기적을 나타나게 했지만, 현실의 세계에 있어서는 그것이 가능할 리 없었다. 결국 하늘의 도움도 부처의 신통력도 얻지 못한 채 최씨정권은 무너지고 고려의 국조(國祚)는 몽고와의 타협에서 유지되었던 것이다.

당시 고려정부 지배층이 하늘과 부처에게 의지할 생각을 갖지 않는 대신에, 민족의 선두에 서서 지방적 분산적이었던 민중의 항전의욕을 총집결시켜 전민족의 통일적 항전체제로 이끌어나갔던들, 원구(元寇)의 격퇴가 반드시 이웃 나라만의 자랑거리가 안될 수 있지 않았던가.

이규보가 죽을 때까지 적으로 저주했던 달단완종(達旦頑種)은, 이제 고려에게 상국 대원(大元)으로 엄림(儼臨)했다. 이승휴가『제왕운기』상권에서 중국의 역대왕조를 서술한 끝에, 그는 공자(孔子)가 요(堯)를 찬양한 어구(巍巍蕩蕩) 그대로 몽고제왕의 성덕을 찬양했고, 나아가 영토의 광대와 인민의 중다(衆多)가 개벽이래의 처음이라 하여 구아(歐亞) 양대륙에 걸친 대원제국의 판도를 칭송했다.[63] 그는 또한

---

61) 辛卯 12月 君臣盟告文『右下土臣某等, 熏沐齋戒 謹頓首再拜, 哀籲于皇天上帝, 及一切靈官』

62) 大藏刻板君臣祈告文 『國王 諱, 謹與太子 公侯伯宰樞文武百寮等熏沐齋戒, 祈告于盡虛空界十方無量諸佛菩薩, 及天帝釋爲首三十三天一切護法靈官, (中略) 伏願諸佛聖賢三十三天, 諒懇迫之祈, 借神通之力, 使頑戎醜俗, 無復蹈我封疆, 干戈載戢, 中外晏如, 母后儲君, 享壽無疆, 三韓國祚, 永永萬世』

63) 帝王韻紀 上卷『唯吾上國大元興, 遍使黔蒼成亶亶, 巍巍蕩蕩無能名, 我君同德揚光彼, 蹄航萬國竟來臣, 禹貢山川皆執贄, 土地之廣人民衆, 開闢而來無有讐』

몽고의 비호를 받게 된 고려의 왕실을 영광처럼 수식했다. 본조편의 끝에, 몽고 공주(蒙古公主)로 국모(國母)를 삼고, 몽고 외손(蒙古外孫)으로 왕을 삼아 고려의 조업이 다시 빛을 내었고, 앞으로도 대원제국의 황은(皇恩) 속에 억만년의 부귀를 지켜나가자고 축원했다.[64]

이규보가 이 강토로부터 멀리 물리치려고 했던〈완융(頑戎)의 추속(醜俗)〉은, 이제 밀물처럼 우리나라로 들어왔다. 몽고의 법제는 국가의 구헌(舊憲)을 변경시키고 몽고어·몽고복장의 몽고풍은 궁정을 중심으로 침점되었다. 이러한 풍조 속에서, 단군의 개국신화가 민중의 전승을 토대로 형성되어 나왔고, 일연을 거쳐 이승휴에 이르러 민족시조로서의 성격이 명백히 된 것은 아직도 끈질긴 저항정신이 민중 속에 움직이고 있음을 보여주는 것이며, 이 움직임이 당시의 붓을 쥔 사람들에 의하여 기록과 시로 남게 되었던 것이다. 그러나, 이제 고려정부 지배층에게는 하늘의 도움도 부처의 신통력도 바랄 필요가 없게 되었다. 몽고의 보호를 받음으로 만사는 해결되었기 때문이다.『제왕운기』가 민족의 신화·전설을 수록하면서도, 어쩐지『동명왕편』에서와 같은 열의를 보이지 못했던 것은 이러한 이유에서 온 것이리라.

이미, 모든 사태는 결정되었다. 주어진 현실에의 순응이 있을 뿐이다. 체념 후에 오는 냉정——이것이 이승휴의 관조의 세계다. 그가『부사(浮辭)』를 버리고 정리(正理)에 취(就)한다고 한 것은 이규보에 비하여 일견 개명적(開明的)인 것 같았으나 실은 그렇지 않다. 그의 일종의 합리주의(合理主義)는 패배자의 현실긍정에서 온 것일 따름이다.『제왕운기』의 상권 끝에 있어서의 대원의 칭송과, 본조편 끝에 있어서의 고려왕실에 대한 축원은, 그의 만년(晩年)의 퇴영적인 사상과 더불어〈합리주의적 현실해석에 타협해버린 그의 역사관〉의 낙착(落着)인 것이다.

민족시조를 내세우고 민족의 활동을 최대한 그려놓은『제왕운기』가 그 결말에 가서 이처럼 민족의 주체성을 양도해버리지 않을 수 없었던 곳에 우리 민족의 비극이 있으며, 민족서사시의 한계가 있는 것이다.

---

64)　同上『天妹理宮闌, 帝孫作儲貳, 祖業更輝光, 皇恩遠漸漬, 靑史頌康哉, 蒼生歌樂只, 惟願億萬年, 長守富與貴』

結　語

　　이규보(李奎報)·이승휴(李承休)로써 대표되는 12·13세기는, 어쨌든 우리나라의 민족서사시의 시대라고 말할 수 있을 것 같다.
　　그런데 이 서사시가 그후에 계속 나타나지 못하고 이승휴의 장왕(長往)과 함께 길이 종지(終止)되고 말았던 것은 웬일일까?
　　서사시는 사전적 해설에 의하면 무엇보다 비개성적인 문학이다. 서정시나 성격소설·성격극과 같이 개성을 중심으로 한 것이 아니라, 집단(民族·階級·國民)을 중심으로 하는 것이며, 개인의식이 아니라 집단의식에 의하여 일관되는 것이다. 서사문학의 내포(內包)는 개물(個物)이 아니라 전체에 속한 것, 고립과 분열이 아니라 종합에 향하는 것이며, 서사문학의 동기 혹은 흥미는 개인의 기쁨과 슬픔이 아니라 집단의 운명인 것이다.
　　12·13세기에 있어서, 전고에 없는 우리의 민족적 수난과 그것에 대한 민족적 저항은 시인으로 하여금 개인의 슬픔과 기쁨보다 민족의 운명 즉 집단의 운명에 더 많은 관심을 가지게 했으며, 영웅시(英雄詩)도 역사시(歷史詩)도 다 이러한 관심 즉 집단의식을 기반으로 했던 것이다. 이 집단의식은 민족 공동운명체의 것이며, 민족 공동운명체가 내부적 분열을 일으키지 않는 한 집단의식은 보지(保持)될 수 있었던 것이다.
　　그러나, 고려의 역사현실은 그렇지 못했다. 민족공동의 적으로 저항해오던 몽고에 대하여 고려정부 지배층은 민중의 항전의욕을 저버리고 파렴치한 타협을 감행했을 뿐 아니라, 몽고병과 협력하여 최후까지 항전하는 우리군대와 민중을 쳐부수기도 했다. 이리하여 지배층은 대원제국의 황은(皇恩) 속에 다시 부귀를 누리게 되었으나, 민중은 고려조정과 몽고행성(蒙古行省)의 이중의 수탈 아래 말할 수 없는 고통과 기아에 헤매고 있었다. 『고려사』가 알려주는 이 시기의 농민의 생활이란 『백성이 다 초실(草實)과 목엽(木葉)을 먹는다』라고 할 정도의 비참한 상태였다. 여기에서 당시의 지배층과 민중은 이해관계를 크게 달리했다. 민족 공동운명체로서의 집단의식은 이제 완전히 분열되어 버렸다.
　〈집단의식의 분열〉 그것은 곧 서사시가 자기기반을 상실한 것을 의미한다. 『제왕운기』가 그 결말에 이르러 벌써 서사시의 혼(魂)의 타락을 보여주었고, 이로부터 고려가 망할 때까지 서사시는 드디어 나타나지 못했다.[65]
　민족서사시로서의 공동의 기반이 분열된 후에, 고려의 문학은 어떠했는가. 그것은 〈지배층의 문학〉인 경기체가(景幾體歌)와, 〈민중의 문학〉인 장가(古俗歌)의 두 갈래의 방향으로 나누어졌다. 이 시기의 경기체가란, 「한림별곡(翰林別曲)」의 형식을 그대로 이어가진 일면, 고압적이며 득의연(得意然)한 개인기분을 가미한 「죽계별곡(竹溪別曲)」「관동별곡(關東別曲)」 따위요,[66] 장가란 옛 민요의 정조를 바탕으로 하면서 현실적 실망 속에 애상과 우수를 노래한 「청산별곡(青山別曲)」 등이 그것이다.[67]
　이와 같은 고려문학의 계급적 분열에 대하여, 진작 착안하고 그것을 도파(道破)한 분은 조윤제(趙潤濟) 박사다. 여기 박사의 말씀을 인용하여 끝을 맺는다.

　　경기체가는……한학자의 손에서 성립되고 오직 한학자 간에서만 배양되어 나왔다. 그러므로 일반 민중과는 처음부터 유리되었던 것이니, 그것이야말로 완전히 한학자라는 일부 특수계급인 귀족의 문학이었다. 고려의 장가가 문자와 유리되어 완전히 평민계급에서만 발달한 데 대하여 좋은 대조가

---

[65] 李朝에 들어와서 비로소 新興 王業의 歷史를 노래한 「龍飛御天歌」가 있고, 또 단군 이래 고려말까지의 역사를 韻文으로 다루어놓은 「歷代世年歌」 등이 있다.
[66] 두 別曲은 다 高麗後期의 支配層의 성격을 잘 나타낸 것이다. 특히 「竹溪別曲」 속에 〈兩國頭啣〉이라는 것은 蒙古와 高麗의 二重의 臣籍을 가졌다는 뜻인데, 그것이 당시 그들의 자랑이었다.
[67] 「青山別曲」을 〈짝사랑의 哀想〉이라는 종래의 견해와는 달리, 〈流浪農民의 노래〉라는 새로운 견해도 있다. 후자의 견해를 뒷받침하는 것으로, 第三聯에 대한 새로운 해석이 있다. 나의 少友인 金海 許檀 君에 의하면, 第三聯의 가던새 가던새의 〈새〉는 雜草, 즉 荒蕪地라는 뜻이라고 한다. 『이끼 묻은 쟁기(農具)를 안고, 저 물 아래편에 있는, 지난날 가던(耕作하던) 荒蕪地를 맥없이 바라본다』고 한 이 노래는 전쟁과 기근 속에 토지로부터 이탈된 고려후기의 농민의 생활상을 그대로 보여주는 것이다.

되리라 생각되거니와, 여기에 고려의 문학은 평민문학과 귀족문학이 완전히 대립하게 되었다.[68]

<成均館大學校論文集 7집, 1962>

---

68) 趙潤濟, 國文學史 68面. 趙博士가 말한 〈貴族〉은 일반적 의미의 지배층을 뜻하는 것이며, 구체적으로는 고려후기의 士大夫階級에 해당되는 것이다. 이 論稿의 용어에 따른다면 貴族文學이라는 말은 士大夫文學이라고 改稱해도 무방할 것이다. 鄕風體 歌作을 중심한 고려전기의 貴族階級의 文學과 구별하기 위하여 그 후기의 경기체가·漁父歌 등을 士大夫文學으로 부르는 것이 좋을 듯하다.

高麗時代의 歷史繼承意識

河　炫　綱

1. 머리말

　고려시대에서는 한국사를 어떻게 인식하고 또 이를 서술하고 있었느냐 하는 문제는 한국사학사(韓國史學史)에 있어서 중요한 관심사가 아닐 수 없다. 근래에 우리 학계에서는 이와 관련된 과제에 대해서 활발한 논의를 전개시켜 훌륭한 연구성과가 계속 나오고 있다. 이러한 동향은 한국 사학사상의 체계화를 위하여 크게 기뻐할 일이다.
　그러나 아직도 고려일대를 통하여 고려사회에서는 고구려·신라·백제의 삼국 내지는 그 이전의 한국사를 어떻게 의식하고 있었느냐는 과제는 검토의 여지가 많은 것으로 생각된다. 따라서 본고에서는 이 문제에 촛점을 맞추어 고려시대의 역사의식을 다루어보고자 한다. 본고가 이 방면의 구체적인 논의에 조금이라도 도움이 된다면 다행이라 생각한다.

2. 高麗前期의 歷史繼承意識

　우리는 우선 고려사회에서는 삼국을 어떻게 인식하고 있었느냐 하는 문제부터 살펴보아야 할 것 같다. 그런데 이 문제는 시대와 사회의 변천에 따라 몇 단계로 나누어보는 것이 좋을 듯하다.

첫째는 태조 왕건이 궁예(弓裔)를 몰아내고 고려왕조를 세운 뒤 후삼국(後三國)을 통일하기까지의 시기이다. 이 기간에는 고려는 고구려를 계승한 왕조임을 분명하게 표방한 사실이 눈에 띈다. 우선 국호(國號)를 〈고려(高麗)〉라고 한 것이 무엇보다도 이를 잘 설명해주고 있다. 그리고 이는 당시의 실정으로서는 그럴 수밖에 없었다. 이미 국력이 쇠잔했다 할지라도 신라왕조가 실재하여 있었고, 백제의 부흥을 내세운 후백제가 강대한 세력을 형성하고 있던 당시에 고려로서 표방할 수 있는 것은 고구려의 부흥이었던 것이다. 이 점에 있어서 고려는 궁예와 그 입장이 같을 수밖에 없었다. 그러나 그러면서도 이와 동시에 국내정치의 실제에 있어서는 신라의 영향을 적지 않게 받고 있었다. 신라는 삼국을 통일한 뒤 240여년이라는 장구한 세월에 걸쳐 한반도를 지배하여 왔기 때문이다. 따라서 이 기간에 이룩해놓은 오랜 전통에서 완전히 탈피할 수 없었던 것이다.

우선 『고려사』의 고려 세계(世系)에 인용된 김관의(金寬毅)의 『편년통록(編年通錄)』에 의하면, 고려왕실의 시조인 호경(虎景)은 성골장군(聖骨將軍)이라고 자호(自號)하였던 것으로 되어 있다. 여기서 우리는 신라적인 전통의 영향을 강력하게 받고 있었음을 엿볼 수 있다. 성골(聖骨)은 주지하다시피 신라의 왕족 중에서도 가장 고귀한 신분이기 때문이다. 그리고 고려왕실의 조상설화(祖上說話) 중에는 신라시대의 유명한 설화를 그대로 끌어댄 것도 있다. 왕비가 될 수 있는 꿈을 사고 팔았다는 설화가 그것이다.[1] 또한 태조 왕건은 처음에 새 왕조의 국가체제를 정비하는 과정에 있어서도 신라의 제도를 많이 참작하였던 것이다.[2] 고려가 이처럼 신라의 영향을 적지 않게 받았지만, 후삼

---

1) 金庠基, 國史上에 나타난 開國傳說의 演變에 대하여(白樂濬博士還曆紀念 國學論叢 所收, 1955). 張德順, 高麗國祖說話考(東亞文化 第5輯, 1965). 拙稿, 高麗太祖와 開城(李弘稙博士回甲紀念 韓國史學論叢, 1969) 등 참조.
2) 三國史記 卷33 雜志2 色服序文의 『我太祖受命 凡國家法度 多因羅舊則』, 高麗史節要 卷1 太祖元年 夏 6月條의 『始定官制 詔曰…往者泰封主 以新羅階官郡邑之號鄙野 改爲新制 行之累年 民不習知以至惑亂 〈今悉從新羅之制〉 其名義易知者可從新制』, 高麗史 卷76 百官志 1 序頭의 「高麗太祖 開國之初 參用新羅泰封之制」 등의 기사로 미루어 그 사정을 알 수 있을 것이다.

국을 통일하기까지에는 삼국 중 고구려를 계승한 왕조라는 사실 자체에는 변함이 없다. 특히 만주대륙에서 고구려를 계승하여 건국했던 발해(渤海)가 태조 9년(926)에 거란(契丹)에게 멸망당한 이후에는 더욱더 그러한 의식을 가졌을 것으로 생각한다.

그러나 고려가 후삼국을 통일한 뒤에는 그 사정이 크게 달라졌다. 이것은 특히 신라가 고려에 자진 항복함으로써 신라의 지배계층이 고려의 새로운 지배계층으로 변신하였기 때문에 더욱 가속되었다. 이와 같은 사정이 고려가 현실적으로 삼국 중 어느 왕조를 계승한 왕조인가 하는 역사의 정통의식(正統意識) 문제에 복잡성을 가져오게 한 것으로 보인다. 그렇지만 삼국 중에서 백제는 제외되었음은 말할 필요도 없다. 이것은 가령 태조의 훈요십조(訓要十條)에 담긴 정신을 통해서도 엿볼 수가 있다.[3] 그러므로 자연히 고려왕조는 고구려와 신라의 두 왕조 가운데 어느 왕조를 계승한 왕조인가 하는 문제로 좁혀지게 마련이었다.

여기서 우리가 생각해볼 것은 고려가 후삼국을 통일하고 한반도의 유일한 지배자로 등장하면서부터는 그 이전의 지배자였던 신라왕조를 정통으로 인식하는 역사의식의 전환이 있었던 것이 아닌가 하는 것이다. 이와 함께 고려왕조는 삼국 중 신라를 계승한 왕조라는 의식을 가지게 되었던 것으로 생각한다. 우리는 그 현저한 예를 『삼국사기(三國史記)』의 기사에서 볼 수 있다. 『삼국사기』의 삼국에 대한 공식적인 태도는 삼국의 멸망기사 뒤에 부연한 사론(史論)에 잘 요약되어 있다.

우선 고구려에 대해서는 대단히 비판적이다. 밖으로는 중국세력에 거역하여 대군의 공격을 받고, 안으로는 인화(人和)를 얻지 못하여 멸망하게 되었으니, 당연한 귀결이었다는 요지의 사론을 붙이고 있다.[4] 그리고 백제에 대해서는 고구려에 비하여 보다 더 비판적인 내용으로 되어 있는 것이다.[5] 그러나 이와 반면 신라에 대해서는 극히 호의적

---

3) 訓要十條 중 第8條에 『車嶺以南 公州江外 山形地勢 並趨背逆 人心亦然』 운운하고 있는 데에도 잘 나타나 있다.
4) 三國史記 卷22 高句麗本紀 10 末尾의 史論 참조.
5) 上揭書 卷28 百濟本紀 6 末尾의 史論 最終句節이 『其亡也亦宜也』라 되어 있다.

이다. 가령 신라왕조에 대한 사론에서, 『우리(高麗) 태조는 비빈(妃嬪)이 중다(衆多)하고 그 자손이 또한 번연(繁衍)하고, 현종이 신라의 외손으로 보위(寶位)에 올랐으며 이 뒤로 왕통의 계승자는 모두 그 자손이니, 어찌 음덕의 갚음이 아니리요』[6]라고 결론짓고 있는 것이다. 물론『삼국사기』는 신라 왕족의 후예인 김부식(金富軾)이 편찬 책임자로 일하였던 만큼 그 영향이 적지 않았을 것이며, 특히 사론에는 김부식의 견해가 크게 반영되었을 것은 분명한 사실이다. 게다가 현종이 신라의 외손이라고 한 것은 김부식의 조작이었으리라는 비판이 제기되기까지 하였다. 즉 일찌기 오끼야마(荻山秀雄)는「삼국사기 신라기결말(新羅紀結末)의 의의(疑義)」(東洋學報 10—1, 1920)에서 현종의 김씨출자설(金氏出自說)은 김부식에 의해 꾸며진 것으로서, 실제 현종은 신라왕실과 혈통상 하등 관계가 없었다는 결론을 내린 바 있었다. 현종이 신라왕실의 외손이냐 아니냐 하는 문제는 고려의 역사계승의식 문제와 밀접한 관련이 있으므로 이에 대한 검토를 가해두는 것이 필요할 것 같다.

오끼야마가 반론을 제기하게 된 가장 중요한 논거는『왕대종록(王代宗錄)』의 일문(逸文)이다.『왕대종록』은 고려 의종시의 김관의(金寬毅)가 편찬한 것으로서, 여기에는 현종의 조모가 김씨가 아니고 이씨인 것으로 되어 있다.『삼국유사(三國遺事)』에서 인용한『왕대종록』의 기사는 다음과 같다.

    신성왕후이씨(神聖王后李氏)는 본래 경주대위(慶州大尉) 이정언(李正言)이 협주수(俠州守)로 있을 때에 태조가 이 주에 거둥하여 비로 삼았으므로 혹은 협주군(俠州君)이라고도 하였다. 원당(願堂)은 현화사(玄化寺)이며 3월 25일을 기일로 하고 정릉(貞陵)에 장사하였다. 한 아들을 낳으니, 안종(安宗)이다. 이 밖에 25비주(妃主) 중에 김씨의 일은 실려 있지 않으니, 미상이다.[7]

---

6) 上揭書 卷12 新羅本紀 12 末尾 참조. 이와 같은 內容이 三國遺事 卷2 金傅大王條에도 記載되어 있다.

7) 三國遺事 卷第2 紀異 第2 金傅大王條에 『本朝登仕郞金寬毅所撰王代宗錄云 神聖王后李氏 本慶州大尉李正言 爲俠州守時 太祖幸此州 納爲妃 故或云俠州君 願堂玄化寺 三月二十五日立忌 葬貞陵 生一子 安宗也 此外 二十五妃主中不載金氏之事 未詳』이라 되어 있다.

이 기사에 의하면 안종(현종의 부)의 모는 이씨인 것으로 되어 있다. 따라서 이 기사는 『삼국사기』의 내용과 상위된다. 『삼국사기』 권12 경순왕 9년 12월조에 의하면 고려태조는 신라의 경순왕이 나라를 들어 항복하였을 때에 심히 기뻐하고 신라의 종실과 혼인할 것을 원하였으며, 이에 경순왕은 그의 백부(伯父)로서 잡간지대야군사(匝干知大耶郡事)로 있던 김억렴(金億廉)의 딸을 천거하자 태조는 그녀를 비로 삼아 아들을 낳으니, 이가 곧 현종의 부로서 뒤에 안종으로 추봉되었다는 것이다.[8] 한편 『고려사』 권88 태조후비열전(太祖后妃列傳)에 의하면 신성왕태후 김씨전(神成王太后金氏傳)에 위에 든 『삼국사기』와 비슷한 내용의 기사가 실려 있다. 이에 대하여 오끼야마는 『고려사』가 김부식이 조작한 기사 내용을 그대로 수록하였다는 것이다. 즉 김부식은 신성왕후 이씨에 관한 사적 중 고의로 이씨를 삭제하고 그 대신 김씨로 곡필(曲筆)하였으며, 뒤에 『고려사』 편찬시에 그 곡필이 그대로 전재되었다고 본 것이다.

이와 같은 비판의 제기는 이미 앞에서 언급한 바와 같이 『왕대종록』의 일문(逸文)에 근거한 것이다. 그렇다면 『왕대종록』의 일문은 어느 정도 사료적인 가치를 지니고 있는 것일까? 결론적으로 말해서 그 자체도 이미 많은 결함들을 가지고 있다 할 것이다. 우선 첫째 협주수(俠州守) 운운하는 데에는 역사적 진실성이 없다. 협주(俠州)란 지명은 현종이 즉위한 뒤에 개칭된 것이다. 그 이전은 신라 이래 대량주군(大良州郡) 또는 대야주군(大耶州郡)으로 불렸었다.[9] 따라서 태조시에 이미 협주수 운운한 것은 잘못이다. 다음으로 신성왕후 이씨를 혹은 협주군(俠州君)이라고도 하였다는 것은 사료로서의 신빙성을 더욱 잃게 하고 있다. 협주라는 지명도 문제이거니와 비를 군(君)으로 봉한 예는 고려의 전시대를 통하여 전무하였던 것이다. 끝으로 태조의 비를 모두 25비주(妃主)로 본 것도 사실과 다르다. 태조의 후비는 모두 29명이었던 것이다. 이처럼 『왕대종록』의 짧은 일문 거의 전부가 결정적인 오류를 범하고 있는데, 유독 신성왕후가 이씨라고 한 것만은

---

8) 上揭書 卷12 敬順王 9年 12月條.

9) 高麗史 卷57 地理志 2 陜州條에 『陜州 本新羅大良州郡 $^{良一}_{作耶}$ 景德王改爲江陽郡 顯宗由大良院君卽位 又以皇妃孝肅王后之鄕 陞知陜州事』라 되어 있다.

진실이라고 보는 것은 납득하기 곤란하다. 『고려사』권88 태조후비열전 후대량원부인이씨전(後大良院夫人李氏傳)에 의하면, 후대량원부인 이씨는 협주인인 대광(大匡) 이원(李元)의 딸로 나타나 있다. 따라서 『왕대종록』에 경주대위 이정언 운운한 것은 협주와 관련된 경주김씨와 대광 이원을 혼동하여 착각한 결과 때문이라 생각할 수도 있지 않을까 한다. 요컨대 부정확한 『왕대종록』의 일문을 논거로 하여 김부식의 곡필을 단정하는 것은 온당하지 못하다고 본다.

대체로 고려왕조가 취한 공식적인 태도는 신라를 삼국 중 정통왕조로 보았다는 사실이다. 이것은 신라가 백제와 고구려를 멸하여 통일왕조를 형성하였으며, 고려는 통일신라를 계승하여 과거에 통일신라가 지배하던 영토를 다시 지배하게 된 역사적 사실과도 깊은 연관성이 있다. 그러나 우리가 이와 함께 주목할 것은 고려왕조가 취한 이원적인 태도이다. 즉 때에 따라서 고려왕조에서는 고려가 곧 고구려의 계승왕조임을 주장하는 경우를 보게 되는 것이다. 우리는 그 사례(史例)를 성종연간에 있었던 거란의 침략군 사령관 소손녕(蕭遜寧)과의 외교적 담판에서 행한 서희(徐熙)의 발언을 통해서 엿볼 수 있다. 즉 소손녕이 서희에게, 『너희 나라는 신라 땅에서 일어났고, 고구려 땅은 우리 소유인데 너희가 이를 침식하였으며』운운한 데 대하여, 서희는 『아니다. 우리나라는 바로 고구려의 구지(舊地)이다. 그러므로 국호를 고려라 하였으며 평양에 도읍하였다. 만약 지계(地界)로 논한다면 상국의 동경(東京)이 모두 우리 경내에 있거늘 어찌 침식이라 하리요』라고 반박하고 있는 것이다.[10]

이처럼 고려왕조는 신라를 삼국 중 정통왕조로 보는가 하면 한편으로는 고구려의 계승자임을 자처하기도 하였던 것이다. 이것은 고구려와 신라 두 나라가 다같이 고려사회에 큰 영향을 미치고 있었음을 나타내어 주는 것이다. 그러나 이들 두 왕조가 미치는 영향력의 영역은 서로 판이하게 구분되어 있었다. 즉 고려의 대내문제에 관한 한 고구려의 영향이란 전무한 상태였던 데 반하여 신라의 영향은 거의 절대적이었다. 그러나 일단 대외문제의 영역에 있어서는 신라의 계승자로서는 아무런 도움을 받을 수 없을 뿐만 아니라, 오히려 고려의 국가이익을 크게 손상시킬 우려가 있었다. 이에 따라 고려는 대외적으

---

10) 上揭書 卷94 徐熙傳 참조.

토는 고구려의 계승왕조임을 강조하게 되었던 것으로 생각한다.

고려왕조가 이와 같은 이원적인 역사계승의식을 확립하는 직접적인 계기는 성종 12년(993)의 거란 침략이 아니었던가 한다. 앞에서도 잠깐 언급한 바 있지만 거란의 소손녕이 이끄는 침략대군을 외교적 담판으로 손쉽게 물리칠 수 있었던 것은 서희가 고려는 고구려의 계승왕조임을 강조한 데 있었다. 그러나 그 당시 실제로 고려왕조에서는 이러한 의식을 확고하게 가지고 있었던 것 같지는 않다. 우선 소손녕이 고려를 신라를 계승한 왕조라고 단언한 것도 그러하지만, 고려의 지배계층에서 거란과의 강화조건으로 고구려의 구도인 서경(西京) 이북의 영토를 할양(割讓)하려고 하였던 데에서도 그 사정을 짐작할 수 있을 것이다.[11] 따라서 서희가 고려는 고구려의 후신이라고 논박한 것은 서희 개인의 임기응변적인 현답(賢答)이었다고 볼 것이다.[12] 그리고 결과적으로 거란군을 철수시킨 큰 성과를 거둘 수가 있었다.

그러므로 고려에서는 서희의 외교적 승리를 계기로 이원적인 역사계승의식을 확립하고 또 이를 적극 추진시켜 나갔을 가능성이 있다. 그 결과 외국에서는 고려를 고구려의 후신으로 인식하게 된 것이 아닌가 한다. 위에서 말한 고려의 이원적인 입장이 같은 시대에 표출되고 있는 두드러진 예를 인종연간에서 볼 수 있다. 즉 이 시대에 간행된『삼국사기』와『고려도경(高麗圖經)』의 기사 내용이 그것이다.

우선 송사절(宋使節)의 일원으로 고려에 와서 견문한 바를 기록한 서긍(徐兢)의『고려도경』에 의하면, 그 제1권 건국조에서 고려를 고구려의 계승왕조로서 서술하고 있는 것이다. 즉 고조선에 이어 고구려의 건국설화와 사회변천, 그리고 그 흥망성쇠와 왕건의 건국 등을 기록하고 있는 반면 신라와 왕건의 건국과의 관련성에 대한 언급은 전혀 없다. 또한 제2권 세차(世次) 왕씨조(王氏條)에는『왕씨의 선조는 고

---

11) 위에 든 徐熙傳에,『成宗會群臣議之 或言車駕還京令重臣率軍乞降 或言割西京以北與之 自黃州至岊嶺畫爲封疆 成宗將從割地之議』라 하여, 西京以北의 割地論이 거의 결정단계였다. 만약 당시 고려가 명실공히 고구려의 계승왕조라는 의식이 있었다면 이러한 割地論은 제기될 수 없었을 것이다.

12) 徐熙 개인의 臨機應變的인 대답은 徐熙가『我國即高句麗之舊也 故號高麗 都平壤』(徐熙傳)이라고 하여, 고려가 마치 평양에 도읍한 것처럼 말한 데에서도 찾을 수 있다.

(구)려의 대족인데, 고씨의 정치가 쇠약함을 당하여 국인은 건(王建)이 어질다 하여 드디어 공립(共立)하여 군장(君長)으로 삼았다』¹³⁾고 서술되어 있다. 그러나 이러한 『고려도경』의 기사가 사실(史實)과 다른 것은 물론이다. 이와 반면 『삼국사기』에는 고려가 신라를 계승한 왕조라는 것이 강조되고 있음은 이미 주지의 사실이다.¹⁴⁾

그런데 문제는 외국에서는 대체로 고려를 고구려의 계승자 내지는 동일왕조로까지 인식하고 있었다는 사실이다. 가령 몽고의 고려침략말기에 고종의 태자 전(倎:뒤의 元宗)이 강화(講和)하기 위하여 당시 남송(南宋)을 정복중이던 몽고의 홀필열(忽必烈:뒤의 元世祖)을 가서 만났을 때에 홀필열은 『고려는 만리 밖에 있는 나라로서 옛날에 당태종이 스스로 정벌하였어도 항복시킬 수 없었다. 이제 그 나라의 세자가 스스로 나에게 왔으니, 이는 하늘의 뜻이다』라고 하며 몹시 기

---

13) 高麗圖經 제2권 世次 王氏條에 『王氏之先 蓋高麗大族也 當高氏政衰 國人以建賢 遂共立爲君長』 云云하고 있다. 또한 宋史 卷487 高麗傳에 의하면, 『高麗本曰高句麗』『後唐同光天成中 其主高氏累奉職貢 長興中 權知國事王建 承高氏之位 遣使朝貢』 운운하는 기사가 나타나고 있다.

14) 가령 최근에 李佑成 교수도 그의 「三國史記의 構成과 高麗王朝의 正統意識」(震檀學報 38호, 1974)에서 이 점을 강조하고 있다. 그러나 다만 고려가 신라의 계승왕조임을 주장하게 된 것이 金富軾의 『三國史記』 편찬부터라고 하는 시기문제에 대해서는 공감할 수가 없다. 李교수는 金富軾이 신라계 인물이고, 더구나 妙淸 등의 稱帝建元·西京遷都運動을 討平한 뒤에는 고려왕조의 正統의 계승은 고구려로부터가 아니고 신라로부터인 것으로 하는 歷史繼承意識의 커다란 轉換이 따르게 된 것으로 보고 있는 것이다. (上揭書 p.206 참조)

일찌기 丹齋 申采浩는 「朝鮮歷史上一千年來第一大事件」(朝鮮史硏究艸, 1929)에서 仁宗年間의 西京戰役이 우리 사회에 지대한 영향을 끼쳤다고 주장하였다. 즉 『이 戰役에 妙淸 등이 敗하고 金富軾이 勝하였으므로 朝鮮史가 事大的·保守的·束縛의 思想——儒敎思想에 征服되고 말았거니와 만일 이와 반대로 金富軾이 敗하고 妙淸 등이 勝하였다면 朝鮮史가 獨立的·進取的 방면으로 진전하였을 것이니, 이 戰役을 어찌 一千年來 第一大事件이라 하지 않으랴?』하였다. 즉 仁宗年間의 西京戰役이 한국사에 있어서 역사적·사상적 대전환을 가져온 대사건으로 본 것이다. 이 주장에 따른다면, 고려의 歷史繼承意識에도 중대한 변화가 있었을 법하다. 그러나 妙淸 등 西京遷都運動派가 당시 고려사회에서 보다 더 지배적인 영향력을 발휘하고 있었던가에 문제가 있다. 요컨대 高麗王朝의 전통적인 가치관에는 큰 변화를 일으키지 못한 것으로 생각한다.

뼈하였다고 전한다.[15] 그리고 그 결과 고려는 비교적 유리한 입장에서 강화할 수가 있었던 것이다.

요컨대 고려가 대외적으로는 고구려의 후신임을 강조하여 국가이익에 큰 도움을 받으면서도, 대내적인 영역에 있어서는 이를 일원화하지 못한 것은 실제 국내의 제반문제에 있어서는 신라의 영향이 그만큼 강대하였기 때문이었다 할 것이다. 따라서 고려가 이원적인 역사계승의식을 가졌던 것은 불가피하였으리라 생각한다.

3. 武人政權의 成立과 歷史繼承意識

위에서 언급한 고려왕조의 이원적인 역사계승의식은 의종 24년(1170) 대장군 정중부(鄭仲夫) 등에 의하여 무인정권(武人政權)이 개막될 때까지는 아무런 마찰 없이 지속될 수가 있었다. 그러나 이 새로운 정권의 성립은 이러한 역사계승의식에 파탄을 일으키게 하였다. 이미 주지하다시피 무인정권은 고려왕조의 기존 사회구조와 그 가치관을 근본적으로 흔들어 놓았다.[16] 원래 정중부 등의 거사(擧事) 목표가 기존체제의 타도에 있었던 만큼 거사의 성공이 기존질서를 크게 변화시킬 것은 당연한 일이다. 고려왕조의 기존질서는 앞에서도 잠깐 언급한 바와 같이 신라의 영향력이 크게 작용하고 있었던 것이다. 따라서 무인정권 성립 이후 신라 계통의 세력이 쇠퇴하면서 어떤 문제가 새로이 야기되는가를 검토해보는 것이 좋을 것 같다. 정중부 등에 의해 김부식(金富軾)·김돈중(金敦中) 등 경주김씨 문벌로 대표되던 친

---

15) 高麗史 卷25 元宗世家 元宗元年 3月丁亥條에 의하면 元宗이 지난날 太子의 신분으로 忽必烈을 만났을 때의 장면을 다음과 같이 기록하고 있다. 즉 『……皇弟(忽必烈) 驚喜曰 高麗 萬里之國 自唐太宗親征而不能服 今其世子 自來歸我 此天意也 大加褒獎 與俱至開平府』 云云하고 있다.

16) 가령 韓國史의 시대구분 문제에 있어서도 이 시기의 큰 사회경제적 변동에 주목하여, 고대에서 중세로 移行하는 시기라는 說이 유력한 학설의 하나로 되어 있는 것은 주지의 사실이다. 姜晋哲, 高麗田柴科體制下의 農民의 性格(韓國史時代區分論, 乙酉文化社) 참조. 한편 이 시기에 蜂起하였던 農民과 賤民 등의 亂을 통해서도 이 시대의 사회적 변혁을 검토한 논저가 많다.

신라적(親新羅的)인 문인세력(文人勢力)이 거세됨에 따라 고려사회에 대한 신라의 영향력은 완전히 위축되었으며, 이러한 사회질서의 변동은 경주를 기반으로 하던 친신라세력의 반감을 불러일으켰을 것으로 생각한다.

우리는 신라왕조가 멸망한 직후에 어찌하여 단 한번의 신라 부흥운동이 일어나지 않던 반면에, 신라가 멸망한 지 260여년이나 경과한 무인정권하의 명종·신종대에 신라의 부흥을 표방한 민란(民亂)이 그토록 치열하게 일어났을까 하는 문제에 의문과 관심을 가져볼 만하다. 명종·신종대에 일어난 전국적인 규모의 농민반란이나 신라부흥운동의 양상에 대해서는 이미 많은 논고가 발표되어 왔다.[17] 그러므로 여기서는 다만 무인정권에 대한 경주세력의 반응을 중점적으로 추적해 보고자 한다. 대체로 경주세력은 무인정권에 호의적일 수가 없었던 것 같다. 명종 3년(1173)에 동북면병마사(東北面兵馬使) 김보당(金甫當)이 무인정권에 반대하고 폐위된 의종(毅宗)의 복위운동을 일으켰을 때에, 부하들로 하여금 거제현(巨濟縣)에 유폐중(幽閉中)이던 의종을 경주로 이거시켜 옹위(擁衛)하게 한 것도[18] 경주의 반무인정권적인 태도를 감안해서 취한 조처였을 것이다. 물론 의종의 경주 이거 사실을 알게 된 무인정권에서는 장군 이의민(李義旼)과 산원(散員) 박존위(朴存威)로 하여금 군대를 거느리고 경주에 출동하게 하였으며, 그 결과 경주인의 협조를 얻어 의종을 사로잡아 살해할 수 있었던 것은 사실이다. 이와 같은 결과만으로 본다면 경주인이 무인정권에 동조한 것으로 생각할 수도 있을 것이다. 이 문제와 관련하여, 박창희(朴菖熙)씨는『여기서 경주인들의 의종(高麗王朝의 正統王으로서의)을 적극 반대하는 정치적 입장에는 이의민과 더불어 완전히 일치되고 있다』고 분석한 바 있었다.[19] 그러나 경주인이 그렇게 행동한 경위를 살펴보면 그것이 자발적인 동조였다고 보기는 어려울 것이다.『고려사』권128 이의민전(李義旼傳)에 의하면, 이의민 등이 경주에 이르렀을

---

17) 특히 新羅復興運動의 樣相에 대해서는, 이를 素材로 한 李奎報의 작품을 중심으로 검토된 論攷가 나오기도 하였다. 朴菖熙, 李奎報의 東明王篇 詩(歷史敎育 11·12合輯, 1969) 참조.

18) 高麗史 卷128 李義旼傳에 의하면,『明宗三年 金甫當起兵 以張純錫·柳寅俊爲南路兵馬使 純錫·寅俊等至巨濟 奉毅宗出居慶州』운운하고 있다.

19) 朴菖熙, 上揭論文 p. 200 참조.

때에, 경주인들은 의종을 맞아들인 것으로 문죄당할까 두려워하고 있음을 알 수 있다. 그리하여 경주인들은 의종을 옹위하고 있던 김보당 일파의 세력을 제거할 테니, 경주인을 가죄(加罪)하지 말 것을 이의민에게 탄원하고 있는 것이다. 바꾸어 말하면 고려의 정통왕으로서의 의종을 적극 반대하여서가 아니라 무인정권의 보복이 두려워 마지못해 협조한 것으로 보는 것이 순리라고 생각한다.[20]

따라서 경주인은 근본적으로는 무인정권에 반대하는 입장을 취하였던 것이 아닌가 한다. 이것은 뒤에 명종 20년대의 민란에서 그리고 특히 최씨정권하인 신종 5년~7년 사이에 신라 부흥을 표방하고 경주를 중심으로 대대적인 민란이 일어나고 있는 것에서 명백히 드러나고 있다 할 것이다. 이 시기에 민란군(民亂軍)의 무인정권에 대한 저항의식은 철저하였었다. 박창희씨는 전게 논문에서, 이규보(李奎報)가 동경군막(東京軍幕 : 討伐軍本部)에서 활동한 신종 5년 12월에서 7년 3월까지 사이에 경주민란을 소재로 쓴 작품을 예시 분석하고, 그 결론격으로『민란군은 조정을 신라와 다른 고려의 조정으로 보고 대항하고 있었다고 추론된다는 것』이라 주장할 정도였다.

경주민란의 현장을 직접 목격하고 그 소회(所懷)를 피력함으로써 민란에 관한 값진 자료를 후세에 남긴 이규보와 그 작품의 역사성을 추적한 박창희씨의 공적은 크다고 본다. 그러나 당시 경주인의 저항의식과 그 행동의 한계는 정확하게 측량되어져야 할 것이다. 그렇게 함으로써 당시 경주를 중심으로 한 신라세력의 역사적 위치가 제대로 파악될 수 있을 것이다. 박창희씨의 지적대로 이규보가『민란군에 대해서는 고려의 민과는 다른 혈통상 다른 족속으로서의 신라의 유민으로 간주하고』[21] 있었다면, 그것은 이규보 개인의 견해로 한정시켜야 할 것이다. 왜냐하면 무인정권을 보는 입장이 이규보와 경주인은 완전히 상반되었다고 믿기 때문이다. 다 알다시피 이규보는 무인정권하

---

20) 朴菖熙, 上揭論文 p.199에 의하면,『慶州라는 곳은 적어도 毅宗虐殺事件 前後부터 高麗王廷에 反對하는 色彩가 強하였던 곳이다』라 하여, 이를 實證하는 의미에서 위에 든 李義旼傳의 記事를 제시하고 있다. 그러나 이러한 관점에는 再考가 필요할 것 같다. 왜냐하면 처음부터 慶州人의 政治的立場이 高麗王朝의 正統性 자체에도 반대하는 것이었다면 金甫當一派가 毅宗의 出居地로서 慶州를 택하였을 理가 없었겠기 때문이다.
21) 同上 p.195 참조.

에서 입신양명할 것을 희원(希願)하던 인물이었다. 따라서 그는 무인정권 이전의 고려왕조와 그 이후의 고려왕조를 동질로 파악하고 있었거나, 아니면 오히려 무인정권에 더 역점을 두고 있었을 것임에 틀림없다. 따라서 경주인의 무인정권에 대한 저항을 곧 고려왕조의 정통성에 대한 저항으로 생각하게 된 것이 아닌가 한다. 그러나 신라세력은 무인정권을 고려왕조의 정통성에 어긋나는 이질적인 존재로 보고 그것에 대항하였던 것으로 생각하고 싶다. 요컨대 신라세력은 이규보가 판단하고 있었던 것처럼, 고려왕조의 정통성 자체를 전면적으로 부정하고 있었던 것은 아니고 다만 무인정권에 대해서만 이를 부정하려 하였던 것이 아닌가 하는 것이다. 왜냐하면, 만약 신라세력이 고려왕조 자체를 부정하고 신라의 부흥을 획책하려고 하였다면 그러한 운동은 이미 무인정권 이전에도 일어났어야 할 일이었다. 그러나 그 이전에는 단 한건의 동요사건도 없었던 것이다. 우리는 이러한 면에서도 경주민란의 한계성과 그 행동반경을 엿볼 수 있을 듯하다.

무인정권하에서 일어났던 신라부흥운동은 정녕 치열하고 줄기찼으며, 또한 일부 지배세력과도 결탁한 조직적이었던 것 같다. 이미 이의민은 그가 득세했던 명종 23년대에 남도(南道)에서 봉기한 김사미(金沙彌)·효심(孝心) 등의 민란세력과 내통하여 신라부흥의 야심을 품고 많은 자금을 제공하였던 것으로 알려져 있다. 이처럼 당시 유력한 권신(權臣) 이의민(李義旼)이 민란세력에 편승하여 자신의 야망을 성취하려고 하였다면, 그것은 당시의 민란세력이 그만큼 강력하였음을 반증해주는 것이기도 하다. 신종연간에 최충헌(崔忠獻)이 등장하여 보다 강력한 지배체제를 갖추자, 경주민란도 그 치열의 도가 더해졌다. 이것은 신라부흥이라는 보다 설득력 있는 투쟁목표에 촛점을 맞추어 무인정권 성립 이후 고려사회에서 급격히 퇴조해가던 신라세력을 만회해보려고 한 때문이 아니었던가 한다. 가령 신종 5년에도 경주인들은 유력자를 지도자로 추대하여 조직적인 부흥운동을 꾀하고 있었다. 『고려사』권100 정언진전(丁彦眞傳)에 의하면, 경주인들은 낭장동정(郎將同正) 배원우(裵元祐)를 밀사(密使)로 하여, 그를 당시 장군 석성계(石成桂)가 유배된 고부군(古阜郡)에까지 보내어, 『고려의 왕업은 이미 다하였으니, 신라가 반드시 부흥할 것입니다』하고, 지도자가 되어 사평도(沙平渡)를 경계로 삼아 부흥운동을 전개하는 것이 어떻겠느냐고 설득하고 있는 것이다.

그러나 이러한 저항운동에도 불구하고, 무인정권의 성립 이후 고려사회는 기존체제와는 다른 방향으로 내닫고 있었다. 신라 출신의 정치세력과 신라적인 가치관은 고려사회에서 거의 완전히 소멸해가고 있었다. 이것이 결국 명종 말년 이후 신종연간에 이르기까지 경주를 중심한 신라세력이 무인정권에 대항하는 계기가 된 것이 아닌가 하는 것이다. 한마디로 말해서, 무인정권하의 신라부흥운동은 현실적으로 신라세력이 무력해졌다는 단적인 표징이었다 할 것이다.

이러한 사회적 변동은 필연적으로 고려왕조의 역사계승의식에도 커다란 전환을 가져오게 한 것으로 생각한다. 우리는 그 구체적인 증거로서, 이규보의 『동명왕편(東明王篇)』을 주목할 필요가 있다. 이 작품에 대해서는 이미 여러 관점에서 많은 검토가 행하여져 왔다.[22] 그러므로 본고에서는 다시 이 작품의 내용이나 그 문학사적 의의 등에 대해 언급할 필요는 없다. 여기서는 다만 이규보가 어떤 동기에서 『동명왕편』을 짓게 되었을까 하는 문제에 대해서 필자 나름대로의 추론을 가해두고자 한다.

일반적으로 이규보가 『동명왕편(東明王篇)』을 짓게 된 목적이 고려는 고구려를 계승한 정통국가임을 강조하는 데 있었다고 풀이하고 있다. 그리고 이러한 관점 자체에는 별로 이론의 여지가 없는 줄 안다. 그러나 우리에게 가장 궁금한 것은 이규보가 왜 명종 23년에 위의 사실을 굳이 강조할 필요가 있었겠느냐 하는 것이다. 박창희씨가 전게 논문에서 신라세력과의 관련 속에서 『동명왕편』의 제작동기를 찾고 있는 데에는 공감하지만, 그러나 신라부흥운동이 치열해져서 고려사회가 위기에 직면하였기 때문에 고구려의 정통국가로서의 고려를 강조하고 신라부흥의 소리를 배격하는 의미에서 제작한 것이라고 보는 결론에 대해서는 동의할 수가 없다.[23]

---

22) 『東明王篇』의 作品內容과 그 文學史的意義에 대해서는 張德順 「英雄敍事詩 東明王」(人文科學 5輯, 1960), 李佑成 「高麗中期의 民族敍事詩―東明王篇과 帝王韻紀의 硏究」(成均館大學校論文集 7輯, 1962) 등이 있고, 李奎報의 國家意識 表出로써 검토한 것으로는 朴菖熙의 上揭論文이 있다.

23) 朴菖熙씨는 가령 上揭論文 p.194에서, 『東明王篇詩가 그 特徵의 하나로서 高句麗의 正統國家로서의 高麗에 대한 國家意識의 表白으로서 볼 수

왜냐하면 『동명왕편(東明王篇)』의 제작연대가 명종 23년 4월이라는 사실을 감안하면, 이 시기에는 신라의 부흥을 표방하는 민란이 심각한 상태에까지 이르지는 않았던 것이다. 심각한 양상을 띠게 되는 것은 명종 23년 7월 김사미·효심 등의 민란에서 발단되어, 신종 5년부터 극에 달하게 되는 경주민란이었던 것이다. 따라서 우선 시기적으로 전후가 맞지 않는 것이다. 즉 신라 부흥의 소리가 높아지기 훨씬 이전에 이미 『동명왕편』은 제작되었던 것이다.

따라서 우리는 이규보가 『동명왕편』을 짓게 된 동기를 다른 측면에서 찾아보아야 되리라 생각한다. 필자는 이미 앞에서 고려왕조에서는 대외적으로는 고려가 고구려의 계승자임을 내세웠으나, 대내적인 실제문제에 있어서는 신라를 계승하는 이원적인 역사계승의식을 가졌음을 지적한 바 있었다. 그러나 무인정권의 성립 이후 신라세력이 몰락하자 그것에 대신하는 새로운 가치관의 정립이 시급한 과제로 등장하게 되었으리라 생각한다. 이에 고구려에게 삼국 중 정통왕조의 위치를 부여하려는 움직임이 구체화되어간 것이 아닌가 한다. 그리하여 과거에는 고려사회에 작용하던 고구려와 신라의 영향력으로 말미암아 이원적으로 파악하고 있던 것을 이때에 와서 비로소 대내외의 문제를 통틀어 고구려만을 내세우는 일원적인 체계로서의 역사계승의식을 가지게 되었으리라 보는 것이다.

이규보가 굳이 명종 23년에 고구려의 시조인 동명왕을 노래하게 된 것이 이러한 사회변동을 웅변하는 하나의 생생한 증거가 된다고 생각하는 것이다. 바꾸어 말하면, 이규보의 『동명왕편』이야말로 오히려 명종 이전의 고려사회에서는 대내적인 실질문제에 있어서는 고구려를 정통왕조로 인식하고 있지 않았음을 반증한다 할 것이다. 우리는 그 증거를 『동명왕편』 병서(幷序)에서 찾을 수 있다. 이규보는 그 병서에서 이렇게 말하고 있다.

　　(전략) 지난 계축년(명종 23년) 4월에 『구삼국사』를 얻어서 동명왕본기를 보니, 그 신이한 자취가 세상에서 이야기되고 있는 바보다도 더 낫다. 그러

있을 때 李奎報는 新羅復興의 소리를 排擊하는 意味에서, 또 三韓에서의 高麗國家의 絶對性을 證示·強調하는 意味에서 東明王篇詩는 읊어져야 하지 않했는가 생각하고 싶다』라고 주장하고 있는 것이다.

나 역시 처음에는 그를 믿을 수 없었으니, 귀환(鬼幻)하다고 여겼기 때문이다. 여러번 탐미(耽味)하여 차차 그 근원을 찾아감에 미치니 환(幻)이 아니요 곧 성(聖)이며, 귀(鬼)가 아니요 곧 신(神)이었다.

　(前略) 越癸丑(明宗 23年) 四月 得舊三國史 見東明王本紀 其神異之迹 踰世之所說者 然亦初不能信之 意以爲鬼幻 及三復耽味 漸涉其源 非幻也乃聖也非鬼也乃神也(後略)

여기서 우리는 처음에 이규보도 동명왕설화를 믿지 않고 그 설화 내용을 〈귀환(鬼幻)〉한 것으로 생각하였다는 사실을 주목할 필요가 있을 듯하다. 물론 이규보는 계속 탐미(耽味)한 결과 〈환(幻)〉이 아니고 〈성(聖)〉이며, 〈귀(鬼)〉가 아니고 〈신(神)〉임을 알게 되었다고 부연하고 있지만, 문제는 당대제일의 지식인이요 친무인정권의 문인이었던 이규보에게도 동명왕의 설화를 귀환(鬼幻)한 것에서 신성(神聖)한 것으로 보는 대전환이 있었다는 사실이다. 이러한 관점의 돌변은 이규보 개인에 한한 것만은 아니었을 것이다.

대체로 동일한 자료나 기사라 할지라도 사회가 변하고 가치관이 달라지면 달리 해석된다는 것은 하나의 상식이다. 그러므로 무인정권의 성립을 분기점으로 하여 달라지는 역사계승관이 위에 든 병서(幷序) 속에도 투영된 것이라 생각되는 것이다. 무인정권 사회에서는 이미 무가치·무기력해진 신라에 대체하여 고구려를 정통왕조로 정립하려 하였고 그 이러한 시대조류에 발맞추어 이규보는 동명왕의 영웅담(英雄譚)을 신성한 것으로 체계화하려 하였다고 보아서 지나친 억단(臆斷)은 아닐 것이다. 이러한 이규보의 의도는 그가 『동명왕편(東明王篇)』병서 말미에서 『이 까닭에 시를 지어 이를 기록함으로써 천하로 하여금 우리나라가 본래 성인의 나라임을 알게 하고자 할 따름이다』(是用作詩以記之 欲使夫天下知我國本聖人之都耳)라고 강조하고 있는 데도 잘 나타나고 있다 할 것이다.

만약 고려사회에서 전통적으로 대외적인 문제에 있어서도 고구려를 정통왕조로 인식하고, 고려는 그 계승자라고 확신하여 왔다면 바로 그 고구려=고려의 시조인 동명왕의 사적을 〈귀환(鬼幻)〉 운운할 리가 없었을 것이다. 그리고 그 이전에 고려 관찬(官撰)인 『삼국사기』의 고구려에 대한 기사태도나 논찬(論贊)이 그렇게 무례하지도 않았을 것이다. 요컨대, 거듭 말하지만 무인정권 이후 고려는 명실공히 고구려의 계승자라는 일원적인 역사계승관의 변화에 따라 〈귀환(鬼幻)〉에서 〈신성(神聖)〉으로의 사관 변화가 자동적으로 뒤따르게 되지 않았나 생각한다.

이와 같은 관점에서 무인정권 이후의 사회현상을 살펴볼 때에, 비로소 왜 신라세력이 신라의 부흥을 표방하고 그토록 장기적이고 극렬하게 무인정권에 도전하게 되었는가를 체계적으로 파악할 수 있으리라 본다. 즉 오랫동안 격렬하게 신라부흥운동이 계속된 동기는 무인정권의 성립으로 말미암아 가속화된 신라세력의 쇠퇴에 대한 불만 때문이었으며, 이에 따라 신라세력은 전력을 다하여 그 세력의 만회를 기도하였던 것이다. 그런데 신라세력이 치열하게 저항하고 있던 시기는 고려왕조의 국가체제 또는 그 이념이 갈피를 잡지 못하고 있던 혼돈의 시대와 일치하고 있었다. 그리하여 가령 이규보는 『동명왕편』 등 일련의 저작을 통하여 새로운 국가이념을 확립하려고 하였으나, 그렇다고 그 정치적·사회적인 혼돈이 수습될 수는 없었다. 이러한 혼돈은 신라의 부흥운동 말고도 전국적인 민란을 유발하게 하였던 것이다. 그리고 가령 신종 1년 5월에 사노(私奴) 만적(萬積) 등이 『국가에는 경계(庚癸) 이래로 공경대부(公卿大夫)가 천예(賤隷)에서 많이 일어났다. 장상(將相)이 어찌 씨가 있으리요. 때가 오면 누구든지 할 수 있는 것이다』 운운하는 대담한 구호를 내걸고 궐기하려 하였던 사건도 당시 고려사회의 혼돈을 배경으로 하였음은 두말할 나위도 없다. 따라서 이러한 사회적 변동은 상대적으로 무인정권의 성립까지 고려사회를 지탱해오던 신라세력 주도하에 있던 국가이념의 붕괴가 어느 정도 철저하였는가를 보여주는 긴요한 자료가 되기도 할 것이다.

한편 신라세력의 치열한 저항도 끝내는 최씨정권의 강력한 군사력에 의해 완전히 침묵당하고 만다. 신종 7년의 일이었다. 『고려사』 권 57 지리지 2 동경유수관(東京留守官) 경주조에 보이는,

　　(신종) 7년에 동경인이 신라가 다시 성한다는 말을 만들어 격문을 상주·청주·충주·원주도에 전하여 난을 꾀한 까닭에 지경주사로 강등하고 관내의 주·부·군·현·향·부곡을 뺏어 안동·상주에 나누어 예속시키었다.
　　〔神宗〕七年 以東京人 造新羅復盛之言 傳檄尙·淸·忠·原州道謀亂 降知慶州事 奪管內州府郡縣鄕部曲分隷安東·尙州

하였다는 기사를 통해서도, 난후에 신라세력의 본거였던 경주에 대한 철저한 제재를 짐작할 수 있을 것이다. 즉 동경유수관을 지경주사(知慶州事)로 강등시키고, 그 관내의 주·부·군·현과 향(鄕)·부곡(部曲)을 안동과 상주에 분예(分隷)시킴으로써 재기불능의 상태로 만들어놓았던 것이다.

결론적으로 말해서, 무인정권의 출현은 고려전기 이래의 역사계승의식에 큰 전환을 가져오게 하였는데, 이것은 고려사회를 지배해오던 신라세력의 붕괴와 때를 같이하여 일어나게 되었던 것이다.

4. 元의 干涉과 歷史繼承意識

고려왕조는 13세기에 세계제국을 형성하였던 몽고족과 30년에 걸친 투쟁 끝에 강화하고 평화를 되찾았으나, 한 왕조의 독자성을 지켜가기는 어려웠다. 원으로부터 온갖 간섭과 압력을 받게 된 것은 주지의 사실이다. 그러나 정신적으로는 강대한 외압(外壓)에 저항하는 자세를 가다듬었다. 우리는 원의 간섭기에 정가신(鄭可臣)의 『천추금경록(千秋金鏡錄)』, 민지(閔漬)의 『본조편년강목(本朝編年綱目)』 등 많은 사서들이 편찬된 것을 알고 있다. 이러한 사서의 편찬은 왕조의 독자성을 말살하려는 강대한 외압에 대처하여 왕조를 지키려는 노력의 소산이라고 보아 무방할 것이다.

그러나 우리가 이 시기에 무엇보다도 주목할 것은 단일민족으로서의 자각이 생기기 시작하였다는 사실이다. 강대한 외압(外壓)은 민족적 위기를 절감하게 하였고, 민족적 위기를 맞은 고려사회에서는 신라나 고구려 등 특정한 어느 왕조의 계승자가 아닌, 같은 조상의 동일한 후손이라는 민족의식을 가지게 하였던 것으로 생각한다. 그리하여 민족공동의 시조로서 단군을 의식하게 된 것이 아닌가 한다. 이것은 필연적으로 한국사에 대한 인식과 역사계승의식을 민족의 차원에서 생각하게 하는 변화를 일으키게 하였다. 민족의 상징으로서의 단군에 대한 인식은 우리 민족이 다른 민족과는 구별되는 독자적인 세계를 형성하고 있다는 의식을 확립하게 하였다. 가령 『제왕운기(帝王韻紀)』 한국사 부분의 본문이 『요동에 한 별천지가 있는데 중국과는 뚜렷이 구분된다』(遼東別有一乾坤 斗與中朝區以分) 운운하는 것으로 시작되고 있는 것이 그 두드러진 예가 될 것이다.

또한 단군에 대한 인식은 단군에서 삼국에 이르는 한국 고대의 역사적 추이를 주목하게 하고, 이것은 결과적으로 한국사에 대한 시야를 넓히게 하였던 것이다. 한마디로 말해서 한국사에 대한 역사의식이 크게 확대되기에 이른 것이다. 정녕 단군을 매개로 한 민족적 자각이 일어나기 이전의 시대에서는 한국사에 대한 인식이 삼국 이전으로 거슬러올라가지 못하였던 것 같다. 고려중기에 편찬된 『삼국사기』에 의하면, 다만 그 권두에 신라의 시조 박혁거세의 즉위기사를 싣고, 뒤이어 이보다 먼저 조선의 유민(遺民)이 산곡지간(山谷之間)에 분거하여 6촌을 만들었다 하여,[24] 막연히 고조선과 신라와의 관계를 조잡하게 연결짓고 있을 정도이다. 그러나 이와 반면 『삼국유사』『제왕운기』 등을 보면 한국 고대사에 대한 시야가 훨씬 넓어지고 있다. 우선 『삼국유사』에 의하면, 고조선(王儉朝鮮)·위만조선·마한·이부(二府)·칠십이국(七十二國)·낙랑국·북대방(北帶方)·남대방(南帶方)·말갈(靺鞨)·발해(渤海)·이서국(伊西國)·오가야(五伽倻)·북부여(北扶餘)·동부여(東扶餘)·고구려·변한(卞韓)·백제·진한(辰韓) 등에 대한 기사를 수록하고 있으며, 『제왕운기』에서는 단군·후조선·위만·사군·삼한·부여·남북옥저·예맥(濊貊), 그리고 발해의 역사적 변천 등에 대해서 언급하고 있는 것이다. 우리는 이러한 항목만을 통해서도 한국사에 대한 역사인식이 어느 정도 확대되었는가를 짐작할 수 있을 것이다. 그리고 특히 『삼국사기』에서는 완전히 무시하고 있는 발해에 대해서 다같이 서술하고 있는 점이 크게 주목된다. 그렇지만 한편으로 『삼국유사』와 『제왕운기』가 모두 한국사를 체계적으로 인식하고 있지 못한 시대적인 한계성을 가지고 있기는 하다. 이 점에 있어서 『삼국유사』는 『제왕운기』에 비해 그 정도가 좀더 심하다.

다음에 『삼국유사』와 『제왕운기』에 나타난 역사인식 태도를 좀더 구체적으로 비교 검토하여 보고자 한다. 먼저 『삼국유사』에서는 고조선(王儉朝鮮)에서 진한에 이르기까지의 사회적 변동에 대해서 그 역사적 관련성이 전혀 고려되지 않고 있다. 단편적인 관계기사만을 싣고

---

24) 三國史記 卷1 新羅本紀 始祖朴赫居世 卽位條의 『先是 朝鮮遺民 分居山谷之間 爲六村』이라는 記事가 그것이다.

있을 뿐이다. 이에 비해서 『제왕운기』에 반영된 한국사의 인식은 높이 평가되어 좋을 듯하다. 『제왕운기』는 특히 한국사의 역사적 변천을 운문으로 서술하는 문장상의 제약에도 불구하고, 한국사에 대한 인식과 그 역사계승인식을 투철하게 내세우고 있는 것은 마땅히 주목의 대상이 되어야 할 것이다.

우선 『제왕운기』의 역사서술 태도는 우리나라는 중국과는 구별되는 독자적인 나라라는 데서 출발하고 있다. 그리하여 우리 민족의 시조로서 단군을 가장 먼저 내세우고 이어서 후조선에 언급하고 있다. 여기서 우리는 『제왕운기』가 단군조선과 기자조선의 선후관계를 분명히 밝혀놓고 있는 사실을 눈여겨보아야 할 것이다. 『제왕운기』가 기자조선을 〈후조선〉이라고 명기하고 있는 데서 고조선은 단군조선에서 기자조선으로 역사계승이 이루어졌다는 『제왕운기』의 입장이 선명하게 드러나고 있는 것이다. 그리고 기자조선 말왕(末王) 준(準)이 위만의 공격을 피하여 마한지방으로 이주한 사실을 『준왕은 이에 금마군에 이거하여 도읍을 세우고 또다시 임금이 되었다』(準乃移居金馬郡 立都又復能君人)라고 하여, 한국의 역사계승이 기자조선에서 삼한으로 연결됨을 은근히 나타내고 있는 것으로 보인다. 이것은 뒤에 조선후기 실학파의 〈삼한정통론(三韓正統論)〉을 감안하면,[25] 더욱 그러한 생각이 드는 것이다. 한편 『제왕운기』는 위만조선의 멸망 이후 설치되는 한사군이 우리 민족에게 끼친 해독을 강조하고 있다. 즉 『서로가 시비터니 정리는 끊어지고 풍속은 박해져서 백성은 불안했다』(胥匡以生理 自絕 風俗漸醨民未安)라고 표현하고 있는 것이다. 여기서 우리는 『제왕운기』를 관류(貫流)하고 있는 민족중심의 역사인식을 새삼 느끼게 된다. 이와 한편 부여·옥저·예맥 등 북방계열의 부족연맹체 사회에 대한 서술에서, 『이들 군장은 누구의 후손인가. 세계는 역시 단군으로부터 이어졌다』(此諸君長問誰後 世系亦自檀君承)라 하여, 모두 그 시조를 단군으로 보고 있다. 우리 민족공동의 시조가 단군이라는 사실이 강조되고 있는 것이다. 그리고 『제왕운기』는 발해에 대한 서술을

---

25) 가령 星湖 李瀷·順菴 安鼎福의 史觀이 그것이다. 이들은 古朝鮮 이후 三國 이전의 正統王朝를 馬韓으로 잡고 있다. 이에 대한 論攷로는 李佑成, 李朝後期 近畿學派에 있어서의 正統論의 展開(歷史學報 31輯, 1966) 참조.

끝으로 하고 있다. 이것은 만주대륙을 기반으로 한 고구려의 계승왕조로서의 발해를 의식하였던 증거가 된다.

『삼국유사』가 고조선(王儉朝鮮)에서 진한에 이르는 사이에 흥망하였던 사회들을 잡다하게 열거하는 데만 그친 감이 있으며, 우리 민족이 세운 부족국가와 중국세력에 의해 설치된 군국(郡國)에 대한 명확한 구분도 하지 않고 있는 것에 비하면,[26] 『제왕운기』의 역사의식은 훨씬 앞선 것으로 보인다. 『제왕운기』에 대한 사학사적 검토는 앞으로 보다 더 본격적으로 행하여져야 하겠지만, 단군을 민족의 시조로 하는 독자적인 역사의식을 가지고 있었던 점은 분명하다. 다시 말하면, 강대한 이민족인 몽고족의 압박을 받게 되면서 고려사회에서는 신라나 고구려라는 특정한 왕조의 계승자가 아닌 단군을 민족의 시조로 하여 한국의 역사는 계승되어 내려왔다는 새로운 역사적 자각이 이 시대에 싹트게 된 것으로 생각하는 것이다.

5. 맺는 말

우리는 위에서의 검토를 통하여, 고려시대에서는 그 사회적 변천에 따라서 그 역사계승인식도 변천·발달·확대되어 왔음을 알 수 있게 된 것 같다.

우선 고려의 건국에서 후삼국의 통일 이전까지는 고려는 고구려를 계승한 왕조임을 표방하였으나, 후삼국을 통일하자 그 사정이 달라졌다. 그리하여 후삼국의 통일 이후 무인정권의 성립까지는 국내 실제 문제에 있어서는 신라의 계승왕조라는 의식을 가지게 되었던 것으로 생각한다. 그러나 대외적으로는 고려는 고구려의 계승자임을 내세웠던 것 같다. 고려가 이와 같은 이원적인 역사계승의식을 가지게 된 직접적인 계기는 성종 12년(993)에 있었던 거란의 침입이었다. 즉 대외적으로 고구려의 계승자임을 내세우는 것이 고려의 국가이익에 큰 도움이 될 수 있었기 때문이다. 그러나 무인정권의 성립으로 고려는 커다란 사회적 변동을 겪게 되었다. 그때까지 고려사회의 지배적 위치에 있었던 신라세력이 완전히 몰락하여버린 것이다. 이와 동시에

---

26) 三國遺事 卷1 紀異 第2 古朝鮮~辰韓條 참조.

경주를 중심으로 무인정권에 항거하는 대대적인 신라부흥운동이 일어나게 되었다. 이러한 사회적 변동은 필연적으로 고려왕조의 역사계승의식의 전환을 가져오게 하였다. 즉 무인정권의 집권층은 고려는 대외적인 문제뿐만 아니라 대내적으로도 고구려의 계승자라는 일원적인 역사계승의식을 다져가게 되었던 것으로 생각한다. 우리는 그 예로써 이규보의 『동명왕편』을 들어본 것이다.

이처럼 고려시대에서는 고려의 건국에서 무인정권시대까지는 삼국중 어느 특정한 왕조의 계승자라는 역사의식을 가졌을 뿐, 삼국 이전으로 그 역사의식을 확대시키지 못한 한계성을 지니고 있었다. 그러나 몽고족의 침입과 가혹한 간섭을 받게 되면서, 한국사에 대한 역사의식이 크게 발전 확대되어 갔음을 주목하여 보았다. 즉 강대한 이민족의 압박이 단군을 민족공동의 시조로 하는 다 같은 하나의 민족이라는 역사의식을 낳게 하였으며, 이와 동시에 단군 이후 삼국 이전까지의 한국 고대사회의 역사적 변천에 관심을 기울이게 하였던 것이다. 이와 같이 하여 성장한 민족의식은 뒤에 조선초기에 개화(開花)되는 민족문화의 밑거름이 되었다는 점에서 그 역사적 의의를 찾을 수도 있을 것 같다.

<梨花史學硏究 8집, 1975>

제 3 부

朝鮮前期의 歷史敍述／鄭求福
高麗史 解題／李基白
17세기의 反尊華的 道家史學의 성장／韓永愚
(以下 下卷에 계속)

朝鮮前期의 歷史敍述

鄭 求 福

1. 緒 言

　역사서는 그 책을 수찬(修撰)한 사람에 따라 관찬사서(官撰史書)와 사찬사서(私撰史書)로 나누어진다. 관찬사서란 왕명에 의하여 국가적 사업으로 씌어진 것을 말하는 것으로, 이는 개인적인 동기에 의하여 개인이 쓴 사찬사서에 비하여 여러가지 특징을 가진다. 그 특징은 관찬사서이기 때문에 우선 체재가 전형적인 역사 서술법을 따른다. 따라서 체재적인 면에서의 균형이 중시된다. 또한 그것은 체재에 구애받지 않고 쓰고 싶은 대로 쓰는 사찬사서와 대조가 되는데,『삼국사기(三國史記)』와『삼국유사(三國遺事)』의 경우와 같이 커다란 차이를 보여주고 있는 것이 그 현저한 예이다.

　관찬사서의 또 하나의 특징은 그 사서(史書)의 내용에 국가적인 목적이나 통치자(王과 支配階級)의 목적이 크게 작용하기 쉬운 것이다. 역사의 서술이 창의적인 해석을 내리는 것이 아니라 원전(原典)을 줄이거나 추가하는 정도에 그치는 전근대 동양적인 역사서술에 있어서의 통치목적은 주로 역사적인 사건에 붙인 사론(史論)이라고 하는 찬자(撰者)의 견해서술에 나타나고 있다. 국가와 통치자의 목적의식을 가장 강하게 나타내고 있는 대표적인 사서의 하나로『동국통감(東國通鑑)』을 들 수 있다.

조선왕조(朝鮮王朝)가 건국된 후로부터 약 100년 후인 성종(成宗) 때에 이르러서는 그 통치체제가 대체로 정비됨과 더불어 세종·세조·성종대에 걸친 문운(文運)의 발달로 인하여 관찬(官撰)의 문화사업이 활발하게 일어났다. 이런 상황에서 이 시대에 쓰어진 역사서는 거의 대부분이 관찬사서라는 특징을 가지고 있다.[1] 관찬사서로서 우리나라에 관한 사서만을 들어보면 『고려국사(高麗國史)』(전하지 않음),『동국사략(東國史略)』『고려사대전(高麗史大全)』(전하지 않음. 고려사로 개찬됨),『고려사(高麗史)』『고려사절요(高麗史節要)』『삼국사절요(三國史節要)』『동국통감(東國通鑑)』 및 태조~세조에 이르는 각 왕의 『실록(實錄)』『국조보감(國朝寶鑑)』 등이 있다.

사학사(史學史)에서는 이들 사서를 내용에 따라 조선왕조 당대의 역사와 그 이전 즉 전대사(고려만이 아니라 그 이전도 포함)로 나눈다.

본 논고에서는 조선초기에 쓰어진 위의 사서에 나타난 역사인식, 역사에 대한 이해태도, 역사를 본 입장, 역사에서 강조하려 한 점 등이 고찰되어야 하나, 조선왕조 당대사에 대해서는 아직 사학사적 연구가 구체적으로 이루어져 있지 못하므로 다루지 못하고, 주로 조선 초기에 쓰어진 전대사를 중심으로 고찰해보고자 한다.

2. 太祖~太宗 때의 歷史敍述

(2) 高麗國史의 修撰

조선 태조가 왕으로 추대되어 개국한 후 약 3개월이 지난 원년(辛酉) 10월 13일, 우시중(右侍中) 조준(趙浚), 문하시랑찬성사(門下侍郞贊成事) 정도전(鄭道傳), 예문관 학사(藝文館學士) 정총(鄭摠)·박의중(朴宜中), 병조전서(兵曹典書) 윤소종(尹紹宗)에게 명하여 전조사를 수찬케 하였다. 2년 2개월이 걸려 태조 4년(庚申) 정월 25일 판삼사사(判三司事) 정도전(鄭道傳), 정당문학(政堂文學) 정총(鄭摠)에 의하여 『고려국사』[2] 37권이 편찬되었다.

---

1) 李元淳, 鮮初史書의 歷史認識, 韓國民族思想史大系 中世篇, 亞細亞學術研究會刊, 1974
2) 『高麗國史』라는 書名은 『東文選』 卷92에 기록된 鄭摠의 本書 序文 표제

태조가 즉위하여 고려사 수찬을 이렇게 성급하게 서두른 이유는 고려사를 정리함으로써 고려왕조의 멸망과 조선 건국을 기정사실화하려는 데 있었던 것 같다. 다시 말하면 조선 건국에 불만을 품고 있는 재야인으로 정세를 관망하고 있는 사람들로 하여금 고려에 대한 회구심(懷舊心)을 불식(拂息)케 하는 효과적인 방법이 고려사 정리라고 생각한 데에 기인하는 것 같다.

『고려국사』는 태종 14년 5월 고려말의 기사가 사실과 다르다고 하여 하윤(河崙) 등에게 개찬이 명해졌다. 개찬 이유는 고려말기의 실록(實錄)에서의 태조에 대한 기록이 충실하지 못하다 한 점으로 보아, 개국시의 일에 대한 기록이 왕에게 불만스러웠던 것 같다. 이 밖에도 태종에 의하여 제거된 정도전에 대한 태종의 좋지 않은 감정과, 태종 때에 재상이 된 하윤과 정도전과의 감정상의 대립도 개찬 이유의 하나였던 것으로 볼 수 있다. 그러나 중요한 것은 고려말기에서 조선 건국으로 연결되는 상황이 조선 태조 중심으로 서술되지 않고 정도전 등 사대부의 역할을 너무 강조했던 점이 아닌가[3] 추측되기도 한다.

왜냐하면 『고려국사』의 개찬령이 내려진 3개월 후에는 다시 영춘추관사(領春秋館事) 하윤, 감관사(監館事) 남재(南在), 지관사(知館事) 이숙번(李叔蕃)·변계량(卞季良) 등에게 공민왕 이후의 고려사를 개찬토록 하는 명령이 내려졌는데[4] 이성계(李成桂)가 무인으로 무공을 쌓는 시기가 공민왕 이후이기 때문이다. 그리고 태종 14년 5월 처음 개찬령이 내려질 때 왕이 신하와 주고받은 말에 정도전·정총·윤소종이 수찬한 전조실록은 사관이 모두 사초(史草)를 개서(改書)하여 바쳤다고 하는 이응(李膺)의 말에 『왕이 고려국사대로 하면 전조말 임금에게 직언한 자는 오직 윤소종 1인뿐이며 수령의 직을 잘 행한 자는 정운경(鄭云敬:鄭道傳의 父) 1인뿐이다』고 한 점에서, 개국과정에 있어서 수찬자에 관계되는 부분은 공정성을 잃을 정도로 자기들의 업적을 크게 추켜세운 것 같다. 이는 다른 각도에서 보면 조선 건국과정에 있어서 사

와 세종 6년 2월의 尹淮의 『進讐校高麗史』서문 내용(실록 世宗 6년 8월 癸丑條)에 적혀 있을 뿐이고 『고려국사』가 撰進될 때의 실록 기사나 기타의 실록 기사에는 고려사로 쓴 기록도 많다. 그러나 본 書名은 『고려국사』임이 확실한 것 같다.
3) 李基白, 高麗史解題, 延世大 東方學研究所刊本.
4) 太宗實錄, 太宗 14년 8월 丁未條.

대부의 역할을 크게 강조한 것으로 볼 수도 있지 않을까 생각된다.

어떻든 태종 때의 『고려국사』의 개찬 작업은 태종 16년 겨울 개찬의 제안자였고 총책임자였던 하윤이 죽음으로써 완결을 보지 못하고 말았다.[5]

따라서 『고려국사』는 오늘날 전해지지 않으나 정총이 쓴 그 서문이 『동문선(東文選)』에 전하고, 찬술되었을 때 왕이 친람(親覽)하고 그 수고를 칭찬하느라고 정도전·정총 등에게 내려준 교서가 실록과 권근(權近)의 『양촌집(陽村集)』에 전하고 있으므로 이들을 통하여 그 사서의 성격을 유추할 수 있다. 『고려국사』의 사서로서의 성격은 다음 몇 가지를 들 수 있다.

(1) 고려시대 전체의 역사를 완성한 첫 사서라는 점이다. 이는 이제현(李齊賢)이 『사략(史略)』을 썼으나 숙종(肅宗)까지 밖에 다루지 못하였으며, 이인복(李仁復)·이색(李穡)이 『금경록(金鏡錄)』을 썼으나 정종(靖宗) 때까지 밖에 쓰지 못했다. 이러한 일을 이어받아 고려사를 완전 정리하였으니 이는 고려시대의 역사서술을 계승한 점과 승국(勝國:前代朝)의 역사를 정리하여야 할 신왕조의 임무를 수행한 것으로 볼 수 있다.

이러한 고려시대의 역사서술을 계승한 것으로 인하여 원(元)나라 간섭하의 상태에서 원종(元宗) 이상의 왕의 칭호에서 종(宗)을 칭하지 못하고 왕(王)으로 고쳐 쓴 것을 그대로 답습하는 결과를 가져왔고[6] 이는 무의식적인 답습이 아니라 〈정명(正明)〉 이론으로 합리화까지 시키고 있다.

(2) 조선의 건국과정에 대한 『고려국사』의 서술이 태종에게 만족을 주지 못하였으나 『고려국사』에서 시도한 목적의 하나는 고려 멸망의 당위성과 조선 건국의 합리화를 시도한 점을 그 특징으로 들 수 있다. 이 점은 현전하는 『고려사』와 『고려사절요』를 통해서 보면 우왕(禑王)·창왕(昌王)이 신돈(辛旽)의 자손이라 하여 왕으로 인정하지 않

---

5) 太宗 16년 8월 領春秋館事 河崙, 知館事 韓尙敬, 同知館事 卞季良에게 忠定王 이상의 역사를 삼분하여 각자 집에서 修改토록 하였는데 동년 11월 河崙이 죽었으므로 이 일이 완성되지 못하였다.

6) 세종 5년(2월 丙子〔28일〕) 고려사의 용어의 直書 문제가 제기되었을 때 卞季良이 그 변개는 鄭道傳에게서 비롯된 것이 아니고 李齊賢·李穡에서부터 비롯되었다고 말하였다. (실록기사)

고 왕씨의 제사가 끊어진 지 16년이나 되었다는 점, 이색·조준 일파 제거의 당위성, 공양왕의 우둔한 혼정(昏政)을 강조한 점 등은 고려 멸망의 당위성을 강조한 것이며, 이성계가 고려시대에 등장할 때부터 그 이름을 휘(諱)하여 태조라 칭하여 줄을 바꾸어 쓴 점, 태조의 4대조를 태조 때 추봉(追封)된 목(穆)·익(翼)·도(度)·환조(桓祖)의 칭호를 고려사에서 쓴 점, 위화도 회군을 강조한 점 등은 조선 건국을 합리화한 증표라 하지 않을 수 없다. 이러한 서술이 『고려국사』에서부터 비롯되는 것으로 생각된다.

(3) 『고려국사』의 또 하나의 두드러진 성격은 수찬자가 통치이념을 정립하려는 목적의식이 강렬하게 보인다는 점이다. 명분(名分)을 내세워 원종 이상의 역사에 참월한 것이 많다 하여 종(宗)으로 칭한 왕호를 왕(王)자로 고치고, 절일(節日)을 생일(生日)로, 조(詔)를 교(敎)로, 짐(朕)을 여(予)로 고쳤는데 이러한 예는 이뿐만이 아니다. 태후를 대비, 태자를 세자, 대사천하(大赦天下)를 유경내(宥境內) 등등으로 고쳤으니 이는 중국 천자만이 칭하는 용어를 제후국인 우리나라에서 칭하는 것은 참월하다는 점이다. 그리고 조회(朝會)와 제사(祭祀)는 상사(常事)이나 별고가 있으면 썼으며, 임금이 친히 제사에 참석하면 꼭 썼으니, 이는 예를 존중히 여기는 뜻이며, 재상의 임명을 반드시 쓴 것은 그 맡김을 중히 여기는 때문이라 하였으며, 이외에도 〈중구현(重求賢)〉〈저충신(著忠臣)〉〈존천왕(尊天王)〉 〈근천계(天謹戒)〉〈계일예(戒逸豫)〉등을 들고 있다.

(3) 東國史略의 修撰

『고려국사』는 고려시대의 역사 정리이므로 고려 이전의 역사도 조선왕조의 입장에서 정리할 필요를 느끼어 태종 2년 6월에는 왕명에 의하여 영사평부사(領司平府事) 하윤, 참찬의정부사(參贊議政府事) 권근, 예문관 대제학 이첨(李詹)으로 하여금 삼국사(三國史)를 수찬케 하였다.

하윤·권근·이첨은 모두 노숙한 학자들이었으므로 처음 세 사람이 수찬원칙을 정하고 그에 따라 수찬임무를 나누어 맡아 분찬(分撰)한 것 같다. 그러다가 하윤과 이첨이 태종 2년 10월초에 명(明)나라 영락제(永樂帝)의 즉위 축하를 하기 위하여 하등극사(賀登極使)로 명에 갔다가 다음해 5월에 귀국하였는데도 삼국사의 정리작업은 진행되어 태종 3년 8월에 완성되어『동국사략(東國史略)』이란 이름으로 바쳐졌다.[7] 그러므로 이『동국사략』은 권근이 거의 도맡아 수찬한 것으로 생각된다.『동국사략』의 서문과 그 책을 임금에게 바칠 때 올린 글도 권근이 썼으며『동국사략』의 50여편의 사론 중에서 이첨의 사론 3편을 제외하고는 모두 권근이 쓴 것이다.

그래서인지『동국사략』은 흔히 권근 수명찬(受命撰)이라고 불리며『동국사략』에 나타나는 역사관은 모두 권근의 사관이라고 보아 거의 틀림없는 것으로 생각된다.

『동국사략』의 명칭은 원래는『삼국사략』으로 붙여졌으며『동국사략』으로 붙여진 후에도 권근 자신은『삼국사략』으로 붙이고 싶었던 것 같으니『양촌집』과 『동문선』에는 「삼국사략서(三國史略序)」「진삼국사략전(進三國史略箋)」으로 기록되어 있음에서 이를 알 수 있다. 『삼국사략』과『동국사략』이 각기 다른 책이 아님은 처음에 수찬명령이 내려질 때 삼국사(三國史)를 정리하도록 한 것과 그 서문과 전문(箋文), 그리고 사론이 삼국시대의 것에만 씌어진 점으로 보아『동국사략』이 삼국시대(新羅末)까지의 역사를 다룬 사서라는 점은 의심의 여지가 없다.[8]

『동국사략』은 그 중심 내용이『삼국사기』를 줄인 것으므로『삼국사략』이란 이름이 적절하나 조선시대에 있어서의 상고사에 대한 깊은 역사인식은 김부식이『삼국사기』를 쓴 때와는 달리 단군조선·기자조선·위만조선·한사군과 삼한(三韓)·삼국(三國)의 순으로 상고사에 대한 체계화를 가능케 하였다. 이처럼 상고사에 대한 체계화된 인식을 가질 수 있었던 것은 몽고의 침입을 당하고 그 정치적 간섭을 받는 동안에 진전된 민족의식의 발현에 의하여 씌어진 일연의 『삼국유사』, 이승휴의『제왕운기』등에 영향을 받았고, 또 조선이란 국호를 선정하는 과정에서 삼조선(檀君·箕子·衛滿)에 대한 역사적 고구가 심화되어 그에 대한 인식은 이제 널리 보편화되었기 때문에 삼국사의

---

7) 拙稿, 東國史略에 대한 史學史的 考察, 歷史學報 68집, 1975.
8) 同名異書인『동국통감』후에 나온 朴祥 撰의『東國史略』과 흔히 혼동되고 있다. 朴祥 撰은 단군조선으로부터 고려 말까지 서술되고 있다.『東國史略』이란 同名異書는 이 밖에도 4~5종이나 있다.

서술은 『삼국사기』처럼 신라의 박혁거세에서부터 쓸 수는 없었다. 그리하여 삼국사를 줄인 본 내용 앞에 단군조선으로부터 삼한에 이르기까지의 상고사가 첨가되었으므로 『삼국사략』이라고 부르는 것도 적합한 명칭이 아니어서 『동국사략』으로 고친 것 같다.

권근의 수명찬 『동국사략』은 일반 도서목록과 일부 학자들에 의하여 고려말까지 다룬 찬자 미기(未記)의 『동국사략』으로 오인되어 왔다. 그러나 『동국사략』의 서문과 전문이 현전하고 있으며 고려대학교의 고도서(古圖書)에 권근 찬이 틀림없는 『동국사략』(卷3∼4)의 1책이 현재 전해지고 있는 것으로 밝혀지고 있는데, 이본이 앞으로 더 발견될 소지는 많다. 그것은 권근의 『동국사략』은 중종·명종 연간에 갑인자(甲寅字)로 간행되었기 때문이다.

삼국시대의 역사를 고려시대 김부식이 쓴 『삼국사기』가 있는데 이를 다시 쓴 이유는 무엇일까?

김부식이 쓴 『삼국사기』는 조선시대인에게는 아주 불만스러워서 이를 다시 쓴 것임을 『삼국사략』 서문에서 찾아볼 수 있다.

> 전조(前朝)의 문신(文臣) 김부식이 『삼국사기』를 쓰면서 사마천(司馬遷)의 『사기(史記)』를 본떠서 나라별로 썼으며, 기(紀)·열전(列傳)·지(志)·표(表)로 나누어 씀으로써 한 해가 여러번 기록되어 있고, 한 가지 일이 중복으로 기록되어 50권에 달하는 장황한 서술이 되었다.

권근은 『삼국사기』가 삼국의 역사를 나라별로 따로따로 쓴 것을 불만으로 여겨 삼국의 역사를 하나의 편년으로 혼합하여 서술하였다. 김부식은 삼국이 각각 분립되어 있었던 당시의 상황을 존중한 데 대하여, 권근은 조선초기 현재 상태가 하나의 통일국가이기 때문에 삼국이 모두 한 나라의 역사라는 현재적인 상황에 중점을 두었다. 김부식과 권근 사이의 이러한 차이는, 분열되었던 후삼국(後三國)을(고려 당시의 표현으로는 삼국 이전의 분립상태인 三韓이라 칭하였다) 고려 태조가 통일하였다는 것을 강조해 오던 고려적인 역사의식과, 고려라는 통일국가를 그대로 계승하여 삼국의 분열이 강조될 필요가 없었던 조선시대의 역사의식 사이의 차이 때문이라고 생각된다. 그러므로 김부식에게는 장황하고 중복되는 한이 있어도 과거의 사실을 그대로 서술하려는 점이 권근에 비하여 훨씬 강하게 나타나고 있으며, 이 점은 역사서술 체재뿐만 아니라 서술내용에 있어서도 두드러지게 보이는 현상이다.

 권근이 기전체(紀傳體)로 중복된 50권의 『삼국사기』를 8권의 편년체(編年體)로 줄이었는데, 기전체는 동양에 있어서 역사의 기록을 남기기 위한 수사방법(修史方法)으로는 가장 많이 쓰여졌고, 편년체는 역사를 읽히기 위한 방법으로 서술된 것이 보통이다. 그러므로 권근이 기전체를 편년체로 고쳐서 서술한 것은 역사서술 체재의 불합리성 때문이 아니라 실은 역사서술의 목적이 김부식과 다른 때문이라고 생각된다.[9]

 어쨌든 권근의 『동국사략』 서술의 주목적은 삼국시대의 역사를 비판 정리함으로써 삼국시대에 발현되어 고려에 계승되어 온 제반 문제점을 제기하여 이를 해결함으로써 조선왕조의 새로운 통치이념을 정립하려는 것이었다.

 권근이 삼국의 역사를 편년체로 서술함으로써 나타난 몇 가지 중요한 특징은 다음과 같다.

 (1) 역사를 편년체로 서술하다 보니 삼국사의 시작을 기원전 57년인 신라 혁거세(赫居世)에서부터 서술하는 것이 합당치 않게 생각되었기 때문에 그 앞에 단군 고조선으로부터 삼한까지의 역사를 써넣게 되었다. 그러나 이 시기의 역사는 크게 소략하므로 편년체의 역사서술이면서도 연대로써 서술할 수가 없어 개설적인 설명을 붙이는 수밖에 없었다. 따라서 삼국시대의 역사와는 서술체재를 같이할 수 없어 이를 외기(外紀)로 취급한 것이 아닌가 추정된다. 그러므로 외기로 실었다고 해도 이를 상고사에 대한 관념이나 인식이 부족한 소치로 간단히 규정해서는 안될 것이다.

 어떻든 관찬사서로서 단군조선부터 삼한까지의 역사가 서술된 것은 『동국사략』이 맨 처음의 것이다. 삼한까지의 상고사는 일연의 『삼국유사』 내용보다 이승휴의 『제왕운기』 쪽의 내용을 따르고 있다. 그리고 단군조선·기자조선·위만조선·한사군 이부(二府)·삼한(三韓)으로 체계화되었지만 부족국가 시대의 분열상을 인식하지 못하고 단선적

---

 [9] 권근의 『三國史記』에 대한 불만은 이러한 체재적인 것에 관한 것만이 아니라 方言俚語가 그대로 잡되게 써여 있는 점 등도 들어 이를 고쳐서 純雅한 문장으로 고친다고 언명하고 있다.

으로 파악함으로써 부여(夫餘)·옥저(沃沮) 동예(東濊) 등의 많은 부족국가가 탈락되는 결과를 가져왔으며, 단군조선으로부터 삼한까지의 각국이 전국을 지배한 통일국가로 잘못 오인될 소지를 다분히 남기고 있다.

(2) 편년체로 역사를 서술함에 있어서 연대 표기를 신라의 왕기(王紀)로 하고 있으며 신라의 왕기도 즉위년칭원법(卽位年稱元法)을 유년칭원법(踰年稱元法)으로 고쳐 쓰고 있으며, 삼국의 역사를 하나로 묶어 서술하면서도 신라 중심적으로 서술하고 있다. 그 실례를 들면 다음과 같다.

東國史略 卷 第四

辛巳 智證王 元年　齊和帝中興元年　春正月　高句麗使朝魏　百濟王都老嫗化狐而去…
(A)　(B)　　　　　　　　　　　　(C)　　　(D)

壬午　二年　梁高祖天監元年 　　二月禁殉葬　前此王薨則殉以男女各五人至是禁
　　　　　　百濟武寧王元年……
　　　　　　(E)　　　　　　　(F)

여기에서 기년(紀年) 표시에 있어서 난(欄) 밖에 간지(干支)를 적고(실례 A), 신라왕의 연기(年紀)만을 적었으며(실례 B) 중국 연대와 고구려·백제의 연대는 원년만을 세자(細字)로 부주(附註)하였다. (실례 B·E) 삼국사에 있어서 신라의 연대만을 기록한 이유를 권근은 신라가 제일 먼저 일어났고 제일 늦게 멸망되었기 때문이라고 했다. 그러나 이는 너무 경솔한 판단임을 쉽게 알 수 있다.

그리고 삼국왕(三國王)의 기년 표시에 있어서 삼국시대 왕이 즉위하여 그 해를 원년이라 칭한 것을 권근은 윤리상 어긋난 일이라고 하여 각왕이 즉위한 다음해를 원년으로 고쳐 썼다. (踰年稱元法) 따라서 『삼국사기』의 각왕의 연대와 『동국사략』의 기록과는 1년의 차이가 생기었다. 이렇게 연대를 바꾼 이유는 전왕이 죽은 해는 그 왕의 말년이고 또 그해를 새로 선 신왕의 원년으로 칭하는 것은 편년체 역사서술에 있어서 불편한 점이 있었을 것도 생각할 수 있으나 윤리적으로 부당하므로 고쳐야 한다고 찬자(撰者)가 언명하고 있다. 이것은 역사 서술에서 당시의 사실을 존중하는 것이 아니라 조선 당시의 윤리관념을 존중한 것으로 역사를 〈현재적〉 관점에서 본 결과로 지적될 수 있는 것이다.

그리고 연대의 표시를 신라왕의 연대로 하였으며 그뿐만 아니라 모든 역사사건의 서술에 있어서도 신라 중심으로 서술하였다. 그 구체적인 실례는 삼국의 역사를 하나로 묶었기 때문에 사건마다 삼국의 명칭을 붙여 써야 하는 것인데, 고구려와 백제의 경우는 반드시 붙였으나(실례 C·D) 신라 기사에는 신라라는 말을 생략하였으며(실례 F), 그뿐만 아니라 처격이나 목적격에서도 이를 모두 생략하였다.

삼국의 역사를 신라 중심으로 쓴 이유는 무엇일까? 『삼국사기』도 내용적인 면에서는 신라 관계의 기록이 압도적으로 많지만, 고려시대까지 신라의 사료가 많이 보전되었기 때문일 것이며, 김부식도 그것은 어쩔 수 없었던 것이었다. 그러나 그 서술체재적인 면에 있어서는 삼국을 균등하게 하려고 애쓴 점을 쉽게 발견할 수 있다.[10] 그것은 고려가 삼한(後三國)을 통일한 것이지 신라를 계승한 것이 아니며, 더구나 고려초기에 있어서는 고구려를 계승하려는 의식이 강렬하게 작용하였던 때도 있었던 분위기에서 나온 것일 것이다.[11] 그런데 조선시대에는 삼국에 대하여 가지는 감정 내지 의식은 정치적인 면보다는 주로 문화적인 면이 중시되었고 조선시대의 기본학문인 유학이란 입장에서는 신라는 고구려와 백제에 비교가 되지 않을 만큼 많은 영향을 주고 있었으니, 그 단적인 예로 성균관과 향교의 문묘(文廟)에 배향되어 조선시대 사림의 추모를 받던 설총(薛聰)과 최치원(崔致遠)이 바로 신라 사람이라는 점을 들 수 있다. 이러한 연유에서 성급하게 쓴 것이 그런 결과를 초래한 것이 아닌가 추측된다.

『동국사략』의 서술방법이 『삼국사기』와 비교될 만한 특징은 다음과 같다.

(1) 『동국사략』의 서술에는 강목법(綱目法)을 쓰고 있다. 그 서문에서 『강(綱)』을 두어 그 요점을 들었고 목(目)을 두어 그 상세함을 다하였다』(有綱以擧其要 有目以盡其詳)고 했는데 실제 현전하는 『동국사략』을 살펴보아도 강목법으로 서술하였다. 강목법이란 사건의 줄거리를 앞에 빼어 싣고 그 설명은 다음에 쓰는 것으로, 권근은 강의 부

---

10) 高柄翊, 三國史記에 있어서의 歷史敍述, 東亞交涉史硏究 再收錄, 1969.
11) ①李佑成, 三國史記構成과 高麗王朝의 正統意識, 震檀學報 38호, 1974.
②河炫綱, 高麗時代 歷史繼承意識, 梨花史學硏究 8집, 1975.

분은 큰 글자로 쓰고 목의 부분은 2행으로 작은 글씨로 썼다. 이러한 강목법은 춘추강목(春秋綱目: 春秋는 綱이고 左傳은 目이다)법을 본받아 쓴 것으로 생각되며, 그것은 춘추필법(春秋筆法)의 영향을 크게 받고 있는 점에서도 유추된다.

 (2)『동국사략』은 서술에 있어서 용어를 개서(改書)하였다. 『삼국사기』에 쓰어진 신라의 거서간(居西干)·차차웅(次次雄)·이사금(尼師今)·마립간(麻立干)이란 방언의 칭호가 비리(鄙俚)하다 하여 왕으로 고쳐 썼다. 이러한 고유의 칭호를 왕으로 바꿔 쓴 선례로서『제왕연대력(帝王年代曆)』과『삼국유사』를 들 수 있다.『제왕연대력』은 연표로 생각되는 것으로 오늘날 전해지지 않기 때문에 이를 상고(詳考)할 수 없으며,『삼국유사』의 경우 본문에는 왕으로 고쳐 썼으나 연대력에는 원 칭호를 그대로 썼기 때문에 완전히 개서할 의도는 없었다고 본다. 그런데『동국사략』에서는 최치원이 비야(鄙野)하다고 고쳐 쓴 것을 따른다고 했다.『동국사략』에서는 여왕은 여주(女主)로 폄(貶)하여 쓰고 있다.『삼국사기』에는 여왕의 경우도 똑같이 왕으로 서술되어 있는데, 권근은 여자는 왕이 되어서는 안된다는 남존여비의 사상에 따라 개서하였다. 그뿐만 아니라『고려국사』에서 행한 것처럼 왕에 대한 용어를 제후에 맞는 용어로 개서하였음을 권근의『동국사략』에서도 발견할 수 있다. 태후(太后)를 대비(大妃)로, 태자(太子)를 세자(世子)로, 대사(大赦)를 유경내(宥境內)로, 행차(幸次)를 여(如)로 개서하였으니 명분을 바르게 한다는 뜻에서이다. 이러한 과거에 쓰어진 용어까지도〈현재적〉인 관점에서 변개하여 서술함은『동국사략』과『고려국사』가 태조·태종 때에 쓰어진 역사서술로서 공통된 점이다.

 (3)『동국사략』은『삼국사기』만을 간략하게 정리한 것으로서 새로운 사료를 보완하여 쓴 사례가 보이지 않으므로 원전적인 가치는 없다. 그 서문에 본기(本紀)를 근본으로 하여 열전(列傳)을 참고하였다고 한 바와 같이 본기를 중심으로 하여 줄이되 개인에 관한 기사는 열전을 통하여 보완하는 정도에 그치었고, 지(志)의 기사는 대부분 생략하였다.

 권근은 이처럼 김부식과 달리〈현재적〉인 관점에서 삼국시대의 역사를 서술하였으므로 자연히 김부식이 쓴 사론에 대하여 커다란 불만을 가지고 그 사론을 비난하기도 하고, 때로는 고려시대의 김부식이 언급할 수 없었던 새로운 문제 등에도 권근 자신의 견해를 사론으로 피력하였다.

『동국사략』의 사론으로『양촌집』에 28편이 실려 있고『삼국사절요』와『동국통감』등에 이 28편을 포함하여 각각 46편의 권근의 사론이 실려 있는데 이 두 사서에 빠진 사론이 각각 두 편씩이므로 48편이 남아 있는 셈이며, 이첨(李詹)의 사론(史論)도 3편이 두 사서에 전하고 있다. 실제로『동국사략』에 씌어진 사론의 수는 이보다 훨씬 많은 것이 틀림없다. 그것은 현재 전하고 있는 1책의『동국사략』을 보면〈신등안(臣等按)〉의 사론 속에 김부식의 사론을 그대로 인용하면서 한두 마디 고쳐 쓰거나 덧붙이거나 줄인 것 등이 있는데, 이는 권근의 사론으로 전하고 있지 않기 때문이다. 그러므로 위의 48편의 사론은 김부식의 사론과 표현과 내용이 아주 다른 사론들만을 『삼국사절요』와『동국통감』에서 인용하고 있을 뿐이다. 이 두 사서에는 그 사론을 쓴 사람의 이름을 구체적으로 밝히어 권근왈(權近曰)·이첨왈(李詹曰)로 돼 있으나 실제『동국사략』에서는 모두 신등안(臣等按)으로 표시되어 있다.

권근의 사론에 대한 성격을 이해하기 위해서는 『삼국사기』의 김부식의 사론과 비교하여 어떤 점이 김부식과 같은 성격의 것이며 어떤 것이 다른가, 김부식이 언급치 않은 문제를 그가 새로이 제기한 문제는 어떤 것인가를 살펴보아야 할 것이다.

권근의 사론으로 김부식의 사론과 같은 성격의 것은 원래『삼국사절요』와『동국통감』에 전하지 않기 때문에『동국사략』은 전질을 보기 전에는 정확히 말할 수 없다. 그러나 사론 내용이 비슷할 것으로 추정되는 면은 김부식과 권근이 모두 유학자로서 같은 유교경전(儒敎經典)과 사서(史書)를 공부하였을 것이므로 같은 면도 있다는 것을 생각할 수 있다. 이러한 예를 실제 사론에서 찾아보면 가령 왕은 충언을 받아들여야 된다든지, 어진 이를 임함에는 구애됨이 없어야 된다든지(立賢無方), 신하를 한번 임하였으면 의심치 말아야 하며, 제거하여야 한다고 생각할 때에는 주저하지 말 것, 부(父)는 아들에게 의(義)로써 가르쳐 사(邪)에 빠지지 않게 할 것이며, 아들은 부모의 책망 중 작은 매는 맞고 큰 몽둥이는 달아나라(小杖則受 大杖則走)는 부자의 윤리, 그리고 학문이 성취된 후에 관리로 임명하여야 한다는 점 등을 들 수 있을 것이다. 이런 점들은 유교의 일반적 개념으로서 두 유학자 사이에 당연한 견해의 일치를 보이고 있다.

권근의 사론이 김부식의 것과 크게 다른 것을 들어보면 다음과 같다.

(1) 역사서술에서 김부식은 과거 사실을 그대로 기록하려는 직서(直書)를 표방하였으나, 권근은 그때 당시의 윤리관념에 어긋난 것을 개서하였으며, 이런 입장을 밝히는 사론들을 각각 쓰고 있다. 그 예로는 칭원(稱元) 문제와 왕의 칭호 문제를 들 수 있다. 칭원 문제에 대하여 김부식은 『임금이 즉위하여 그해를 넘겨 다음해부터 원년으로 칭하는 것은 춘추(春秋)에 상세히 있어 선왕이 고칠 수 없는 전례(典禮)이지만, 이는 주대(周代) 이후의 예(禮)이고 중국에서도 은대(殷代)에는 임금이 즉위하여 달을 넘겨 즉위한 사례도 있으므로 신라의 경우는 은인(殷人)의 예를 얻었다고 볼 수 있으므로』 즉위년칭원법을 그대로 쓴다는 것이다. 이에 반하여 권근은 『김부식이 즉위년 칭원을 고치지 않고 그대로 썼으나 사론에서는 즉위년 칭원이 옳지 않다고 하였다. 그러니 이제 단호히 군훙명년(君薨明年)을 새로 선 임금의 원년으로 함이 일년에 두 임금이 있을 수 없다는 춘추(春秋)의 뜻에 어긋남이 없을 것이다』하여 개서하고, 김부식 사론의 일부만을 이용하여 자기 이론을 합리화시키고 있다.

왕의 칭호 문제에 대하여도 김부식은 그의 사론에서 『나말(羅末) 명유(名儒) 최치원이 제왕연대력(帝王年代曆)에서 거서간(居西干) 등을 왕으로 고쳐 썼으니 어찌 그 말이 비야(鄙野)하여 족히 칭할 만한 것이 못되었기 때문인가! 좌전(左傳)에 초(楚)나라 방언 곡어도(穀於菟:虎)를, 한서(漢書)에 흉노어인 탱려(撑犁:天), 고도(孤塗:子)를 방언 그대로 기록하였으니 신라의 방언을 써둠이 마땅하다』하였고, 권근은 『최치원이 제왕연대력에서 왕으로 고쳐 쓴 것은 그 칭함이 비야하여 족히 전할 만한 것이 못되었기 때문일 것이다. 김부식은 고치지 않았으나 신등(臣等)은 치원(致遠)의 연대력(年代曆)에 따라 모두 왕으로 고쳐 써 바름에 이르고자 한다』하였다.

(2) 역사사실을 서술하는 데 있어서 김부식은 기록하는 데 중점을 두었으며 권근은 평가하는 데 중점을 두었으니, 김부식은 괴이하여 비록 믿을 수 없는 사실이라 하더라도 수사(修史)하여 후세에 전하여

야 하므로 누락시킬 수 없다고 쓰고 있다. 물론 김부식이 삼국의 시조신화(始祖神話)를 기록하는 데 기록을 그대로 썼느냐에 대하여는 부정적인 답이 지배적이다.[12] 그러나 그는 그가 믿을 수 없는 신화 부분도 싣고 있는 데 비하여 권근은 삼국의 시조탄생에 대하여 그렇게 괴이한 말이 많은 것은 어느 궤설(詭說)을 잘하는 자가 지어낸 것이라 하여 신화 부분은 완전히 삭제해버린 것 같다. 또 김부식은 『김양상(金良相)이 혜공왕(惠恭王)을 살해하고 즉위하였으며 김언승(金彦昇)이 애장왕(哀莊王)을, 김명(金明)이 희강왕(僖康王)을, 김우징(金祐徵)이 민애왕(閔哀王)을 시해하고 즉위하였으니, 이제 이를 모두 그 사실대로 기록함이 춘추(春秋)의 뜻에 맞는다』고 한 데 대하여 권근은 『김우징이 부(父)의 원수를 갚은 것은 춘추의 복수토적의(復讎討賊義)를 얻었으니 이를 다른 찬시자(簒弑者)와 동렬(同列)로 써서는 안된다』고 하였다.

김부식이 언급하지 않은 문제로서 권근이 새로이 제기한 사론을 들어보면 다음과 같다.

(1) 권근은 불교식의 예절이나 고대적인 습속을 신랄한 사론으로 배격하였다. 즉 불교적인 화장(火葬), 왕이 하늘에 대해 지내는 교제(郊祭)와 동성근친혼(同姓近親婚) 등의 습속을 배격하였다. 김부식이 살던 시대의 사회에는 유교의 예절과 불교의 예절이 상호 배타적이 아니었으며, 왕이 천제(天祭)를 원구단(圓丘壇)에서 지내던 관례와 왕실에서 근친결혼의 습속이 현실적으로 행해지고 있었기 때문이며, 권근이 살던 조선초기에는 고려말에 들어온 성리학에 의하여 불교가 배척되고 주자가례(朱子家禮)에 따른 예절규범이 강조되던 사회이었으므로 그러한 차이가 생긴 것으로 생각된다.

(2) 권근은 김부식이 거의 언급하지 않은 불교(佛敎)와 도교(道敎)를 이단으로 취급하여 신랄한 사론으로 이를 배격하였다. 이러한 불교적인 예절과 고대적인 습속을 유교적인 예절로 고치려는 권근의 강한 의욕과 유교 이외의 사상을 이단으로 배척하려는 그의 의도는 김부식의 사론에 만족할 수 없게 하였던 점의 하나이다.

사론으로서 결론적이고 종합적인 삼국의 멸망 원인에 대한 두 사람의 사론을 검토하여보자.

---

12) 李奎報의 東明王篇序 참조.

(1) 백제의 멸망 원인에 대하여 김부식은 ① 의자왕이 행한 바에 비도(非道)가 많다. ② 대대로 신라를 원수로 삼아 선린(善隣)하지 못하였다. ③ 대국에 죄를 얻었다는 것을 들고 있는 데 대하여, 권근은 ① 왕이 사치와 욕망을 다하여 공역(功役)을 함부로 일으켰고, ② 왕이 감정에 움직이어 법도(法度)를 어기고 충량(忠良)한 신하를 잘못 죽였으며, ③ 대대로 인국(隣國)을 구적(仇敵)으로 삼아 자주 침입함으로써 백성들이 편안할 날이 없었으며, ④ 중국을 예로써 섬기지 못한 점 등을 들고 있다. 백제의 멸망원인으로는 두 사람의 견해가 크게 다를 것이 없고 다만 권근이 김부식이 말한 왕의 비도(非道)를 구체적으로 두 가지로 나누어 지적했을 뿐이다.

(2) 고구려의 멸망 원인에 대하여 김부식은 ① 그 위치가 대륙에 끼여 있어 지리적으로 불리한 점, ② 왕이 겸손의 뜻이 없어 외국을 자주 침입한 점, ③ 수(隋)·당(唐)의 통일을 당하여 불순하게 조명(詔命)을 거절한 점, ④ 국민의 합심을 얻지 못한 점 등을 들고, 그중에서도 인화(人和)가 가장 중요한 것이니 국가를 다스리는 자가 폭리(暴吏)들의 백성 사역(使役)과 귀족의 가렴을 함부로 하게 하여 민심을 잃으면 국민을 잘 다스려 난(亂)치 않게 하고 국가를 존속시켜 망하지 않게 하고자 하여도 어찌 가능하겠는가 한 데 대하여, 권근은 ① 보장왕이 사치하기에 한도가 없었으며, ② 권신(權臣)이 국명(國命)을 잡아 시역(弑逆)을 행하고 임금을 마음대로 치폐(置廢)하였으며, ③ 도(道)로써 교린(交隣)치 않았으며, ④ 외천사대(畏天事大)하지 못하고 중국을 모만(侮慢)하였음을 지적하고, 연개소문이 당국(當國)하여 폭려(暴戾)를 심히 하였으나 정치가 한 사람으로부터 나와 민심이 분열되지 않았기 때문에 당태종(唐太宗)도 이를 멸망시키지 못하였다고 하였다.

고구려의 멸망 원인에 대하여 김부식은 지리적 위치, 왕의 대외정책, 국민의 불화 등의 넓은 안목으로 살펴보았는데, 권근은 왕의 덕성과 정권의 불안정, 대외정책이란 각도에서 살펴봄으로써 그 사론의 각도가 극히 좁음을 알 수 있다. 두 사람의 이러한 차이는 기전체와 편년체로 역사를 서술하는 입장의 차이에서 나왔던 것이 아닌가 생각한다.[13]

───────────

13) 紀傳體는 本紀와 志·列傳으로 나누어 서술함으로써 역사 이해의 안목

여기에서 한가지 더 언급하고 넘어가야 할 것은 두 사람이 다 고구려의 멸망을 모두 중국에 대한 불손(不遜) 또는 모만(侮慢)이라고 하는 윤리적인 각도에서 보았는데, 이를 흔히 사대주의 사상이라고 부른다. 이와같이 외교적인 측면에서가 아니라 윤리적인 측면에서 본 것은 당시 사회가 계급사회이었으므로 지배층의 하이어라키적 윤리가 국제질서 속에 반영된 것임을 알 수 있는 것이다. 그러나 고구려 멸망의 직접적인 원인을 대당외교(對唐外交)의 실패로 인해 당군(唐軍)의 침입을 초래한 것이라 지적한 것이 잘못은 아니었다. 그러므로 그들의 표현이 불만스러운 점은 있으나 그들이 지적한 본 뜻은 옳았다고 할 수 있을 것이다.

신라 멸망원인에 대한 사론으로 우선 권근의 사론이 『삼국사절요』와 『동국통감』에 보이지 않고 있으나 이 두 사서에 김부식의 사론으로 전하고 있는 사론이 『삼국사기』의 사론과 약간 다른 것이므로 이것은 권근의 사론이라고 보아야 할 것이다.

신라 멸망원인에 대하여 김부식은 ① 불교의 폐로서 백성이 승려가 된 자가 많아서 병농(兵農)이 감소되어 국가가 날로 쇠했다는 점과, ② 경애왕이 지나치게 사치를 좋아했다는 점을 들고 있는데, 권근은 이에 여자가 왕위를 차지하여 (眞聖女王) 추행을 자행하고 벽행(嬖倖)이 용사(用事)하여 지방에서 군도(群盜)가 일어났다는 점을 더 들고 있다.

여기에서 권근이 지방 군도의 발생을 들은 것은 적절한 관찰이라고 생각된다.

그리고 김부식이 경순왕이 고려 태조에게 항쟁치 않고 귀의한 것은 국민을 위하여 크게 잘한 것이라고 칭찬하고 있는데 이러한 설명에 권근은 반대의 여지가 없었을 것이다. 신라의 고려에 대한 귀순의 합리화는 바로 고려에서 조선으로의 역성혁명(易姓革命)에 대한 합리화와 일치하며, 그러한 합리화는 고려왕조에서 높은 벼슬을 하다가 이성(異姓)의 조선왕조에 충성을 바치고 있던 권근 자신의 입장으로서는 달리 쓸 수 없는 사론이었다고 생각된다. 그러므로 김부식의 사론

이 비교적 분화되고 그 폭이 넓다고 볼 수 있지 않을까. 편년체는 왕의 정치와 개인 列傳만이 중요한 主題를 이루기 때문에 두 사람의 견해차는 그들이 편찬한 史書 체재와 관계가 있지 않을까 한다.

을 그대로 인용하면서 한두 가지 자기 견해를 첨부하는 데 그친 것으로 해석된다.

　이상에서 살핀 김부식과 권근 사이의 사론은 유학자로서의 같은 성향도 있었으며, 성리학(性理學)이란 유교철학에 깊은 인식을 갖고 있던 권근이 조선초기 사회가 요구하는 새로운 문제점을 제기하기도 하였다. 이러한 문제점으로는 불교와 도교를 배척하여 유교사상과 유교적인 예절을 널리 보급시키려 한 점이 있다. 이렇게 철저하게 〈현재적〉 입장에서 역사를 보려 하였던 당시의 상황에서는 곡학아세(曲學阿世)라는 비난도 있을 수 있으나, 적어도 유교사관이란 점에서는 김부식보다 일단의 진보가 있다고 할 수 있는 측면도 있다.

　유교사관의 진전이 모든 면에서 바람직한 것이 아님은 사대주의 사상의 면에서 두드러지게 나타나고 있다. 중국에 대하여 사대주의가 윤리적으로 타당하게 보인 것은 김부식의 경우에서부터 현저하게 나타나 원나라 간섭하의 시대에 살던 이제현의 시기를 거쳐 권근에 의하여 더욱 철저하여졌다.

　그러므로 삼국사를 재정리한 『동국사략』에서는 민족의 역사정신(歷史精神)을 발견하려는 태도는 전연 찾아볼 수 없고, 오직 유교 통치를 확립하는 데에 교훈으로 받아들여져야 하는 문제점을 발견하는 데 주력하였음을 살펴볼 수 있다. 그것은 어떻게 보면 당시 민족의 독특한 역사정신을 찾을 필요성보다는 유교문화를 통하여 사회를 발전시켜야 함이 더 중요한 과제로 생각되었던 중세시대의 사회적 요구라고 보아야 할 것이다.

　『동국사략』은 역사를 학문으로보다는 정치의 한 보조수단으로 본 점에서 바로 뒤인 세조시대에 비판받게 된다. 『동국사략』과 『고려국사』는 조선왕조의 입장에서 단군조선으로부터 고려말까지의 전대사(前代史)를 총정리한 것이며, 태조·태종 때에 수찬됨으로써 통치이념의 정립이란 목적에 급급한 공통성을 가지고 있다.

(3) 太祖實錄의 修撰

　태종 때의 사서 편찬으로 또 언급하여야 할 것은 『태조실록(太祖實錄)』의 편찬을 들 수 있다. 태조가 태종 8년 5월에 승하하자 그 다음 해인 태종 9년 8월 28일(丁卯)에 영춘추관사(領春秋館事) 하윤(河崙)

에게 명하여 『태조실록』을 수찬(修撰)케 하였는데 이는 하윤(河崙)의 건의에 의한 것 같다. 춘추관 기사관(記事官) 송포(宋褒) 등은 당대사를 당대인이 서술한다면 수사(修史)의 공정을 기할 수 없다고 하여 강경히 반대하였으나 이에 대하여 영춘추관사 하윤이 즉시의 수찬을 주장하였고 부장격인 감춘추관사(監春秋館事) 성석린(成石璘)의 소극적인 태도로 인하여 태종의 초지(初志)를 꺾지 못했다. 그리하여 『태조실록』 수찬작업은 춘추관 기주관(春秋館記注官) 및 기사관(記事官)으로서 수찬을 반대하는 자를 참여시키지 않고 추진되었다.[14]

그러나 사관들이 자신이 기록한 사초(史草)를 개인이 보관하고 있었으므로 관련 사초를 수납하여야 되었는데 그 수납 기일이 제대로 지켜지지 않았다. 태조 즉위 이후 태조가 양위한 경진년(庚辰年) 11월까지의 사초를 원래 서울에 살고 있는 사람은 10월 15일, 지방에 사는 사람은 11월 초하루까지 바치도록 하였으나 이듬해 정월 10일까지에도 이를 제출하지 않은 사람이 허다하였으므로 외국 사신으로 간 사람의 경우를 제외하고 정월 말일까지 제출치 않는 사람에게는 자손을 금고(禁錮)시키고 은(銀) 20냥(兩)의 벌금을 물리도록 하였다. 태종 10년 정월 10일부터 하윤·유관(柳觀)·정이오(鄭以吾)·변계량(卞季良) 등이 수찬을 시작하여 2년 2개월 만인 태종 13년 3월에 태조 7년간의 역사가 15권의 『태조실록』으로 완성되었다. 이렇게 하여 조선왕조실록 편찬의 첫출발이 내디뎌졌던 것이다.

3. 世宗~文宗 때의 歷史敍述

(1) 高麗史·高麗史節要의 修撰

22세로 부왕의 양위를 받아 즉위한 세종은 총명하고 학문을 좋아하여 집현전(集賢殿)을 왕 2년에 설치하여 소장학자의 학문을 연마시키고 이들의 학문이 성숙해진 세종 20년을 전후해서는 각종의 많은 훌륭한 편찬사업을 행하게 되었다. 세종은 역사에 대하여 지대한 관심

---

14) 太宗實錄 10년 정월 戊寅條. 記注官 趙末生·權塤·尹淮, 兼記事官 申檣이 참여하였고 參外官의 史官으로는 禹範善·李審만이 참여하였고 다른 사람은 모두 불참하였다.

을 가지고 있었다. 동양적인 유교학문의 본령을 터득하기 위해서는 문학・사학・철학(經學)을 겸수(兼修)하지 않으면 안되었으므로 학문의 3대영역 중의 하나인 사학(史學)에 대하여 호학군주(好學君主)인 세종이 커다란 관심을 가지는 것은 당연한 일이었다.

세종은 즉위할 때부터 부왕이 관심을 가졌으나 미처 완성치 못한 『고려사』를 개수하여야 한다는 문제의식을 가지고 있었다. 즉 세종이 경연에서 『고려사의 공민왕 이하는 정도전(鄭道傳) 등이 들은 대로 고쳤기 때문에 사관의 본초(本草)와 같지 않은 것이 많으니 이를 후세에 전할 수 없다. 이는 차라리 없는 것만 못하다』고까지 하였다. 이에 변계량(卞季良)과 정초(鄭招)가 『만약 이를 없애서 후세에 전하지 않으면 전하가 정도전의 증손(增損)을 미워하여 직필(直筆)한 뜻을 후세에 누가 알겠읍니까』말하고 개찬할 것을 건의하였다.

그후 1년이 지난 세종 원년 9월 19일에 경연에서 세종이 윤회(尹淮)에게 『요즈음 고려사를 읽어보았더니 틀린 곳이 많아 마땅히 개수하여야 하겠다』고 말하고, 그 다음날 예문관 대제학(藝文館大提學) 유관, 의정부 참찬(議政府參贊) 변계량 등에게 정도전 소찬의 『고려사』를 개수토록 할 것을 명하였다. 이에 세종 3년 정월 30일에 개수된 『고려사』가 바쳐졌다. 이 때의 개수목적은 정도전・정총의 『고려사』에서 고려 말기의 사신(史臣)의 사초(史草)와 달리 기록된 사실을 바르게 고침과 정도전이 미처 못다 고친 〈태자(太子)〉〈제(制)〉나 〈칙(勅)〉과 같은 참월한 용어를 변개하는 데 있었다고 생각된다.[15] 이때 참람되다고 생각된 용어의 변개는 권근의 제자인 변계량의 주장이 크게 작용하였던 것 같다.

그후 세종 5년(丙子) 12월 29일, 젊은 사관 이선제(李先齊)・양봉래(梁鳳來)・정사(鄭賜)・강신(康愼)・배인(裵寅)・김장(金張) 등이 당시의 관제와 당시의 칭호를 변개하여 그 실(實)을 없애서는 안된다고 주장하였던바, 그 주장이 윤회를 통하여 왕에게 전해지자 변계량의 반대에도 불구하고 세종이 찬의를 표명하여 유관과 윤회에 명하여 정도전이 고친 바를 『고려실록(高麗實錄)』원문 그대로 환원하여 고치

---

15) 世宗實錄 세종 3년 정월 癸巳 『前此 以鄭道傳所撰 高麗史 間有與史臣本草不同處 且稱制勅 稱太子之類 語涉僭踰 命柳觀卞季良讎校 至是書成乃進』

게 하였다. 이때 유관은 절충안으로 혜종(惠宗)·정종(定宗)을 혜왕·정왕으로 정도전이 고쳤는데 이는 왕의 칭호가 시호(諡號)로 착각되기 쉬워 그 진(眞)을 잃을 우려가 있으니 왕의 묘호를 시호로서 대치하여 써서 혜종은 의공왕(義恭王), 정종은 문명왕(文明王)으로 하자고 주장하였다. 그러나 세종은 묘호와 시호를 모두 쓰고, 태후(太后)·태자(太子)·관제(官制)도 개칭할 필요가 없다, 단지 〈대사천하(大赦天下)〉에서 〈천하(天下)〉 두 자를 삭제해 버릴 것이지 〈천하〉를 〈경내〉로 고쳐 쓸 필요가 없다고 하여, 천하에 대사령을 내렸다는 것을 그대로 직서(直書)하는 데는 세종도 좀 물러섰다.

이 작업은 세종 6년 8월에 『수교고려사(讎校高麗史)』로 바쳐지고 정총이 썼던 『고려국사』의 서문도 윤회에 의하여 다시 고쳐 씌어졌다. 그러나 세종 7년 12월에 변계량의 이에 대한 완강한 반대와 변계량에 동조하고 나선 참찬 탁신(卓愼)의 주장으로 말미암아 윤회가 지은 서문을 『고려사』에 붙이는 것이 보류되었으나 세종은 자신의 본뜻이 사관에 의하여 기록되어 전해질 것을 말하면서 강경한 변계량의 고집을 불만스럽게 여기는 뜻을 표하였다.

세종은 경연에서 신하들과 토론하고 중국의 사서를 읽고 연구하는 동안 역사에서 용어의 변개는 잘못이라는 것에 대한 확신을 가지게 되었다. 그러므로 세종은 『고려사』는 아직 완성되지 않은 〈미성지서(未成之書)〉이며 반드시 개수되어야 한다고 언명하였으며(12년 11월) 『태종실록』의 수찬이 끝나면 이를 다시 개수할 뜻을 밝히었다. (세종 13년 정월)

세종 5년에 시작한 『태종실록』이 세종 13년에 36권으로 완성되었으나 그후 세종은 윤회의 보필을 받아 『자치통감훈의본(資治通鑑訓義本)』과 『자치통감강목훈의본(資治通鑑綱目訓義本)』을 편찬하느라고 『고려사』 개수를 바로 착수하지 못하였다. 그러나 그 동안 정몽주·이숭인·길재·이색·권근에 대한 인물을 신하들과 논하여 냉정히 평가하였으며 정도전이 우왕(禑王)·창왕(昌王)을 당시 기사에서 함부로 쓴 것은 좀 미안하니 표제는 폐왕우(廢王禑)·폐왕창(廢王昌)으로 적되 기사에서는 그때 신하들이 쓰던 그대로 〈왕〉이나 〈상(上)〉으로 쓰자고 하여 그것도 허락하는 등 냉정하고 침착한 비판을 하게 되었다. 세종 20년에는 승지 허후(許詡)에 의하여 고려사를 본사체(本史體)인

기전체(紀傳體)로 쓸 것이 건의되었으나, 당시 춘추관의 지관사(知館事) 권제(權踶)가 『원 기록이 소략하기 때문에 기전체 서술이 어렵다』고 반대함으로써 허후(許詡)의 의견은 묵살되었다.

세종 22년에는 권제・안지(安止)・남수문(南秀文) 등에 명하여 『고려사』를 수찬토록 하였다.[16) 24년에 그들이 수찬한 『고려사』가 바쳐졌다.[17) 내용 중에 환조(桓祖) 이후의 기사가 소략하여 「용비어천가」나 다른 자료가 보완되지 못한 점이 지적되었고, 이를 인쇄하여 반포하기 직전에 수사(修史)에 공정을 잃었음이 발견되어[18) 그 반포가 중지되고 권제・안지・남수문에게는 처벌이 내려졌다.

세종은 31년(己酉) 정월 28일 집현전 부제학 정창손(鄭昌孫)을 불러 그와 『고려사』 개찬을 의논하고 춘추관에 전지(傳旨)하여 『고려사』가 소략하니 이제 다시 고열(考閱)하여 이를 보완하라고 하고 우찬성 김종서(金宗瑞), 이조판서 정인지(鄭麟趾), 호조판서 이선제(李先齊) 그리고 정창손(鄭昌孫)에게 수찬의 임무를 맡겼다. 그리하여 김종서의 주재하에 춘추관에서 『고려사』 수찬을 의논하였던바, 그 서술체재를 기전체로 하자는 파와 편년체로 하자는 파로 사관의 의견이 나뉘었다. 이때 기전체로 서술할 것을 주장한 사관은 신석조(辛碩祖)・최항(崔恒)・박팽년(朴彭年)・이석형(李石亨)・김예몽(金禮蒙)・하위지(河緯地)・양성지(梁誠之)・유성원(柳誠源)・이효장(李孝長)・이문형(李文炯) 들로서 그 주장의 이유는 중복되는 기사까지도 모두 싣기 위하여는 본사(本史)인 기전체로 써야 되며 본사를 정리한 다음 편년체로

---

16) 『世宗實錄』 世宗 31년 2월 癸酉條. 『高麗史』 撰者인 權踶・安止・南秀文을 처벌하는 내용의 기사에 南秀文은 고려사 서술에서 중역을 담당한 사람으로 그는 처음 司馬遷의 『史記』를 모방하여 紀傳體의 역사를 쓰자고 주장했으나 衆論에 의하여 그 뜻이 관철되지 않았다고 기록되어 있다.
17) 이 본을 『高麗史大全』이라고 부르며 成宗 때에 梁誠之가 『高麗史大全』을 발행 반포할 것을 건의한 점으로 보아 세종 당시에 지적된 한두 가지의 흠이 있기는 하나 『고려사절요』와 내용이 다르게 서술된 책인 것 같다.
18) 權踶가 私情에 따라 減削하고, 남의 청탁을 받았으며, 자기 관계 기사를 사실대로 쓰지 않았다는 것으로, 그 구체적인 예로 蔡河中의 母는 官婢인데 초고에 기록하였다가 崔士康의 청을 받고 이를 삭제했으며, 자기 아버지 權近이 중국에서 가져온 외교문서를 私坂한 일을 曲筆하고 있으며 자기 先代 權溥・權準・權皐의 행실을 貶書한 기록을 실지 않았다는 것 등이다.

줄이어 별도의 1서를 만들자는 것이었다. 이에 대하여 편년체 서술을 주장한 사관은 어효첨(魚孝瞻)·김계희(金係熙)·이물민(李勿敏)·김명중(金命中)이었는데, 이들 주장의 이유는 일을 쉽게 마칠 수 없고, 만약 기·전·표·지(紀傳表志)의 본사(本史)가 필요하면 후일을 기다리자는 것이다. 요컨대 기전체의 서술을 주장한 것은 편년체로 할 경우 왕의 생일, 사신의 왕래 등 상사(常事)는 처음 사례만 적고 모두 생략하게 되기 때문에 기록의 완전한 보전을 위해서는 기전체의 서술이 적절하다는 것이었다. 편년체 서술을 주장한 사람들에게는 병환을 앓고 있는 세종이 돌아가시기 전에 그가 그토록 관심을 두었던 『고려사』를 완성하자는 뜻이 있었던 것으로 생각된다.

김종서와 정인지가 두 의견을 가지고 세종에게 여쭈었더니 세종은 편년체의 의견을 받아들였다. 이에 김종서와 정인지는 세자를 설득시켜 세자가 입계(入啓)하여 기전체의 명이 내려졌다.

이에 따라 기전체로 『고려사』를 수찬하는 작업이 추진되어 2년 6개월 만인 문종 원년 8월에 현전하는 『신찬고려사(新撰高麗史)』가 완성되었다. 그리고 기전체의 『고려사』를 바친 날 그 자리에서 김종서는 전사(全史)인 이 『고려사』를 줄이어 읽기에 편하도록 편년체 서술을 할 것을 건의하여 허락을 받음으로써 편찬에 착수하여 5개월 만인 문종 2년 2월에 『고려사절요』 35권을 수찬하여 바침으로써 고려사의 정리는 완성을 보았다.

김종서는 우선 『고려사절요』의 신속한 간인(刊印)을 청하고 전사(全史)인 『고려사』도 빠른 시일 안에 간인할 것을 청하였다. 『고려사절요』는 단종 원년에 갑인자(甲寅字)로 간인되었다.

그런데 『고려사』의 간인은 이보다 후에 되었다. 단종 원년 소위 계유정난(癸酉靖難)으로 김종서가 제거되고 단종 3년 사육신 사건이 있었으므로 고려사가 간인될 때 그 서문에 김종서로 쓰인 것을 모두 정인지로 바꾸었으며,[19] 단종 복위운동에 관련되어 처벌된 허후·박팽년·유성원의 이름이 삭제되었다. 그리하여 오늘날 보통 정인지 찬

---

19) 『文宗實錄』 문종 원년 8월 庚寅條, 「進新撰高麗史箋」의 글이 전부 전하는데 이것은 현전하는 고려사에 전하는 글과 내용이 일치한다. 그런데 實錄記事에는 김종서로 되어 있는 부분이 『고려사』에는 모두 鄭麟趾로 바뀌었다.

『고려사』로 알려지고 있으나 실은 김종서 찬이라고 하여야 할 것이다.[20]

『고려사』는 60여년 간에 걸쳐 여러 번 개수(改修)된 산물로서 정도전의 『고려국사』보다 크게 훌륭한 사서임은 말할 것도 없다. 우선 정도전은 중국을 사대하고 있는 조선으로서 천자가 칭하는 용어를 사용한 것은 분수에 넘치는 참람된 것이라 하여 고려시대의 용어들을 제후국에 맞는 용어로 변개하였으나, 이『고려사』는 과거의 사실을 사실 그대로 기록하는 데 성공을 거두었다. 이를 계기로 역사서술에서 과거에 쓰던 용어와 명칭을 당시의 것 그대로 쓴다는 원칙이 하나의 확고한 관례로서 굳혀졌다.[21]

고려시대에 쓰이던 왕에 대한 칭호와 관제의 명칭은 사실 그대로 기술되었으나 명(明)을 사대(事大)하고 있는 조선에서는 역사서술 체재에 있어서까지 천자의 기록인 본기(本紀)라고 표기하기가 민망하였던지 『고려사』에서는 이를 세가(世家)라는 이름으로 붙이고 있다.

역사서술에 있어서 과거의 사실을 존중하여 직서하는 서술태도에 크게 모순되는 것으로서 『고려사』의 커다란 결점이 되고 있는 것은 우왕과 창왕 때의 역사기록을 세가에 넣어 왕의 기록으로 기술하지 않고 반역열전(叛逆列傳)에 넣은 점을 들 수 있다. 우왕과 창왕을 왕으로 처리하는 것이 세종 20년 왕의 허락까지 받았으나, 조선건국의 합리화라는 서술목적에 밀리어 세종 31년에 원칙이 바꾸어지게 되었다.

『고려사』는 『고려국사』에 비하여 자료가 많이 보완되었다. 번거로운 폐단이 있더라도 소략해서는 안된다는 원칙이 관철되어, 그 결과 모을 수 있는 대로 많은 사료가 보완되었다. 37권의 『고려국사』가 139권으로 늘어난 것이 이를 단적으로 말해주며 고려시대의 실록(實錄)이 임란 중에 소실되어 오늘날 구해 볼 수 없는 상황하에서는 이는 여간 다행한 일이 아니다. 그러나 『고려사』가 『원사(元史)』체재를 모방하면서도 『원사』에 들어 있는 항목으로 당시에 많은 자료를 얻을 수 있었을 것으로 생각되는 고승(高僧)과 은일(隱逸)에 관한 열전(列傳),

---

20) 申奭鎬, 高麗史編纂始末, 朝鮮史料解說集 再收錄, 1964.
21) 『東國輿地勝覽』을 편찬할 때에 조선왕의 칭호를 그대로 칭할 것인가가 문제되었는데 김종직의 주장에 의하여 『삼국사기』 『고려사』 기록대로 태조·태종으로 적게 되었다.

외국열전(外國列傳)이 결해 있음은 『고려사』의 또 하나의 결함이 아닐 수 없다. 훌륭한 고승대덕(高僧大德)에 대한 기록의 유실은 고려 문화유산의 일부를 유실한 것이라 할 수 있다. 그것은 사료의 수집범위가 관찬기록에 국한한 데 기인한다고 생각된다. 그리고 고려시대의 활발하던 대외관계는 외국열전을 쓸 자료가 있었다고 생각되나 이것도 결했음은 유감이 아닐 수 없다.

『고려사』는 조선의 건국을 합리화하는 데에도 주력하였다. 그러나 국초의 흥분된 감정이 점차 가라앉고 조선건국이 이미 반석 위에 놓이자 조선건국에 반대한 정몽주와 김진양(金震陽) 둥도 충신으로 다루는 객관적인 태도가 나올 수 있었다.

『고려사』는 기전체, 『고려사절요』는 편년체의 역사서술로서 각각 장점을 가지고 있는 훌륭한 사서이다. 이 두 사서가 비교적 과거의 사실을 사실 그대로 전하려는 객관성, 사료 수집의 충실성을 가지고 있는 조선시대의 사서로서는 아주 훌륭한 사서라 하지 않을 수 없다. 이러한 훌륭한 사서가 나올 수 있었던 원인과 배경을 살펴보면 다음과 같다.

(1) 세종의 호학(好學)과 집현전 설치를 통하여 양성한 유학자의 훈고학적(訓詁學的)인 학풍의 조성을 들 수 있다. 세종은 신하들과 학문을 토론하는 경연(經筵)에서 늘 진지한 태도로 임하였다. 그의 집현전 학사 양성은 이러한 호학의 결과라 할 수 있을 것이다. 아카데믹한 학문연구에 전념한 집현전 관원은 평균 15~16년의 장기간 집현전에 머물러 학문연구에 힘썼으니 그 연찬(研鑽)된 지식의 효용은 세종 당대는 물론 세조・성종 때의 각종 문화사업을 추진하는 원동력이 되었다. 진지하게 학문을 연구하는 집현전 학사의 이러한 학문태도는 『고려사』와 같은 비교적 객관적인 역사서술을 가능하게 할 수 있었다.[22]

(2) 중국 사서에 대한 연구를 들 수 있다. 세종은 사마광(司馬光)의 『자치통감(資治通鑑)』과 주자(朱子)의 『자치통감강목(資治通鑑綱目)』을 깊이 연구하고 그 훈의본(訓義本)을 편찬하는 데 진력하였다. 그는 『자치통감』을 보급시키고자 하여 5~6백부를 찍기 위한 종이를 마련하기 위하여 각도에서 이를 판출(辦出)토록 할당시키었으며 훈의

---

22) 崔承熙, 集賢殿硏究 上・下, 歷史學報 32・33집, 1967.

본을 만들기 위하여 집현전 학사 6인을 증치하고 호삼성(胡三省)의 음주본(音註本)을 구하는 데 비상한 노력을 경주하였다. 호삼성 음주본을 구하기 위하여 지방에 관리를 파견하여 수집하는가 하면, 중국에 사신을 보낼 적에 꼭 구해오도록 당부하기도 하였다. 세종은 친히 훈의본을 교열하였다. 이렇게 완성된 훈의본을 사정전훈의본(思政殿訓義本)이라고 부른다.[23]

중국 사서 연구는 이뿐만 아니라 증선지(曾先之)의 『역대세년가(歷代世年歌)』에 원조(元朝) 부분을 보완하고 거기에 우리나라 세년가도 붙이어 편찬하도록 하였으며, 중국의 역사에서 정치에 도움을 줄 만한 기사를 뽑아 150권에 달하는 거질(巨帙)의 『치평요람(治平要覽)』을 찬술케 하였는데, 이에는 우리나라 역사에서도 뽑아 첨부한 것이 있다. 이러한 중국 사서에 대한 깊은 연구가 역사수찬에 대한 인식을 높여주었으리라는 것은 의심할 바가 없을 것이다.

(3) 『태조실록』의 수찬과 세종 때 이루어진 『정종·태종실록』의 수찬을 통하여 사료를 취급하는 경험을 얻었을 것을 생각할 수 있다. 세종은 5년부터 『정종(당시 명칭은 恭靖王)실록』과 『태종실록』의 찬술을 시작하여 세종 8년에 『정종실록』 6권, 13년에 『태종실록』 36권을 찬술하였다.

이러한 직접적인 배경 이외에도 국토가 압록강과 두만강에까지 확장될 정도로의 발전과 태종 때의 정치적 개혁으로 인하여 사회가 안정된 점 등이 『고려사』 수찬의 간접적인 배경으로 주목되어야 할 것이다.

4. 世祖·成宗 때의 歷史敍述

(1) 三國史節要의 撰述[24]

세조는 어린 조카 단종을 몰아내고 왕위에 오름으로써 유교적인 윤리로는 비난되어 부군(父君)인 세종이 키워놓은 집현전 학자의 전적인 호응을 받지 못하였으나 그의 영특한 자질은 그를 보필한 일부 집

---

23) 拙稿, 三國史節要에 대한 史學史的 考察, 歷史教育 18집, 1975.
24) 同上.

현전 학자의 도움을 받아 훌륭한 업적을 남기게 되었다.

세조가 계획한 2대 편찬사업은 영세불변의 법전인 『경국대전(經國大典)』을 편찬하는 것이었고 만대 자손에게 교훈을 줄 수 있는 좋은 역사서, 중국의 『자치통감』에 비견할 만한 『동국통감』을 편찬하려는 것이었다.

세조가 전대의 사서를 총정리하여 『동국통감』으로 편찬하려는 뜻을 굳히게 된 것은 그를 보필한 양성지(梁誠之, 1415~1482)의 힘이 컸음을 알 수 있다. 양성지는 상소를 통하여 우리나라 사람이 중국의 성(盛)함이 있음만을 알고 우리나라 역사를 살펴볼 줄 모름이 심히 불가하다고 강조하고, 문과의 과거시험 과목에 『좌전』『사기』『통감』『송원절요(宋元節要)』등의 중국사서와 『삼국사기』『고려사』의 강(講)을 넣을 것과 김유신(金庾信)·을지문덕(乙支文德) 이하 고려의 제 명장의 사당을 세워 제사지낼 것을 주장하였다. 이로 미루어 그의 역사에 대한 관심이 지대하였음을 알 수 있다.

양성지가 세조에게 경연관으로 예문겸관(藝文兼官) 20명을 택하여 『주역(周易)』『역학계몽(易學啓蒙)』『성리대전(性理大全)』을 전공한 사람 다섯, 『통감강목』『통감속편』『송원절요』전공인 5인, 『삼국사기』『동국사략』『고려전사(高麗全史)』(고려사) 전공인 5인을 두어 강을 담당하도록 할 것을 건의한 점으로 보아도 세조로 하여금 역사에 관심을 갖게 한 이는 양성지임을 알 수 있다.[25]

그리하여 세조는 4년 9월『문신에게 명하여 동국통감을 편찬토록 하였는데 우리나라 역사서술이 탈락되어 상세치 않으므로 삼국과 고려의 역사를 합치어 편년서를 만들기 위하여 여러 책에서 사료를 널리 구하도록 하였다.』(命文臣 撰東國通鑑 上以東國書記 脫落未悉 欲合三國高麗史 作編年書 令旁採諸書)

여기에서 『동국통감』의 편찬이 명령된 것으로 보아 중국의 『자치통감』에 견줄 만한 훌륭한 우리나라 역사서를 서술할 계획으로 출발한 것임을 알 수 있다. 본국의 서기(書記 : 역사서)들이 탈락미실(脫落未悉)하다 하였는데, 그러면 탈락미실한 사서는 『삼국사기』와 『고려사』 모두를 지칭한 것일까, 아니면 그중 어느 하나를 특별히 염두에 두고 지칭하였을까? 확실한 것은 그것이 『삼국사기』를 두고 지칭한 것 같

---

25) 韓永愚, 訥齋 梁誠之의 社會·政治思想, 歷史敎育 17집, 1975.

다는 점이다. 그것은 『고려사』 수찬은 끝난 지 몇년이 되지 않았기 때문에 새로운 사료가 나타날 소지가 희박한 데 비하여 『삼국사기』에는 『삼국유사』나 기타 다른 문헌들이 있었기 때문이다. 그리고 당대에 이루어진 『고려사』보다 전대에 씌어진 『삼국사기』에 대하여 많은 불신감을 갖고 있었을 것은 짐작하기 어렵지 않다.

그러므로 사서가 탈락미실하여 여러 문헌에서 사료를 뽑으라는 명령은 『자치통감』이 정사 이외에 많은 문헌의 기록을 원용한 점으로 보아 이에 영향받는 바 있을 것도 상정할 수 있으나 보다 근본적인 동기는 『삼국사기』에 그러한 헛점이 보이었고 그에 대한 불신감이 있었으며 그를 보완할 수 있는 문헌이 있었기 때문인 것으로 생각된다. 그리하여 세조는 궁중에 비장(祕藏)한 내장서책(內藏書冊)을 내주어 이에서 사료를 발췌토록 하였다.

『동국통감』 수찬에 대한 세조의 집념은 대단하였다. 동국통감청(東國通鑑廳)을 설치하는 한편 그 편차를 정하는 데 있어서도 많은 관심을 표명하였다. 통감청 낭청으로 하여금 편차를 강하도록 하는가 하면 친히 물어보고 교정해 주기까지 하였다. 그러나 『동국통감』의 수찬은 그리 쉬운 일이 아니었는지 세조는 동국통감청의 당상관을 교체하기도 하였다.

『세조실록』에 세조가 『동국통감』 편차를 직접 읽어보고 이를 토론하는 데 첩첩망권(疊疊忘倦)이라는 기록이 나오고 있을 정도로 열성이었다. 그러나 이 사업은 세조 때에는 완성되지 못하였다.

세조의 뒤를 이은 예종은 원년 10월에 동국통감청의 낭관이었던 최숙정(崔淑精)의 『동국통감』의 수찬을 완결하라는 건의를 받아들여 완결을 독려하였으나 다음 달에 왕이 승하함으로써 또 완결을 보지 못하였다.

12세의 어린 성종이 즉위하자 그 초기의 모든 정사는 세조의 훈신(勳臣)이었던 원상(院相)들에 의하여 결정되었다. 성종 5년 세조의 고명대신(顧命大臣)이며 일찌기 『동국통감』의 수찬에도 참여한 바 있는 신숙주(申叔舟)의 건의에 의하여 『동국통감』의 수찬을 완결하는 작업이 신숙주 주도하에 이루어졌다. 그러나 신숙주가 성종 6년에 죽음으로써 『동국통감』 수찬의 책임은 노사신(盧思愼)·서거정(徐居正)·이파(李坡)·최숙정(崔淑精)에게 맡겨졌다. 성종 7년 12월 이들은 책을 완성하여 바쳤는데 『동국통감』이라는 명칭으로가 아니라 『삼국사절요(三國史節要)』라는 명칭으로 바쳐졌다.

그렇게 된 이유에는 그 내용이 삼국시대의 역사서술에 그쳤기 때문으로 생각된다. 『삼국사기』를 보완하여 편년체로서 『삼국사절요』로 완성시킴으로써 『고려사절요』에 연결시키려는 것으로 보여진다.

『삼국사절요』가 가지는 사서로서의 성격은 다음과 같다.

(1) 『삼국사절요』는 편년체로서 단군조선으로부터 시작하여 삼국말까지의 역사가 실려 있다. 단군조선으로부터 삼한까지의 역사는 외기(外紀)로 취급되어 권외(卷外)로 처리되었다. 그러한 이유는 단군 이래의 상고사에 대한 인식이 부족한 소치라고만 속단할 수는 없을 것 같다. 왜냐하면 세조 때에는 단군에 대한 제사를 지냄에 있어서 종래의 〈조선후단군(朝鮮侯檀君)〉 또는 〈조선단군(朝鮮檀君)〉이라는 위패를 조선개국시조(朝鮮開國始祖)라고 고쳐 쓸 정도로 단군에 대한 인식이 강화되었음을 볼 수 있기 때문이다. 그러므로 외기라는 것은 권근의 『동국사략』에서 이미 설명한 바와 같이 그 상고사 부분을 삼국의 기사와 같이 연대별 기사로 서술할 수 없는 것을 표시하는 방편으로 택해진 명칭으로 보여진다.[26] 『삼국사절요』라는 명칭을 붙인 점으로 보아도 본 사서의 중심은 삼국시대의 역사에 두어졌던 것임을 알 수 있다.

『삼국사절요』에서는 『동국사략』의 영향을 받아 삼국의 역사를 하나의 편년으로 서술하였다. 그러나 『동국사략』에서 성급하게 신라 중심적인 역사서술을 한 것을 좀더 냉정하게 비판하여 이를 지양하고 삼국의 역사를 대등하게 서술하였다. 삼국의 역사를 대등하게 실은 것은 신라가 선기후멸(先起後滅)하였다고 신라 연기만을 씀이 부당하고 삼국은 당시 상호 독립된 국가이었으므로 대등하게 써야 된다는 과거 당시의 사실을 중시한 것이라 할 수 있다.

연기 표시에 있어서도 중국의 연기와 삼국의 연기를 모두 적고 모든 사건에 삼국의 명칭을 각각 붙이어 서술하였다. 그런데 연기 문제에 있어서 『삼국사절요』의 서문에서는 매년 중국의 연기를 앞에 쓴 것은 천자를 높이기 위함이라고 밝히고 있다. 그러나 이 서문은 본 내

---

26) 外紀라는 것은 『자치통감』에서 다루지 않은 중국의 상고사 부분을 宋의 劉恕가 보완하기 위하여 쓴 것이 그 명칭의 효시이다.

용과 괴리된 잘못된 설명임을 발견할 수 있다. 왜냐하면 중국의 연기를 삼국 연기의 앞에 쓴 것은 삼국이 공존한 시기뿐이고 신라 시조 19년까지와 신라가 삼국을 통일한 후의 역사에는 신라의 연기를 대서 (大書)하고 중국 연기는 세자(細字)로 부주(附註)로 하였기 때문이다. 이는 그 서문을 쓴 사람이 『동국통감』의 편차를 정할 때에 실무관으로 참석치 않았던 서거정이 피상적인 관찰을 통하여 본 자기의 견해를 말해 준 것이거나 아니면 다른 목적의식이 있었기 때문으로 생각할 수 있다. 중국의 연기를 앞에 쓴 것은 『삼국사기』 『삼국유사』의 연표에도 해당되는 것으로 연대를 비교하기 위한 방편으로 씌어진 것이라 해석하여야 할 것이다. [27]

그리고 『삼국사절요』에서는 『동국사략』에서 윤리적인 이유로 인하여 즉위년칭원법(即位年稱元法)을 유년칭원법(踰年稱元法)으로 고쳐 쓴 것을 다시 환원하여 삼국 당시에 행해지던 대로 즉위년칭원법에 따라 표기하였다.

(2) 『삼국사절요』는 『삼국사기』 이외에 『삼국유사』 『수이전(殊異傳)』 『고려사』 계통의 많은 사료적 보완이 가해졌다. 물론 『삼국사기』에서 전연 문제로 삼고 있지 않은 불교관계의 기사가 보완된 것이 아니라 『삼국사기』에서 취급하고 있는 성질의 것으로 내용을 달리하고 있는 신화와 화랑에 대한 기록, 가락국에 대한 기록을 보완하고 서로 다른 내용이 전하고 있을 때에는 자세한 쪽을 선택하여 보완하였다. 특히 『수이전』 계통의 자료는 오늘날 『수이전』이 전하지 않음으로써 『삼국사절요』는 원전적인 가치를 갖기까지 하는 것이다.

『동국사략』은 『삼국사기』의 내용도 다 정리하지 못한 데 비하여 『삼국사절요』는 사료수집의 면에서 크게 발전한 것이며 특히 『삼국유사』의 사료 이용은 승려의 작품이라는 점을 감안하면 이후의 조선시대에는 좀처럼 받아들여지기 어려운 것이었다. [28]

(3) 『삼국사절요』에서는 과거의 사실을 사실 그대로 다루려는 객관

---

[27] 『삼국사절요』의 서문이 본 내용과 부합되지 않는 또 하나의 증거는 신화 등에 대한 황탄한 기사는 略하고 줄거리만 남겼다고 서문에 쓰고 있는데 실제의 내용에서는 이를 약하기는커녕 오히려 『삼국유사』로부터 가능한 한 색다른 기사를 모두 뽑아 보완 기술하고 있다.

[28] 『東史綱目』을 쓴 실학시대의 安鼎福도 『동국통감』에서 승려가 쓴 『삼국유사』 자료를 인용하였다고 불만을 토로하고 있다.

적인 서술이 보이고 있다. 『동국사략』에서 참월하다고 당(唐)에 대한 용어를 변개한 것을 과거의 것 그대로 환원하여 『삼국사기』 기록대로 썼다. 신라왕에 대한 고호(古號)는 왕으로 고쳤으나 이는 다른 뜻이 있어서라기보다 삼국의 연기를 병기(並記)하는 데 불편했기 때문이 아닌가 한다. 여왕의 경우 『동국사략』에서 여주(女主)로 고친 것을 『삼국사기』 기록 그대로 왕으로 그냥 표시하고 있는 점으로 보아도 이렇게 유추된다.

그리고 객관적인 서술임을 알 수 있는 또 하나의 증거는 『고려사』와 『고려사절요』에 그 편찬자의 사론을 쓰지 않은 것과 같이 『삼국사절요』에서도 김부식·권근의 사론을 인용해 쓰면서 찬자의 사론은 전연 쓰고 있지 않은 점을 들 수 있다.

그런데 『삼국사절요』의 뒷부분에 가서는 이러한 객관화에 어긋나게 과거 사실을 무시한 점도 보인다. 예컨대 민애왕(閔哀王)의 연기를 완전히 탈락시키고 있는 것은 『삼국사절요』를 마무리하는 과정에서 고쳐 쓰어진 것이 아닌가 추측된다.[29]

이처럼 세조 때의 역사서술은 세종 때의 『고려사』와 『고려사절요』에서 나타난 서술방법과 서술원칙이 삼국시대의 역사서술에도 비교적 착실하게 적용되어 『삼국사절요』로 완성되었고 이는 『고려사절요』에 의하여 연결되어 전대사가 체계화되었음을 알 수 있다.

(2) 東國通鑑의 修撰

그러나 세조 때에 우리나라의 전체 역사를 하나의 책으로 서술하려던 『동국통감』의 수찬계획은 이루어지지 못하고 말았다. 그러므로 『동국통감』의 수찬은 성종 14년 10월, 세조 때의 『동국통감』 수찬을 『삼국사절요』로 마무리한 결과를 잘 알고 있던 지경연사(知經筵事) 서거정의 건의에 의하여 수찬이 다시 시작되었다. 서거정이 건의한 수찬 이유는 우리나라 사람이 비록 유사(儒士)라고 하는 사람도 본국의 역사에 대하여는 망연부지(茫然不知)하니 『동국통감』을 수찬하여 국사에 대한 지식을 보급시키자는 것이었다.

왕의 승낙에 따라 『연주시격(聯珠詩格)』의 주를 내고 있던 문신들을 서거정이 거느리고 『동국통감』을 수찬하여 1년여 만인 성종 15년

---

29) 拙稿, 前揭 三國史節要에 대한 史學史的 考察.

11월에 『동국통감』을 왕에게 바쳤다. 단군조선으로부터 삼한까지를 외기(外紀)로서 다루었고 삼국초부터 고려말까지의 역사를 56권으로 서 외기까지 57권에 달하는 한국사의 체계화가 완성된 것이다.

이 때의 『동국통감』은 『삼국사절요』와 『고려사절요』를 대본으로 하였기 때문에[30] 1년 만에 거질(巨帙)의 수찬을 완성할 수 있었던 것으로 생각되며, 이 『동국통감』의 내용은 세종·세조 때에 정리된 역사서를 대본으로 하였기 때문에 사서로서의 서술은 비교적 잘된 것이라 하지 않을 수 없다.

성종 15년에 『동국통감』이 바쳐질 때에는 찬자의 사론이 전연 쓰여지지 않았다. 당시 서거정은 주관적인 사론을 써서 후대에 비난을 받고 싶지 않았던 것 같다. 이때 서거정이 왕과 주고받은 말을 인용하여 보면 이를 알 수 있다.

  서거정이 『동국통감』을 찬하여 바치니 왕이 이를 살펴보고 말하기를 『이 책은 진실로 만세에 내릴 수 있는 훌륭한 책이다. 권근의 사론에는 혹 독단적으로 논한 곳이 있지 않는가. 또 사론을 쓴 사람은 오직 김부식·권근뿐인가?』 하니 서거정 등이 아뢰기를 『사마천의 사론을 반고(班固)가 비난하였으며 사마광(司馬光)의 사론을 후인이 또한 비난하는 자가 있읍니다. 삼국시의 (고려시의 착오:필자주) 김부식이 쓴 사론을 권근이 또한 비난하였으며 신들이 이제 권근의 사론을 봄에 혹 잘못된 것이 있읍니다. 그리고 김부식·권근 몇 사람 외에는 사론을 쓴 사람이 없읍니다. 단지 이첨(李詹)만이 2편의 사론(3편의 잘못임:필자주)을 썼을 뿐입니다. 또 사론을 썼는데 막연히 사신(史臣)이라고만 칭한 자가 한둘이 아니어서 누구인지를 모르겠읍니다. 고려 때에는 사론을 쓴 사람은 오직 이제현뿐입니다.』(이것도 사실과 다름:필자주) (성종실록 15년 11월 丙申 13일)

그런데 그후의 실록에는 아무 기록도 보이지 않다가 성종 16년 7월 갑술조(甲戌條)에 『신편동국통감(新編東國通鑑)』을 바쳤다는 기록이 나온다. 현전하는 『동국통감』의 서문도 이 날짜로 표기되어 있는데, 왜 〈신편(新編)〉이란 말을 새로 붙였느냐 하는 것이 문제가 된다.

이것은 『동국통감』 찬자로서의 사론을 새로이 써서 붙이었기 때문에 신편이라는 말을 붙인 것으로 생각된다. 『신편동국통감』이란 명칭

---

30) 『삼국사절요』와 『고려사절요』 이외의 다른 문헌도 이용한 것 같다.

은 성종 16년 7월 26일 왕에게 이것이 바쳐질 때의 실록 기사 외에는 전연 나오지 않으며 『동국통감』에도 전연 비치지 않는 서명(書名)이다. 그것은 역사의 본 내용은 이전의 『동국통감』과 전적으로 동일하기 때문에 차후에는 구별해 부를 필요가 없었던 데에 기인하는 것으로 생각된다.

『동국통감』에 나오는 〈신등안〉으로 기문(起文)된 찬자의 사론은 이미 널리 알려진 바와 같이 금남(錦南) 최보(崔溥, 1454~1504)에 의하여 대부분 씌어진 것이다. 최보는 김종직의 제자이며 32세의 젊은 나이에 성균관 관원인 전적(典籍)으로서 이 일을 담당하였던 것이다. 그는 『동국통감』 사론의 찬자 이외에, 제주도에서 배를 타고 돌아오다가 표류되어 명(明)에 가서 왜구로 오인됨으로써 구사일생(九死一生)으로 살아 돌아온 과정을 기술한 『표해록(漂海錄)』의 저자로서도 널리 알려진 사람이다.[31] 그는 집현전에서 오랜 고전연구를 해온 훈고학자(訓詁學者)가 아니라 김종직의 제자로 성리학에 기반을 둔 당시의 신진사류(新進士流)라는 점이 주목된다.

그러므로 『동국통감』에는 두 가지 성격이 들어 있다. 한편으로는 세종・세조 이래의 역사서술에 있어서의 객관화와 사료수집의 충실성 등을 보여온 훈고학적인 서술방법과 서술내용을 계승하고 있으면서, 다른 한편으로는 정도전의 『고려국사』, 권근의 『동국사략』에 두드러지게 나타난 〈통치이념의 제시〉라는 주관적인 측면을 강조한 성리학자의 사론(史論)을 함께 담고 있다는 점이다.

따라서 사학사적(史學史的)인 면에서 보아 『동국통감』은 조선 국초 이래 발전되어 온 역사서술의 결집이라 하여도 좋을 것이다.

서술체재 및 서술내용에 관한 『동국통감』의 성격을 들어보면 다음과 같다.

(1) 단군조선으로부터 고려말까지에 이르는 통사(通史)이다. 단군조선으로부터 삼한까지의 역사는 권근의 『동국사략』과 『삼국사절요』의 체재에 따라 외기로, 삼국초부터의 삼국 공존기간의 역사는 삼국기(三國紀), 문무왕(文武王) 9년 이후의 역사를 신라기(新羅紀), 고려 태조 19년 이후의 역사를 고려기(高麗紀)로 시대를 구분하여 서술

---

31) 高柄翊, 崔溥의 錦南 漂海錄, 東亞涉史研究 再收錄, 1970.

하였다. 삼국기는 권근의 『동국사략』과 『삼국사절요』에 따라 삼국의 역사를 하나의 편년으로 서술하되 삼국이 당시 대등한 관계이었음을 중시하여 『삼국사절요』에 따라 삼국의 역사를 대등하게 서술하였다. 그러므로 『동국통감』의 찬자의 말을 빌면 이 시기는 무정통(無正統)의 시기로 처리한다는 것이다.

연기(年紀) 표기에 있어서도 『동국사략』의 서술을 버리고 『삼국사절요』에 따라 삼국 당시의 제도대로 즉위년칭원법을 쓰고 있으며 연기 표기에 있어서는 『삼국사절요』 『고려사절요』의 표기를 따르고 있다. 즉 삼국 공존기에는 중국 연기와 삼국의 연기를 병기하고 신라 시조 19년까지와 문무왕 이후의 신라기에는 신라 연기를 대서하고 중국 연기, 궁예·견훤 그리고 고려 태조의 연기까지도 세자로 부주하고 있으며 고려기(고려 태조 19년 이후)에는 고려 연기를 대서하고 송(宋)·거란(契丹)(국교개통 후부터)·금(金)·원(元)·대명(大明)의 연기를 세자로 부주하였다. 그럼에도 불구하고 『동국통감』의 서술원칙을 말해주고 있는 범례에서는 『매년 중국 연호를 앞에 쓴 것은 그를 높이는 뜻』이라고 쓰였는데 이것이 실제와 얼마나 부합되지 않는 설명인가를 알 수 있다. 그리고 같은 범례에서 『신라에서 일찌기 연호를 썼으나 중국에 대하여 참람된 것이므로 삭제하였다』고 설명하고 있는데, 삼국의 연호를 연기 표시에서 쓰지 않는 것은 『삼국사기』 이래의 역사서술에 나타난 역사서술의 전통으로서 이 범례의 설명은 부당하기 짝이 없는 것이다. 연호를 쓰지 않은 참된 이유는 삼국이 모두 연호를 칭하지는 않은 점(백제의 경우), 신라나 고구려의 경우에도 국초부터 멸망 때까지 계속해서 연호를 쓰지 않은 점, 연호를 썼던 시대에도 그 연호의 기록이 유실된 경우가 많았던 점 등으로 인하여 삼국의 연기를 연호로써 표기할 수 없었던 점에서 찾아야 할 것으로 생각한다.

(2) 왕의 칭호와 왕에 관계되는 용어, 관제의 명칭 등이 천자의 것과 같은 것이라도 직서하였다. 이것은 너무나 뚜렷한 사실이기 때문에 『동국통감』의 범례에서도 앞뒤의 항목과 모순되게 〈사실대로 직서〉하였음을 표시하고 있다. 그러나 신라의 여왕은 여주(女主)라고 『동국사략』과 같이 폄칭(貶稱)하였으며 우왕(禑王)의 연기 표시는 세자로 신우(辛禑) 몇년이라고 표기한 것은 폄삭(貶削)의 뜻이 있었

던 것이다.

(3) 『삼국사절요』에 따른 결과이겠지만 『삼국유사』 관계의 기록이 서술되어 있다. 그 대표적인 사례로서 가락국의 상세한 기록을 들 수 있으며 『삼국사절요』에는 별로 강조되지 않은 발해 기사가 많이 나오고 있어 발해사를 처음으로 우리나라 역사에 편입한 사서가 되었다고 할 수 있다.

『동국통감』의 사론에는 김부식·권근 등 과거 사가들의 모든 사론을 전문 그대로 싣고 있으며 『동국통감』 찬자의 사론도 200여편을 쓰고 있다. 이러한 사론은 『동국통감』이 쓰어진 15세기말의 사회와 사상의 반영이라 할 수 있는 것이다. 『동국통감』의 사론의 성격으로 지적되고 있는 것을 들어보면 다음과 같다. [32]

(1) 예와 예절을 강조하고 있다. 『동국통감』 사론에서 예의 강조는 철저하다. 예는 군(君)과 신(臣)의 예, 부자의 예, 남녀의 예, 사대(事大)의 예 등 인간의 모든 사회적 활동을 예라는 입장에서 보고 있다. 그 예는 평등의 예가 아니라 신분계급적인 차등의 예가 강조되었다. 예를 자기의 분수에 맞도록 행할 것이 요구되는 사상이 명분사상(名分思想)이고 명분에 맞지 않는 일은 폄삭(貶削)을 가하는 것이 춘추필법(春秋筆法)이라고 할 수 있는 것이다. 『동국통감』의 찬자들은 물론 권근도 같은 성향이지만, 예가 시대마다 다를 수 있다는 것을 인정하지 않고 보편적인 예, 그들이 알고 있는 유교적인 예에 비추어 모든 시대의 역사를 보려는 상당히 〈현재적〉인 관점에서의 해석이 내려졌다. 그리고 그러한 예의 정신의 구현이 주자적인 예절(주자가례)의 수행에 의하여 달성된다고 보았다.

(2) 사대적인 성향이 짙다. 『동국통감』의 범례에서부터 사론에 이르기까지 중국을 상국으로 받들어야 하며 우리나라에서 중국 천자가 행하는 제천행사를 행하거나 천자가 쓰는 용어를 쓰는 것은 참람된 일이라고 혹평하고 있다. 이 사대적인 성향도 앞에서 말한 예의 개념의 연장으로 볼 수 있는 것이다. 역사서술에서 민족 고유의 역사정신을 발견하거나 역사의 특수성·개별성을 찾으려는 노력이 보이지 않고 범세계적인 질서에서 보편성을 추구하려는 이러한 태도는 중세적

---

32) 前揭 李元淳, 鮮初史書의 歷史認識.

인 속성이라고 보여진다.

　(3) 불교나 도교·지리도참설을 이단(異端)으로 배격하였다. 유교의 영구한 발전을 위해서는 유교의 성격과 상치되는 불교·도교·지리도참사상은 없어져야 한다고 생각하였다. 불교나 도교 등은 인간생활에 하등의 이익을 주지 못한다는 것이 그들의 지론이었으며 역사를 통하여 이러한 이단의 폐해를 지적하려 하였다.

　(4) 숭문주의(崇文主義)가 강조되었다. 인간문화의 발전에 기여하는 것은 무(武)보다 문(文)이라는 생각에서 무인을 경멸하였다. 그것은 특히 고려시대 무인집권(武人執權)을 통렬히 비난함으로써 조선사회에서는 무인의 발호를 없게 하려는 뜻이 작용된 것이라 할 수 있다. 그러므로 이러한 문인 존중의 사가에게는 개인중에도 무공을 세워 국가를 외적으로부터 지킨 무인이나 장군을 그리 높이 추켜세우지 않았으며 유학자를 높이 평가하였다. 그리고 이러한 문인 숭상의 경향은 역사에서 경제적인 발전을 중시하지 않고 오직 유학적 교화의 발전만을 중시한 결과를 낳게 되었다.

　(5) 조선건국의 합리화에 노력하였다. 이는 『고려사절요』의 서술에서도 나타나는 것으로 『동국통감』에서는 사론을 통하여 우왕과 창왕을 몰아내어 공양왕을 세운 것은 고려 종사를 유지하려는 큰 공이나 공양왕이 혼미하여 날로 실정이 계속되자 천명(天命)과 인심(人心)이 진주(眞主)인 조선 태조에게로 돌아왔다는 것을 강조하고 이인임(李仁任)과 최영(崔瑩) 등의 정적들에게는 폄주(貶誅)를 가함으로써 상대적으로 조선 태조의 위덕(威德)을 높이려 한 점을 들 수 있다.

5. 結　言

　이상에서 조선초 태조·태종 때의 역사서술로부터 세종·문종·세조를 거쳐 성종 때에 이루어진 『동국통감』에 이르기까지 역사서술 과정을 통하여 그 서술동기를 찾아보려 하였고, 서술의 체재·내용·방법 그리고 사론 등을 통하여 사서(史書)로서의 성격을 규정하려 하였다.

　훈고학적인 성격이 나타나는 『고려사』나 지식 보급을 주목적으로 하여 서술된 『동국통감』을 막론하고 역사서술의 목적은 전대의 역사를 통하여 교훈을 얻자는 점에서 일치하고 있다. 그러나 근본적인 차이는 역사의 효용에 대한 태도의 차이에 있었다. 한쪽은 가능한 한 사료를 풍부하고 올바르게 후세에 전해주자는 입장이요, 또 한쪽은 가치관을 정립하자는 것이었다. 전자가 역사를 기록의 보전으로서의 효용을 강조한 것이라면, 후자는 역사를 경(經)의 용(用)으로서 경전의 이념을 보급 실현하는 경학의 수단으로 본 것이라 할 수 있다. 후자적인 입장을 취하고 있는『동국통감』이라 할지라도 그 서술방법과 서술내용에 있어서는 전자의 전통을 이어받고 있음을 지적할 수 있다.

그러나『동국통감』은 민족이 일제의 지배를 받고 있던 때의 민족사가에게는 사대주의의 상징으로서 최대의 악서라고 생각되었다.[33] 그것은 일인 학자들이『동국통감』을 통하여 역사연구를 하기 시작하고 그러한 결과는 식민사관(植民史觀)이라고 하는 타율성(他律性) 이론을 창출하게 된 장본이라고 생각할 때 그러한 평가도 일면 이해할 수 있다.

『동국통감』은 통사(通史)로서의 조선시대의 최초이자 최후의 관찬사서로서 국가 정책을 반영하고 있으며, 이후의 사서에 미친 영향이 지대함을 생각할 때『동국통감』에 대한 성격 규정은 보다 중요한 의미를 갖는다고 생각된다.

그러나 조선시대의 역사 변화에 대한 책임을『경국대전』에 전가시킬 수 없음과 마찬가지로 조선시대의 역사의식에 대한 모든 책임을『동국통감』에 전가시킬 수는 없다고 생각된다.『동국통감』도 객관적으로 살펴보면 조선초기, 좀더 좁혀 말하면 15세기 말엽 성종 연간의 역사의식을 반영한 한 시대의 소산이라고 생각되기 때문이다.

그러므로 우리는『동국통감』의 역사의식을 이해하기 위해서는 조선초기 성종시대가 갖는 정치·사회·사상에 대한 보다 폭넓은 인식을 가져야 할 것이며,『동국통감』이 전대의 사서로부터 어떠한 전통을 이어받아 왔는가와, 후기 사서에서는 어떻게 받아들여졌으며 성종시대가 갖는 시대적인 모순점이 어떻게 극복되어갔는가에 대한 연구가 따라야 할 것으로 생각된다.

<創作과批評 41호, 1976년 가을>

---

33) 申采浩, 朝鮮史硏究草(丹齋全集)

高麗史 解題

李 基 白

1. 高麗史의 編纂

『고려사(高麗史)』는 다 아는 바와 같이 『삼국사기(三國史記)』와 더불어 우리나라의 2대 정사를 이루고 있다. 『삼국사기』가 고려중기 귀족의 삼국시대에 대한 이해를 정리해준 것이라고 한다면, 『고려사』는 조선조 초기 사대부의 전왕조 고려에 대한 이해를 정리해준 것이라고 말할 수 있다.

고려왕조사에 대한 이해를 정리해보려는 노력은 조선왕조 건국 직후부터 있었다. 태조가 즉위한 지 불과 3개월 뒤인 원년(1392) 10월에 이미 왕명에 의하여 고려왕조사의 편찬이 착수되고 있다. 그러나 현재의 『고려사』가 완성된 것은 문종 원년(1451)의 일로서 거의 60년의 기간이 소요된 셈이며, 그 동안 여러 차례의 개수과정을 거치었다. 이제 그 경과를 요약해서 제시하면 다음과 같다.

(1) 『고려국사(高麗國史)』——태조 원년(1392) 10월에 착수하여 4년(1395) 정월에 완성되었는데, 정도전(鄭道傳)과 정총(鄭摠)이 편찬한 것이었다.

(2) 제1차 개수(改修)——태종 14년(1414) 5월에 하윤(河崙)·변계량(卞季良) 등이 『고려국사』의 개수에 착수하였으나 미완으로 있던 것을, 세종 즉위년(1418) 유관(柳觀)·변계량 등이 다시 일을 계승하

여 세종 3년(1421) 정월에 완성하였다.
 (3)『수교고려사(讎校高麗史)』──세종 5년(1423) 12월에 유관(柳觀)·윤회(尹淮)에 명하여 재차 개수케 하여 익 6년(1424) 8월에 완성하였다.
 (4)『고려사전문(高麗史全文)』──세종 20년(1438) 3월에 신개(申槩)·권제(權踶)·안지(安止) 등이 착수하여 24년(1442) 8월에 완성하였다. 이『고려사전문』은 인쇄까지 되었으나 분포가 중지되고 다시 개수가 행해졌다.
 (5)『고려사』──세종 31년(1449) 정월에 김종서(金宗瑞)·정인지(鄭麟趾) 등이 착수하여 문종 원년(1451) 8월에 완성하였다. 이것은 단종 2년(1454) 10월에 정인지 명의하에 인쇄 반포되었다.
 (金宗瑞는 首陽大君 즉 世祖에게 죽음을 당하여 인쇄과정에서 그 이름이 빠진 것이다.)
 그러면 이렇게 긴 세월을 두고 고려왕조사의 편찬이 난항(難航)을 거듭하게 된 원인은 어디에 있었던 것일까. 그 원인은 무엇보다도 조선왕조의 건국과 이에 가담한 주역들의 행동을 정당화하는 작업 때문이었다. 맨처음 편찬된『고려국사』가 태종 때 개수케 된 원인은 태종의 말을 빌면『위조(僞朝: 禑王·昌王) 이후의 사실이 자못 많이 진실을 잃고』있고(太宗實錄 27 太宗 14年 5月 壬午), 혹은『태조의 사실을 기록하는 데 자못 실되지 못함이 있』(同上)기 때문이라고 하였다. 이 기록은 정도전(鄭道傳)이 고려 말기에 있어서의 건국과정을 사대부 본위로 엮었을 가능성을 나타내주는 것인데, 그가 태조에 관한 기록조차도 부실(不實)하게 하였다는 평을 듣고 있는 것은 흥미있는 일이다. 물론 태종이 자기의 적수인 정도전을 지나치게 깎아내리려는 속셈이 분명하게 나타난 것이긴 하지만, 한편 태조 이성계가 아니라 정도전을 위시한 사대부 계층의 활동이 두드러지게 나타났을 가능성을 배제하는 것은 아니다. 정도전을 죽이고 드디어는 왕위에 오른 태종이 이러한『고려국사』를 용납하였을 까닭이 없다.
 이렇게 해서 추진하게 된 개수작업이 미완인 채로 세종대로 넘어오자 세종은

　　고려사의 공민왕 이하는 정도전이 들은 바를 가지고 쓰고 깎고 했기 때문에 사신(史臣)의 본초(本草)와 같지 않은 곳이 심히 많다. 어떻게 이를 후

세에 전해서 믿게 하겠는가. (차라리) 없는 것만 같지 못하다. (世宗實錄 2 世宗即位年 12월 庚子)

라 하고 개수를 계속시켰던 것이다. 이것은 사신(史臣)의 본초(本草)를 중요시한 의견으로서, 정도전뿐 아니라 태종에 대해서도 비판적인 듯한 느낌을 주지만, 어떻든 공민왕 이후의 건국과정과 관련된 여러 사실들의 기록이 개수의 주대상이었음을 말하여주는 데는 다름이 없다.

둘째로는 개인의 가문을 빛내기 위한 곡필(曲筆)로 말미암아서였다. 우선 『고려국사』에 있어서 정도전이 그의 부(父) 정운경(鄭云敬)에 대한 기록을 고쳐 씀으로써 뒤에 말썽이 된 일도 있었지만, 그보다도 『고려사전문』의 경우가 더욱 심하였다. 이미 주자소(鑄字所)에서 인출(印出)되었던 『전문』의 반포(頒布)가 중지되고 또다시 개수된 것은,

　　세종은 수사(修史)가 공정치 못하다는 말을 듣을 듣고 나누어주는 것을
　　정지하도록 명하였고, 붓을 들었던 사신(史臣)이 이 때문에 죄를 얻었다.
　　(成宗實錄 138 成宗 13년 2월 壬子 梁誠之上疏)

라고 한 바와 같이, 바로 이러한 사필(史筆)의 부정(不正)에 그 원인이 있었던 것이다. 그러한 구체적인 예로는, 권제가 그 선조인 권수평(權守平)을 태조공신 권행(權幸)의 후예라고 한 따위가 있었다.

세째로는 이실직서론(以實直書論)과 사대명분론(事大名分論)의 대립에서 오는 문제 때문이었다. 충렬왕 이후에 고려가 묘호(廟號)를 위시한 용어들을 격하시켰던 것임은 주지의 사실이다. 이로 인해서 고려후기에 편찬된 사서(史書)들은 원종 이전의 묘호 등을 기록하는 데 적지 않은 고민을 겪고 있었다. 이리하여 『고려국사』는,

　　원왕(元王:元宗) 이전의 사실들은 참월(僭越)한 것이 많으므로, 지금 그
　　종(宗)이라 칭한 것은 왕이라 쓰고, 절일(節日)이라 칭한 것은 생일(生日)이
　　라 쓰고, 조(詔)는 교(敎)라 쓰고, 짐(朕)은 여(予)라 썼는데, 이는 명분을
　　바로하는 바다. (鄭摠 高麗國史序, 東文選 92 序)

라고 한 바와 같이 당시에 사용하던 용어들을 명분론에 입각하여 모두 개서(改書)하였던 것이다.

그리고 태종대의 개수시에는 변계량(卞季良)이 또한 이 방침을 답습하여 그 주장을 굽히지 않았다. 그러나 세종은 이에 반대하여 이실직서(以實直書)를 주장하고

    그 종(宗)을 고쳐서 왕이라 칭한 것은 실록(實錄)에 따를 것이다. 묘호나 시호는 그 사실을 없이하지 말 것이다.(進讎校高麗史序, 東文選 93 序)

라고 하며, 이미 완성된 사고(史稿)를 수교(讎校)하도록 명하였던 것이다. 『수교고려사(讎校高麗史)』는 이렇게 해서 나타나게 되지만, 그 수교(讎校)의 가장 중요한 점이 바로 여기에 있었던 것임은 윤회(尹淮)의 동서 서에서 이 점을 제일 강조하고 있는 사실에 잘 나타나 있다. 이같이 세종의 역사적 전통에 대한 올바른 이해가 정확한 역사적 사실을 그대로 전해주게 하여 고려의 역대 『실록(實錄)』이 없어진 후대에 있어서 일어났을지도 모르는 혼란을 방지해주었던 것이다. 그러므로 『고려사』는 비록 본기(本紀)를 세가(世家)라 하여 격을 낮추기는 하였으나 범례(凡例)에,

    무릇 종(宗)이라 칭하고 폐하(陛下)·태후(太后)·절일(節日)·제고(制誥)라 칭하는 따위가 비록 참유(僭踰)에 걸친다 하더라도 지금 당시에 칭하던 바에 따라 이를 써서 그 사실을 보존한다.

라고 밝힌 바와 같이 이실직서(以實直書)를 하게 되었다.
  네째로는 사체(史體)의 문제로 말미암은 것이었다. 『고려국사』는 태조의 교서(敎書)에 『사마광(司馬光)의 편년체(編年體)를 본떠서 전서(全書)를 작성(作成)하라』(太祖實錄 7 太祖 4년 正月 庚申)고 하였으므로 편년체였음이 분명하며, 이어 몇 차례의 개수(改修)에서도 이 편년체가 답습되었다. 그것이 『고려사전문』을 편찬할 때부터 기전체(紀傳體)에 의한 개수가 문제되다가 『고려사』에 이르러 실현되기에 이르렀다. 이때 사체에 대한 논의는 저으기 활발한 것이어서 편년체와 기전체로 의견이 대립되어 좀처럼 결정을 보지 못하였는데, 김종서와 정인지가 동궁(東宮: 뒤의 文宗)을 움직여서 기전체로 결정을 보게 했던 것이다. 이렇게 기전체에 대한 요구가 강하게 대두된 것은, 당시 조선왕조의 제도문물의 정비에 수반하여 전조의 제반 제도문물에 대

한 인식이 필요했다는 시대적 요청과 연결되는 것으로 생각한다. 그리고 신도(臣道)의 귀감(龜鑑)으로서, 혹은 또 사대부의 전통에 대한 인식이란 점에서, 세가(世家) 못지않게 열전(列傳)의 필요가 느껴졌던 때문인 것으로 생각된다. 이같이 하여 기전체의 『고려사』로써 전 왕조에 대한 조선조 집권층의 이해가 정리된 셈이다. 그러나 한편 종래 여러 차례 개수를 거듭해온 편년체의 것이 『고려사절요(高麗史節要)』로서 공간되었음은 이미 널리 알려진 사실이다.

2. 高麗史에 나타난 史觀

많은 애로점들을 극복하며 여러 차례의 개수를 거듭한 끝에 이루어진 『고려사』는, 위에서도 언급한 바와 같이, 한마디로 조선왕조를 건국한 주인공인 사대부 계층의 고려왕조에 대한 이해를 정리한 것이었다. 그러면 그들은 어떠한 관점에서 이 정리작업을 수행하였는가 하는 것이 문제가 된다.

우선 그들 사대부의 고려왕조사에 대한 이해의 밑바닥에는 유교(儒敎)에 바탕을 둔 도덕적 합리주의 사관이 가로놓여 있었다. 이 점은 정인지가 지은 「진고려사전(進高麗史箋)」의 첫머리에,

> 듣자옵건대 새 도끼자루는 헌 도끼자루를 보고 본으로 삼으며, 뒷수레는 앞수레를 거울삼아 경계하는 것이니, 대개 과거의 흥망(興亡)은 실로 장래의 권계(勸戒)가 됩니다.

라고 한 것에 단적으로 표시되어 있다. 이 정신은 조선조 건국 이래의 고려왕조사 편찬을 일관하는 정신이었다. 정총이 「고려국사서(高麗國史序)」를 끝마무리하면서,

> 군신의 현부(賢否), 정교(政敎)의 득실, 예악의 연혁(沿革), 풍속의 미악(美惡)은, 비록 이를 모두 갖추어 쓸 수 없지만, 그러나 『시경(詩經)』에 이르기를 『은감(殷鑑)이 멀지 않아 하후(夏后)의 세(世)에 있다』고 하였으니, 대개 그 귀와 눈이 미친 바였다. 만일 정치를 하는 여가에 관람(觀覽)하시면 미악을 취사하는 실마리와 정치를 하여 백성을 다스리는 도(道)에 도움이 있을까 합니다. (東文選 92 序)

라고 한 것만 보더라도 대강을 짐작할 수가 있다.

그리고 이것은 거슬러 올라가면 김부식(金富軾)의 『삼국사기』로부터 비롯하여 고려말기의 제사서(諸史書)를 거쳐 이어져 내려온 전통이기도 하였다. 그러기에 『고려사』는 그 자체의 논찬(論贊)을 붙이지 않았으나 이제현(李齊賢) 등의 역대 제왕(諸王)에 대한 찬(贊)을 잉용(仍用)하여 스스로의 의견을 대변시킬 수가 있었던 것이다. 그리고 열전에 있어서도 제신전(諸臣傳)의 경우 비록 타인의 평을 인용하더라도 인물평을 넣는 것을 원칙으로 삼고 있으며, 또 양리(良吏)·충의(忠義)·효우(孝友)·열녀(烈女)·방기(方技)·환자(宦者)·폐행(嬖幸)·간신(姦臣)·반역(叛逆) 등의 열전에서는 반드시 서(序)를 적어서 그 편찬의 뜻을 밝히고 있는 것이다. 일례를 들자면 간신열전의 서에,

> 세상에 일찌기 간신(姦臣)이 없지는 않았으나, 오직 임금이 이를 밝게 조찰(照察)하여 이를 어거하여 그 도를 얻으면 그 술수를 마음대로 할 수 없으나, 만일 임금이 한번 그 술수에 빠지면 위망(危亡)에 이르지 않음이 드물다. 고려는 인종(仁宗) 이후 간신이 연이어 나와서 권병(權柄)을 도둑해 희롱하여 백성을 좀먹고 나라를 패망케 하였으니, 그 일은 모두 족히 후세에 경계가 되므로 간신전(姦臣傳)을 짓는다. (高麗史 125)

라고 한 것과 같은 것이다. 또 대각국사(大覺國師)와 원명국사(圓明國師)가 종실열전(宗室列傳)에, 묘청(妙淸)과 신돈(辛旽)이 반역열전(叛逆列傳)에 든 이외에 승려의 전기(傳記)는 모두 빼었고, 고려를 이해하는 데 필요한 불교에 대한 지(志)를 설정하지 않은 것 등은 편찬자들의 유교적 입장을 드러낸 것이다.

이 같은 유교에 바탕을 둔 도덕적 합리주의사관은 요컨대 조선왕조에 있어서의 실질적 집권층인 사대부의 입장을 말하여주는 것이다. 그리고 사대부들의 이러한 입장은 고려왕조의 흥망에 대한 이해에도 나타나 있다. 『고려사』는 앞서 말한 바와 같이 그 자체의 논찬을 싣지 않고 있다. 그러나 편찬자들의 고려사관(高麗史觀)은 지(志)의 서(序)에 가장 뚜렷이 나타나 있다. 천문(天文)·역(曆)·오행(五行)·지리(地理)·예(禮)·악(樂)·여복(輿服)·선거(選擧)·백관(百官)·식화(食貨)·병(兵)·형법(刑法) 등의 12지(志) 중에서도 정치·경제·군사·사회에 관한 마지막 오지(五志)에서 특히 그러하다.

이들 지의 서는 짤막한 문장 속에 고려의 제반 제도에 대한 편찬자의 명확한 비판적 인식을 나타내주고 있기 때문에, 오랫동안 고려의 제도를 이해하는 기준이 되어왔었다. 이에 의하면 한결같이 고려 건국초의 치적(治績)들은 찬양되고, 후대에 이 이상적인 제도가 문란해 가고 있음이 지적되고 있다. 편찬자들에 의하면 고려왕조의 멸망은 바로 여기에 그 원인이 있었던 것이다. 가령

조종의 법이 모두 무너지매 나라도 따라서 망하였다.(食貨志 序)
국세(國勢)가 이에 이르러 비록 위태롭지 않으려 하더라도 그것이 가능하겠는가. (兵志 序)

라고 한 것은 모두 그러한 예에 든다. 그리고 그 분계선을 무신정권으로 보고 있는 점에서도 또한 여러 지의 서는 대체로 일치하고있다. 가령

권신이 사사로이 정방(政房)을 설치함으로부터 인사(人事)는 회물(賄物)로 이루어져서 인사행정이 크게 무너졌다.(選擧志 序)
의종(毅宗)·명종(明宗) 이후 권간(權姦)이 나라의 정치를 마음대로 하여 국가의 근본을 깎고 상하게 하였다.(食貨志 序)
의종·명종 이후에 권신이 정권을 쥐매 병권은 밑으로 옮아갔다. (兵志 序)

등은 그러한 예인 것이다. 이것은 국가 혹은 공가(公家)가 아닌 권신 내지는 사가(私家)의 정권 장악에 대한 비판인 것이다. 이러한 비판은 곧 사대부들의 정치적 이념을 표현한 것이기도 하였다. 사대부들은 그들 전체의 공동이익을 보장해주는 기구로서의 국가를 절대시하는 것이며, 그것이 어느 사가(私家)의──심지어는 국왕까지의──전유물일 수 없다는 신념을 가지고 있었던 것이다.

『고려사』 편찬자들의 관점으로서 다음으로 생각되는 점은 조선왕조의 건국에 대한 역사적 정당화였다. 이 점이 여러 차례의 개수에서 하나의 쟁점으로 되어왔음은 이미 살펴본 바와 같지만, 원칙에 있어서는 일관하는 정신이었다. 이 점은 무엇보다도 우왕과 창왕을 세가가 아닌 열전에, 그것도 반역열전에 편입시켜 공양왕과 그리고 그가 양위(讓位)한 이성계(李成桂)에게 왕위의 정통성을 인정해줌으로써 조선왕조의 건국을 정당화하고 있는 사실에 뚜렷이 나타나 있다. 범례에서는,

> 신우(辛禑) 부자는 반역자 신돈의 얼자(孼子)로서 왕위를 도둑질하기 16년이었다. 지금 『한서(漢書)』 왕망전(王莽傳)에 준하여 격하시켜서 열전으로 하여 적을 치는 대의를 엄하게 하였다.

라고 변명하고 있지만, 이것이 역사적으로 정당하기보다도 정치적으로 배려된 것이라고 함은 이미 널리 알려진 사실이다. 그러므로 『고려사』는 고려말기의 서술에서 가능한 한 조선왕조의 건국을 정당화하려고 하고 있는 셈이다.

이 경우에는 주로 고려말기의 역사가 문제되며, 고려왕조사 전체가 문제되는 것은 아니다. 그러나 한편 당시의 사대부들이 건국의 정당화를 위한 작업에 급급한 나머지 그들 사대부 세계의 윤리를 저버리기까지 하지는 않고 있다는 점도 또한 잊어서는 안된다. 이성계가 살해한 최영(崔瑩)이나 정몽주(鄭夢周)가 반역열전(叛逆列傳)이 아닌 제신열전(諸臣列傳)에 들어 있고, 정몽주에 대하여는 심지어 『효충(忠孝)의 대절(大節)이 있었다』라고까지 평하고 있다. 이 같은 윤리적 신념에 입각해서 그들은 고려왕조의 흥망에 대한 역사적 이해를 제시하고 그 흥망의 필연성을 강조하였다. 이 점은 이미 위에서 지(志)의 서문에 대한 소개를 통하여 제시한 편찬자들의 고려사관이 증명해주고 있다. 그리고 이렇게 함으로써 『고려사』는 보다 근본적으로 조선왕조의 건국을 정당화하고 있는 것이다. 그리고 이 점을 이해하는 것이 『고려사』에 나타난 사관을 이해하는 데 무엇보다도 중요하다고 생각한다.

끝으로 사대명분론(事大名分論)에 언급해두어야 하겠다. 범례에,

> 『사기(史記)』를 살피건대 천자는 기(紀)라 하고 제후(諸侯)는 세가(世家)라 하였다. 지금 고려사를 편찬함에 있어서 왕기(王紀)를 세가(世家)라고 함으로써 명분을 바르게 하였다.

라고 한 바와 같이 명분론에 의해서 『삼국사기』에 본기(本紀)로 되어 있는 왕기(王紀)가 『고려사』에서는 세가로 되었다. 이 점은 그러나 이미 앞에서 보아온 바에 의하여 짐작할 수 있는 것과 같이 『고려사』 편찬자들의 최소한의 양보였다는 점을 또한 이해해야 할 것이다. 즉

이미 그보다도 심하게 행해졌던 사실(史實)의 왜곡을 시정하고 난 뒤의 조처였다. 이러한 점을 우선 충분히 이해해야 할 것으로 믿지만, 그러면서도 최후의 한 선을 끝내 버티어내지 못한 것은 당시의 사대부들이 지니는 문화적 창조력의 한계성을 나타내주는 것으로 보아야 하겠다.

요컨대『고려사』는 누누히 설명한 바와 같이 조선왕조를 건설하고 그 국기(國基)를 다져놓은 사대부 계층의 고려왕조사관을 제시해준 것이다. 이것은 동시에 그들 자신이 생각하고 있는 조선왕조 건설의 필연성을 제시해준 것이며, 따라서 권문세족에 의하여 지탱돼 나가던 구왕조를 타도하는 데 성공한 사대부들이 그들의 승리를 정당화하려는 노력의 표현이었다. 『고려사』의 편찬이 지니는 역사적 의의는 이러한 데서 찾아야 할 것이다.

3. 史料로서의 高麗史

모든 사실(史實)들이 지니는 역사적 의의는 그것이 지니는 현대적 의의와 반드시 같을 수가 없다. 『고려사』는 그것이 조선왕조의 건국 내지는 사대부의 승리를 장식해주는 중요한 문화적 소산이었지만, 그리고 그 때문에 우리는 조선왕조 초기의 문화에서 이를 중요하게 다루는 것이지만,『고려사』는 현대에서 그러한 뜻에서만 중요한 의의를 지니는 것이 아니다. 오히려 오늘날『고려사』를 이용하는 대부분의 사람들은 그 사관(史觀)으로 말미암아서가 아니라 그 사료적 가치로 말미암아서 이를 중요시하고 있다. 고려시대를 연구하는 가장 기본적이고도 가장 풍부한 지식을 얻을 수 있는 사료는『고려사』를 제일로 꼽을 수밖에 없다. 『고려사절요』가 약간의 보충을 하여주지만 그것은 미미한 분량에 지나지 않는다. 그 밖에 금석문(金石文)이나 문집(文集)들이 중요한 구실을 하는 것은 다 알고 있는 일이지만, 그것을 가지고 고려시대사를 체계화한다는 것은 바라기 힘든 일이다. 결국『고려사』가 고려시대를 연구하는 가장 귀중한 사료라는 데에 의의(疑義)를 달 사람은 없을 것이다. 이러한 점에서 당연히 문제삼아야 할 것은『고려사』가 어떠한 자료에 의거해서 편찬되었으며, 그 사료적 가치는 어느 정도인가 하는 점일 것이다.

정총(鄭摠)의 「고려국사서(高麗國史序)」를 보면,

고려에는 시조(始祖) 이래로 역대에 모두 실록(實錄)이 있었으나 그 책은 병화(兵火)를 거친 나머지에 나온 것이기 때문에 많이 유실한 바가 되었다. 공민왕조에 이르러 시중치사(侍中致仕) 이제현(李齊賢)이 편찬한『사략(史略)』은 숙종에 머물고 흥안군(興安君) 이인복(李仁復)과 한산군(韓山君) 이색(李穡)이 편찬한『금경록(金鏡錄)』은 정종(靖宗)에 머물고 있는데, 모두 소략한 결점이 있으나, 그 밖에는 아직 책으로 된 것이 없다.(東文選 92 序)

라 하였고, 또 윤회의 「진수교고려사서(進讎校高麗史序)」를 보면,

태조는 개국초에 봉화백(奉化伯) 정도전(鄭道傳), 서원군(西原君) 정총(鄭摠)에게 명해서『고려국사(高麗國史)』를 편찬케 하였다. 이에 각조의 실록(實錄)과 검교시중(檢校侍中) 문인공(文仁公) 민지(閔漬)의『강목(綱目)』시중 문충공 이제현(李齊賢)의『사략(史略)』, 시중 문정공(文靖公) 이색(李穡)의『금경록(金鏡錄)』등에서 채취해서 편집하였다.(東文選 93 序)

고 하여, 처음『고려국사』를 편찬할 때에 역대의『실록』과 민지의 강목」, 이제현의『사략』, 이인복·이색의『금경록』등이 참고되었음을 말하여주고 있다. 이러한 여러 자료들 중에서『실록』보다도 말기의 편년체 개설서들에 많이 의지했던 것 같음은,

처음 정도전·정총 등이 전조의 역사를 편찬함에 있어서 이색·이인복이 찬한『금경록』에 의지해서 37권을 찬진(撰進)했다.(世宗實錄 22 世宗 5년 12월 丙子)

라고 한 데서 짐작할 수가 있다. 그 분량이 37권밖에 안되는 간략한 것이 된 것도 이와 관련이 있을 것이다. 현재『고려사절요』가 35권인 것을 보면 대체로 그 분량을 짐작할 만하다.

그러나 편년체가 아닌 기전체로 체재가 바뀌면서부터는 이용한 자료의 비중이 위의 개설서들보다도 오히려『실록』에 더 놓였다고 생각된다. 그것은 세종대의 관계 기록들 중에는, 다음 인용문에 나타나는 바와 같이『실록』의 기사로부터 첨가하거나 이에 기준을 두려는 경향이 뚜렷이 표시되고 있기 때문이다.

상(上)이 또 윤회(尹淮)에게 명하여『전조사(前朝史)에 천변지괴(天變地怪)를 모두 기록하지 못한 것은 다시 실록을 살피어 모두 싣도록 하라』고 하니, 윤회가 사관 등으로 하여금 초사(抄寫)케 하였다. 윤회가 경연(經筵)에서

진강(進講)한 뒤에 천변지괴를 초사한 단자(單子)와 지관사(知官事) 유관
(柳觀)의 글을 진정(進呈)하였다. 읽고 나자 상이 말하기를『이같이 조그마
한 성변(星變)은 기록할 것이 못된다. 고려의 실록에 실은 천변지괴로서 정
사(正史)에 기록되지 않은 것은 구사(舊史)에 의하여 첨입(添入)하지 말라.
군왕의 호·시(號諡)는 모두 실록에 따라서 태조신성왕(太祖神聖王)·혜종의
공왕(惠宗義恭王)이라 써서, 묘호(廟錄)·시호(諡號)는 그 사실을 인멸하지
말라……(世宗實錄 22 世宗 5년 12월 丙子)

  고려 세계는 잡기(雜記)에 쓰인 것은 거의 모두 황탄(荒誕)하다. 지금
황주량(黃周亮)이 찬한 실록에서 3대를 추증(追贈)한 것을 바른 것으로 삼
고 잡기에 전한 바를 부록하여 별도로 세계를 만들었다.(高麗史 凡例)

라고 한 바와 같이『고려사』범례에서도『실록』을 기준으로 하고 있
음을 나타내고 있다.
 기전체(紀傳體)로 만듦에 있어서는『실록』이외에도 광범한 자료의
수집이 행해지고 있었다. 가령 범례에 따르면 지(志)를 편찬하는 데
있어서는『고금상정례(古今詳定禮)』와 『식목편수록(式目編修錄)』및
제유의 문집과 제가의 잡록이 이용되었음을 알 수가 있다. 방대한 분
량의 예지(禮志)의 편찬은 이로 말미암아 가능했던 것이지만, 예지의
서에 의하면『사편(史編)』과『상정예문(詳定禮文)』이 기본이 되고『주
관육익(周官六翼)』『식목편록(式目編錄)』『번국예의(蕃國禮儀)』등으
로 보충되었음을 알려주고 있다. 지(志)에는『전사(前史)의 자세치 못
함을 애석해한다』(兵志 序)라고 하듯이 사료의 부족을 한탄하는 대목
들이 나오는데, 그럼에도 불구하고 지 있음으로 해서 현재까지 보존된
사료의 분량이 커졌음은 분명한 일이다. 또 열전을 엮음에 있어서는
묘지명(墓誌銘) 같은 것이 이용되었을 것임은 현존 묘지명과 대조해
보면 짐작이 가는 일이다. 이같이『고려사』가 기전체로 바뀜으로 해
서 당시로서 가능한 보다 많은 자료들을 이용할 수 있는 여유가 생기
게 되었음이 분명하다. 이같이 해서 세가 46권, 지 39권, 표 2권, 열
전 50권에 목록(目錄) 2권을 합하여 모두 139권에 이르는 거질(巨帙)
이 될 수 있었던 것이다.
 이같이『고려사』가 의거한 자료들은 풍부해졌을 뿐 아니라 모두 기
본사료에 속하는 것들이므로 그 사료적 가치가 높다는 것도 알 수가
있다. 대체적으로 말한다면『고려사』에 기록된 사실들은 그대로 믿어

서 좋은 것이다. 그러나 이것은 『고려사』가 고려시대의 사료집으로서 만족스럽다는 것을 말하는 것은 아니다. 앞서 지적한 『고려사』 편찬자들의 근본입장에 따르는 편찬태도는 때로 사료로서의 『고려사』를 바람직하지 못한 것으로 만들었다. 게다가 사료는 지배층을 중심으로 선택된 것이었기 때문에, 의종 때의 어느 역부(役夫)에 대한 이야기 정도를 뺀다면 피지배층의 생활을 엿볼 수 있는 자료를 거의 수록하고 있지 못하다. 하급장교인 권수평(權守平)의 전기(傳記)는 권근(權近)·권제(權踶)의 선조임으로 해서 열전에 끼일 수 있었겠지만, 도리어 그 때문에 조부(租簿)나 견룡군(牽龍軍)에 대한 귀중한 기사를 대할 수 있게 된 것도 우연의 행운인 셈이다. 이 밖에 고려초기의 부분이 너무 소략한 것은 거란 침입으로 인한 사적(史籍)의 소실(燒失)에 말미암은 것이므로 어쩔 수 없는 일이라곤 하지만 석연치 않은 구석도 있다. 가령 연대까지도 분명한 광종의 노비안검(奴婢按檢)이 세가(世家)에 빠진 이유를 알 수가 없다. 그리고 지(志)에는 연대의 표시가 없는 기록들이 있는데, 의거한 자료조차 명시되지 않은 이들은 사료로서 치명적 결함을 지니고 있는 셈이다. 그리고 원래는 하나의 문장으로 되어 있던 것을 적당히 끊어서 여기저기 분재했기 때문에 내용상 오해를 가져올 염려가 생긴다는 점도 또한 유의할 일이다.

　원래 기록이란 어느 것을 막론하고 일정한 시대에, 일정한 사람들의, 일정한 목적의식 하에서 작성되는 것인만큼, 그 나름의 제약이 있게 마련이다. 『고려사』는 원사료를 재편집한 것이므로 이중적으로 그러한 제약을 받는 셈이다. 그러나 고려왕조의 역대 『실록』을 대할 수 없고 『상정예문』 등은 말할 것 없고 고려 때에 편찬된 『사략(史略)』 『금경록(金鏡錄)』 등의 고려사서조차 찾아볼 수 없게 된 오늘에, 『고려사』가 지니는 사료로서의 의의가 막중하다는 것은 다시 말할 필요조차 없는 일이다. 그러므로 『고려사』가 현대에서 가지는 의의는 그가 지니는 일정한 방법으로 고려시대의 사료를 보존해줌으로 해서 역사적 전통의 구체적 양상을 전해준 데 있다고 할 것이다. 한국사상에서 차지하는 고려시대의 위치에 대한 새로운 인식이 요청되고 있는 오늘, 우리는 왜곡된 부분을 시정하고 부족한 부분을 메워가면서 『고려사』가 지니는 사료적 가치를 정당하게 살려가야 할 것이다.

<高麗史, 景仁文化社, 1972>

17세기의 反尊華的 道家史學의 성장

北崖의 揆園史話에 대하여

韓　永　愚

1. 머 리 말

우리나라 사학사(史學史)를 훑어보면 크게 세 갈래의 흐름이 있다. 유교사학(儒敎史學)·불교사학(佛敎史學) 그리고 도가사학(道家史學) 이 그것이다. 이 중에서 사학의 주류를 이루어온 것은 더 말할 나위 도 없이 유교사학이다.

하지만, 불교사학이나 도가사학이 사학사에서 차지하는 위치도 결 코 소홀히 보아 넘길 것만은 아닌 것 같다. 불교사학은 다 아는 바와 같이 『삼국유사(三國遺事)』로서 하나의 정점(頂點)을 이룬 감이 있 고, 또 이 책에 대한 사학사적 검토도 누차에 걸쳐 시도된 바가 있 다. 그러나 도가사학에 대해서는 거의 사학사적 조명(照明)이 가해진 것 같지가 않으며, 기껏해야 단군신화(檀君神話)에 나타난 도가사상 적 요소를 지적하는 데 그치고 있다.[1]

도가사학에 대한 연구가 부진한 것은 무엇보다도 도가사서(道家史 書)로서 후세에 남겨진 것이 극히 희귀하다는 데 일차적 이유가 있 을 터이다. 그러나 우리의 사상사(思想史)를 유교와 불교 중심으로

---

[1] 李能和, 韓國道敎史 제2장 朝鮮檀君神話 最近於道家說. 孫晋泰, 朝鮮民 族史槪論 緒編 제2장 民族始祖 檀君傳說.

만 이해하여 온 사상사 연구 시각(視角)에도 문제가 없다고 보기는 어려울 듯하다.

물론 여기서 말하는 도가(道家)란 순수한 노장(老莊) 사상가를 뜻하는 것은 아니다. 노장사상의 영향도 받고 있지만 그보다도 단군(檀君) 이래의 고유신앙이라고 자처하는 신교(神敎)의 신봉자들을 말한다. 신교는 신도(神道)·신선도(神仙道) 또는 선교(仙敎)·화랑도(花郞道)라고도 하며,[2] 여기에는 삼신숭배(三神崇拜)가 수반되기도 한다. 삼신은 삼성(三聖)이라고도 하여 환인(桓因)·환웅(桓雄)·단군(檀君)을 가리킨다. 따라서 우리나라의 도가는 중국의 도가와는 성격을 달리하는 것이지만, 그들 자신이 도가를 자칭한 까닭에 도가로 불러두기로 한다.

도가의 사서(史書)로서 무엇이 있는지도 자세히 알 수 없으나, 가령 신라시대의 무명씨의 저서인『선사(仙史)』나, 고려초기에 보이는 각종 고기류(古記類)[3] 그리고 고려말 이명(李茗)의『진역유기(震域遺記)』등이 이에 속할 듯하다. 이들 도가사서들은 황탄무계(荒誕無稽)한 비기(秘記)·참서(讖書)들이라 하여 김부식 이후로 유가들에게는 크게 배척을 받았으나, 산사(山寺)와 암혈(岩穴)에 묻혀서 그 잔질(殘帙)이 연면히 보존되고 있는 것을 볼 수 있다.

도가사서들은 일반적으로 신화나 전설을 많이 담고 있어서 황당무계한 점이 많은 것도 사실이나 적어도 단군조선사(檀君朝鮮史)에 관한 한 도가사서만큼 풍부한 기록을 남긴 사서는 달리 찾아볼 수 없다. 또한 역사의식에 있어서도 도가만큼 고유의 전통문화를 자부하고

---

2) 삼국·신라·고려 시대에는 일반적으로〈仙敎〉라는 용어가 널리 쓰였고, 조선후기에는〈神敎〉라는 칭호가 많이 나타난다. 그러나 조선후기의 仙家들은 자신을〈道家〉로 지칭하기도 하여 그 칭호가 반드시 통일되어 있는 것은 아니다. 최치원의「鸞郞碑序」에서는 이를 風月道·風流道라고도 칭했다고 한다.

3) 고려초기에 유행된 古記類는 그 종류가 다양하여 일률적으로 道家書라고 규정하기는 어렵다. 그러나 가령『神誌秘詞』『檀君記』『朝代記』등은 대개 道家書라고 보아 틀림없을 것이다. 고려초기에는 渤海遺民을 통해서 北方文化가 많이 흘러들어오고, 또 道家思想이 비교적 활기를 띠었던 시기이므로 道家書가 적지 않이 있었을 것이라는 것은 추측하기에 어렵지 않다.

존중하며, 존화사대사상(尊華事大思想)을 비판하는 사학도 없을 듯하다. 단군신화만 하더라도 그것을 처음으로 정리해서 후세에 전해준 것은 도가이지 승려나 유가는 아니다.[4] 이 한가지 사실만 보더라도 도가사학의 위치는 확고한 것이라 하겠다. 도가사학은 고대에서 근대에 이르기까지 유교사학에 의해서 항상 배척당하면서도 유교사학과 끈질기게 대결하면서 유교사학의 역사의식을 한 단계 한 단계 높여주는 밑거름의 하나가 되었다고 해도 과언은 아닐 듯하다. 이런 관점에서 볼 때 각 시대마다 도가사학과 유교사학이 어떻게 상충·보합되면서 우리나라 사학사가 전개되어 왔는가를 밝혀내는 것은 매우 의의있는 일이라고 생각한다.

우리나라 유교사학사(儒敎史學史)를 돌아볼 때, 김부식(金富軾)의 사학이 여말선초에 와서 한 단계 극복되고, 다시 이조후기에 이르러 안정복(安鼎福)·이종휘(李種徽)·한치윤(韓致奫) 등에 의해서 또 한 단계 높아지는 것을 볼 수 있다. 특히 역사의식의 측면에서 볼 때 이조후기의 사학은 존화사상(尊華思想)의 탈피와 상고사 연구의 심화(深化)로 특징지을 수 있을 것이다. 이조후기의 사학은 본래 주자학적 존화사상에 입각한 정통론(正統論)의 정립(定立)으로부터 출발하였으나, 시대가 지남에 따라서 이를 탈피하는 노력이 나타난다. 존화사상(尊華思想)에서 반존화사상(反尊華思想)으로의 전환은 정신사적으로도 매우 중요한 의미가 있다고 보거니와 우리가 여기서 주목하고자 하는 것은 유가의 역사의식 전환에 있어서 도가사학의 영향이 얼마나 작용하였는가 하는 점이다.

이러한 의문과 관련해서 우리의 주의에 오르는 것은 숙종초에 저술

---

4) 檀君神話는 주지하다시피『三國遺事』에 실려 있는 것이 현존 최고의 기록이라 하지만, 그것은『古記』의 기사를 인용한 것에 불과하다. 그『古記』가 무엇인지는 확실히 알 수 없지만, 儒家가 神話를 그토록 자세히 기록해 놓았을 리도 없고, 佛家의 史書라면 神話가 불교적으로 潤色되었을 가능성이 많은데, 佛敎의 潤色은 一然이 桓因을 帝釋으로, 太白山을 妙香山으로 註釋한 것에 불과하다. 檀君神話의 사상성은 아무래도 陰陽五行이나 道家思想이 주류를 이룬다고 보여지며, 이런 점에서 볼 때 檀君神話를 최초로 기록한『古記』는 道家書일 가능성이 크다고 하겠다.

된 북애(北崖)의 『규원사화(揆園史話)』(일명 檀君實史)이다.[5] 이 책은 현존한 도가사서 가운데서는 최고의 것이 아닌가 한다. 불행하게도 저자의 이름은 전해지지 않고 오직 북애라는 호만이 전해지고 있다.

이 저자불명의 도가사서를 여기서 검토하고자 하는 것은, 이 책을 통해서 단군조선사(檀君朝鮮史)의 새로운 측면을 밝혀보자는 데 목적이 있는 것이 아니라 사상사적으로 사학사적으로 이 책이 어떤 의미를 가지는가를 음미하고자 하는 데 근본 목표가 있다. 다만 고대사에 문외한인 필자로서는 본서의 사학사적 가치를 궁극적으로 논단(論斷)한다는 것은 거의 불가능한 일이므로 주로 이 책이 후세 사학에 미친 영향을 개괄적으로 검토하는 데서 머무르게 됨을 미리 밝혀두는 바이다.

2. 揆園史話의 內容要旨

『규원사화』는 현재 수종의 필사본(筆寫本)이 전해지고 있다.[6] 따라서 이 책은 최근 번역본이 나오기 이전까지는 세상에 공식적으로 간행된 일은 없는 것 같다. 그러나 도가사서는 어떤 사서이건 공식간행된 일이 극히 드물며, 또 흔히 저자의 이름을 밝히지 않는 것도 도가사서의 한 특색이다. 이것은 도가의 처세관과도 관련이 있을 것이지만, 유가의 탄압에 더 큰 이유가 있을 터이다.

도가사서는 또한 기층사회(基層社會)에서 구전(口傳)되는 자료나 풍속신앙으로 전해오는 자료들을 많이 이용하고, 또 그 사서 자체가

---

5) 이 책은 申學均씨에 의해서 번역되어 明知大學 文庫로 출간된 바 있다.
6) 현존한 필사본 중에서 墨筆로 된 것은 국립중앙도서관본과 고려대학교 도서관본이고, 서울대학교(일사문고)와 동국대학교 소장본은 만년필 또는 등사지로 轉寫된 것이다. 특히 고대 소장본은 권말에 南滄(孫晋泰)이 梁柱東씨 소장본을 전사한 것임을 부기하고 있다. 동국대 소장본은 본래 權相老 소장본이었다. 한편 李能和도 그의 『韓國道敎史』에서 본서를 소개하고 있는 것으로 보아 그도 본서를 소장하고 있었던 것으로 보인다. 이로써 본다면 『揆園史話』의 필사본은 해방 전후한 시기에 國學者 사이에 널리 보급되었던 것으로 보인다. 최근에 亞細亞文化社에서 발간한 『揆園史話』는 고대본을 영인한 것이다.

상류사회보다도 하층사회에 필사(筆寫) 또는 구전되는 경향이 있으므로, 비록 그 사서가 암혈(岩穴) 속에 묻혀왔다 하더라도 그 영향력이 없다고 볼 수는 없다.

이 책이 저술된 연대는 〈상지2년을묘(上之二年乙卯)〉라고 되어 있어서 확실한 왕대는 밝혀져 있지 않으나 숙종 원년(1675)이 확실한 것 같다.[7]

이 책은 ① 서문, ② 조판기(肇判記), ③ 태시기(太始記), ④ 단군기(檀君記), ⑤ 만설(漫說) 등 다섯 부문으로 구성되어 있다.

(1) 먼저 서문에서는 자신의 작사동기(作史動機)를 밝히고 있다. 과거 낙방을 계기로 전국을 유람한 뒤에 고향(漢城)에 돌아와 규원서옥(揆園書屋)을 짓고 여생을 오직 이 한 권의 국사편찬에 바치었음을 고백하면서, 양난(兩難)의 치욕을 씻고 요심(遼瀋)의 수복을 열렬히 희구하는 마음에서 붓을 들게 된 것을 밝히고 있다. 유가사서(儒家史書)에서 보이는 바와 같은 범례 따위는 없으며, 본문의 기술방식도 거의 현대사서에 가까운 자유로운 형식 속에서 서술되어 어떠한 형태의 유가사서의 체재도 따르지 않고 있다.

(2) 그 다음 조판기는 일대주신(一大主神) 환인(桓因)이 조물주로서 환웅천왕(桓雄天王)으로 하여금 천지를 개창케 하고 태백산에 내려와 군장(君長)으로 추대되는 과정을 서술하고 있다. 환웅이 하강할 때에 천부인(天符印)을 가지고 삼천(三千)의 무리를 이끌고 왔다는 것은 단군신화를 그대로 따오고 있으나 천지의 개창과정(開創過程)을,

① 암흑·혼돈(混沌)에서부터 천지의 분화
② 천체의 운행(運行), 계절의 분화
③ 수(水)·육(陸)의 분화
④ 금수와 초목의 발생
⑤ 인간의 탄생(天·地·人 三才의 成立)

순으로 설명하고 있는 것은 종전의 신화(神話)에 없는 부분이다.

천지가 개창되어 환웅이 하강할 때까지의 시간은 수십만년이다. 조판기의 우주 개창신화는 『삼국유사』나 『제왕운기(帝王韻紀)』의

---

7) 본서의 서문과 본문의 도처에서, 때는 兩難을 겪은 직후임을 밝히고 있고 孝宗의 北伐失敗를 애석해하고 있는 점, 그리고 乙支文德祠堂 건립이 추진되고 있다는 점 등으로 肅宗初임이 확실하다.

단군신화 중에서 보이는 곰과 호랑이의 이야기라든가 환웅 손녀의 음약성인설(飮藥成人說)과 같은 것은 보이지 않고, 보다 합리적인 입장에서 천지만물과 인간의 창조과정이 단계적으로 설명되고 있다. 특히 암흑과 혼돈, 즉 카오스에서부터 우주가 개창되는 과정은 이규보(李奎報)의 『동명왕편(東明王篇)』에 보이는 개벽설(開闢說)과도 유사한 점이 보이나 조판기 쪽이 훨씬 더 구체적이다. 또한 『동명왕편』은 우주개창이 중국의 삼황(三皇)으로 연결되어 나타나는 데 비해서 조판기의 그것은 동이족(東夷族)으로 연결되는 것도 다른 점의 하나이다.

(3) 태시기는 군장 환웅(이가 곧 神市氏이다)이 동방을 다스리던 궐천년(闕千年 : 數萬年)의 역사를 기록한 것이다. 환웅은 이제 천상의 신이 아니라 신적인 영웅 즉 신인으로 지상에 강림하여 신시씨로써 동이족 사회를 건설하는 정치적·문화적 주역을 담당한다. 우리 동방민족을 중국인이 존경하여 동이(東夷)라고 불렀는데, 신시씨 시대의 동이동방국가(東夷東方國家)의 사회와 문화, 그리고 중국과의 관계는 대략 다음과 같다.

이 시대의 문화는 신시씨가 베푼 이신설교(以神設敎), 즉 신교(神敎)가 중심을 이루고 치우씨(蚩尤氏)·고시씨(高矢氏)·신지씨(神誌氏)·주인씨(朱因氏) 등 신하가 인간 366사를 다스려, 비로소 남녀·부자·군신·의복·음식·궁실·편발(編髮)·개수(盖首) 등의 제도가 정해졌다. 특히 치우씨는 병기(兵器)를 제조하고 적과 맹수를 막는 기능을 맡았고, 고시씨는 농사와 목축을 관장하고 화식(火食)을 발명하였다. 후세인들이 전야(田野)에서 밥을 먹을 때 〈고시내〉라고 말하는 것은 고시씨(高矢氏)의 은혜를 기리는 데서 나온 것이라 한다. 한편 신지씨는 주명(主命)의 직과 출납헌체(出納獻替)의 직을 관장하고 태고문자를 발명하였는데, 이 문자를 새겨 놓은 것이 당시에도 육진(六鎭)과 선춘령(先春嶺 : 白頭山 북동지방) 이북 지역의 암석 사이에서 간혹 발견된다고 한다. 이 문자의 모습은 범자(梵字)도 아니고 전자(篆字)도 아니어서 해독할 수가 없다는 것이다.[8] 그 다음 주인씨는

---

8) 神誌氏가 발명했다는 소위 太古文字는 ① 彫刻文字라는 점과 ② 非梵·非篆의 해독불능의 문자라는 점에서 殷墟에서 발견된 甲骨文字를 연상시킨다.

남녀의 혼취법(婚娶法)을 정하였는데, 후세인들이 혼인 중매인을 가리켜 〈주인선다〉는 말은 여기서 유래하는 것이다.
 그 다음 동이족이 발명한 문화로서 특기할 것은, 풍족(風族) 출신의 복희씨(伏羲氏)가 사황(史皇)과 하도(河圖)의 도움을 얻어 팔괘(八卦)를 만들었는데, 이것이 뒤에 중국의 음양역리(陰陽易理)의 원조가 되었다 한다. 그래서 저자는 『음양의 소장(消長)하는 이치가 우리에게서 발원하여 마침내는 저(中國) 나라가 쓰기에 이르렀다』고 주장한다.
 신시씨 시대의 사회는 처음에는 금수와 잡거(雜居)하면서 자연물을 채취하여 먹고 평화스럽게 살았으나 뒤에는 차차 토지와 어구(漁區)를 가지고 다투고 병기를 가지고 전쟁을 벌이게까지 되었다. 이를테면 신시씨의 시대는 고고학상의 시대구분법에 따른다면 석기시대에서 초기 금속기시대에 걸치는 사회상과 부합된다고 하겠다.
 신시씨 시대의 영토는 태백산(白頭山)을 중심으로 하여 서남지방, 즉 중국 동북지방에는 치우씨의 족이 거주하고, 북동지방(先春嶺地方)에는 신지씨, 그리고 동남지방(韓半島北部)에는 고시씨가 거주하였다. 고시씨의 후예는 뒤에 삼한(三韓)이 되었고, 치우씨의 후예에서 풍이(風夷)·견이(畎夷)가 나왔다. 동이족은 전체적으로 구파(九派)로 나뉘어 이를 구이(九夷)라 하였는데, 견이(畎夷)·우이(嵎夷)·방이(方夷)·황이(黃夷)·백이(白夷)·적이(赤夷)·현이(玄夷)·풍이(風夷)·양이(賜夷)가 그것이다.
 이 중에서 특히 치우씨는 계속 서남으로 진출하여 중토제족(中土諸族)을 정복하면서 영토를 확장하여 회남(淮南)·산동·북경·낙양(洛陽) 등 중국 동북지방을 모두 차지하였다. 이때 중국의 지배자는 수인(燧人)·신농(神農)·유망(楡罔)·소호(少顥)·헌원(軒轅) 등으로서, 특히 헌원과는 탁록야(涿鹿野) 등에서 70여회나 접전을 벌여 전승을 거두었다. 이때 중국은 활과 돌밖에 무기를 쓸 줄 몰랐으나, 치우씨는 이미 갑옷과 투구를 만들어 써서 승리를 거두는 요인이 되었다. 말하자면 치우씨는 중국인보다도 앞서서 금속무기를 발명 사용하였기 때문에 저들을 압도할 수 있었다는 것이다. 뒤에 치우씨가 사망함으로써 헌원이 제위에 올라 황제(黃帝)가 되었으나, 유주(幽州)·청국(青國) 등지에서는 여전히 치우씨의 후예가 강성하여 황제의 세력은 크게 떨치지 못하였다.

요컨대 신시씨 시대는 동이족이 보다 우월한 문화를 가지고 중국인을 압도하던 시대로서 영토는 중국 동부와 요(遼)·심(瀋)지방, 그리고 한반도에 걸치는 광대한 지역을 포용한 것이라 한다.

신시씨는 태백산에 천부인 세 개를 놓고 신선이 되어 승천(昇天)하고, 그의 뒤에는 고시씨와 치우씨가 서로 이어서 군주가 되었다.

(4) 단군기는 환웅=신시씨의 아들 환검신인(桓儉神人)이 임금이 된 뒤로부터 말왕(末王) 고열가(古列加)가 아사달(阿斯達)의 당장경(唐莊京)에 들어가 나라가 망하기까지의 47세 1195년의 역사를 적은 것이다. 국호는 단(檀)(백달 혹은 박달)이며, 〈단군〉은 고유명사가 아니라 〈단국의 군〉, 즉 〈백달의 임금〉이란 뜻이다. 47세 단군의 주요 치적은 다음과 같다.

① 환검(桓儉：재위 93년)：당요(唐堯)와 같은 시대에 즉위하고, 수도는 우수하(牛首河：滿洲 吉林省 蘇密城) 언덕에 정하여 이를 임검성(壬儉城)이라 하였다. 임검성은 수도라는 뜻이며, 이를 평양이라고도 한다. 평양은 서라벌 또는 위례(慰禮)와 마찬가지로 도성을 가리키는 말이다. 그뒤 10년 만에 도읍을 패수(浿水) 이북의 평양으로 옮기니, 이곳은 뒤에 고구려의 수도이던 환도(桓都=丸都：渤海의 西京인 鴨綠府 神州)에 해당한다. 패수는 지금의 대동강(大同江)이 아니라 압록강 이북에 위치한다. 환검은 재위한 지 93년 만에 아들 부루(夫婁)에게 위를 물려주고 아사달의 당장경에 들어가 산신(山神)이 되어 승천하였으며, 수는 210년이다.

환검의 치적 중에서 가장 중요한 것은 신시씨 시대의 신교(神敎)를 계승하여 위로는 제천(祭天)을 행하고, 밑으로는 8개조의 교를 지어 백성을 교화한 일이다. 제천(祭天)은 조상, 즉 일대 주신인 환인(桓因)과 환웅(桓雄)에 대한 보본(報本)의 의미를 지닌 것으로, 북으로는 태백산(白頭山)에서 남으로는 갑비고차(甲比古次) 즉 강화도(摩尼山頂：頭嶽)에서 단(壇)을 쌓고 제천을 행하였다. 마니산정의 참성단(塹城壇)이 곧 그것이다.

환검이 지었다는 8조의 교는 무위이치(無爲而治)를 근본으로 하는 것으로서, 뒤에 최치원(崔致遠)이 지은 「난랑비서(鸞郞碑序)」에서 국유현묘지도(國有玄妙之道)라 한 것이 그것이다. 단군의 교를 선교(仙

敎)라고도 한다.

환검시대의 관직으로는 팔가(八加)가 있어서 이를 단군팔가(檀君八加)라 하였는데, 그 명칭과 직책 및 담당자는 다음 표와 같다. 한편

檀 君 八 加

官 名(八加)	職 責	擔 當 官	備 考
① 虎加 (뒤에 龍加로 改稱)	主忽諸官	夫婁(또는 彭吳, 桓儉의 第1子)	뒤에 仙羅로 교체
② 馬 加	主 命	神市氏	
③ 牛 加	主 穀	高矢氏	
④ 熊 加	主 兵	蚩尤氏	
⑤ 鷹 加	主 刑	夫蘇(桓儉의 第2子)	
⑥ 鷺 加 (뒤에 鹿加로 改稱)	主 病	夫虞(桓儉의 第3子)	
⑦ 鶴 加	主善惡	朱因氏	뒤에 道羅로 교체
⑧ 狗 加	分管 諸州	余守己	뒤에 東武로 교체

桓儉時代의 主要國家

國 名	位 置	支 配 者	推 移
藍國(宇奄慮忽)	南西地方 (中國東北)	蚩尤氏 後孫	海岱(山東)・江淮에 進出. 嵎夷・萊夷・淮夷・島夷로 불림
儆愼國(肅愼)	北東地方	神誌氏 後孫	뒤에 挹婁・勿吉・靺鞨로 호칭 (金・女眞의 조상)
靑丘國(樂浪忽)	東南地方	高矢氏 後孫	農業발달・禮義・敎化盛行(三韓成立)
蓋馬國 濊 國 高句麗 眞 番	西 方 西 方	朱因氏 後孫 余守己 夫蘇(檀君 第2子) 夫虞(檀君 第3子)	
夫 餘	西 方	夫餘(檀君 第4子)	列水以南平定
沃沮・卒本・沸流		仙羅・道羅・東武	

환검시대에는 영토가 확대됨에 따라 9개의 대국과 12개의 소국으로 나누어 통치하였는데, 대국의 명칭과 위치 그리고 그 추이(推移)는 앞의 표와 같다.

② 부루(夫婁：在位 34년)：부루는 환검의 제1자로서 이미 환검 재위시에 호가(虎加)로서 제관을 총관하는 수상격(首相格)이었고, 대홍수(大洪水)를 다스렸으며, 환검 말년에는 도산(塗山)에서 중국(夏禹)과 동맹하여 치우씨가 헌원과 대전한 이후 처음으로 양국간에 화해가 성립되었다.

제2대 단군이 된 부루는 앙숙(盎肅)의 반란을 진압하고 식달(息達)로 하여금 용가(龍加), 금물(今勿)로 하여금 마가(馬加), 아밀(阿密)로 하여금 봉가(鳳加)를 삼아 재무를 맡게 하였다. 산업과 문명은 더욱 진흥되고 제천행사가 계속되었으며, 환검에 대한 제사가 병행되어 삼신(三聖) 제사가 확립되었다.

부루는 제가(諸加)를 시켜 우순(虞舜)이 차지하고 있던 남국(藍國)의 인접지를 빼앗고, 선라(仙羅)・도라(道羅)・동무(東武)를 앙숙(盎肅)의 땅에 봉하여 옥저(沃沮)・비류(沸流)・졸본(卒本)이 성립되었다.

王代	檀君名	在位期間	內　　　治	對　外　關　係
3	嘉 勒	51	聖德 떨침	息達로 하여금 夏를 토벌
4	烏 斯	49	天下를 21州로 나눔	夏王과 和親
5	丘 乙	35		夏의 少康과 和親
6	達 文	32	黎老를 龍加로 임용	獫狁・盎肅・夏東・蒼海 平定
7	翰 栗	25	阿叱의 亂을 평정	
8	西 翰	57	九分의 一稅 定함	
9	阿 述	28	仁德으로 國民을 感化	
10	魯 乙	23		
11	道 奚	36		獫狁의 難을 平定
12	阿 漢	27		
13	屹 達	43	奚門을 龍加에 임용	夏의 邠岐地方을 진격
14	古 弗	29		
15	伐 音	33	末良을 龍加에 임용	夏王을 救援, 湯王이 즉위하자 和親
16	尉 那	18		

17세기의 反尊華的 道家史學의 성장　273

17	余乙	63	異獸가 太白에서 나타남	
18	多奄	20	盂骨의 亂을 平定	
19	躲牟蘇	25		
20	固忽	11		
21	蘇台	33		
22	索弗婁	17		商과 싸워 이김
23	阿勿	19		商을 進攻
24	延那	13	叔父 古弗加가 섭정	商과 전투, 뒤에 和解
25	率那	16		
26	鄒盧	9		
27	豆密	45		商과 交戰, 鬼州 平定
28	奚牟	22		
29	摩休	9		商에서 貢物을 바침
30	奈休	53	于它가 龍加가 됨	商과 和合
31	登屼	6		
32	鄒密	8	濊侯 知莫婁가 龍加됨	
33	甘勿	9		
34	奧婁門	20	都邑을 樂浪忽로 옮김	
35	沙伐	2		
36	買勒	18		
37	麻勿	8	眞番侯 鄒咄이 龍加됨	
38	多勿	19		獯獫의 侵入 막아냄
39	豆忽	29	徽倀侯가 龍加됨	邠岐에 있던 겨레가 後退 藍侯가 孤竹君을 몰아냄
40	達音	14		
41	音次	19		
42	乙于支	9		
43	勿理	15		藍侯·靑丘侯·高句麗侯가 殷을 치고 淮·岱지방에 奄國(靑州)·徐國(徐州)을 세움. 徐偃王은 宗周를 누르고 36國을 거느림 9)
44	丘忽	7	蓋馬侯 買屼이 龍加됨	
45	余婁	5		藍侯가 淮南에 鮮卑國 세움
46	普乙	2	藍侯가 諸侯들을 거느림	
47	古列加	30	唐莊京에 은거. 멸망(47 世, 1195년)	列國時代 전개

---

9) 徐偃王에 대한 기사는 漫說 참조.

각 왕대의 주요치적을 편의상 표로 작성하면 위와 같다. 위 표에서, 3세 단군 가륵(嘉勒)으로부터 14세 단군 고불(古弗)에 이르는 기간은 중국의 하왕조(夏王朝)에 해당하고, 그 다음 15세 단군부터는 중국의 은왕조(殷王朝:商)에 해당한다.

요컨대 환씨(桓氏)의 단군왕조는 47세 1195년 만에 스스로 멸망하고, 제후가 난립하는 열국시대(列國時代)가 전개되는 것으로서 단군기(檀君記)는 끝난다. 단국(檀國)은 기자 동래(箕子東來)에 의해서 멸망하는 것이 아니라 제후들의 반란으로 멸망되며, 은(殷)이 도리어 단국의 제후들에 의해서 멸망하였다고 한다.

(5) 끝으로 만설(漫說)은 본서의 결론이자 저술의 사관(史觀)이 절실하게 피력되어 있다. 여기서 저자는 자신의 도가적·신교적 우주관과 인생관, 그리고 문화의식을 장엄한 시적인 필치로 개진(開陳)하고 나서 우리나라가 부강한 나라가 되기 위한 세 가지 방안을 제시한다.

첫째는 지리(地利)를 얻는 것이니, 지리란 지광이물박(地廣而物博) 즉 땅이 넓고 물자가 풍성해야 한다. 그러기 위해서는 고대의 동이족의 영광을 되찾아서 적어도 요만(遼滿)·유영(幽營)의 땅을 수복해야 한다. 우리의 구강(舊疆)을 수복하기 위해서는 청이나 왜와의 연결이 필요하다.

둘째는 인화(人和)를 이루는 것이니, 인화란 인중이합(人衆而合) 곧 국민적 단결을 의미한다. 당쟁과 같은 것은 소욕(小欲)을 위하여 대의(大義)를 저버리는 것으로서 인화의 적이 되지 않을 수 없다.

세째로는 보성(保性) 즉 우리의 본성을 간직해야 하는 것이니,『항상 자기의 본성을 간직하여 자기의 장점을 잃지 않음』을 뜻한다. 어느 나라든지 그 지리와 풍기(風氣)에 맞는 문화가 만들어져야 하는 것으로 그렇게 만들어진 것이 곧 본성이 된다. 우리나라의 본성은 곧 고대로부터 만들어진 동이문화이며, 그 핵심은 신교(또는 仙敎)이다. 따라서 본성에 맞지 않는 중국문화, 즉 주자학은 철저히 배격되어야 한다.

물론 중국문화에도 장점이 없지 않으므로 남의 장점을 배우는 것도 중요하지만, 자기의 장점을 잃지 않는 것이 더욱 중요하다.

즉,『자기의 장점을 잃지 않고, 남의 장점을 겸하는 자는 승리한다』는 것이 저자의 확고한 신념으로서 그의 문화의식·역사의식의 결론을 이룬다.

3. 揆園史話의 文化意識·歷史意識

어느 역사든지 일정한 목표와 가치기준 아래 쓰여지기 마련이지만, 아마『규원사화』만큼 절실한 동기와 애국적 정열을 가지고 쓰여진 사서도 드물 것이다. 국가를 사랑하고 민족을 근심하는 저자의 우국충정(憂國衷情)은 본서의 전편에 걸쳐서 도도히 흐르고 있거니와, 특히 서문과 만설(漫說)은 저자의 역사의식의 성격이 어떠한 것인가를 보여주는 서정적인 표현들로 가득 채워져 있다. 본서가 전체적으로 서사시적인 성격을 띠는 것도 이 까닭이다.

저자는 자기가 처한 시대의 위기를 절실하게 통찰·인식하고, 그러한 위기를 초래한 정신문화적 병폐를 분석·진단한 다음에, 조국을 다시 부강하게 만들 수 있는 정신문화 혁명의 필요성과 그 방향을 제시한다. 본서는 말하자면 정신문화 혁명의 지침서라고 해도 과언이 아니다.

(1) 聯淸·征漢論

저자의 역사의식의 궁극의 목표는 앞에 말했듯이 부강한 국가를 다시 일으키는 것이었다. 나라가 부강하게 되는 첫째 조건은 지리(地利)를 얻는 것이니, 즉 영토가 넓고 물자가 풍성해야 한다. 지금 우리나라는 영토가 작아서 지리를 다 얻지 못하고 있을 뿐 아니라, 그나마도 왜란과 호란을 겪는 가운데 팔도(八道)가 어육(魚肉)이 되고, 주리(州里)가 소연(蕭然)하여 그 피폐함이 말할 수 없다.

지리를 얻자면 압록강 이북의 고토를 수복하는 길밖에 없다. 따라서 저자는 북벌(北伐)을 강력히 지지한다.

아 슬프다! 만약 하늘이 영묘(寧廟:孝宗)에게 10년만 더 수를 주셨던들 요·심(遼東·瀋陽地方)에 군대를 보내고, 등·채(登·菜)에 배를 달리게

하였을 것이다. ――서문

 그는 이렇게 효종의 북벌 실패를 한탄하면서, 만약 북벌을 성취하여 지리를 다 얻지 못한다면, 조선은 점점 쇠약해져서 수백년을 지나지 못하여 다시금 강한 인국에 의하여 패망할 것임을 예언하고 있다.
 그는 국사를 짓기 전에 전국의 고대 사적지를 두루 답사하였음을 서문에서 밝히고 있는데, 여기에서도 조국의 강토를 사랑하고 실지(失地)를 그리워하는 심정이 퍽 감상적인 필치로 그려지고 있다.

 때는 양난(兩難)을 겪은 뒤라 주리(州里)가 소연(蕭然)하고 국론이 물끓듯하며……백성들은 울분에 가득차 있다. 이에 북애자(北崖子)는 남쪽으로 금주(金海)와 월성(慶州)으로부터 사비(泗沘)와 웅주(熊州)를 거치고, 다시 북한산으로부터 골짜기로 들어가 예맥(濊貊)의 구도(舊都)를 답사하고, 북쪽으로 금강산 비로봉에 올라가 1만2천봉을 굽어보니, 깎아지른 듯한 산봉우리가 빽빽히 들어차 있다. 다시 동해의 떠오르는 아침해를 바라보니 눈물이 흐른다……다시 서쪽으로 떠나가 구월산에 이르러 당장평(唐莊坪)을 찾아보고, 삼성사(三聖祠)에 이르러 감격의 눈물을 흘렸다. 다시 평양을 거쳐 용만(龍灣:義州)에 이르러 통군정(統軍亭)에 올라가 북으로 요동평야를 바라보니 나무와 구름이 손짓하고 부르면 대답할 만큼 가까운 거리에 띄엄띄엄 흩어져 있다. 만약 한 줄기 압록강을 넘어서면 벌써 우리의 땅은 아니다. 슬프다! 우리 선조의 옛 강토가 적국의 손에 들어간 지 어느덧 천년이요, 이제 그 해독이 날로 심하니, 옛날을 회고하고 오늘을 슬퍼하며 안타까움을 금할 수가 없다.

 하지만, 저자의 열렬한 북벌 희구는 당시 존명사대론자(尊明事大論者)의 북벌 주장과는 명분과 목표가 전혀 다르다는 것을 유의할 필요가 있다. 존주(尊周)사대론자의 반청감정(反淸感情)을 그는 이렇게 비판한다.

 후세의 고루한 이들은 한적(漢籍)에 빠져서 헛되이 사대존주(事大尊周)만을 의라고 믿고 그 근본을 먼저 세워 우리나라를 빛낼 줄을 몰랐다. 이것은 등(藤)이나 칡덩굴이 곧게 뻗어갈 줄은 모르고 얽히고 맺히기만 하는 것과 같으니, 어찌 야비(野鄙)하지 아니한가? 고려시대 이후로 조공사신을 북으로 보내기 수백년이 되었건만, 이는 한하지 아니하다가 갑자기 만주를 불

구대천의 원수로 생각하니 이는 무슨 까닭인가?――서문

말하자면 중국에 대해서는 수백년간 사대를 하고서도 한탄하지 않다가 만주에 대해서만 복수심을 갖는 존명·반청사상을 그는 고루한 생각으로 보았다.
그가 주장하는 북벌은 명에 대한 의리에서, 그리고 존화사상(尊華思想)에서 발상된 것이 아니라 도리어 청과 연합하여 중국의 오만을 꺾자는 것이었다. 그는 자신이 만약 수백년 후에 다시 태어난다면 다음과 같은 방법으로 북벌을 행할 것이라고 가상(假想)한다.

> 나는 동복(東服)을 입고, 청나라 말(語)을 쓰며, 네 필의 말이 끄는 수레를 타고 앉아 청나라 황제를 설득하여 같은 조상이라는 것을 말하고, 이해를 설명하여 조선과 더불어 요만(遼滿)·유영(幽營)의 땅을 함께 점거하게 할 것이다. 북으로는 야인을 꾀어서 전구(前驅)를 삼고, 동으로는 왜와 잇닿아서 그 남쪽을 꺾겠다. 그런 다음에야 조선의 강함을 다시 회복하고, 한(漢)의 오만을 꺾을 수 있을 것이다. ――만설

즉 청·왜·야인 등 우리를 침략해온 소위 오랑캐들을 통합하고 한의 오만을 꺾겠다는 것은 당시의 존주사대론자(尊周事大論者)의 발상과는 너무나 대조적인 것이 아닐 수 없다.
그러나 이와 같은 혁명적인 의식의 전환에는 문화의식의 첨예(尖銳)한 차이가 있다는 것을 유의하여야 하겠다.
그에 의하면, 이와 같은 대담한 사상과 정책의 전환이 없이는 북벌은 불가능한 것이라고 보았다. 구구한 압록강 이남의 수천리 땅에 적은 인구를 가진 조선으로서, 여진(女眞)을 호(胡)라 하여 배척하고 만주를 노(虜)라 하여 배척하며, 동으로는 왜를 억제하고 서로는 명나라에 연련하니 백성이 어느 틈에 힘을 기를 것인가라고 그는 반문한다. 그러니 청의 위세가 맹렬할 수밖에 없다.
따라서 우리가 강국이 되는 방법은 조선과 조상을 같이하는 청을 회유하여 청과 연합하고 한인과 대결하는 길뿐이다. 말하자면, 그는 청보다도 중국을 더 적국으로 생각하는 것이었다. 이 엄청난 발상은 청(女眞)을 동이족(肅愼)의 후예로 간주하고, 동이족의 대동연합을 동

해서만 한족과의 대결이 가능하다는 판단에 기초한 것이었다. 그에 의하면 현재와 같이 작은 국토와 적은 국민을 가진 조선으로서 남북의 청·왜를 모두 적대시하여 이를 대항하는 데 급급한 형세로써는 도저히 조선의 구강(舊疆)을 수복하는 민족적 숙원을 달성하기는 불가능한 것으로 판단하였다.

이와 같은 엄청난 정책의 전환이 그 당시 유학자 지배층에 받아들여지리라고는 그 자신도 믿지 않았고, 그래서 그는 수백년 후에 다시 태어난다는 가정하에서 이러한 주장을 내세우는 것이다. 말하자면, 그것이 당장은 실현불가능하더라도 국가의 원대한 정책으로서 추진되어야 할 것으로 그는 신념하였던 것이다.

(2) 尊華事大思想의 배척

동이(東夷) 대민족국가를 건설하려면, 그러한 이념을 저해하는 존화사대사상이 통척(痛斥)되지 않으면 안 된다. 이것은 당연한 논리적 귀결이다. 여기에서 북애는 유자들의 존화사대사상의 해독을 통렬히 비판하고 나선다.

그는 주자학을 숭상하는 사대론자들의 비주체성을 이렇게 비판한다.

> 임진년 난리에 이르러 팔도가 어육이 되고, 병자란에 고을과 마을이 쓸쓸해졌다. 하물며 이제 사람들이 허문(虛文)에 빠지고 쇠약에 안주하면서 제도를 버리고 송나라 선비가 남긴 찌꺼기나 씹고 있으며, 제 임금을 폄하(貶下)하여 남의 나라의 신복(臣僕)으로 보고 있다.——만설

즉 주자학자들은 우리의 고유한 도를 버리고 중국학자의 공허한 찌꺼기 학문을 따르고 있으며 우리 나라의 군주를 중국황제의 신하로 간주하는 비주체성을 가지고 있다는 것이다.

그는 태시기(太始記)에서 존화사대사상을 가진 유자들과 어느 연석(筵席)에서 논쟁을 벌인 일화를 기록하고 있다. 여기에서 그가 유자들을 놀라게 한 발언은 이러하다.

> 자네들이 모두 화·이(華夷)를 말하지만, 우리가 중화가 아니고 중원이 오

랑캐가 됨을 어찌 알겠는가! 또 〈이(夷)〉란 〈대궁(大弓)〉을 가리키는 것으로 〈동인(東人)〉을 지칭하는 것이니, 태고에 우리 조선이 무력이 강하여 세상에 떨쳤기 때문에 중원의 선비들이 풍문을 듣고 두려워하였다. 이가 어찌하여 융적(戎狄)과 같이 천한 이름이겠는가? 우리나라 사람들은 상고로부터 굳세고 용감하고 성질이 곧고 바르며, 예양(禮讓)을 좋아하였기 때문에 중토에서 〈동방군자(東方君子)〉의 나라라는 칭호가 있었다. 우리나라가 어찌 본래 융적의 무리와 같겠는가?

압록강 바깥 사방으로 만리의 땅은 이미 가신 우리의 성인과 조상들이 고생하여 경영하던 땅이니, 어찌 본시 한나라의 땅이랴! 공자시대의 주나라 왕실이 이미 쇠퇴하고 외족이 침입하여 여왕(厲王)은 융적(戎狄)에 패하여 죽고, 북적(北狄)·형만(荊蠻)·산융(山戎)·무종(無終) 등 족속들의 침입이 그치지 아니하였다. 우리 겨레가 또한 이때에 그 위엄이 중토에 떨쳤기 때문에 공자가 왕정이 펴지지 못함을 슬퍼하고 열국이 끊임없이 침범하는 것을 애통하여 『춘추(春秋)』를 지으니 존화양이(尊華攘夷)의 설이 여기에 비로소 쓰인 것이다. 만일 공자가 우리나라에서 출생하였던들 중토를 가리켜 융적(戎狄)의 땅이라고 이르지 않았겠는가? 기자(箕子)가 교화했다는 것도 믿고, 한무제가 (조선을) 토멸(討滅)했다는 것도 믿으며, 당고종이 여·제(麗濟)를 평정했다는 것도 믿으면서, 우리 선민이 도리어 혁혁한 무공을 세워 자랑할 만한 것이 있다는 것은 새까맣게 모르고 있다. 나는 세속에서 그 변화를 알지 못하고 헛되이 중니(仲尼)가 높이고 깎아내리는 뜻을 좇아 자신을 그르치고 있음을 슬퍼한다.

다소 지루한 인용이지만, 그가 빈붕(賓朋)을 향해서 역설한 이 말은 그의 문화의식·역사의식의 핵심을 드러낸 것이라 하겠다. 이것은 요컨대 화이사상을 정반대로 뒤집어놓은 것으로서, 실로 파격적인 의식의 전환이라 하지 않을 수 없다.

이와 같은 저자의 주장에 대한 빈붕(賓朋)의 반응은 결코 호의적인 것은 아니었다.

만좌(滿座)의 빈붕은 냉소하거나 놀라고 괴이하게 여기기도 하고, 또 그렇게 여기는 자도 있었다. 그러나 나의 말에 옳다고 말하는 사람은 한 사람도 없었으므로 상을 차고 일어나자, 사람들이 모두 미친놈이라고 하였다.──태시기

결국 그의 주장은 〈광인(狂人)의 망언(妄言)〉 정도로밖에는 좌중의

존화주의자에게 인식되지 아니하였으며, 그와 같은 좌중의 반응에 대한 저자의 저항감 또한 얼마나 심각한 것인가를 알 수 있다. 저자의 눈에는 도리어 한적(漢籍)에만 빠져서 사대존주만을 의로 생각하는 무리들이야말로 고루한 선비로 비치는 것이었다.

그는 주자학을 비자주적이고 고루한 학문으로 보는 관점에서 유가들이 저술한 사서에 대해서도 철저한 불신을 표시하였다.

조선의 근심은 국사가 없다는 것보다 큰 것이 없다. 『춘추(春秋)』가 지어지니 명분(名分)이 바르게 되었고, 『강목(綱目)』이 이루어지니 정윤(正閏)의 구별이 바르게 되었다. 그러나 『춘추』와 『강목』은 중국의 선비들에 의해서 만들어진 것이다. 우리나라의 경사(經史)는 여러 차례 병화를 만나서 거의 없어지고, 후세의 고루한 자들이 한적에만 빠져서 헛되이 사대존주만을 의로 생각하고 먼저 제 근본을 세워서 아국을 빛낼 줄을 몰랐다. 이것은 등(藤)이나 칡덩굴이 곧게 뻗어갈 줄을 모르고 얽히고 꼬이기만 하는 것과 같으니, 어찌 천하지 아니한가!——서문

말하자면 『춘추』나 『강목』과 같은 사서(史書)는 중국을 위한 중국의 사서이지 우리의 사서가 될 수는 없으며, 우리의 사서는 있으되 사대존주를 내세우는 것들뿐이어서 아국을 빛내는 사서는 못되는 것이다. 그러니 진정한 국사(國史)는 없는 것과 같다. 국사가 없다는 것이야말로 조선의 가장 큰 근심거리가 아닐 수 없다. 여기에서 그가 진정한 국사로서 희구하는 것은 결국 사대존주를 배격하고 아국을 빛내는 국사(國史)임이 천명된다.

그는 특히 유가사서 가운데서도 김부식(金富軾)의 『삼국사기(三國史記)』를 통렬히 비난하였다. 그는 본서의 도처에서 김부식을 비난하고 있는데, 그것을 모아보면 다음과 같다.

참 이상하다. 김부식이 인종을 위하여 삼국사를 지을 적에 2천년 동안의 돌아가신 성인들의 공적은 기술하지 아니하고, 다만 『해동삼국은 역년(歷年)이 장구하고 고기(古記)는 문자가 거칠고 옹졸하며 사적이 빠지고 없어져서 지나간 일과 말이 희미하다』는 말로써 자기의 책임을 모면하려고 하였다. 동천왕(東川王)이 천도한 해에 이르러서 겨우 〈평양이 본래 신인왕검의 택(宅)〉이니 〈왕의 도〉니 〈왕검〉이니 하는 귀절이 보이고 있다. 당시는 지금

으로부터 500년 전임에도 불구하고 고기의 산망무징(散亡無徵)함이 어찌 이다지도 심할 수 있겠는가? 또 『조대기(朝代記)』 『고조선비기(古朝鮮秘記)』 『지공기(誌公記)』 『삼성밀기(三聖密記)』 등을 구하라는 것이 세조의 유지(諭旨)에 보이거늘, 김씨의 시대에 이런 책이 없을 리 있겠는가? ──단군기

묘청(妙淸)이 난을 일으켰을 때 왕명을 받들어 토평(討平)한 이도 또한 김부식이다. 김씨에 대하여는 믿을 만한 글이 없다. 또한 묘청의 요괴함과 서경의 파탄을 미워한다고 하면서도 그 말을 깊이 캐내지 아니하고 써내려 갔다. 다만 〈평양이 본래 신인왕검의 택〉이라는 몇 귀절만을 적었으나 깊이 파고들지 않았으며, 발해사(渤海史)에 대해서는 전혀 다루지도 않았다. 김씨는 이에 그 허물을 끝끝내 면할 수가 없을 것이다. 김씨는 이미 한적(漢籍)에 취(醉)하였고, 또 웅도(雄圖)를 품지도 못하였으니, 비록 아방(我邦)의 역사에 대하여 매우 개탄했다고는 하지만, 도리어 그 시말을 전혀 알지 못하였고 또 알 수도 없었다. ──단군기

요컨대 김부식은 당시에 충분히 이용할 수 있었던 고기류(古記類), 예컨대 『조대기』 『고조선비기』 『지공기』 『삼성밀기』 등이 있었을 것임에도 불구하고, 이것을 이용하지 않고 오직 한서에만 심취하였던 까닭에 우리나라 상고사(檀君朝鮮史)를 부당하게도 허무하게 만드는 과오를 저질렀다는 것이다. 따라서 그는 『삼국사기』를 진정한 국사로 보지 않는 것이었다.

북애자가 국사로 보는 것은 도가와 승려들이 쓴 것뿐이다.

국사(國史)는 여러 차례 병화(兵火)를 만난 나머지 거의 탕실(蕩失)되어 버리고, 지금 겨우 남아 있는 것은 다만 도가와 치류(緇流)가 적어서 전해진 것으로서 요행히 암혈중에 보존되어 있는 것뿐이다. 도가는 이미 단검신인이 창조한 원류를 계승하였을 뿐만 아니라, 문헌의 잔맥(殘脈)을 가지고 있으니, 그들이 동사(東史)를 논한 것은 치류(緇流)가 기록한 것보다도 훨씬 낫다. 치류의 그것은 견강부회와 억설(臆說)에서 나온 것이 많다.──단군기

즉 그는 암혈 속에 보관되어 내려온 도가사서와 불가사서(佛家史書)를 그래도 국사다운 국사로 인정하면서도, 도가사서를 불가사서보다도 훨씬 뛰어난 것으로 판단하였다. 그 이유는 불가사서가 견강부

회와 억설이 많은 데 비하여, 도가는 단군문화의 계승자일 뿐 아니라 문헌의 잔맥이 있기 때문이다. 그가 묘청이나 일연의 『삼국유사(三國遺事)』를 별로 신통치 않게 여기는 것도 이 까닭이었다. 묘청은 팔성당(八聖堂)의 건립을 주장할 때에 도가의 신선사상을 불가식(佛家式)으로 표현한 오류를 저질렀으며, 일연은 태백산을 묘향산으로 해석하는 잘못을 저질렀다고 한다.

요컨대 유가사서·불가사서·도가사서 중에서 그는 도가사서를 최선의 것으로, 유가사서를 최악으로, 그리고 불가사서를 그 중간쯤으로 판단하는 것이었다. 그가 『규원사화』를 저술함에 있어서 도가사서와 도가문집을 저본(底本)으로 하게 되는 이유가 바로 여기에 있는 것이다.

(3) 道家(仙敎)의 崇尙

저자 북애는 과거에 응시한 경력을 가진 선비이다. 그렇다면 그는 유학에 대한 이해도 비범하였을 터이다. 그럼에도 불구하고 그는 유교에 대한 호의를 갖지는 않았으며 어디까지나 도가(仙敎)의 입장을 견지하였다.

그는 노장(老莊)에 대한 이해도 깊었던 모양으로 본서의 도처에서 노장적 인생관과 우주관을 피력하고 있다. 그러면서도 그는 중국의 도교에 대해서는 적지않이 멸시하는 입장을 지니고 있으며, 또 노장에 대해서도 무조건적인 추종을 보이는 것이 아니라 때로는 그 논설의 황당함을 지적하기도 하는 것이었다. 그는 어디까지나 도가의 사상적 원류를 단군의 신교에 두고 있으며, 중국의 도가나 도교는 도리어 그 아류말폐(亞流末弊)로서 보았다. 마찬가지로 중국 도가나 도류(道流)의 언설(言說)을 맹목적으로 신봉하는 조선의 일부인사도 진정한 도가로 인정하지 아니하였다.

말하자면 그는 단군의 신교를 계승한 자만을 도가의 정통으로 인정하고 또 이 신교야말로 동이문화의 정수로서 이해하였고, 이것을 한문화(韓文化)의 본성으로 간직하는 일이 정신문화 혁명의 기본방향인 것으로 신념하였다.

그러면 신교의 성격은 어떠한 것이며, 그것은 각 시대마다 어떻게 계승되어 왔는가?

 이미 제2장에서 신교의 성립과정과 그 성격을 간단히 소개하였거니와, 그것은 처음에 제천보본(祭天報本)에서부터 시작하여 부루(夫婁) 시대에 가서 삼신(三聖: 桓因·桓雄·檀君)숭배로 확정된 것으로 인식한다. 신교는 삼신숭배만이 전부는 아니요, 환검(桓儉)이 천지에 제사하면서 천범(天範)에 입각해서 백성을 교화한 팔조의 규범까지도 포함하는 것이다. 단군의 교는 다음과 같다.

 ① 황일신(皇一神)이 최상위에 있어서 천지를 창조하고, 세계를 주전(主全)하며, 무량(無量)한 만물을 만드니, 탕탕양양(蕩蕩洋洋)하여 포용하지 않는 것이 없고, 소소영영(昭昭靈靈)하여 티끌 하나라도 새지 아니하게 하시었다.
 황일신이 최상위에 있어서 천궁(天宮)을 거느리고, 만선(萬善)을 열고 만덕(萬德)의 근원이 된다.
 군령(群靈)이 호지(護持)하니 대길상(大吉祥)하고 대광명처(大光明處)라. 이를 이름하여 신향(神鄕)이라 한다.
 황천제(皇天帝)는 천궁으로부터 내려와서 삼천단부(三千團部)를 거느리고 우리의 황조가 되었으며, 공을 세우고 조천하여 신향에 돌아가시었다.
 ② 너희 무리들에게 이르노니, 천범(天範)을 본받아 만선을 일으키고 만악을 없애어 성(性)을 통하고 공을 세우면 조천(朝天)할 것이다.
 천범은 오직 하나로 그 문은 둘이 아니니, 너희는 오직 순성(純誠)으로 네 마음을 깨끗하게 해야 조천할 것이다.
 천범은 오직 하나요 인심도 오직 같은 것이니, 제 마음을 잡아 남의 마음에 미치게 하라. 인심이 감화해야 천범에 부합되어 만방을 거느리게 될 것이다.
 네가 태어난 것은 부모가 있기 때문이요, 부모는 천으로부터 내려왔으니, 오직 너희 부모를 공경해야 천을 공경하여 방국(邦國)에 미치게 할 수 있을 것이니, 이것이 바로 충·효이다. 너희가 능히 이 도를 체득하면 하늘이 무너지더라도 반드시 솟아날 길이 있을 것이다.
 ③ 나는 새도 짝이 있고, 떨어진 신도 짝이 있거늘, 너희는 남녀가화 합하여 무원(毋怨)·무투(毋妬)·무음(毋淫)하라.
 ④ 너희가 열 손가락을 깨물어 보아라. 아픔은 대소가 일반이니, 서로 사랑하여 모함하지 말고 서로 돕고 상잔(相殘)하지 말아야 집과 나라가 흥할 것이다.

⑤ 너희는 우마를 보아라. 그것들도 먹이를 서로 나누어 먹으니, 서로 양보하여 빼앗지 말고, 또 서로 훔치지 말아야 집과 나라가 은성(殷盛)할 것이다.

⑥ 너희는 호랑이를 보아라. 강포(强暴)하고 불령(不靈)하게 하여 화(禍)를 입는 것이니, 너희는 사납게 달려들어 무찌르지 말고, 남을 상하게 하지 말며, 항상 너희 천범(天範)을 준수하여 애물(愛物)을 지극히 하라. 너희가 만일 그 규범을 어기면 영원히 신의 도움을 받지 못하여 자신과 가정을 시들게 하고 말 것이다.

⑦ 너희가 만약 꽃밭에 불을 지르면, 꽃이 장차 시들어버릴 것이니 신인이 노할 것이다. 너희는 넘어지는 자를 부축하고, 약한 자를 능멸(凌蔑)하지 말며, 가난한 자를 구제하고 비천한 사람을 모멸하지 말 것이다.

⑧ 너희가 비록 두터이 감싼다 하더라도 그 향기는 반드시 새어나가는 것이니, 너희는 이성(彝性)을 경지(敬持)하여, 특악(慝惡)과 화심(禍心)을 품지 아니하고 천을 공경하며 만민을 친하라. 너희는 이에 복록이 무궁하리니 너희에게 이르노니 삼가할지어다. ──단군기

이상 단군의 가르침은 요컨대 ① 충 ② 효 ③ 부부애(無怨・無妬・無淫) ④ 불상잔(不相殘) ⑤ 불상도(不相盜) ⑥ 불상해(不傷害) ⑦ 불능모(不凌侮) ⑧ 경천(敬天)・친민(親民：彝性保全) 등이라 하겠다.

이와 같은 단군의 가르침을 전하는 기록으로서는 최치원의 「난랑비서(鸞郎碑序)」를 비롯하여, 『사문록(四聞錄)』『삼한습유기(三韓拾遺記)』등과 같은 도가문집에 무수히 기록되어 있어서 이루 다 적을 수가 없다고 한다. 그 중에서 최치원의 위 비문서에

나라에 현묘(玄妙)한 도가 있으니, 실로 삼교(三敎)를 포함하여 군생(群生)을 접화(接化)하였다. 또 들어가서는 부모에 효하고, 나아가서는 군주에 충성을 바치니 노 사구(魯司寇：孔子)의 뜻이다.

무위(無爲)한 일에 처하고, 불언(不言)의 교를 행함은 주 주사(周柱史：老子)의 근본이다. 제악을 저지르지 않고 제선을 봉행함은 축건태자(竺乾太子：釋迦)의 교화(敎化)이다. ──단군기

라고 평한 것은 가히 성훈(聖訓)의 정화(精華)를 뽑아낸 것이라고 격찬한다. 말하자면 단군의 신교는 이미 후세의 유교・불교・노장사상

을 모두 포용하는 위대한 가르침으로서 이것을 만든 단군 또한 위대한 성인으로 추앙되는 것이었다.

　단군의 신교는 그후 풍속이 되어 현재에까지 강인하게 계승되어 내려오는 것으로 믿었다.

　첫째 단군이 교를 베풀면서 천지에 제사를 지내던 풍습은 그후 영고(迎鼓)·동맹(東盟)·무천(舞天)·도천(禱天)·제천(祭天)·교천(郊天) 등 10월(또는 四仲月) 제천행사로 계승되었으니, 이것은 오직 동방 특유의 성전(盛典)으로서 다른 나라에서 찾아볼 수 없는 독특한 풍습이 되었다 한다.

　둘째, 삼신에 대한 제사는 황해도 구월산 삼성사(三聖祠)가 중심이 되어 이조후기에까지 전승되어 내려오고, 또 이것이 민간신앙으로까지 깊숙이 파고들어 범국민적인 풍습이 되었다고 한다.

　　삼신(三神)은 또한 삼성(三聖)이라고도 한다. 지금 문화현(文化縣) 구월산에 삼성사가 있으니, 곧 환인·환웅·환검을 제사지내는 곳이다. 지금 단군의 가르침이 비록 완전히 실행되고 있지는 못하지만 신령스런 교화와 성훈(聖訓)이 후세에 전하여 거국(擧國)의 남녀가 잠묵(潛默)한 가운데 숭신(崇信)하고 있다. 즉 인생의 생사는 반드시 삼신이 주재한다고 믿고, 10세 이내의 소아의 신명(身命)의 안위(安危)와 지우(智愚)·용준(庸俊)을 대개 삼신·제석(帝釋)에 의탁한다. 삼신이란 천지를 창조하고, 민물(民物)을 만들어 다스린 신들이다. ──단군기
　　지금 삼신·제석을 숭상하는 풍속이 자못 성하여 인가마다 정침(正寢)의 벽 위에 단목(檀木)으로 못을 만들어 박고, 종이봉지에 순백미(純白米)를 담아서 건다. 이를 〈삼신주머니〉 또는 〈제석주머니〉라고 부른다. 매년 10월마다 햇곡식이 나면, 주부들이 반드시 손을 깨끗이 씻고 새 시루에 떡을 쪄서 신에게 치성을 드리고 큰 복받기를 빈다. 이것은 이미 단조(檀朝)에서 남기신 유제(遺制)인데, 속민(俗民)들이 다투어 무격(巫覡)으로써 서로 숭상하여 화복과 수요(壽夭)를 전적으로 무격에 부탁하여 축원하고 있으니, 이것은 고속(古俗)의 말류(末流)의 폐라고 하겠다. ──단군기

　즉 이조시대의 삼신숭배는 일종의 조물주 신앙과 같은 성격을 지녀 인간의 길흉화복을 좌우하는 전지전능한 신으로 숭상되었고, 이것이 무격신앙과도 연결되는 폐단을 낳기조차 하였다고 한다. 삼신을 제석

이라고도 부르는 것은 불교의 영향이라 한다.

 삼신숭배의 근원이 되는 삼신산은 다름 아닌 백두산으로서, 중국의 도류(道流)들이 삼신산을 일러 봉래(蓬萊)·방장(方丈)·영주(瀛洲)라고 부르는 것은 백두산과 삼신사상을 와전(訛傳)한 것이라고 본다. 저들이 말하는 소위 삼신산 불로초(三神山不老草)라는 것도 백두산의 산삼(山蔘)을 가리키는 것이다. 단군의 교화가 중국인에게까지 영향을 미쳐 중국의 선술가(仙術家)를 낳게 한 것인데 그들이 후세에 황당무계한 신비주의에 빠져서 삼신사상을 곡해한 것으로 판단하였다.

 삼신숭배는 비단 민간 사이에서만 행해져 내려온 것이 아니라, 국가행사로서 전승되기도 하였다. 고구려에서는 관직명을 대선(大仙)·국선(國仙)·조의(皂衣)라 부르는 것이 있었고, 평양에는 동명성왕이 조천(朝天)하였다는 조천석(朝天石)도 있었으며, 천개소문(泉蓋蘇文)은 봉황산(鳳凰山)에 들어가 10년간 수련하여 만고의 기이한 호걸이 되었다. 신라의 김유신(金庾信)도 중악석굴(中嶽石窟)에 들어가 10년을 수도하여 명장이 되었다. 말하자면, 신라의 화랑도(花郎道)는 신교와 관련이 있는 것으로 그는 인식하는 것 같다. 그 밖에 발해(渤海)에도 보본단(報本壇)이 있으며, 고려에서는 성제사(聖帝祠)가 있었고, 이조에 와서는 세종대에 평양에 단군묘(檀君廟)를 설치하고 세조대에는 그 위패(位牌)를 〈조선시조단군지묘(朝鮮始祖檀君之廟)〉라고 고치었다.

 한편, 삼신숭배는 우리나라에서만 전승된 것이 아니라, 요(遼)와 금(金)에서도 계승되어 요는 목엽산(木葉山)에 삼신묘(三神廟)를 두었고, 금에서는 개천홍성제묘(開天弘聖帝廟)를 설치하였다. 북애자는 여진·금도 동족의 이칭, 즉 다 같은 단군의 후예로 보는 것이다.

 고려시대에 신교가 전승된 또 하나의 사례로서 그는 팔성숭배(八聖崇拜)를 들고 있다. 팔성에 대해서는 묘청(妙淸)의 설명이 있으나, 이것은 불가식으로 개명된 것으로서, 청평산인(淸平山人) 이명(李茗)이 주장하는 팔성과는 칭호가 다르다고 한다. 이명이 주장하는 팔성은 다음과 같다.

 ① 호국백두악태백선인(護國白頭嶽太白仙人)……대혜(大慧)·대덕(大德)

을 가지고 주신(主神)을 돕고 대계(大界)를 만듦. 즉 환웅천왕을 가리킴.
　② 용위악대통존자(龍圍嶽大通尊者)……만리(萬理)를 변화시키는 능력을 가지고 있으며, 인간의 화복을 주장(主掌)함.
　③ 월성악천선(月城嶽天仙)……풍우(風雨)를 관장하는 신
　④ 구려평양선인(駒麗平壤仙人)……광명(光明)을 관장하는 신
　⑤ 구려목멱선인(句麗木覓仙人)……인간의 수명을 관장하는 신
　⑥ 송악진주(松嶽震主)……대용(大勇)·대력(大力)을 가지고 신병(神兵)을 관장하여 국도를 진수(鎭守)하고 외적을 막는 신. 즉 옛날 치우씨(蚩尤氏)의 신.
　⑦ 증성악신인(甑城嶽神人)……사시·곡식·초목의 일을 관장하는 옛날 고시씨(高矢氏)의 신.
　⑧ 두악천녀(頭嶽天女)……지상의 선악을 관장하는 옛날 신시씨(神市氏)의 후예. 환검신인(桓儉神人)의 모(母)는 주신의 조도하(調度下)에서 천하 제사를 관장하여 다스리는 신이었다.

　요컨대 도가에서 인식하는 팔성은 환웅·치우씨·고시씨·신시씨 등 단군왕조와 관련된 신인·선인들이라는 점에서 결국 팔성숭배가 신교와 관련되어 있다는 것을 말하여 준다.
　신교는 또한 중국의 풍속과 신앙에도 적지 않은 영향을 미쳤다. 중국(齊·魯)의 신선가들이 신교의 영향을 받아 삼신산이니 불로초니 하는 말을 잘못 지어내었다 함은 앞에서 잠깐 언급하였거니와, 그 밖에도 순(舜)임금이 육종(六宗)과 산천제신(山川諸神)에게 제사지낸 것이나, 제나라의 팔신제(八神祭)나, 한대의 치우제(蚩尤祭) 등도 모두 단군왕조의 동이문화(東夷文化)의 영향이다. 이를테면 단군왕조는 그 국력에 있어서만 중국을 압도한 것이 아니라 그 문화에 있어서도 중국문화보다 우월하고 중국문화에 영향준 바가 크다는 것이다.

(4) 東夷文化의 自負와 保性

　동방문화의 정수를 도가(道家)에서 찾고 도가의 원류를 단군의 신교에서 찾은 북애의 문화의식은 동이문화에 대한 강한 자부심으로 연결된다. 신교가 이미 유교·불교·노장의 장점을 구유(俱有)한 까닭에, 비록 그 이론이 간요(簡要)하지만 만세(萬世)의 성훈(聖訓)으로서 손

색이 없는 만큼, 번쇄(煩瑣)한 중국문화에 경도(傾倒)될 하등의 이유가 없다.

그가 강국이 되는 삼대조건의 하나로서 보성(保性) 즉 제 본성의 장점을 잃지 말 것을 역설하는 것도 신교에 대한 깊은 신뢰를 두고 하는 말임은 더 말할 나위도 없다. 물론 그는 신교 하나만을 간직하고 나머지는 일체 배격하자는 것은 아니다. 중국문화는 그 나름대로의 장점이 없는 것이 아니다. 가령 중국문화는 번잡하고 형식적인 예절과 절차를 중요시하는 단점이 있으나 너그럽고 부드러운 장점이 있다. 이에 반하여 융이(戎夷)의 문화는 검박(儉樸)하고 순박(淳朴)한 덕(德)을 숭상하는 장점이 있다. 동이의 신교문화도 그러한 장점을 가진 것이다. 신교를 잘 간직했던 고대에 우리의 국력이 강성했던 것도 제 장점을 잘 보전한 까닭이다.

따라서 우리가 앞으로 부강국이 되는 방법은 신교의 장점을 살려나가면서 중국문화와 그 밖의 외국문화의 장점을 받아들이는 일이다. 이것이 그가 추구하는 문화건설의 기본원칙이다.

　　자기의 장점을 지니고 남의 장점을 겸하는 자는 이긴다. 그러나, 자기의 장점을 버리고 남의 장점만을 쓰는 사람은 약하다. 그리고 남의 부족한 점만을 취하는 자는 망한다.──만설

이것은 그의 문화창조의 기본 방향이다. 따라서 그가 보성(保性)을 역설한다고 해서 결코 편협한 배타주의만을 지지하는 것은 아니다.

그는 역대로 융이(戎夷)의 여러 민족들, 이를테면 흉노(匈奴)·척발씨(拓跋氏:後魏)·여진(金)·요(遼) 등이 검박하고 실질적인 고유의 풍속을 간직하였을 때에는 웅성하였으나 중원을 차지한 후 중국의 번거롭고 까다로운 시서(詩書)·예악(禮樂)과 풍습을 따른 뒤에는 번번이 패망한 사실을 들면서 본성의 간직이 얼마나 중요한가를 역사적 경험에 비추어 설명한다. 지금 청이 강성한 것도 팔기병(八旗兵)이나 변발(辮髮) 같은 제 본성을 간직한 까닭이나, 만약 청이 제 본성을 잃고 중국문화에 동화되어버린다면, 수백년을 가지 못하여 반드시 한인(漢人)에게 패망할 것임을 예언한다.

조선이 소중화(小中華)에 심취되어 제 본성을 잃어버린 당시에 있

어서, 본성의 부활을 통해서 문화의 대혁신을 가져오려는 북애의 주장이야말로 보수를 타파하려는 문화혁명의 선각이 아닐 수 없다. 그러하기에 그는 보성(保性)이 곧 낡은 것을 깨뜨리는 변통(變通)이 됨을 이렇게 설파(說破)한다.

어리석은 사람은 고법(古法)을 굳게 지키어 변통(變通)을 알지 못하며 이에 얽매이고 침체되어 집안과 나라를 망하게 한다. 옹졸한 사람은 장점을 버리고 단점을 취하다가 스스로 살피고도 도리어 재앙(災殃)을 불러오니 이것이야말로 천하만세의 폐라고 하겠다. 대저 시대에 맞춰 변통을 따르며, 천도를 밝히고 물성을 빙자하는 자가 오직 성자(聖者)이다.──만설

여기에서 보성(保性)이 곧 변통(變通)이요, 변통이 곧 구국의 방도임이 적절하게 갈파되고 있다.

보성이 이렇듯 구국의 방도이기에 그는 보성을 위한 정신개조에 주의하게 되고, 여기에서 중국이 중화가 아니고, 동이가 곧 군자국임을 설파하는 역사의식의 일대 전환을 시도하게 되는 것이다.

동이문화는 이미 신교의 설시(設施)로서 그 문화적 우수성이 입증되거니와 동이의 이(夷)자 자체가 융적(戎狄)과는 판이한 자의를 가진 것이고, 또 동이문화의 우수성에 대해서는 중국인 자신이 고대로부터 널리 긍정해왔다는 사실을 그는 중국측 문헌을 통해서 밝혀내고 있다. 이제 그가 중국문헌에서 발췌해낸 동이 칭송기사를 소개하면 다음과 같다.

① 山海經讚(郭璞)：東方氣仁國 有君子 薰華是食 雕虎是使 雅好禮讓 禮委論理
② 論語(孔子)：仲尼歎其道之不行 則欲乘桴浮海而居九夷 以君子所居爲説
〔原文：子曰 道不行 乘桴浮於海. 孔子欲居九夷 或曰陋如之何 子曰君子居之何陋之有〕
③ 王制 則記：東方曰夷 夷者柢也 言仁而好生 萬物抵地而出……
④ 神異經(東方朔)：〔東方有人焉 男皆縞帶玄冠 女皆采衣〕恒恭坐而不相犯 相譽而不相毀 見人有患 投死救之〔倉卒見之如癡〕名曰 善人
⑤ 說文(許愼)：○夸从大从弓 東方之人者 ○唯東夷 从大 大人也 夷俗仁 仁者壽 有君子不死之國 以孔子之乘桴欲去

(괄호 안의 原文은 필자가 기록)

이 밖에도 『상서(尙書)』 요전(堯典)과 우공(禹貢) 등에 보이는 우이(嵎夷)·도이(島夷)·내이(萊夷)·회이(淮夷) 등에 관한 기록을 통해서 해대(海岱)·기주(冀州)·양주(揚州) 등 중국 동북지방에서의 동이족의 활약을 소개하고 있다.

요컨대 이상과 같은 기록들을 종합해볼 때, 이미 중국고대로부터 동이족은 고도의 문화를 가진 종족으로 중국인 사이에 숭앙되어 왔으며, 그래서 군자지국(君子之國)이라는 칭호가 생겨나게 된 것이다. 즉, 군자지국의 칭호는 유가들이 주장하듯이 기자 동래(箕子東來) 이후 중국문화의 영향을 받은 팔조교(八條敎)가 시행되면서 붙여진 것이 아니라, 기자 이전의 동이문화 자체에 붙여진 이름이다. 이(夷)라는 글자도 대궁(大弓) 또는 대인(大人)으로서 문화가 낮은 민족에 붙이는 융적(戎狄)이라는 칭호와는 성격이 다르다. 그럼에도 불구하고 이(夷)가 융적(戎狄)과 같은 의미로 후세에 쓰이게 된 것은 공자가 주(周)를 높이기 위하여 『춘추』를 지으면서 이를 융적과 같이 상스럽고 더럽다고 일컬은 데서 비롯된 것이라 한다. 따라서 이의 본의는 화이론(華夷論)에서 말하는 저급한 문화로서의 이가 아닌 것이다. 북애가 동이인임을 누누히 자부하는 까닭이 이것이다. 그에게 있어서는 우리가 소중화(小中華)이기 때문에 자부심을 갖는 것이 아니라 중화와 다른 동이(東夷)이기 때문에 자랑스러운 것이다.

『규원사화』가 단군왕조사만을 다루게 된 것도 기자 이전의 동이문화의 실체를 밝힘으로써 기자숭배와 존화사상의 사적 근거를 발본색원(拔本塞源)하기 위한 것이라 하겠다. 그리고 그렇게 해야만 동이의 구강(舊疆)을 수복하여 대민족국가를 재건하려는 정신적 기초가 성립되는 것이기도 하다. 북방을 민족적으로 이질시하고 중국에 대해서만 친화감(親和感)을 가질 때 우리의 약소화는 면할 수 없다.

이미 신라의 삼국통일에서부터 중국을 끌어들여 동족을 멸망시키는 과오를 저지른 사실에 대하여 그는 이렇게 통박(痛駁)한다.

김유신과 태종은 고구려와 백제가 교대로 쳐들어오는 것을 한탄하고, 국위가 떨치지 못하는 것을 분하게 여기었다. 이에 당병을 이끌어 동족을 멸망시켰으며, 봉책(封策)을 받들어 조종(祖宗)을 욕되게 하였으니, 이는 실로 만세에 씻지 못할 치욕이다.…… 신라는 이미 적국을 끌어들여 동족을 치고, 조종의 땅을 버리고 능히 회복하지 못하였다. 안으로는 어버이를 원수로 만들고, 밖으로는 원수와 친하여 외롭고 약하지 아니하였으니, 천하 사람들은 도리를 어기면서도 미련하지 아니하고, 배를 잘라 배를 채우고서도 굶지 아니할 수 있으니, 조물주가 어찌하여 이와 같은 비리(非理)를 만들었단 말인가! ──단군기

동족과 국토의 반 이상을 잃고 약소국으로 전락하는 계기가 된 삼국통일이 결국 중국에 대한 지나친 친화의식의 소산이요, 그후로 압록강 밖으로 한 발자국도 영토를 넓히지 못한 채 약소국의 비애를 계속적으로 감수해야 하는 민족적 불행이 또한 존화의식의 소산임을 상도(想到)할 때, 그가 존이사상(尊夷思想)의 고취를 통한 존화의식의 타파를 절규하는 이유를 알 만하다.

끝으로, 우리는 저자 북애가 역사의식의 전환을 가져오게 된 계기가 무엇인가를 검토할 필요가 있다.

첫째로 주목되는 것은 그의 불우한 처지이다. 그는 서문에서 밝히고 있듯이 과거에 응시하였다가 낙방한 유생이다. 그는 또한 자신의 처지를 가리켜 〈청빈필부(淸貧匹夫)〉라 하고 『권력과 재물을 나는 갖지 못하였으며, 또한 그것을 바라지도 않는다. 황량한 북산(北山) 비탈에 무슨 권력과 재물이 있을 것인가?』라고 한 것을 보면 경제적으로도 매우 곤궁하고 권력에서도 소외된 계층인 것 같다. 그의 가계와 이름을 전혀 알 길이 없으므로 그의 신분을 더 이상 추적하기는 어려우나, 한성에 주거를 두고 있으면서도 부귀양명(富貴揚名)을 포기하고 도가에 귀의한 것을 본다면, 혹시 당쟁에 몰락한 양반가문의 후예일는지도 알 수 없다.

그 다음, 그의 역사의식의 형성에 영향을 준 또다른 요인은 서양문화에 대한 지식인 것 같다. 그는 천주교에 대한 지식을 가지고 있었고, 마테오 리치가 중국에 수리(數理)와 역법(曆法)을 전한 사실도 알고 있었다. 이 지구상에는 풍속과 도덕이 다른 나라가 예부터 무수히 많으며, 고대에 있어서는 국제간의 교류가 좁아서 천하의 크기를 제대로 알지 못하였다고 그는 믿었다. 이와 같은 저자의 넓은 세계관은 중국이 천하의 중심이라는 협소한 세계관을 불식하는 하나의 계기가 되었음직도 하다.

말하자면 그는 불우한 처지 속에서 집권 양반층에 대한 위화감(違和感)을 가졌던 까닭에 집권 양반층의 보수적 지배이념인 주자학에 반발하여 기층문화와 연결된 혁신적 도가사상에 귀의할 수 있었을 것이고, 밖으로는 확대된 세계사적 시야를 가졌던 까닭에 화이사상의 비합리성을 통찰할 수 있는 안목을 지닐 수 있었던 것으로 보인다.

4. 揆園史話의 역사인식 방법과 道家史書의 영향

『규원사화』는 그 문화의식과 역사의식에 있어서 중요한 의미를 지닐 뿐 아니라, 그 역사인식 방법에 있어서도 몇 가지 주목할 만한 특색이 보이고 있다.

첫째는, 민속자료의 광범한 이용이다. 예컨대 〈부루단지〉 또는 〈업주가리〉라고 하여 울타리 밑에 흙을 쌓아 단을 모으고 토기에 벼를 담아 단 위에 두고 짚을 엮어서 가린 뒤에 10월이 되면 반드시 새 곡식으로 천신하는 민간풍속을 부루(夫婁)가 홍수를 다스린 사실로서 해석한다든가, 〈부싯돌〉 또는 〈부소철〉(夫蘇鐵 : 부싯쇠) · 〈부싯깃〉(夫蘇羽)에서 불(火)을 발명한 부소씨(夫蘇氏)의 공을 추적한다든가, 후세의 석자군(石子軍)을 부루시대의 유제(遺制)로 이해한다든가 하는 것 등이 그것이다. 그 밖에도 산야에서 일하는 사람들이 밥을 먹을 때 〈고시내〉라고 하는 데서 고시씨(高矢氏)의 농목(農牧) 주관을 추리(推理)하고, 혼인중매를 〈주인선다〉는 말에서 주인씨(朱因氏)의 혼인 주관을 추상하며 마니산 참성단(塹城壇)의 제천에서 단군의 제천을 인정하려 하는 것 등도 마찬가지이다.[10] 또 중국 제(齊)나라에서의 팔신제(八神祭)나, 한대(漢代)의 치우제(蚩尤祭) 등에서 치우씨의 무공을 찾는 것도 같은 방법이다.

후대의 민속에서 상고의 역사를 찾는 것이 과연 어느 정도 타당한 것인가는 별개의 문제로 남는 것이지만, 여하튼 민속학적 방법론이 소박한 형태로나마 도입되고 있음은 매우 흥미있는 일이다.

---
10) 마니산 참성단의 단군 제천에 관한 기록은 『世宗實錄』 地理志 등에도 보이고 있어서 北崖가 반드시 風俗을 통해서만 이해하였다고는 볼 수 없다.

둘째로, 본서에서는 언어적 해석방법이 도입되고 있음이 주목된다. 예컨대 고조선의 수도 평양을 고유명사로 보지 않고 서라벌·위례(慰禮)와 마찬가지로 도성을 가리키는 일반명사로 해석하며, 임검성(壬儉城)에 대해서도 임금성 즉 도성으로 해석한다. 이사금(尼師今)도 임금의 동의어이다. 조물주 즉 일대주신(一大主神)인 환인은 〈환(桓 : 光明)의 인(因 : 本源)〉곧〈광명의 본원〉으로 해석되고, 단군은 단국(檀國)의 임금으로서, 단국은 〈박달〉또는〈백달〉(白達) 나라를 이름이다. 따라서 단군은 고유명사가 아니다. 그 다음 환웅이 하강하였다는 태백산·백두산·불함산(不咸山)·개마산(蓋馬山)·태백·도태백(徒太白)·장백산(長白山)을 동산이명(同山異名)으로 해석한 것도 〈개(蓋)〉자의 음이 〈백(白)〉자의 뜻에 가깝고, 마(馬)와 두(頭)가 훈(訓)이 같아서, 개마(蓋馬)와 백두(白頭)는 동의이자(同意異字)라 한다. 이와 같은 방법으로 마리산(摩利山 : 摩尼山)과 두악(頭岳), 감악산(紺岳山)과 현산(玄山), 수리산(修理山)과 취산(鷲山), 달천(達川)과 월천(月川)을 각각 동의이자로 해석한다. 팽오(澎吳)와 부루(夫婁)도 동인이칭(同人異稱)에 불과하다.

그는 이렇듯 동의이칭이 나타나게 된 이유로서 〈언서(諺書)〉를 병용하지 않은 까닭이라고 보고, 만약 언문을 병용해 왔더라면 초야의 우부(愚夫)도 쉽게 깨달아서 문화의 계발이 훨씬 빨랐을 것이라고 아쉬워한다.

그 다음 세번째로 본서의 사학방법론으로서 주목되는 것은 문헌고증적 방법의 채용이다. 본서에 인용된 서목은 우리나라측 문헌과 중국측 문헌을 합하여 40여종에 달한다.[11]

우리나라측 문헌으로는 『삼국사기』 『삼국유사』 『고려사』 같은 정사도 인용되고 있으나 그것은 주로 비판적인 입장에서이며 본서에서 궁

---

11) 본서에 인용된 主要書目은 다음과 같다.
古朝鮮秘記·三聖密記·朝代記·誌公記·震域遺記·王制則記·三韓拾遺記·神異經(東方朔)·四聞錄·山海經·三國遺事·春秋·三國史記·史記·高麗史·括地誌·孟子·一統志(明)·管子·一統誌(元)·論語·尙書·唐書 地理志·莊子·新唐書 渤海傳·遼史 地理志·通志 氏族略·秦書 天文志·說文(許愼)·金史 高麗傳·山海經讚(郭璞)·漢書 食貨志·軒轅記·漢書 地理志·通典·北史 勿吉傳·魏志·明書·魏書 勿吉傳·遼志(葉隆禮)

정적인 입장에서 참조된 문헌은『고조선비기』『삼성밀기』『조대기』
『지공기(誌公記)』『진역유기』『삼한습유기(三韓拾遺記)』등이다. 이
중에서 『진역유기』를 제외한 문헌은『세조실록』이나 권남(權擥)의
『응제시주(應製詩註)』등에 보이고 있어서 조작된 서명이 아닌 것이
확실하다. 12)

중국측 문헌으로는『요사(遼史)』『금사(金史)』『청일통지(淸一統
志)』『산해경(山海經)』『위서(魏書)』『위지(魏志)』『통전(通典)』『괄
지지(括地誌)』등 우리나라 고대의 강역을 만주 또는 요서(遼西) 지
방에 비정한 사료들과 동이족에 관하여 언급한『서경』『설문(說文)』
『논어』『왕제칙기(王制則記)』『신이경(神異經)』등을 많이 인용하고
있다. 태백산을 백두산에 비정한다든가 패수(浿水)를 압록강 이북에,
선춘령을 백두산 동북에, 임검성(平壤)을 우수하(牛首河 : 만주 吉林
地方)에 각각 비정하는 신설(新說)을 내놓게 된 것은 상기의 중국측
사서에 의거한 것이다. 본서에서는 사실 하나하나에 일일이 전거(典
據)를 밝히고 있지는 않으나 일정한 문헌적 근거 위에서 실증적으로
쓰어진 것만은 부인할 수 없다. 따라서 본서는 〈사화(史話)〉라는 겸
손한 명칭을 붙이고 있으나 단순히 신화나 전설을 모은 것에 지나지
않는 문학서는 아니다. 물론 환웅이 천지를 개창(開創)하여 하강하
는 과정을 그린「조판기(肇判記)」는 천상의 세계를 다룬 것이기 때문
에 문자 그대로 신화이지만, 적어도「태시기(太始記)」와「단군기(檀
君記)」는 상당한 문헌적 고증 위에서 전개되는 사실적 요소를 많이
내포하고 있어서 실증사서(實證史書)로서의 가치를 부인하기는 어렵
다. 이것은 저자가 도가이면서도 유가의 합리주의적 소양을 겸비한
까닭이 아닌가 한다.

특히 본서의 편찬과 관련하여 우리가 주목해야 할 것은 본서의
저본(底本)이 된『진역유기(震域遺記)』의 성격이다. 실로 이 책이 없
었더라면『규원사화』는 태어나지 못하였을 것이다.『규원사화』가『진
역유기』의 영향을 얼마나 크게 받았는지는 서문에서

---

12) 주 14) 참조.『세조실록』권7 3년 5월 戊子條에는『古朝鮮秘詞』『朝代
記』『誌公記』『三聖密記』의 이름이 보이고, 권남의『應製詩註』에는『神
誌秘詞』『拾遺記(三韓拾遺記)』의 이름이 보인다.

내가 일찌기 역사를 쓰고 싶은 생각은 있었으나 본디 재주가 없고 또 명산석실(名山石室)에도 진장(珍藏)된 것이 없으니 내가 청빈필부(淸貧匹夫)로서 또한 어찌 하랴! 그러나 다행히도 협중(峽中)에서 청평(淸平)이 지은 『진역유기』 중에 삼국이전의 고사(故史)가 있는 것을 발견하였다. 비록 간략하고 자세하지는 않으나, 항간에서 전하는 구구한 설에 비하면 도리어 사기(士氣)가 만배나 크다.

라고 하여 협중(峽中)에서 우연히 얻은 『진역유기』가 항간의 사서에 비한다면 만 배의 사기를 가진 사서임을 밝히고 있는 점이다. 또 「단군기」에서

옛날에 청평산인(淸平山人) 이명(李茗)이란 사람이 있었는데 고려시대인이다. 『진역유기』 3권이 있으니, 이는 『조대기』를 인용하여 아국의 고사를 적은 것이다. 일연의 서에 비교하면 현저한 차이가 있고, 그중에도 선가(仙家)의 말이 많다. 내가 생각하기로는 우리나라는 신으로써 교를 베푸는 것이 예부터 풍속이 되어 인심에 파고든 지가 오래이다. 따라서 역사를 말하는 사람들이 반고(班固)나 사마천(司馬遷)의 글에 견주어서 움츠러드는 것은 옳지 못하다. 대저 한(漢)나라는 한나라이고, 우리는 우리이다. 어찌 당당한 진역(震域)을 반드시 한나라에 견주어보고 나서 만족할 것인가? ……
도가는 이미 단검신인(檀儉神人)이 창조한 원류를 계승하였을 뿐만 아니라 문헌의 잔맥(殘脈)을 얻었으니, 동사(東史)를 논한 것으로서는 승려들이 기록한 것보다 훨씬 낫다. 승려들의 기록은 견강부회(牽强附會)와 억설(臆說)로서 이루어진 것이 많다. 나는 차라리 청평의 말을 취해서 의심하지 않는다.

라고 한 데서 『진역유기』에 대한 저자의 신뢰가 거의 절대적인 것을 알 수 있다.

『진역유기』의 저자와 그 내용에 관해서는 위 인용문에서도 소개되고 있거니와 이 밖에도 『진역유기는 원나라 승상 탈탈(脫脫)이 지은 요사 지리지(遼史地理志)를 많이 참작하였다』든가, 또 『진역유기』의 저본이 된 『조대기』에 대해서도

발해왕자 대광현(大光顯)을 비롯하여 고려에 내투(來投)한 자가 많았는데, 그중에는 공후(公侯)·경상(卿相)과 강개읍혈(慷慨泣血)의 선비가 많았

다. 청평이 기록한 것은 대개 발해인이 비장한 것에 의거한 것이다.——단
군기

라고 하여 발해 유민의 사서가 아닌가 하는 추정을 하여 볼 수 있게
한다.

위의 기록들을 종합하여 보면, 『진역유기』의 성격은 대략 다음과
같이 정리될 수 있다.

① 저자는 청평산인 이명(李茗)으로서, 그는 고려 말기인이다. 그것은 『요
사지리지』를 참고하였다는 데서 확인된다.
② 『진역유기』(3권)는 『조대기』를 저본으로 한 것인데, 『조대기』는 고려
에 내투한 발해인의 비장사서 가운데 하나인 듯하다.
③ 『진역유기』는 주로 선가(仙家)의 말을 많이 기록하였고, 기개가 썩썩
하며, 단군 신교의 원류를 계승하였음을 자부하는 도가사서의 하나이다.
④ 『진역유기』는 삼국 이전을 다룬 고대사서로서 일연의 『삼국유사』와는
다른 성격을 가지며, 북애의 판단에 의하면, 『삼국유사』보다도 우수한 사서
이다.
⑤ 이 책은 협중에 파묻혀 내려오다가 북애에 의해서 발견되어 『규원사
화』의 저본(底本)이 되었다.

선조대의 도가의 일인인 조여적(趙汝籍 : 龍峯居土)이 찬한 『청학집
(青鶴集)』[13]에 의하면 이명은 환인을 종주로 하는 우리나라 선파(仙
派)의 한 사람이라 한다. 이것을 본다면 이명은 이조후기의 도가 사
이에 널리 알려진 인물인 듯하고, 청평산(지금의 春川 부근)은 도가와
깊은 관련을 가진 것 같다. 『조대기』는 세조가 8도관찰사에게 명하여
거두어들이게 한 20여종의 비기(秘記)・참서(讖書) 중의 하나인 것을
보면,[14] 이조초기까지도 전하여 내려온 것을 알 수 있다.

---

13) 서울大學校 中央圖書館所藏 가람문고.
14) 世祖實錄 卷7 世祖 3년 5월 戊子條. 이때 世祖가 公私 및 寺社에 收藏
된 것을 모아들이도록 명한 서적들은 다음과 같다. 古朝鮮秘詞・大辨
說・朝代記・周南逸士記・誌公記・表訓・三聖密記・安舍老元董仲三聖記・
道證記・智異聖母・河沙良訓・文泰山王居仁薛業等三人記錄・修撰企所一
百餘卷・動天錄・磨虱錄・通天錄・壺中錄・地華錄・道詵漢都讖記 등

이 밖에도 『규원사화』는 『사문록(四聞錄)』 『삼한습유기』를 비롯하여 수많은 도가문집을 참고하였다고 한다. 위 두 도가서가 어떤 성격의 것인지는 자세히 알 수 없으나, 『청학집』에 의하면, 『사문록』은 우리나라 도류(道流)의 계파(系派)를 기록한 것이라 하며, 『삼한습유기』는 녹두처사(鹿頭處士)가 지은 것으로 우리나라 각 성씨의 연원을 기록한 것이라 한다. 『규원사화』에 보이는 단군왕조의 혈연계보는 바로 이와 같은 도가사서와 도가문집에 의거한 것임을 알 수 있다.

 대체로 도가의 서는 사서이든 문집이든 간에 거의 단군조선에 관하여 언급하지 않은 것이 없다. 위 『청학집』만 하더라도 조선중기의 도가들, 예컨대 청학상인(靑鶴上人 : 魏漢祚; 甲山人, 百憂子 李惠孫의 門人)·편운자(片雲子 : 李思淵 ; 明宗 14年生)·금선자(金蟬子 : 李彦休) 등 도가들의 사적과 언행을 모은 것인데, 그들의 대화 가운데, 단군·부루·부소·부우(夫虞) 등의 사적에 관한 이야기가 도처에서 산견된다. 그뿐 아니라, 『청학집』속에는 단군세계상탐기(檀君世系詳探記)·단군내력실기(檀君來歷實記) 등이 들어 있어서 도가들의 단군에 관한 관심이 얼마나 비상한가를 보여주고 있다.

 위 『청학집』에는 또한 명의 멸망과 호(淸)의 흥기(興起), 그리고 호 다음에 조선이 흥기하여 일본을 병탄(幷呑)하고 중국과 겨루게 될 것이라는 예언이 보이고 있다. 말하자면 도가들의 의식 속에는 호(淸)에 대한 반감보다는 중국과 왜에 대한 반감이 강렬하게 표명되고 있음이 주목된다. 이것은 바로 존화사상의 배격이요, 호에 대한 동족의식의 회복이요, 북방 구토에 대한 회고 바로 그것을 의미한다. 여기에서 우리는 『규원사화』의 선행도가들에게서 이미 반화이적(反華夷的) 문화의식과 역사의식이 도도히 팽배해가고 있는 분위기를 읽을 수 있다. 이렇게 볼 때, 『규원사화』의 성립은 결코 평지돌출(平地突出)이 아니요, 오랜 기간 암혈(岩穴) 속에서 점(點)과 점이 이어지면서 축적되고 성장된 도가사학의 한 결실이라 하겠다.

5. 揆園史話의 史學史的 위치

 『규원사화』는 숙종 2년에 저술되었으나, 세상에 공간된 일은 없으

머, 왕조말기에 이르기까지 아무도 『규원사화』를 거론한 사례를 찾아 볼 수 없다. 이렇게 보면, 『규원사화』는 우리나라 사학사에서 아무런 의미도 갖지 않은 것으로 생각될 수도 있다. 그러나 이것은 지극히 피상적인 관찰이다.

이조후기의 유교사학(儒敎史學)은 먼저 보수적인 주자학자들 사이에서 주자사학(朱子史學)을 모방한 강목체(綱目體)와 정통론(正統論)의 수립을 위주로 하는 사풍(史風)이 발전하였다. 17세기에 편찬된 오운(吳澐)의 『동사찬요(東史纂要)』, 유계(兪棨)의 『여사제강(麗史提綱)』, 홍여하(洪汝河)의 『휘찬여사(彙纂麗史)』와 『동국통감제강(東國通鑑提綱)』 등이나 18세기에 저술된 임상덕(林象德)의 『동사회강(東史會綱)』, 안정복의 『동사강목』 등이 모두 그러한 사풍을 따른 저명한 사서들이다.[15] 이 밖에 비록 독립한 사서를 쓴 것은 아니지만, 18세기 후반기에 활약한 이익(李瀷)의 「삼한정통론(三韓正統論)」도 같은 계열에 넣을 수 있을 것이다.

이들 사서들은 각각 개성과 특장을 가지고 있지만 강목체나 정통론을 따른다는 점에서는 공통성을 지니고 있었으며, 존화사상·소중화사상·기자숭배를 역사의식의 기저로 하고 있다는 점에서도 다를 바 없다고 하겠다. 특히 정통론은 기자숭배 및 존화사상과 상호 표리관계를 갖는 것으로서, 정통론 그 자체가 명(大中華)이 멸망하고 청(夷狄)이 흥기하면서 비로소 나타난 것임을 유의할 필요가 있다.

정통론이란 본래 중화와 이적을 구별하고, 정통(正統)과 윤통(閏統)을 가르기 위한 것이므로 이 이론을 중국사에 적용하게 되면 소위 이적국가(夷狄國家)는 항상 정통에서 소외당하기 마련이며, 중국 이외의 민족은 정통론을 채용하는 것조차 불가능하다. 우리나라의 소중화론자들이 명의 멸망 이전에 정통론을 국사에 적용하지 못한 것도 이 까닭이다. 그러다가 명이 멸망하면서 천하에는 오직 소중화만이 남게 되었고 비로소 국사에 정통론의 적용이 가능하게 된 것이었다. 그리고 이적에 의한 중화의 멸망은 더욱 정통론의 필요성을 제고시킨 것이었다. 그러나 정통론 자체가 소중화이기 때문에 가능하고 또 필요

---

15) 李萬烈, 17·8世紀의 史書와 古代史認識(韓國史硏究 10, 1974.9) 참조.

한 것이므로 중화문명의 전수자요 중화의 합법적 수봉군주(受封君主)인 기자에 대한 숭상이 강화되는 것도 필지(必至)의 일이었다. 이조후기의 정통론이 대개 기자조선을 국사의 진정한 정통의 시발로 보고, 위만을 찬탈자라 하여 정통에서 빼버린 다음에(衛滿은 周代의 諸侯國인 燕人이기 때문에 찬탈자로 규정됨), 기자조선의 후예가 세운 마한(또는 三韓)을 기자조선의 정통 계승자로 인정하는 것이 이 까닭이다.

정통론은 이렇듯 모화사상과 기자숭배를 수반하는 까닭에 동이문화와 단군조선은 상대적으로 소홀하게 다루어질 수밖에 없다. 홍여하는 아예 단군조선을 정통에서 빼버렸으며, 그 나머지 사서에서도 비록 단군조선을 민족사의 서장으로 편입하기는 하였으나 오직 그 건국과정만이 간략하게 기록되어 있을 뿐이요, 단군왕조 천수백년의 역사 그 자체는 공백으로 남겨두고 있다.

그러나 우리가 여기서 주목하고자 하는 것은 이러한 정통론의 한계성 속에서나마 동이에 대한 재인식과 단군조선의 위치가 유교사학에 있어서도 시대가 내려갈수록 점차로 부각(浮刻)되어 오른다는 사실이다. 『규원사화』와 비슷한 시기에 씌어진 허목(許穆)의 『동사(東事)』에서는 환웅을 신시씨로 호칭하고 단군조선을 중심으로 하는 고대사 체계를 구성하여 기자 중심의 고대사 의식을 탈피하였다. 18세기 중엽의 이익(李瀷)은 기본적으로 강목법(綱目法)과 정통론을 따르면서도 단군조선 시대의 동이문화를 적극적으로 재평가하고 우리나라의 종교가 신교에서 비롯됨을 갈파하였다. 안정복의 『동사강목』(1756~1758)에서는 단군조선을 외기(外紀)에 넣는 것을 비판하여 본기(本紀)에 넣고 있으며, 중국문헌에 나타난 동이관계 기록을 광범하게 수록(蒐錄)하고 있다. 이종휘(李種徽)의 『동사(東史)』에서도 단군본기가 첫머리에 들어가고 단군의 치적이 소개되고 있으며, 단군조선에서 부여·고구려·발해·예맥·옥저 등으로 이어지는 북방국가 등을 기자·마한으로 이어지는 남방국가보다도 더 우월한 상고사의 주류로 설정하였다.[16] 그리고 외사씨(外史氏)의 말을 인용하여 마니산(摩尼山)의 제천단(祭天壇)과 구월산 삼성사(三聖祠)의 신앙이 소개되고 있으며 단군을 수출성인(首出聖人)으로 추앙하고 있다.

---

16) 金哲埈, 修山 李種徽의 史學, 東方學志 15, 1974 참조. 拙稿, 實學者들의 史觀, 讀書生活 1976. 6.

이종휘의 『동사』에서 또 한 가지 주목되는 것은 신사지(神事志)(卷 11)와 고구려지리지(卷11) 등에서 단군조선 이래의 신교(仙敎)를 비교적 상세하게 언급하고 있다는 점이다. 물론 그는 어디까지나 유가의 입장에서 이를 귀신숭배의 음사(淫祀)로 간주하고 있지만, 신교 그 자체의 내력을 유가사서에서 정리하기는 아마도 이것이 처음이 아닌가 한다.

그 다음 19세기초에 편찬된 한치윤(韓致奫)의 『해동역사(海東繹史)』에는 그 첫머리에 「동이총기(東夷總記)」가 실려 있다. 「동이총기」는 중국문헌에서 보이는 동이관계 기사를 모은 것으로서, 그러한 시도가 이미 『규원사화』에서 이루어졌음은 전술한 바와 같다. 『해동역사』는 그 체재면에서도 정통론을 완전히 탈피하고 있거니와 특히 「동이총기」를 수편(首篇)으로 넣은 것은 유교사학의 상고사 인식체계에 있어서『동사강목』과 더불어 획기적인 전환을 가져온 것이라 믿어진다.

동이문화에 대한 자비(自卑)·천시에서 동이문화에 대한 재인식과 자부로 유가사학의 상고사 인식체계가 서서히 전환되어 가는 계기는 무엇인가? 여기에는 여러 가지 이유를 생각할 수 있지만, 근본적으로는 도가사학의 영향이라고 보지 않을 수 없다. 적어도 동이문화와 단군조선에 관한 한 유가의 관심보다는 도가의 관심이 항상 앞질러갔다는 사실은 숨길 수 없다. 하지만 유교사학은 어디까지나 동이문화를 유교중심으로 이해한다는 점에서 동이문화를 신교중심의 문화로 이해하는 도가사학과는 차이가 그어진다.

그 다음 한말·일제초기에 소위 민족주의사학에 미친 도가사학의 영향은 더욱 절대적이라고 하겠다. 한말에 대종교단(大倧敎團)에서 발간한 『단기고사(檀奇古史)』는 대조영(大祚榮)의 제(弟) 대야발(大野勃)이 지은 것으로 전해지고 있으나, 그 내용은 『규원사화』와 대동소이하다.[17] 『단기고사』가 대야발의 저라고는 믿어지지 않지만, 그것

---

17) 『檀奇古史』의 檀君王朝世系는 『揆園史話』의 그것과 완전히 일치하며, 檀朝의 首都를 滿洲 吉林(平壤)에 比定하고, 舜·金太祖·淸國을 朝鮮의 同族으로 인정하는 것도 서로 같다. 다만 檀朝의 文化를 전자는 大倧敎(한마루敎·수두敎·대무신敎·花郞道)라 부르고, 후자는 神敎라 부른 것에 차이가 있으나, 大倧敎와 神敎는 실상 相互출입이 있다고 하겠다.

이 아무리 위서(僞書)일지라도 도가사학의 영향을 받아서 편찬된 것만은 부인할 수 없다.

대종교와 『단기고사』는 단재(丹齋) 신채호(申采浩)와 백암(白巖) 박은식(朴殷植)의 사학에 큰 영향을 주었다. 양인은 다 같이 대종교단(大倧敎團)에 참여한 경험도 있었다. 신채호는 『단기고사』의 중간서(重刊序)를 쓸 정도로 이 책을 중시하였고, 또 그의 상고사 인식체계도 이에 영향된 바가 적지 않다.[18] 물론 신채호는 이종휘·안정복·한치윤·유득공·한백겸(韓百謙) 등 유가사학의 고대사 인식체계의 영향도 크게 받고 있으나, 이 유가사학이 도가사학의 영향을 또한 받고 있다는 점에서 신채호의 고대사 인식체계는 결국 도가사학과 무관하지 않은 셈이 된다.

박은식의 고대사 인식을 대표하는 명논설「몽배금태조(夢拜金太祖)」도 조선족과 만주족을 동일한 단군 겨레로 보는 입장에서 북진수복을 열렬히 희구하고, 신도(神道)를 긍정적으로 평가하고 있는데, 이 또한 도가사학이나 『단기고사』의 역사의식과 기본적으로 일치되고 있다. 그는 『한국통사(韓國痛史)』에서도 단군 이래의 신교를 민족종교의 으뜸으로 도처에서 강조하고, 그것이 배천교(拜天敎)·대종교 등으로 발전되었음을 밝히고 있다. 신채호가 말하는 국수(國粹)나 박은식이 강조하는 국혼(國魂)은 그 핵심이 신교에 두어지고 있다.

최남선(崔南善)의 「불함문화론(不咸文化論)」도 백두산을 중심으로 한 동이의 일대 문화권을 설정하고 그 문화의 핵심을 신선도(神道)에서 구하며, 중국의 역사상(易思想)·삼재론(三才論)·봉선의식(封禪儀式)·천(天) 및 천자관념 등이 동이의 고철학(古哲學)에서 연원된 것을 밝히고 있거니와, 이것도 그 기본발상은 이미 『규원사화』에서 움튼 것에 불과하다.

---

18) 申采浩가 우리나라 사상사를 儒敎=事大主義派와 郞·佛=自主獨立派의 對立·抗爭으로 理解한 것이나, 金富軾과 그의 『三國史記』를 極烈하게 비판한 것, 檀君朝鮮의 首都를 滿洲 지방에 比定한 것, 檀君朝鮮의 문화를 수두교로 이해하고 花郞道의 기원을 여기에서 찾은 것, 浿水를 大同江이 아니라 滿洲에 比定한 것, 平壤을 수도를 가리키는 보통명사로 이해한 것 등은 기본적으로 『揆園史話』와 『檀奇古史』의 인식체계와 일치하는 것이다.

일제초기에 편찬된 김광(金洸)의 『대동사강(大東史綱)』은 단군조선에 관한 서술에서 『규원사화』의 세계(世系)를 그대로 빌어오고 있다.
　이상 대충 훑어본 바로서도 도가사학이 실학자의 사학이나 한말・일제초기의 민족주의사학의 고대사 연구와 고대사 인식체계 수립에 얼마나 크게 영향을 주고 있는가를 인정할 수 있다.

6. 맺음말

　단재 신채호는 일찌기 「조선역사상일천년래제일대사건(朝鮮歷史上一千年來第一大事件)」이라는 명논설에서 우리나라 사상사를 유교=사대주의와 낭(郞)・불(佛)=자주독립사상의 대립・갈등 속에서 추적한 바 있다. 단재는 낭가사상(郞家思想)을 적극 옹호하는 입장에 있었기 때문에 유교를 지나치게 부정적으로만 단순화시킨 흠이 없지 않으나, 우리나라 사상사의 대립적인 두 흐름을 간파한 것은 많은 시사(示唆)를 던져주었다고 하겠다. 단재가 말한 낭가사상은 바로 우리가 말하는 도가사상과 상통하는 것이다.
　단재는 김부식 일파의 승리로서 낭가사상이 몰락하게 된 것을 지적한 것은 좋았으나, 낭가사상이 강인하게 그 잔맥은 유지하면서 고려・이조 사상계의 중요한 일각을 차지해온 사실은 찾아내지 못하였다.
　김부식 이후의 사상계를 돌아보면, 여말선초와 임란 이후의 두 시기에 중요한 정신사적 전환이 이루어지고 있음을 간취(看取)할 수 있다. 여말선초 사상계의 한 특징적인 현상은 단군숭배의 고조이다. 단군은 개국시조로서 처음으로 국가의 치제(致祭) 대상이 되었고, 구월산 삼성사에 대한 치제도 행하여졌다. 『제왕운기(帝王韻紀)』『동국통감(東國通鑑)』『삼국사절요(三國史節要)』 등의 사서에서는 단군의 개국이 신화 아닌 사실(史實)로서 기록되고 민족사의 상한이 1천년 이상 소급되었다. 단군조선은 만리의 강역(疆域)을 가진 대국가로 인식되고 단군조선은 천자지국의 독립국가임이 자부되었다. 〈조선〉이라는 국호는 바로 단군숭배와 관련되면서 제정된 것이다. 물론 기자숭배도 병행되었으나 그것만이 일방적으로 성행된 것은 아니었다.

여말선초의 단군숭배는 자주의식·민족의식의 성장을 의미하는 것으로 그 촉매 역할을 담당한 것은 바로 단군신화를 간직하고 단군조선의 역사를 보존하여온 도가들이었다. 이미 본론에서 언급한 바와 같이 여말에 『삼국유사』보다도 더 자주적인 『진역유기』가 도가의 손에 의하여 저술된 사실을 기억할 필요가 있다. 『진역유기』가 『유사(遺事)』보다는 다소 편찬시기가 뒤지는 것으로 보이지만 문제의식은 훨씬 앞서가고 있음이 분명하다. 『유사』에서의 단군은 민족시조일 뿐 성인은 아니요, 태백산은 반도 이내의 묘향산이지 백두산이 아니며, 수도 평양은 대동강 유역이지 만주 길림(吉林)이 아니다. 더우기 『유사』는 단군조선 1천여년의 역사를 단군 일개인의 생애로 처리하여버림으로써 신화를 사실적(史實的) 차원으로 이끌어올리는 데 미흡하였다.

그뿐 아니라 단군신화는 그 사상적 주맥이 도가적인 것으로 보인다. 유·불적 요소도 없는 것이 아니나 도가적 요소가 가장 농후한 것이 아닌가 한다. 왕검(檀君)을 선인(仙人)으로 표현한 것은 이미 『삼국사기』에도 보이고, 묘청의 팔성설(八聖說)에도 단군과 관련된 산악의 신을 선인으로 호칭한 것이 보이는 것으로 보아 단군신화와 신선사상이 일찍부터 연관되어 있음을 알 수 있다. 신화에 단군이 산신이 되었다든가, 천여년의 수(壽)를 누렸다든가, 신시(神市)·신단수(神檀樹) 등의 명칭이 보이는 것도 신선사상의 반영이 아닌가 한다. 상제(上帝)는 유가의 용어이기도 하지만 도가에서도 옥황상제(玉皇上帝)가 쓰이므로 반드시 유가적이랄 수만도 없다. 이런 점으로 미루어 볼 때 단군신화를 다듬어온 주도층은 도가이지 불가나 유가는 아닐 터이다.

따라서 적어도 단군신앙이나 단군조선의 역사적 인식에 관한 한 그 주도적 역할을 담당해온 것은 도가의 공적이 가장 크다 하겠으며, 여말·선초의 민족의식이나 유교사학의 성장도 도가사상 및 도가적 역사의식의 영향이 불소(不少)하다고 보겠다.

조선중기 이후로 성리학(性理學)이 도학중심(道學中心)으로 발전되면서 성리학의 자기심화가 이루어진 것은 사실이나 문화의식에 있어서 존화사상이 한층 강화되면서 상고사 인식이 단군에서 기자 중심으로 전환되고, 상고 북방문화에 대한 경시관념이 고조된 것도 부인치 못할 사실이다. 이와 같은 존화사대사상은 왜란을 거치면서 명에 대한 보은의식(報恩意識)과 관련하여 더욱 융통성을 잃어가게 되고, 그 다음 호란을 겪으면서는 명과의 가상적인 군신관계를 내세우는 의리사상(義理思想)으로 발전되어 존화양이사상(尊華攘夷思想)은 절정에 이르게 된다.

조선후기의 존화양이사상은 그 일면에 천하유일의 중화국가를 자부하는 문화적 자존심이 깔려 있어서 호(淸)에 대한 강렬한 배타의식을 수반하게 되고 이것이 효종·숙종대의 북벌운동(北伐運動)의 한 정신적 기초가 되기도 하였으나 새로운 국제정세의 변동에 대응하는 현실적인 이념이 될 수는 없었다. 중원(中原)이 이미 호=청에 의해서 점령된 상황에서 존주양이(尊周攘夷)의 명분이 갖는 의미는 국가의식을 앙양하여 기성질서를 유지하는 보수적 애국사상의 기능을 갖는 것일 뿐, 새로운 국제질서에 적응하여 민족의 활로를 적극적으로 개척하려는 전진적 의미를 갖는 것은 아니었다.

이러한 시대적 상황 속에서 전진적 역사의식을 가지고 나온 것이 다름 아닌 도가이며, 17세기에 있어서 도가적 역사의식의 성장이 가져온 하나의 결실이『규원사화』라고 하겠다. 도가사학의 성장은 유교사학의 수준을 한 단계 높이어 존화의식을 탈피하는 밑거름이 되었으며, 한말(韓末)에 이르러서는 민족주의 사학을 태동(胎動)시키는 배반(胚盤)이 되었다. 이렇게 볼 때 도가사학이 갖는 사학사적 의의와 정신사적 의미는 실로 중차대하다고 할 수 있다.

그러나 우리가 한 가지 분명히 지적해 두어야 할 것은, 정신사적인 측면을 떠나서 사회과학으로서의 근대 역사학의 입장에서 볼 때, 도가사학이 가진 역사 방법론상의 한계점을 간과할 수 없다는 점이다. 유교사학이 지나친 합리주의와 사대적 자기비하의 사실을 왜곡한 것이 불소한 것과 마찬가지로, 도가사학은 지나친 자기존숭에 빠져서 사실을 과장하고 신비화함으로써 과학적 객관성을 상실하는 사례가 비일비재하다.

『규원사화』만 하더라도 광대한 지역에 독립분포된 군소 동이국가들을 마치 단군조선이라고 하는 대통일 민족국가의 제후국인 것처럼 구성해 놓은 것은 근대 사회과학의 이론으로서는 도저히 설명되지 않는다. 다시 말하면 『규원사화』는 성읍국가(城邑國家) 단계의 동이족의 분산된 국가활동을 통일된 민족국가의 차원으로 과장하였다는 점에서 설득력을 잃고 있는 것이다. 따라서 이 책을 오늘날에 있어서도 단군조선사 연구의 1차 사료로서 무비판적으로 이용하려 한다면 그것은 큰 잘못이라고 하겠다.

<韓國學報 1, 1975 ; 1976. 7. 改稿>

창비신서 15
한국의 역사인식(上)

초판 1쇄 발행 / 1976년 11월 10일
초판 28쇄 발행 / 2017년 4월 18일

엮은이 / 이우성·강만길
펴낸이 / 강일우
펴낸곳 / (주)창비
등록 / 1986년 8월 5일 제85호
주소 / 10881 경기도 파주시 회동길 184
전화 / 031-955-3333
팩시밀리 / 영업 031-955-3399 편집 031-955-3400
홈페이지 / www.changbi.com
전자우편 / human@changbi.com

ⓒ (주)창비 1976
ISBN 978-89-364-1015-5 34300
     978-89-364-1998-1 (전2권)

* 이 책 내용의 일부 또는 전부를 재사용하려면
  반드시 창비와 협의하여야 합니다.
* 책값은 뒤표지에 표시되어 있습니다.